名家选评
中国文学经典

# 宋诗举要

霍松林 著

中国古典文学研究名家
精选精注精评 精心结撰
带您走进中国古典文学的艺术殿堂
感悟经典文学作品的隽永意味和永恒魅力

安徽师范大学出版社

策　　划:侯宏堂
责任编辑:何章艳　祝凤霞
责任印制:郭行洲
装帧设计:杨　群　欧阳显根

**图书在版编目(CIP)数据**

宋诗举要/霍松林著.—芜湖:安徽师范大学出版社,2015.6
(名家选评中国文学经典丛书)
ISBN 978-7-5676-1968-5

Ⅰ. ①宋… Ⅱ. ①霍… Ⅲ. ①宋诗-注释 Ⅳ. ①I222.744

中国版本图书馆 CIP 数据核字(2015)第 106074 号

SONG SHI JUYAO
宋　诗　举　要
霍松林　著

出版发行:安徽师范大学出版社
芜湖市九华南路 189 号安徽师范大学花津校区　邮政编码:241002
网　　址:http://www.ahnupress.com/
发 行 部:0553-3883578 5910327 5910310(传真)　E-mail:asdcbsfxb@126.com
印　　刷:安徽芜湖新华印务有限责任公司
版　　次:2015 年 6 月第 1 版
印　　次:2015 年 6 月第 1 次印刷
规　　格:700 mm×1000 mm　1/16
印　　张:30
字　　数:496 千
书　　号:ISBN 978-7-5676-1968-5
定　　价:60.50 元

# 目　　录

# 前　言

唐诗所达到的高度艺术水平是举世公认的，因而有"好诗已被唐人作尽"，后人难以为继的慨叹。然而客观地说，宋诗所取得的光辉成就，实堪与唐诗比美。其根本原因，在于宋代的杰出诗人以其关心治乱安危的高度责任感反映了不同于唐代的社会生活、时代脉搏和人们的心灵世界，又找到了相适应的表现方式。

从来扬唐抑宋的理由，主要是：唐人以诗为诗，主性情；宋人以文为诗，主议论。

这种论调，既不符合历史事实，也违反文艺创作的规律。各种文艺样式，既各有特点，又有共同性；既各自独立，又相互影响、互相渗透。试看中国诗歌发展史，《诗经》中的周民族史诗，杜甫的《北征》《赴奉先咏怀》等都有"以文为诗""以议论入诗"的特点；韩愈的某些诗，这种特点更突出。然而这些诗的价值是谁也不能抹煞的，即以《北征》为例略作解释。《北征》向有"诗史"的美誉、内容深广、篇幅宏大，非写景抒情小诗可比，因而仅有写景抒情而无叙述、议论，便很难完成如此杰作；仅用比、兴而不用赋，仅"以诗为诗"而不吸收其他文学样式的表现手法，也很难完成如此杰作。宋人叶梦得就曾指出：

长篇最难，魏晋以前诗无过十韵者，盖常使人以意逆志，初不以叙事倾尽为工。至老杜《述怀》《北征》诸篇，穷极笔力，如太史公纪、传，此固古今绝唱。

这就是说，《北征》是从司马迁的纪传体散文中吸取了营养的。

说《北征》具有“以文为诗”的特点,不仅指它杂有某些散文化的诗句,而且指它运用了阴开阳合、伸缩变化、波澜顿挫之类的散文章法。应该说,这是诗歌创作中的一种新开拓。“以文为诗”,其目的在于吸取散文的句法、章法和表现手法以提高诗的表现力,而不是相反。简单地说,“以文为诗”是为了写好诗,而不是把诗写成文。

至于诗中的议论,当然与哲学论文、政治论文中的议论不同,它应该来自形象思维,来自对社会生活或历史事件的强烈感受和深刻理解,伴随着不可压抑的激情。如果在诗中发一些不带生活血肉、不含抒情色彩的空泛议论,那当然不算诗。

尽管“以文为诗”“以议论入诗”古已有之,但在宋诗中表现得特别突出,这是事实。对于宋诗从总体上区别于唐诗的这个显著特点,仅从宋人“求变求新”,力求有异于唐人而“使自己成为新一代的大师”方面去解释,显然是不够全面的。从根本上说,宋诗“以文为诗”“以议论入诗”的特点之所以特别突出,是与宋代特定的历史条件以及一大批重要诗人的生活实践分不开的;与此相适应,随之而来的才是艺术上的“求变求新”。北宋王朝建立以后,就受契丹(辽)和西夏的威胁、侵略,民族矛盾日益尖锐。统治集团对外妥协、纳贡,对内剥削、压迫,人民备受其苦。所以当那些西昆派的馆阁诗人用“缀风月,弄花草,淫巧侈丽,浮华纂组”(石介《怪说》)的诗作粉饰升平的时候,“都城外不数里,饥寒而死者甚众”(《宋史·吕蒙正传》)。于是一些忧心国事,关怀民瘼,要求政治改革的诗人以苏舜钦、梅尧臣、欧阳修为代表,开展了一个反西昆的诗歌革新运动,从使诗歌更便于抒情达意、反映现实、进行“美”“刺”的目的出发,革新、发展了

“以文为诗”“以议论入诗”的传统，为王安石、苏轼、黄庭坚等人的诗歌创作开辟了道路。金人南侵，北宋人民陷于金奴隶主贵族的铁蹄之下，痛苦不堪，而南宋统治集团不但不发奋图强，反而变本加厉地压榨人民，以称臣、纳币的屈辱条件，换取荒淫享乐的“偏安”之局，直至元军进逼，举国覆亡。在这种特殊的历史条件之下，“以文为诗”（包括“以议论入诗”），就成了许多爱国诗人大声疾呼地反映抗战要求、激昂慷慨地发表政治主张、尖锐激烈地揭露政治黑暗、无微不至地反映民间疾苦的有效形式。从苏舜钦开始、至陆游达到高峰、至文天祥等人仍波澜壮阔的大量激动人心的爱国诗篇，是宋诗特有的艺术瑰宝，揭露政治黑暗、同情人民疾苦的大量诗篇，也有超越前人的新特点，至于旨在针砭时弊的政论诗、咏史诗、咏物诗乃至禽言诗，也都跳动着时代脉搏，其数量之多与质量之高，值得重视。

前面提到，杜甫“以文为诗”（包括“以议论入诗”），主要表现于《北征》等长篇；而宋诗，则不论长篇、短篇，都有“以文为诗”的特点。例如梅尧臣的《陶者》：“陶尽门前土，屋上无片瓦。十指不沾泥，鳞鳞居大厦。”张俞的《蚕妇》：“昨日入城市，归来泪满巾。遍身罗绮者，不是养蚕人！”欧阳修的《画眉鸟》：“百啭千声随意移，山花红紫树高低。始知锁向金笼听，不及林间自在啼。”林升的《题临安邸》：“山外青山楼外楼，西湖歌舞几时休？暖风熏得游人醉，直把杭州作汴州！”都是四句一首的小诗，却都有议论，但那议论是被特定现实激发出来的，既有思想深度，又饱含激情，既体现宋诗“尚意”的特点，也不乏情韵。就长篇说，例如王安石的《明妃曲》前篇先写“明妃初出汉宫时，泪湿春风鬓脚垂。低徊顾影无颜色，尚得君王不自持。归来却怪丹青手，入眼平生几曾有？”然后评论道：“意态由来画不成，当时枉杀毛延寿。”据《西京杂记》记载：画工毛延寿由于王昭君未行贿赂，故意把她画丑，所以当匈奴入朝求美人时，汉元帝按图挑了个丑的，恰恰是王昭君。昭君临行，元帝看见她美丽非凡，于是追究原因，杀了画工。这个故事本身就有讽刺意义，可以入诗。王安石的独创性在于不是把矛头指向画工，而是指向汉元帝，通过个别体现一般，阐发了一个具有普遍意义的大道理：“意态由来画不成。”对于一个人的精神风貌、美丑善恶，是要通过亲自接触才能辨认清楚的，仅凭第二手材料，怎能做出正确的判断呢？很清楚，如果只复述那个故事，而无从形象描绘中迸发出来的这样新颖、精辟、发人深省的议论，其艺术质量必将大大减低。欧阳修的《再和明妃曲》，一开始也只是就故事内容进行概括：“汉宫有佳人，天子初未识。一朝随汉使，远嫁单于国。绝色天下无，一失难再得。”接着发议论：“虽能杀画工，于事竟何益！耳目所及尚如此，万里安能制夷狄？”这和王安石的那两句一样，都是从昭君故事里开掘出来的大道理，其普遍性包括了王安石、欧阳修感慨甚深的现实，因而那议论并不是干巴巴的教条，而是洋溢着既来自历史、又来自现实的激情。

就句法看，五言的常规是上二下三，七言的常规是上四下三。宋人为了更好地表现内容，敢于打破这种常规。例如梅尧臣的《田家语》，在揭露统治者不顾农民死活、“互搜民口”的罪恶之前，先写了这么两句：“水既害我菽，蝗又食我粟。”“既”“又”呼应，突出了“天灾”之惨，为以下写“人祸”作了有力的铺垫。黄庭坚写给苏轼的“我诗如曹郐，浅陋不成邦；公如大国楚，吞五湖三江”的第四句，以“五湖三江”作“吞”的宾语，形象地表现了苏诗豪放壮阔的气势。这几个句子，都突破了上二下三的格式，因散文化而加强了表现力。就七言句说，例子更多，如欧阳修《戏答元珍》“春风疑不到天涯，二月山城未见花”的上句，陆游《长歌行》“哀丝豪竹助剧饮，如巨野受黄河倾”的下句，都由于吸收散文句法的优点而变得富有弹性，更好地表现了特定的思想感情。至于以散文中常用的虚词入诗，只要用得恰切，往往会起到“传神阿堵”的妙用。例如范成大《催租行》中的“我亦来营醉归耳”，由于用了一个表示限止语气的“耳”跟“亦”呼应，把那个“里正”的无赖神态活画出来了。

散文化的句法还可扩大一句诗的容量，使句内有对比、有转折、有顿挫，如范成大《催租行》里的“旧时高岸今江水”“佣耕犹自抱长饥”，王安石《北山》里的“细数落花因坐久，缓寻芳草得归迟”之类，其例甚多，不胜枚举。

当然，散文化的诗句必须是着意锤炼出来的，必须更有表现力。在一篇诗中，散文化的诗句也不宜太多，太多则有损于诗的形象性和音乐性。如欧阳修的《答杨子静祈雨长句》：“……军国赋敛急星火，兼并奉养过王公。终年之耕幸一熟，聚而耗者多于蜂。是以比岁屡登稔，然而民室常虚空。……”虽然意思不错，但用一连串并非锤炼而出的过于散文化的句子发议论，既无形象，又乏情韵，因而无艺术感染力。

散文化的特点在律诗对偶句上的表现，其优点是：一、自然。如黄庭坚《寄元明》：“但知家里俱无恙，不用书来细作行。”陈与义《次韵谢表兄张元东见寄》：“灯里偶然同一笑，书来已似隔三秋。”自然明畅，却字字对偶，都非信手拈来，而是经过烹炼，达到浑然天成的境界。二、流走。如苏轼《过永乐文长老已卒》：“三过门间老病死，一弹指顷去来今。”黄庭坚《题胡逸老致虚庵》：“能与贫人共年谷，必有明月生蚌胎。”词语对偶而一气单行，化板滞为活泼。三、开阖动宕。如黄庭坚《次韵王定国扬州见寄》:“未生白发犹堪酒,垂上青云却佐州!”陆游《书愤》:“塞上长城空自许,镜中衰鬓已先斑!”对仗工稳而文气跳荡,可使一篇皆活。

宋代的许多杰出诗人同时也是杰出的散文家,吸取散文的句法、章法和表现手法以入诗,从而提高诗的表现力,乃是很自然的事。例如苏轼的《韩干马十四匹》,全诗只十六句,而纵横变化,不可方物。如方东树所说:“章法之妙,非太史公与韩退之不能知之。”又如王安石的《明妃曲》后篇,通过昭君“含情欲说”“传语琵琶”“弹看飞鸿”的表情、动作和“侍女垂泪”“行人”劝慰的多侧面衬托,突出地表现了昭君身去胡而心思汉的无限哀愁,并以“尚有哀弦留至今”收尾,与杜甫的“千载琵琶作胡语,分明怨恨曲中论”同一意蕴。有人把“行人”讲的两句话看成作者的议论而痛加非难,显然不懂作者所用的表现手法。这首诗,吸取了散文的章法,篇幅极短而容量极大,许多意思不是明说出的,而是从前后的关合、照应、转换中暗示出来的。这首诗,还吸取了司马迁开创的传记文学,乃至唐、宋人小说的表现手法,用多种人物的表情、语言来托出王昭君的心态(参看评析),从而把主人公写得栩栩欲活。像这样突破诗歌传统表现手法而取得成功的例子,在宋诗中并不是个别的。

以上讲了一些宋人“以文为诗”(包括“以议论入诗”)的优点。举凡体现了这些优点的宋诗,与唐诗相较,尽管有尚意、尚气骨、尚新奇的特点,但也并不缺乏情韵之美。有一些,既情景交融,又兴象超妙,达到了状难状之景如在目前,含难显之情见于言外的妙境。

宋人“以文为诗”也有失败的一面。宋代理学(也称“道学”)盛行,理学家一方面认为“学诗用功甚妨事”,像杜甫的名句“穿花蛱蝶深深见，点水蜻蜓款款飞”都被斥为“闲言语”（《二程遗书》卷十八程颐语）；另一方面又很喜欢作诗，用诗歌形式讲理学。于是，连“一阳初动处，万物始生时”“太极圈儿大，先生帽子高”之类的“诗”都写出来了！正如南宋人刘克庄所批评：“近世贵理学而贱诗，间有篇咏，率是语录讲义之押韵者。”（《后村大全集·吴恕斋诗稿跋》）这种“语录讲义之押韵者”，不仅在理学家的诗集里俯拾即是，而且在不同程度上影响了理学家以外的许多诗人，包括某些重要诗人。由此可见，宋人“以文为诗”的特点之所以特别突出，理学家用诗歌的形式讲理学、发议论以及由此造成的一种风气，也是重要原因。

诗的本质特点是抒情。在一切优秀的诗作中，抒情、写景、叙事、议论，常常是结合在一起的，而抒情，则是贯串一切的基本特点。诗人被某种自然景物、社会生活、政治历史事件等所激动，情动于中，不能自已，在这种情况下吸取散文的句法、章法、表现手法以提高艺术表现力，便可能写出好诗。在宋人的诗歌中，这种“以文为诗”的好诗是大量存在的，前面已作了论述。与此相反，以“理学诗”为代表的毫无真情实感而空发枯燥议论的诗，也为数不少；这也被列入“以文为诗”的范畴，但从本质上说，根本不算诗，而是“语录”“讲义”之类。

除“以文为诗”外，宋诗还有许多特点：题材广、流派多，在选材、琢字、炼句、用典、用韵、构思、谋篇等方面刻意求新求精，力求“变唐人之所已能，而发唐人之所未发”。正因为宋代的不少杰出诗人从空前的广度和深度上反映了不同于唐代的社会生活、时代脉搏和人们的心灵世界，而在表现方法、艺术技巧上又刻意求新求精，才使宋诗独具特色，堪与唐诗比美。把那些“语录讲义之押韵者”说成“以文为诗”，以偏概全，从而否定宋诗，显然是不合实际的。

我们从浩如烟海的宋诗中筛选了一百位诗人的作品。入选的原则是：一、每一首都是健康的内容与完美的形式有机结合的好诗；二、注意流派、风格的多样性，既突出大家、名家，也不忽视各有特色的小家，力求体现宋诗发展的基本面貌和主要趋势；三、注意题材的广阔性，既多选表现重大题材的作品，也不忽视表现一般题材的佳作，力图使读者通过入选作品了解两宋的历史巨变、社会概况和人们的心灵世界。

作者介绍和作品注释，力求简明、扼要以节省篇幅。注释与品评相配合，在帮助读者彻底读懂原作的基础上穷幽探胜，欣赏其艺术境界，借鉴其艺术技巧；力避远离作品本身或不合原作本意的高谈阔论、胡吹乱捧。

诗，往往有大幅度的跳跃，不像一般的散文那样好懂。诗是诗人思想情感的外化，而特定的思想感情，是和诗人的特定经历、处境密不可分的，要彻底读懂诗，就得弄清诗人的有关经历和处境。对于那些反映特定的社会生活或政治、历史事件的诗，要彻底读懂，还得下一些研究工夫，搞清楚有关的背景。宋人喜欢用典，讲究“以故为新”“精妙隐密”；即使“精妙”的用典使人不觉，不明白所用的典故也能懂得诗意，但弄懂它必然有更深入的领会。宋人，特别是江西派诗人，强调“无一字无来历”；不知其来历，也能品尝到诗味，但弄清来历，诗味必然更丰美。宋人在遣词、造句、造境等方面追求凝炼、生新、拗折、深远、隽永，又讲究笔势的奇逸纵横和章法的腾挪变化，也增加了充分理解的难度。因此，我们的评析，是把帮助读者彻底读懂原诗放在首要地位的。限于学力，能否达到预期的目的，只好期待读者见教了。

关于宋诗与唐诗的异点,已有专家们做过阐述,可供参考。然而"如人饮水,冷暖自知",对于宋诗的特点,只有熟读数百首有代表性的宋诗之后才能有具体而深切的领会。谨将这一百位宋代诗人的佳作奉献给亲爱的读者,熟读深思,便会知道宋诗的特点究竟是什么。当然,特点是从比较中显现出来的,那还得熟读唐诗和其他朝代的诗。孔子说过:"诗,可以兴,可以观,可以群,可以怨。"英国的安诺德说过:"一时代最完美确切之解释,须向其时之诗中求之,因诗之为物,乃人类心力之精华所构成也。"多读些诗,是很有好处的。

## 柳开（947—1000）

原名肩愈，字绍元，号东郊野夫，后更名开，字仲涂，号补亡先生。大名（今属河北）人。太祖开宝六年（973）进士，历任州、军长官，殿中御史等职。主张学必宗经，以恢复儒学道统、明道垂教为己任。提倡韩愈、柳宗元古文，反对五代的华靡文风，为宋初古文运动的先驱。现存诗仅四首，有《河东先生集》。《宋史》卷四四〇有传。

### 塞　上①

鸣骹直上一千尺②，　天静无风声更干③。
碧眼胡儿三百骑，　尽提金勒向云看④。

**【注释】**

①塞上：《河东先生集》未收，见江少虞《皇朝类苑》卷三五引《倦游杂录》。

②鸣骹（xiāo）：响箭。

③干：脆、响亮。

④勒：有嚼口的马络头。

**【品评】**

这是传诵一时的名作，当时被画为诗意图，明代犹存（见杨慎《升庵外集》卷七八《蕃马胡儿》条）。前两句以“鸣骹直上”的动景传出一声箭响，而以“天静无风”反衬响声之巨。后两句以三百胡儿“尽提金勒向云看”的动景写一声箭响引起的客观反应，从而与前一动景拍合。正在行进的三百胡儿之所以忽然勒马仰望，乃是骤然一声箭响惊动了他们，因而放眼追踪。“鸣骹直上”以至于高达“一千尺”的动景，是从他们眼中看出的。绘声绘色，形象何等鲜明生动！但诗的妙处远不止此。“塞上”是个大题目，用四句诗很难写。诗人的高明之处在于以响写寂，以动形静，只用一声箭响和互为因果的两个动景，就把“塞上”荒凉、寂静的辽阔空间展现在读者面前，而三百胡儿警惕性之高，亦见于言外。至于那响箭是谁放的，又在胡儿心中同时也在读者心中引发悬念，收到象外有象、余意无穷的效果。

## 郑文宝(953—1013)

字仲贤,汀州宁化(今属福建)人。太平兴国八年(983)进士,历官陕西转运使、兵部员外郎。其诗清新婉丽,多警句,颇受司马光、欧阳修称赏。惜其诗集已佚,仅散见于《皇朝文鉴》《麈史》《温公诗话》等书。有《江表传》《南唐近事》等。

### 柳　枝　词①

亭亭画舸系春潭②，　直到行人酒半酣。
不管烟波与风雨，　载将离恨过江南。

**【注释】**

①柳枝词:亦名《杨柳枝》,乐府《近代曲》名。

②画舸(gě):装饰华美的船。

**【品评】**

陈衍《宋诗精华录》评此诗:"首句一顿,下三句连作一气说,体格独别。"细玩诗意,并非如此。第一句写画船系在"春潭"边的柳树上,这当然有"一顿";但只有外景而未写内景,不知船上在干什么,因而紧接着补写一句:那船直系到"行人酒半酣",这当然又是"一顿"。"直到"者,"直系到"也,"系"字承上省略。如此写法,也很新颖,算得上"体格独别"。船上的"行人"本来要解缆出发,但送行者一再劝酒挽留,所以那船直系到"行人酒半酣"。依依惜别之情,都从"系"与"直到"中曲曲传出。"直到"又透露到此为止的意思。尽管船外风雨交加,江上烟波浩渺,那船却不能再"系"了!于是后两句"一气连说",动人心魄。

全诗写送别、写“离恨”，却以“画舸”为主语，贯彻始终。“画舸系春潭”，直系到“行人酒半酣”，仿佛已经够讲情面了；接下去，它就“不管烟波与风雨，载将离恨过江南”！正如吴乔《围炉诗话》所说：“人自别离，却怨画舸。”这就是所谓“无理而妙”。《苕溪渔隐丛话·前集》卷二四称此诗“好事或填入乐府”，四处传唱，并非偶然。

## 王禹偁（954—1001）

字元之，济州巨野（今属山东）人。家世务农。太平兴国八年（983）进士，历右拾遗、左司谏、知制诰等职，真宗时，预修《太宗实录》。遇事敢言，曾上《端拱箴》《御戎十策》《应诏言事疏》等，提出了重农耕、节财用、任贤能、抑豪强、谨边防等许多有关政治改革的建议。终因触犯权贵，三黜以死（有《三黜赋》）。文学韩愈，诗先学白居易，后学杜甫。其政治主张，开范仲淹等"庆历变法"先声；其文学主张和诗文创作实践，开欧阳修等诗文革新先河。有《小畜集》《小畜外集》。《宋史》卷二九三有传。

### 对　雪

帝乡岁云暮[①]，　衡门昼长闭[②]。
五日免长参[③]，　三馆无公事[④]。
读书夜卧迟，　多成日高睡。
睡起毛骨寒，　窗牖琼花坠[⑤]。
披衣出户看，　飘飘满天地。
岂敢患贫居，　聊将贺丰岁。
月俸虽无余，　晨炊且相继。
薪刍未缺供，　酒肴亦能备。
数杯奉亲老，　一酌均兄弟[⑥]。
妻子不饥寒，　相聚歌时瑞[⑦]。
因思河朔民[⑧]，　输挽供边鄙[⑨]。
车重数十斛，　路遥数百里。

羸蹄冻不行[10]，　死辙冰难曳[11]。
夜来何处宿，　阒寂荒陂里[12]。
又思边塞兵，　荷戈御胡骑。
城上卓旌旗[13]，　楼中望烽燧[14]。
弓劲添气力，　甲寒侵骨髓。
今日何处行，　牢落穷沙际[15]。
自念亦何人，　偷安得如是！
深为苍生蠹[16]，　仍尸谏官位[17]。
謇谔无一言[18]，　岂得为直士？
褒贬无一词[19]，　岂得为良史？
不耕一亩田，　不持一支矢。
多惭富人术，　且乏安边议。
空作对雪吟，　勤勤谢知己。

【注释】

①帝乡：指京城，这里指北宋都城汴梁。云：语助词，无实义。

②衡门：横木为门，指简陋的住宅。

③"五日"句：古代皇帝五天坐一次朝，群臣参见。这句是说因岁暮无公事，免掉五天参见的常规。

④三馆：宋以昭文馆、集贤馆、国史馆为三馆。当时王禹偁任"右拾遗直史馆"，右拾遗为谏官，直史馆为史官。

⑤琼花：雪花。

⑥一酌：一杓。均：平分。

⑦时瑞：古人以冬雪为瑞雪。

⑧河朔：指黄河以北地区。

⑨"输挽"句：拉着车子送给养与边军食用。

⑩羸(léi)蹄：瘦弱的牲口。

⑪死辙：为冰雪所封的车辙。

⑫阒(qù)：寂静。荒陂：荒凉的山坡。

⑬卓：竖立。

⑭烽燧：边境上报警的设施，白天放烟叫"烽"，夜间举火叫"燧"。

⑮牢落：空旷。穷沙际：荒远无边的沙碛。

⑯蠹(dù)：蛀蚀器物的虫子，引申为祸害。

⑰尸谏官位：白占谏官职位，不干实事。

⑱謇谔(jiǎn'è)：不避祸害，正直敢言。

⑲褒贬：褒善贬恶。

## 【品评】

诗人学习白居易写讽谕诗，这是其中之一。当时北宋正和契丹作战，加重了人民的负担。诗人关怀人民，对雪抒感。先从反面落墨，写京城岁暮，皇帝已不设朝，他和全家人闲暇无事，不愁吃穿，面对飘飘琼花而"相聚歌时瑞"，多舒坦！这一段，既完成了"对雪"的题面，又由此引出许多感慨，对以下所写起反衬作用。接着以"因思""又思"领起，分写"河朔民"的运输之苦与"边塞兵"的行军、作战之苦，真实地反映了当时社会的一个重要侧面。于是从对照的角度转入内疚、自责的抒写，坦露了崇高的精神境界。"偷安""尸谏官位""深为苍生蠹"等一连串内疚、自责的语言，对于这位不得行其志的改革者来说，只能算作严格的自我解剖和自我鞭策；而对于那些极不称职、甚至公然敲剥民脂民膏的官吏们来说，则是沉重的鞭打。结尾又以"空作对雪吟"回到题面。"空作"二字，寓无限感慨。他本来要作"直士""良史"，只是客观上不准作；他已经提出过不少"富人术""安边议"，只是朝廷不肯采纳。他面对纷纷大雪，想到边境未安，想到劳役、兵役之苦，却只能"空作对雪吟"而已！全诗语言浅切而情感真挚，层次分明而内涵深广。其对人民的同情、对国事的忧心、对政局的不满、对自己的严格要求，凝结为正直知识分子的高度责任感和使命感，感人至深。以"平铺直叙、缺少变化"贬低它，是不够全面的。

## 畲田词五首录三[1]

大家齐力斸孱颜[2]，　耳听田歌手莫闲。
各愿种成千百索[3]，　豆萁禾穗满青山[4]。(其一)
鼓声猎猎酒醺醺[5]，　斫上高山入乱云。
自种自收还自足，　不知尧舜是吾君[6]。(其二)
北山种了种南山，　相助力耕岂有偏[7]。
愿得人间皆似我，　也应四海少荒田[8]。(其三)

【注释】

①畲(shē)田:火种田。就地砍倒树木、杂草,引火焚烧,作为肥料,然后耕种。

②斸(zhū)孱(chán)颜:斸:砍伐。孱颜:形容山的险峻。

③索:计量单位。作者自注:“山甲不知畎亩,但以百尺绳量之,曰‘某家今年种得若干索’,以为田数。”

④萁(qí):豆秸。

⑤猎猎:形容鼓声。醺(xūn)醺:醉的样子。

⑥尧舜:古代传说中的两位贤明君主。这句诗化用《击壤歌》:“日出而作,日入而息;凿井而饮,耕田而食。帝力于我何有哉!”

⑦偏:私心。

⑧四海:指全国。

【品评】

太宗淳化二年(991),作者贬官商州(今陕西商县),十月到任。当时的商州“深山穷谷,不通辙迹”,农民先放火烧山,然后“酿黍稷,烹鸡豚”,

约请乡邻互助耕种。作者看到这种淳朴的民俗，用当地民歌格调写成《畬田词五首》，歌颂了团结互助精神和广开荒田、争取丰收的劳动人民。清新明畅，具有浓郁的民歌风味。

## 村　行

马穿山径菊初黄①，　信马悠悠野兴长②。
万壑有声含晚籁③，　数峰无语立斜阳。
棠梨叶落胭脂色④，　荞麦花开白雪香。
何事吟余忽惆怅？　村桥原树似吾乡。

**【注释】**

①山径：山间小路。
②信马：任马行走。悠悠：形容心情安闲。野兴长：野外游兴很浓厚。
③万壑：众多的山沟。籁(lài)：指山沟发出的音响。
④棠梨：又名杜梨，一种野生梨树。

**【品评】**

这首七律作于任商州团练副使时期。首联以“马穿山径”点“村行”，以“菊初黄”点时令，以“野兴长”引起中间两联。中间两联通过视觉、听觉、嗅觉写山村秋景：宁静、明丽、芳香，表现了诗人离开贬所、信马村行之时获得的精神解脱和心灵慰藉。尾联以一问突转、以一答拍合，跌宕生姿。因见此乡景物恰“似吾乡”而忽感惆怅，则弃官归去之念油然而生，其对贬谪生涯的厌恶和对朝政时局的失望，俱见于言外。

## 春居杂兴二首录一

两株桃杏映篱斜，　妆点商州副使家。
何事春风容不得，　和莺吹折数枝花！

**【品评】**

宋代的团练副使，多由被贬谪的官员充任，不得签署公事，俸禄微薄，商州又是穷困荒凉的山区，诗人曾用“坏舍床铺月，窗寒砚结澌”（《谪居感事》）描写他的居住条件，对于我们理解这首诗很有帮助。

住宅围以竹篱，其简陋可知。然而春天终于来临，斜倚竹篱的两株桃杏繁花盛开，总算给他的家妆点出难得的春色。两句诗，情景交融，表现了他对两株桃杏的无限珍惜，为后两句作好了铺垫。后两句赋、比、兴并用，而出以问语。“春风”本应为人间带来春色，可是为什么连唯一“妆点商州副使家”的“两株桃杏”都“容不得”，竟然“和莺吹折数枝花”呢？问而不答，寓意无穷，诗人此前的遭遇和当前的处境，都蕴含其中，足以引发读者的无限联想。

## 惠崇(？—1017？)

北宋诗僧，建阳(今属福建)人，一作淮南人。与希昼、保暹、文兆、行肇、简长、惟凤、宇昭、怀古合称“九僧”，有《九僧诗集》，同属晚唐派。多写生活琐事与自然小景，忌用典、尚白描。专精五律，锻炼推敲，力求精工晶莹。惠崇为九僧之冠，其《访杨云卿淮上别墅》，是五律的代表作。亦善画，王安石、苏轼都曾为他的画题诗。

### 访杨云卿淮上别墅

地近得频到，　相携向野亭①。
河分冈势断，　春入烧痕青②。
望久人收钓，　吟余鹤振翎。
不愁归路晚，　明月上前汀③。

**【注释】**

①相携：两人手挽手。
②烧痕：草地被焚烧留下的痕迹。
③汀(tīng)：水边的陆地。

**【品评】**

晚唐派五律，中间两联多写景，刻意锻炼，力求表现出一种清幽野逸的意境。这首诗也是这样，颔联尤精警。从“野亭”上看，河两岸是山冈，却写成“河分冈势断”；春天来了，先一年冬天被烧掉的野草又长出新苗，却写成“春入烧痕青”。后一句和白居易的“野火烧不尽，春风吹又生”表现同样的意思，风格却迥乎不同。晚唐体的特色，于此可见一斑。

## 魏野(960—1019)

字仲先,号草堂居士,陕州(今河南陕县)人。为宋初著名隐逸之士,真宗闻名召见,不赴。卒赠著作郎。诗宗晚唐,效法贾岛、姚合。为诗精思苦吟,多平淡闲远之作。有《东观集》十卷。

### 寻隐者不遇

寻真误入蓬莱岛①,　香风不动松花老。
采芝何处未归来②,　白云满地无人扫。

**【注释】**

①真:真人的省称。道家以得道者为真人。蓬莱:神话传说中的三神山之一,泛指仙境。

②芝:灵芝,古人以为食后会长生不老。

**【品评】**

此诗用烘托法,写寻访隐者而隐者采芝未归。但见所居之处,松花飘香,白云满地,恍如仙境,而对其人之仰慕与寻而不遇的怅惘之情,俱从景物描写中曲曲传出。

## 寇准(961—1023)

字平仲,华州下邽(今陕西渭南)人。太平兴国五年(980)进士,累官至同中书门下平章事。敦促真宗抗辽,订立澶渊之盟,封莱国公,时称寇莱公。后遭谗被贬,卒于雷州(今广东海康),谥号忠愍。

与魏野、潘阆、林逋和九僧为诗友,号晚唐诗派。七言明丽婉雅,五言淡远闲适,间也有激昂慷慨之作。有《寇莱公集》。

### 春日登楼怀归①

高楼聊引望, 杳杳一川平②。
野水无人渡, 孤舟尽日横。
荒村生断霭③, 古寺语流莺。
旧业遥清渭④, 沉思忽自惊。

**【注释】**

①司马光《温公续诗话》载寇准"年十九进士及第,初知巴东县,有诗云:'野水无人渡,孤舟尽日横。'",知此诗当是寇准二十岁左右初官巴东时所作。

②杳杳:深远貌。

③断霭:断断续续的烟雾。

④"旧业"句:老家在遥远的渭水旁。

**【品评】**

第一句领起以下五句,"杳杳一川平"及二、三两联,皆写"引望"中景色。这些景色与作者故乡的景色很相似,因而引起思乡之情,写出了尾联。第一句“高楼聊引望”，用一“聊”（姑且）字，表明只是随便观看风景，并非为“怀归”而“登楼”。然而看到“野水”“孤舟”“荒村”“古寺”，听见黄莺儿歌唱，感到自己就在清渭旁边的老家，因为所见所闻都和老家一样。但这只是暂时的错觉，及至转念沉思，“忽惊”人在巴东，而渭河边的“旧业”，已在数千里之外！全诗以“聊”字与“惊”字首尾呼应，活现了触景生情的心态。“野水无人渡，孤舟尽日横”一联，属对精切，写景如画，北宋翰林图画院曾以此为题，评定考生的优劣。

## 书河上亭壁录一①

岸阔樯稀波渺茫②，　独凭危槛思何长③！
萧萧远树疏林外④，　一半秋山带夕阳。

**【注释】**

①诗共四首，分咏四季景物，此首咏秋景。
②樯（qiáng）：桅杆。
③危槛：高亭上的栏杆。思何长：情思多么悠远。
④萧萧：萧条稀疏貌。

**【品评】**

一、三、四三句，皆写“独凭危槛”所见的景色，而“思何长”即寓于景色之中。“波渺茫”，情思亦随之“渺茫”无际；萧萧疏林已很“远”，疏林之外的秋山更“远”，而作者的情思，亦随远望中所见的疏林、秋山逐步移向远方。“秋山”已“带夕阳”，正是人们回家的时候，而作者却远在他乡。“独凭危槛”的那个“独”字，已透露了诗人思家之情。看起来，他并不是在观赏风景，而是在遥望家乡，但望见的却是渺茫烟波、萧萧疏林、秋山夕阳，其思乡怀归之情，便与这一派萧条景象融合无间，令人玩味无穷。

## 林逋(967—1028)

字君复,钱塘(今浙江杭州)人。早岁漫游江淮间,后归隐杭州孤山,养梅饲鹤、终身不娶,人称"梅妻鹤子"。真宗礼遇之,赐粟帛。死谥和靖先生。诗多写隐逸生活及自然风光,淡雅闲远。有《林和靖诗集》四卷。

### 山园小梅

众芳摇落独暄妍①,　占尽风情向小园。
疏影横斜水清浅,　暗香浮动月黄昏②。
霜禽欲下先偷眼③,　粉蝶如知合断魂④。
幸有微吟可相狎⑤,　不须檀板共金樽⑥。

**【注释】**

①众芳摇落:百花凋谢。暄妍:鲜艳,指梅花。
②暗香:幽香。
③霜禽:经霜的鸟。偷眼:偷看。
④合断魂:准会销魂。
⑤相狎(xiá):相亲相近。
⑥檀板:用檀木制成的响板,歌唱时用来打拍子。金樽:贵重的酒杯。

**【品评】**

林逋"吟魂长恨负芳时,为见梅花辄入诗",以善咏梅出名。其"雪后园林才半树,水边篱落忽横枝"(《咏梅》)一联,传诵一时;这首七律,更备受赞赏,使前此无数咏梅之作都黯然失色。

要为梅花写照传神，并不那么容易。这首诗的成功，在于善用映衬、烘托手法：首联用“众芳摇落”反衬梅花凌寒独秀，占尽风情。次联用“水清浅”“月黄昏”映衬梅花“疏影横斜”“暗香浮动”。三联用“霜禽”“粉蝶”作侧面烘托——霜禽被“暗香”吸引，正要飞下，先“偷眼”相看；“粉蝶”如果知道梅花比春天的群花更美，便会神往销魂，恨不生在冬天。尾联将自己与梅花关合，托物抒怀：高洁的梅花有我吟诗作伴，就很幸运；至于檀板金樽、歌舞饮宴的豪华场面，她是不需要的。这实际上也是用后者反衬前者。

“疏影”“暗香”一联，被认为是咏梅的千古绝唱。欧阳修说：“评诗者谓前世咏梅者多矣，未有此句也。”司马光称其“曲尽梅之体态”。苏轼称此联“决非桃李诗”，写出了梅花的个性。陈与义《和张矩臣水墨梅》云：“自读西湖处士诗，年年临水看幽姿。晴窗画出横斜影，绝胜前村夜雪时。”是说林逋的“暗香”“疏影”一联比唐人齐己《早梅》名句“前村深雪里，昨夜一枝开”更好。王十朋更说：“暗香和月入佳句，尽压千古无诗才”，辛弃疾奉劝诗人“未须草草赋梅花，……总被西湖林处士，不肯分留风月”。至于姜夔咏梅自度曲特以“暗香”“疏影”命名，更成为此后词人咏梅常用的词牌。

## 小隐自题

竹树绕吾庐，　清深趣有余。
鹤闲临水久，　蜂懒采花疏。
酒病妨开卷①，　春阴入荷锄②。
尝怜古图画③，　多半写樵渔。

**【注释】**

①酒病：指酒醒后的困惫。妨：妨碍。

②入荷锄:走进去劳动。

③怜:喜爱。

【品评】

这首五律以喜悦的心抒写隐逸高趣,真如梅尧臣《林和靖先生诗集序》所说:"咏之令人忘百事。"

## 杨亿(974—1020)

字大年,建州浦城(今属福建)人。十一岁时,太宗召试,授秘书省正字。淳化三年(992),赐进士及第。累官翰林学士、知制诰等职。与王若钦等同修《册府元龟》。诗学李商隐,与刘筠、钱惟演等十七人相唱和,编为《西昆酬唱集》,号西昆体。和刘筠齐名,时称杨、刘。有《武夷新集》。

### 汉　　武①

蓬莱银阙浪漫漫②,　弱水回风欲到难③。
光照竹宫劳夜拜④,　露汚金掌费朝餐⑤。
力通青海求龙种⑥,　死讳文成食马肝⑦。
待诏先生齿编贝,　忍令索米向长安⑧。

**【注释】**

①汉武:即汉武帝刘彻,晚年祀神求仙。

②蓬莱银阙:《史记·封禅书》记载,有人对汉武帝说,海上有蓬莱仙山,山中宫阙以金银为之,且有不死之药。漫漫:无边无际的样子。

③弱水:《十洲纪》云:"凤麟洲在西海之中央,洲四面有弱水绕之,鹅毛不浮,不可越也。"回风:旋风。

④竹宫:是汉武帝甘泉宫中的祠宫。《汉书·礼乐志》载,武帝命人于甘泉宫作通天台,有神光如流星集于台上,于是武帝在竹宫里望拜。

⑤露汚(tuān):露水聚集的样子。金掌:据《汉武故事》等书记载,武帝于建章宫中建金茎,高三十丈,上有金铜仙人以手掌托铜盘,承云表之露,和玉屑饮之,可以长生。

⑥青海求龙种:汉武帝曾得神马于渥洼水中,又西伐大宛得良马三千匹。《隋书·炀帝纪》曰:"大业五年,置马牧于青海(今青海湖)渚中,以求龙种。"此处用典仅为借用。又据《周礼》载,马八尺以上为龙马。

⑦"死讳"句:《史记·封禅书》云:"(武帝)拜少翁为文成将军,岁余,其方益衰,乃为帛书以饭牛,群不知。言曰:'此牛腹中有奇。'杀视得书,书言甚怪。天子识其手书,问其人,果是伪书,于是诛文成将军,隐之,后悔其早死,惜其方不尽。及见栾大,大言曰:'臣恐效文成,则方士皆奄口。'上曰:'文成食马肝死耳。'"

⑧"待诏"两句:《汉书·东方朔传》:"'臣朔年二十二,长九尺三寸,目若悬珠,齿若编贝。'上伟之,令待诏公车,奉禄薄,未得省见。久之,上召问朔。对曰:'臣言可用,幸异其礼,不可用,罢之,无令但索米长安。'上大笑,因使待诏金马门,稍得亲近。"

## 【品评】

西昆派宗法李商隐,追求辞藻华美、多用典故、对仗工整、音律和谐,但缺乏真情实感,未能学到李商隐的真实本领。石介视为"怪"现象而加以攻击,欧阳修等则开创新诗风,西昆派乃告衰歇。杨亿的这首诗,具备西昆体的一般特征,而较有意义。大中祥符元年(1008),宋真宗在王钦若等人的怂恿下伪造"天书",自命天下正主,耗费国力民财封禅泰山。正在内廷秘阁修《册府元龟》的杨亿等人对此不满,便借汉武帝晚年祀神求仙的题材互相唱和,意在讽谏真宗。《西昆酬唱集》中以"汉武"为题的七律共六首,杨亿的这一首排为第一。全诗取材博赡,炼词精整,前六句对武帝求仙进行讥刺,后两句与武帝重用方术之士相对照,慨叹像东方朔那样有才能的人却只能做闲官。借古讽今,情真味厚,是西昆体的佳作。

## 刘筠(971—1031)

字子仪,大名(今属河北)人。咸平元年(998)进士。以杨亿荐,擢大理评事、秘阁校理,预修《图经》及《册府元龟》。官至翰林学士承旨兼龙图阁直学士。文辞善对偶,尤工于诗,与杨亿齐名,时称杨、刘,是西昆派的重要诗人。

### 偶　作

杀青和墨度流年①，　饱食无功鬓飒然②。
却忆候封安邑枣③，　不肯兄事鲁褒钱④。
千峰月白猿啼树，　六幕风高鹗在天⑤。
招隐诗成谁击节⑥，　愿倾家酿载渔船⑦。

**【注释】**

①“杀青”句:意谓做笔墨生涯,虚度光阴。杀青:古代用竹简书写,先要将竹简在火上炙烤,去其水分,这一处理过程叫做杀青。

②鬓飒然:指鬓发已斑白。飒:衰也。潘岳《秋兴赋》:“素发飒以垂领。”

③安邑枣:《史记·货殖列传》云:“安邑千树枣,燕秦千树栗,蜀汉江陵千树橘……此其人皆与千户侯等。”即有安邑千树枣便等于封了千户侯。

④鲁褒钱:《晋书·鲁褒传》载,褒鄙世人之贪财,因著《钱神论》以刺之,略云:“(钱)为世神宝,亲爱如兄,字曰孔方。”后世遂以“孔方兄”喻钱。

⑤六幕:六合,即天地四方。风高:指强劲的风。鹗:捕鱼鸟,一种

猛禽。

⑥击节：打拍子表示赞赏。

⑦家酿：自己家中酿造的酒。

【品评】

首联对自己未能建功立业，却在文学侍臣的笔墨生涯中虚度流年发出慨叹。次联以“却忆”“不肯”结合，跌宕生姿。想到古人有千树枣，家资富厚，就比得上封侯；可是自己并不崇拜钱财啊！三联奇峰突起，以“千峰月白”“六幕风高”展现寥阔的境界，以“猿啼树”“鹗在天”抒发对于自由吟唱、自在翱翔的渴望。尾联点明全诗主旨。左思、陆机都有《招隐诗》，抒归隐之志。“我”作的这一首也是“招隐诗”，可是有谁击节赞赏呢？不管有没有人赞赏，反正“我”愿归隐，载酒泛舟，过自由自在的生活。

在《西昆酬唱集》中，这是一首别开生面的佳作，刊落浮华，骨力坚苍，转折灵动，格调高昂，表现了不愿同流合污、苟禄敛财，而渴望过隐逸生活的高尚情操。作者性情刚直，丁谓勾结内侍，谋复相位，他拒不草制。作此诗时，参知政事王钦若、权三司使丁谓等奸邪小人正怂恿真宗伪造“天书”、建造道观、封禅泰山；其归隐之念，即由此而生。他后来请求外任，终于离开朝廷。此诗抒发的是一种来自现实生活的强烈的真情实感，故能突破西昆体挦撦、模拟、堆砌典故、镂金错采的窠臼，已为欧阳修等人的诗文革新透露了消息。

## 钱惟演(977—1034)

字希圣,杭州临安(今属浙江)人。吴越王钱俶(cù)之子。随父归宋,官保大军节度使,加同中书门下平章事。预修《册府元龟》,与杨亿、刘筠相唱和,诗载《西昆酬唱集》。喜奖掖后进,欧阳修、梅尧臣、尹洙等皆曾受其知遇。著有《家王遗事》《金坡遗事》等书。

### 对竹思鹤

瘦玉萧萧伊水头①, 风宜清夜露宜秋。
更教仙骥旁边立②, 尽是人间第一流!

**【注释】**

①萧萧:这里状风吹竹声。伊水:洛河支流,在河南省西部。

②仙骥:指鹤。《相鹤经》称鹤为"羽族之宗长,仙人之骐骥"。

**【品评】**

赞美瘦竹、仙鹤是第一流雅物,隐然以第一流雅士自诩。陈衍《宋诗精华录》评此诗:"有身份,是第一流人语。"就诗论诗,则所见极是;但钱惟演本人却趋附权相、外戚,为直士所不齿,读《宋史》本传便知。元好问《论诗三十首》有云:"心画心声总失真,文章宁复见为人!"慨乎其言之。"言为心声",但在生活中说假话、甚至作诗说假话的情况也不少,这首诗便是一个例子。

## 范仲淹(89—1052)

字希文,吴县(今属江苏)人。少孤贫,力学。大中祥符八年(1015)进士。宝元三年(1040)任陕西招讨副使,兼知延州,抗御西夏。庆历三年(1043),任枢密副使、参知政事,推行新政,力图改革,遭保守派反对而罢政,出知邠州,兼陕西四路安抚使。卒谥文正。工诗文,晚年所作《岳阳楼记》至今脍炙人口。有《范文正公集》。

### 观　风　楼①

高压郡西城②，　观风不浪名③。
山川千里色，　笑语万家春。
碧寺烟中静，　红桥柳际明。
登临岂刘白④？　满目是诗情。

**【注释】**

①观风楼:位于苏州城西。西望虎丘诸山及运河、太湖,东临苏州城。

②郡:指苏州。

③"观风"句:楼名"观风",并不是信口起名。"观风",出自《礼·王制》"命太师陈诗以观民风"。

④刘白:指刘禹锡、白居易。刘于太和六年(832)任苏州刺史,白于宝历元年(825)任苏州刺史。二人在任时均有咏苏州诗多首。

**【品评】**

此诗作于景祐二年(1035)任苏州知府时。二、三两联,写登楼四望景色,明丽如画。

# 江 上 渔 者[1]

江上往来人， 但爱鲈鱼美[2]。
君看一叶舟， 出没风波里？

**【注释】**

①渔者：捕鱼的人。

②鲈(lú)鱼：一种肉嫩味美的鱼，苏州一带多有。

**【品评】**

只知鲈鱼味美而贪爱品尝，却不知渔者多么辛苦，这是有普遍意义的社会现象。后两句只展示捕鱼的惊险场景让人“看”而不作解释，含义深广，极耐寻绎。

## 晏殊(991—1055)

字同叔,临川(今属江西)人。以神童召试,赐同进士出身,除秘书省正字。累官至集贤殿学士、同中书门下平章事兼枢密使。卒谥元献。以知人著称,名臣范仲淹、韩琦、富弼皆出其门。工诗词,尤擅长小令。诗属西昆体,词袭南唐余风,为宋初一大家。有《珠玉词》及清人所辑《晏元献遗文》。

### 示张寺丞王校勘[①]

元巳清明假未开[②], 小园幽径独徘徊。
春寒不定斑斑雨[③], 宿醉难禁滟滟杯[④]。
无可奈何花落去, 似曾相识燕归来。
游梁赋客多风味[⑤], 莫惜青钱万选才[⑥]。

**【注释】**

①张寺丞、王校勘:即张先、王琪。

②元巳:指农历三月第一个巳日,也称上巳。后专定在农历三月初三。古代习俗喜在这天修禊于水滨。

③斑斑雨:稠密的细雨。

④宿醉:经宿尚未全醒的余醉。滟滟杯:杯中的酒满溢的样子。

⑤游梁赋客:汉梁孝王建梁园(在今河南开封市),广招才士,词赋家司马相如、枚乘等都游梁,为梁孝王宾客。此处指张先、王琪。

⑥青钱万选:比喻文辞出众。《新唐书·张荐传》:“鷟文辞犹青钱万选,万选万中。时号鷟青钱学士。”“莫惜”句:不要吝惜才华,要尽量施展出来。

**【品评】**

此诗以第三联出名，作者又用于《浣溪沙》词中，该词亦因有此二句而出名。《四库全书总目提要》云："浣溪沙"春恨词"无可奈何花落去，似曾相识燕飞来"二句，乃殊《示张寺丞王校勘》七言律腹联。……今复填入词内，岂自爱其词语之工，故不嫌复用耶？

前两联通过"徘徊""春寒""宿醉"表露伤春情绪，为第三联作铺垫。"花落去""燕归来"，都是眼前景，而"无可奈何""似曾相识"，则是由此触发的无限情思。人们希望花常开、春常在，但花儿有开必有落，如今眼见"花落去"，尽管留恋、惋惜，也"无可奈何"。然而春天去了还会来，作为候鸟的燕子，去年从这里飞去，今春还会回来。眼前归来的燕子，也许就是去年来过的燕子吧！因而深情地辨认，感到"似曾相识"。见花儿落去而"无可奈何"，慨叹存在者难免消逝；见燕子归来而"似曾相识"，又以消逝中仍含存在而感到欣慰。正因为领悟到消逝中仍含存在，故尾联一扫春愁，勉励他的宾客切莫吝惜才华，应尽量施展。两句诗，回环起伏，抑扬跌宕，蕴含着对于宇宙人生的哲理探索，能引发丰富的美感联想，给人以深刻的思想启迪。

晏殊《浣溪沙》词云：

> 一曲新词酒一杯，去年天气旧亭台。夕阳西下几时回？
>
> 无可奈何花落去，似曾相识燕飞来。小园香径独徘徊。

张宗橚《词林纪事》云："细玩'无可奈何'一联，意致缠绵，语调谐婉，的是倚声家语，若作七律，未免软弱矣。"从总体上看，词的风格与诗的风格是各有特点的；但仅仅两句十四字，便断定只宜入词（依声）而不宜入诗，未免主观。

## 寓　　意[1]

油壁香车不再逢[2]，　峡云无迹任西东[3]。

梨花院落溶溶月[4]，　柳絮池塘淡淡风。
几日寂寥伤酒后，　一番萧瑟禁烟中[5]。
鱼书欲寄何由达[6]，　水远山长处处同[7]。

**【注释】**

①一作无题。

②油壁香车:古代妇女乘坐的彩饰的小车。这里指代美丽的女子。

③峡云:用宋玉《高唐赋》载楚襄王梦中与巫山神女欢会事。当时神女临别对楚襄王说:“妾在巫山之阳,高丘之阻。旦为朝云,暮为行雨。朝朝暮暮,阳台之下。”后遂以巫云、巫山云雨等表示男女欢会。这里为避熟将巫云改作峡云。

④溶溶:广阔貌。

⑤禁烟:清明前两天禁止生火做饭,为寒食日,亦称禁日。

⑥鱼书:指书信。汉《饮马长城窟行》:“客从远方来,遗我双鲤鱼。呼儿烹鲤鱼,中有尺素书。”用鱼书代表信札自此始。

⑦“水远”句:万水千山,水水皆远,山山皆长,鱼书极难送达。

**【品评】**

首联写与一位乘坐“油壁香车”的女性偶然相遇,此后便渺无踪影。次联回忆与那位女性邂逅的环境,美景良宵,令人心醉神迷。后两联写别后的无穷思念,真挚动人。晏殊被视为西昆派后期作家。方回《瀛奎律髓》卷十、卷十七分别选了他的《春阴》《赋得秋雨》,均评为“昆体”。但这首《寓意》除了“峡云”的用典尚余西昆痕迹外,通体清新妍妙,已突破了西昆藩篱。

## 石延年(994—1041)

字曼卿,宋城(今河南商丘)人。累举进士不第。力主加强对辽、西夏的防御,以武臣叙迁得官,曾赴河东征练乡兵。仕至太子中允、秘阁校理。诗风劲健,书法亦遒劲,甚为欧阳修所推重。有《石曼卿诗集》。

### 瀑　　布

飞势挂岳顶①,　何时向此倾②?
玉虹垂地色③,　银汉落天声④。
万丈寒云湿,　千岩暑气清。
沧浪不足羡,　就此濯尘缨⑤。

**【注释】**

①岳顶:山顶。

②倾:这里形容瀑布从山顶直泻而下。

③玉虹:白色的虹。

④银汉:银河。

⑤"沧浪"二句:谓这里环境比沧浪还好。沧浪:《楚辞·渔父》:"沧浪之水清兮,可以濯吾缨;沧浪之水浊兮,可以濯吾足。"濯尘缨于沧浪,指归隐。

**【品评】**

首写瀑布自山顶倾泻;继用"玉虹垂""银汉落"两个比喻状其神态,兼写声、色;第三联写"万丈寒云"都被溅湿,"千岩暑气"都被消除,出现了一片与尘世烦嚣迥异的清凉世界;第四联水到渠成,以“就此濯尘缨”作结。李白《望庐山瀑布》是写“瀑布”的绝唱,此诗却以此为基础而作更深更广的开拓,获得了很好的艺术效果。

## 曾公亮（999—1078）

字明仲，泉州晋江（今属福建）人。仁宗天圣二年（1024）进士，历官翰林学士、枢密使、同中书门下平章事。曾与丁度编《武经总要》。

### 宿甘露僧舍[1]

枕中云气千峰近，　床底松声万壑哀。
要看银山拍天浪[2]，　开窗放入大江来。

**【注释】**

①甘露：即甘露寺，在镇江北固山上，下临长江。
②银山：指江中巨浪。

**【品评】**

作者住宿在甘露寺僧舍中。首联用对偶句，上句以枕中有千峰云气写僧舍之高，下句以床底有万壑松声写僧舍之幽。用夸张手法加强艺术表现力，极有气势。次联不直写俯瞰大江，而说如果要看像银山那样的拍天巨浪，那就打开窗户，放入大江。用虚拟语气加强艺术表现力，尤有气势。

## 张俞（生卒年不详；《宋史》本传作张愈）

字少愚，益州郫（今属四川）人。文彦博治蜀，为筑室成都青城山白云溪，因号白云先生。有《白云集》，已佚。

### 蚕　妇

昨日入城市，　归来泪满巾。
遍身罗绮者[1]，　不是养蚕人？

【注释】

①罗绮：绸缎。

【品评】

诗人让蚕妇作抒情主人公，出面讲她"入城市"的所见所感。妙在第一句讲"昨日入城市"，读者总以为第二句要讲她见了什么大世面；可是出人意外，来了一句"归来泪满巾"。第三句讲入城所见，第四句则是她的判断。这个判断，看来是她在归来的路上才作出的，一作出，便忍不住伤心落泪。"遍身罗绮者，不是养蚕人"，言外之意是：她这位养蚕人，反而和罗绮沾不上边。晚唐诗人杜荀鹤也有一首《蚕妇》诗："粉色全无饥色加，岂知人世有荣华。年年道我蚕辛苦，底事浑身着苎麻！"两相比较，张俞所写的蚕妇平生第一次进城，发现不养蚕的反而"遍身罗绮"，她自己呢，大概也是"浑身着苎麻"，因而强烈地感到不平，不禁"泪满巾"。杜荀鹤所写的蚕妇则更可怜，她连进一次城的机会也没有，压根儿不知人世有荣华，因而尽管对自己"浑身着苎麻"发出"底事"的疑问，却没有弄清究竟缘底事，所以还没有哭，而把哭声留给善良的读者。

## 梅尧臣(1002—1060)

字圣俞,宣城(今属安徽)人。宣城汉代名宛陵,故世称“宛陵先生”。早年应试不第,以恩荫补官。仁宗皇祐三年(1051),因大臣推荐面试,赐同进士出身,授国子监直讲。官至尚书都官员外郎,世因此亦称“梅都官”。曾预修《新唐书》。与欧阳修同为北宋前期诗文革新运动领袖,并称“欧梅”。又与苏舜钦齐名,并称“苏梅”。诗风简古,着重反映现实,力克西昆浮靡之弊。有《宛陵集》。

### 陶　者①

陶尽门前土，　屋上无片瓦。

十指不沾泥，　鳞鳞居大厦②。

**【注释】**

①陶者:用陶土烧制砖瓦的人。

②鳞鳞:屋上瓦排列得整整齐齐,有如鱼鳞一般。

**【品评】**

制瓦者屋上无瓦,住大厦者十指不沾泥,与张俞“遍身罗绮者,不是养蚕人”同一意蕴;而第三句与第一句对比,第四句与第二句对比,无一语判断,让读者自作结论,又独具特色。

### 田　家　语

谁道田家乐，　春税秋未足①。

里胥扣我门[2]，　日夕苦煎促[3]。
盛夏流潦多[4]，　白水高于屋，
水既害我菽[5]，　蝗又食我粟[6]。
前月诏书来[7]，　生齿复版录[8]；
三丁籍一壮[9]，　恶使操弓韣[10]。
州符今又严[11]，　老吏持鞭朴[12]，
搜索稚与艾[13]，　唯存跛无目。
田闾敢怨嗟[14]？　父子各悲哭。
南亩焉可事[15]，　买剑卖牛犊[16]。
愁气变久雨，　铛缶空无粥[17]。
盲跛不能耕，　死亡在迟速。
我闻诚所惭，　徒尔叨君禄[18]，
却咏《归去来》[19]，刈薪向深谷。

【注释】

①“春税”句：春天的税到秋天还未交够。

②里胥：地保、里正。扣：敲打。

③苦煎促：苦苦地逼迫交税。

④潦(lào)：同涝，积水。

⑤菽(shū)：豆子。

⑥蝗：蝗虫。粟：这里泛指谷物。

⑦诏书：皇帝布告臣民的文书。

⑧生齿：人口。版录：登记注册。

⑨丁：壮丁。籍：登记名册。此处指抽丁。

⑩恶使：强迫命令。操：拿起。弓韣(dú)：弓和弓套。

⑪州符：州府衙门的公文。

⑫鞭朴：打人的鞭子和木棍。

⑬稚(zhì)与艾:小孩和老人。艾:五十岁叫艾,这里指超过服兵役年龄的人。

⑭田闾(lǘ):指农民家。

⑮南亩:田地。焉:哪里。可事:可以耕种。

⑯买剑卖牛犊:汉龚遂为渤海太守,教民卖剑买牛,卖刀买犊。此则颠倒过来,指人民将被逼得铤而走险。

⑰铛缶:锅和罐。

⑱徒尔:白白地。叨:白享受。君禄:皇帝赐予的俸钱。

⑲《归去来》:指晋陶潜辞官归隐后所写的一篇辞赋《归去来辞》,此处表示辞官归去。

## 【品评】

宋仁宗康定元年(1040),西夏连续侵犯关中,宋王朝组织民兵防卫。此诗序中说:"诏书"规定"凡民三丁抽一丁",而"主司欲以多媚上,急责郡吏。郡吏畏,不敢辩,遂以属县令。互搜民口,虽老幼不得免"。因而严重地影响了农业生产。诗的前二十四句是"田家语",通过农民的诉说,多角度、多方位地描绘出一幅民不聊生的广阔图画。结尾四句,改由作者出面,抒发"我闻"田家语之后的感慨。作为地方官,尽管对农民的苦难感同身受,却无法改善他们的处境,因而深惭白吃"君禄",打算弃官归去,自食其力,表现了正直知识分子的良心。其由农民自诉苦难的一大段诗,字字血泪,读之如闻哭声,具有强烈的艺术感染力。

# 汝坟贫女①

汝坟贫家女，　行哭音凄怆②。
自言有老父，　孤独无丁壮。

郡吏来何暴，　县官不敢抗。
督遣勿稽留[3]，　龙钟去携杖[4]，
殷勤嘱四邻，　幸愿相依傍[5]。
适闻闾里归[6]，　问讯疑犹强[7]。
果然寒雨中，　僵死壤河上[8]。
弱质无以托[9]，　横尸无以葬[10]。
生女不如男，　虽存何所当[11]。
拊膺呼苍天[12]，　生死将奈向[13]？

【注释】

①汝：汝水，在今河南省境内。坟：指河堤。

②行哭：边走边哭。

③督遣：督促派遣。勿稽留：不得停留。

④龙钟：行动不灵活。去携杖：即拄着拐杖去。

⑤依傍：指关心照顾。

⑥闾里：乡里，这里指邻人。

⑦"问讯"句：贫女想向回来的邻人问老父在外的情况，但又怕凶多吉少，顾虑重重，最后硬着头皮去问。

⑧僵死：冻死。壤河：在河南鲁山县境内。

⑨弱质：贫女自指。

⑩横尸：指遭受意外灾难而死者。这里指老父尸体。

⑪何所当：有何用。

⑫拊：同抚。膺：胸。手抚胸口，表示哀痛之极。

⑬"生死"句：是死是活，自己不知如何是好。奈向：怎么办。

【品评】

《汝坟贫女》是《田家语》的续篇。诗序云："时再点弓手，老幼俱集，大雨寒甚,道死者百余人,自壤河至昆阳老牛陂,僵尸相继。"

这首诗与《田家语》在写法上的相同点是:诗的主要部分,都由受苦难者自己出面诉苦,比由诗人代诉其苦更加感人。其相异点是:前者先由老农控诉,后四句以"我闻"领起,改由作者抒发感慨;后者则颠倒过来,先由作者引出"汝坟贫家女,行哭音凄怆",然后以"自言"领起,让她出面哭诉,直至结尾。当然,如"拊膺呼苍天",很像作者的描写语,与"自言"不合,可能是措辞上的疏忽。

诗用自述语气,只是一种表现方式,并不是逐句记录了某一人物的全部语言。诗序所说的"道死者百余人""僵尸相继",这是事实。作者从死者家属中选出一位"贫女",集贫困、弱小、孤独、丧父于一身,一出场便边"行"边"哭",声音"凄怆",然后进行血泪控诉。这一切,都来自作者的精心选材和提炼、概括。直截了当地说:汝坟贫女,是作者从现实出发,借鉴杜甫的《三吏》《三别》而创造的艺术形象。通过这一形象,集中地反映了统治者的暴虐和人民的苦难。

## 鲁山山行①

适与野情惬②,　千山高复低。
好峰随处改,　幽径独行迷。
霜落熊升树,　林空鹿饮溪。
人家在何许?　云外一声鸡。

**【注释】**

①鲁山:在今河南鲁山县东北,接近襄城县西南边境。宋仁宗康定元年(1040),梅尧臣知襄城县,作此诗。

②适:恰巧。惬(qiè):相合。

【品评】

首句擒题，意思是：鲁山山行，恰好与我爱好山野风光的情趣相合。以下各句，便通过描状“山行”所见的动景来表现他的“野情”。“千山高复低”，乃宏观描写；以下两联，则是局部描写。因为人在山中行走，眼前景便移步换形，“好峰”不断变换美好的姿态，“幽径”则愈转愈幽。着一“迷”字，并不是说诗人因“迷”路而发愁，而是强调“幽径”之“幽”，正投合了诗人的野趣。宋之问《春日宴宋主簿山亭》诗有云：“迷路出花难。”为万花所“迷”，不容易找到出路，这当然是好事情。“幽径独行迷”，情景与此相类。颈联互文见意，“霜落”则“林空”，故在“幽径”独行，可以看见“熊升树”“鹿饮溪”的野景。“熊”“鹿”并没有看见人，因而和平时一样毫无顾虑，或“升树”，或“饮溪”，多么自由自在！行人在“幽径”上观赏“熊升树”“鹿饮溪”，多么闲适，多么野趣盎然！

全诗以“人家在何许？云外一声鸡”收尾，余味无穷。杜牧的“白云生处有人家”，是看见了人家。王维的“欲投人处宿，隔水问樵夫”，是看不见人家，才询问樵夫。这里又是另一番情景：望近处，只见“熊升树”“鹿饮溪”，没有人家；望远方，只见白云浮动，也不见人家。于是自己问自己：“人家在何许”呢？恰在这时，白云外传来一声鸡叫，仿佛有意回答诗人的提问：“这里有人家哩，快来歇息吧！”“山行”者望云闻鸡的神态及其喜悦心情，都宛然可见。

方回在《瀛奎律髓》中评此诗：“尾句自然；‘熊’‘鹿’一联，人皆称其工，然前联尤幽而有味。”

## 小　村

淮阔洲多忽有村[①]，　棘篱疏败谩为门[②]。
寒鸡得食自呼伴，　老叟无衣犹抱孙。
野艇鸟翘唯断缆[③]，　枯桑水啮只危根[④]。
嗟哉生计一如此[⑤]，　谬入王民版籍论[⑥]！

【注释】

①淮:淮河。洲:水中的陆地。

②“棘(jí)篱”句:用刺棘扎成稀疏破败的篱笆权当作门。

③野艇:无主人照管的船。鸟翘:船尾像鸟尾翘起一样。缆:系船的缆绳。

④水啮(niè):被水冲蚀。危根:暴露在外残存的树根。

⑤生计:生活。

⑥王民:皇帝的臣民。版籍:交租税的户籍。论:看待。

【品评】

首句中的“忽”字是“诗眼”。于“淮阔洲多”,经常发生水灾的地方“忽”然看见一个小村,言外之意是:别的村子已被淹没了,或者搬走了。中间五句,从篱门疏败、寒鸡呼伴、老叟无衣、野艇断缆、枯桑水啮等各个方面描绘了破败荒凉的景象,令人怵目惊心。结尾两句,先发出“嗟哉”的感叹,然后说:村民们竟然贫困到这样无以为生的境地,已经算不得“王民”了,可是还被误认为“王民”,编入了朝廷的户口册子!就是说,还要交租纳税啊!陈衍《宋诗精华录》评此诗:“写贫苦小村,有画所不能到者,末句婉而多讽。”评得很中肯。

## 东　　溪

行到东溪看水时，　坐临孤屿发船迟①。
野凫眠岸有闲意②，　老树着花无丑枝。
短短蒲茸齐似剪③，　平平沙石净于筛④。
情虽不厌住不得，　薄暮归来车马疲。

## 【注释】

①屿(yǔ):小岛。

②野凫(fú):野鸭子。

③蒲茸:蒲草的花,成茸状,夏季开。

④净于筛(shāi):比用筛子筛过的还干净。

## 【品评】

东溪即宛溪,在作者的故乡宣城。首句“行到东溪”,为的是“看水”,为全诗表现闲适之趣定下了基调。次联写岸边景,方回赞为“当世名句,众所脍炙”(《瀛奎律髓》),纪昀赞为“名下无虚”(《瀛奎律髓评》),陈衍也说“的是名句”(《宋诗精华录》)。“野凫眠岸”,乃水乡常见景象,作者移情入景,说它“有闲意”,正表现他自己爱“闲”、羡“闲”,厌恶争名夺利。“老树着花”,也是人们经常看见,不以为奇的景象,作者却称赞它“无丑枝”。树“老”便“丑”,但枝枝繁花盛开,便不“丑”。欧阳修说梅尧臣“文词愈清新,心意难老大,有如妖娆女,老自有余态”(《水谷夜行寄圣俞子美》),他自己的这句“老树着花无丑枝”,正表现了他人虽老而“心意”并不老的精神境界。如胡仔所说:“圣俞诗工于平淡,自成一家。如《东溪》云:‘野凫眠岸有闲意,老树着花无丑枝”,……须细味之,方见其用意也。”(《苕溪渔隐丛话后集》)三联扩大视野,继续写景。所写者虽然是“蒲茸”“沙石”,极其平常,但用“短短”“平平”,“齐似剪”“净于筛”分别加以形容描状,便唤起你的联想,因小见大,一幅天然图画宛然在目:清清流水;水底下洁白的沙石平铺,直延伸到两岸;蒲草、芦苇之类的植物,或生水边,或生岸上,迎风摇曳。这幅图画当然也并不绚丽,但作者却偏爱它。“短短蒲茸”,谁去注意?他却看出“齐似剪”;“平平沙石”,谁去欣赏?他却赞美“净于筛”。其野逸之趣,闲静之情,洋溢于字里行间。故尾联表明他在这里留连忘返,直到“薄暮”不得不回去的时候,还因“住不得”而深感遗憾。

此诗作于仁宗至和二年(1055)作者五十二岁之时,是其晚年的名篇。欧阳修《六一诗话》云：

圣俞尝语余曰："诗家虽主意，而造语亦难。若意新语工，得前人所未道者，斯为善也。必能状难状之景如在目前，含不尽之意见于言外，然后为至矣。贾岛云'竹笼拾山果，瓦瓶担石泉'，姚合云'马随山鹿放，鸡逐野禽栖'等，是山邑荒僻，官况萧条，不如'县古槐根出，官清马骨高'为工也。"余曰："语之工者固如是。然状难写之景、含不尽之意，何诗为然？"圣俞曰："作者得于心，览得会以意，殆难指陈以言也。虽然，亦可略道其仿佛。若严维'柳塘春水漫，花坞夕阳迟'，则天容物态，融和骀荡，岂不如在目前乎？又温庭筠'鸡声茅店月，人迹板桥霜'，贾岛'怪禽啼旷野，落日恐行人'，则道路辛苦，羁愁旅思，岂不见于言外乎？"

这首诗，可以说实现了他的主张：意新语工，状难状之景如在目前，含不尽之意见于言外。

## 欧阳修(1007—1072)

字永叔,号醉翁,又号六一居士,庐陵(今江西吉安)人。仁宗天圣八年(1030)进士,官至枢密副使,参知政事。曾赞助范仲淹的“庆历新政”。晚年因与王安石政见不合,退居颍州。喜培养后进,苏洵父子、曾巩、王安石,皆出其门下。卒谥文忠。为北宋诗文革新运动的领袖,文为唐宋八大家之一;诗学韩愈,李白,古体高秀,近体妍雅;词婉丽。与宋祁合修《新唐书》,独撰《新五代史》。有《欧阳文忠公集》《六一词》《六一诗话》等。

### 戏答元珍[1]

春风疑不到天涯,　二月山城未见花[2]。
残雪压枝犹有橘,　冻雷惊笋欲抽芽。
夜闻归雁生乡思[3],　病入新年感物华[4]。
曾是洛阳花下客[5],　野芳虽晚不须嗟[6]。

**【注释】**

①元珍:丁宝臣的字,当时任峡州(宜昌)军事判官,常与欧阳修往来。

②天涯、山城:均指峡州夷陵(今湖北宜昌市),时欧阳修谪夷陵令。

③思:名词。乡思:思乡之情。

④物华:景物。

⑤洛阳花下客:洛阳,在今河南省,北宋时称西京,盛产牡丹。欧阳修曾任西京留守钱惟演幕下推官,写有《洛阳牡丹记》;丁宝臣也曾在洛阳居住过。

⑥野芳:野花。嗟:叹息。

## 【品评】

宋仁宗景祐三年(1035)五月,欧阳修贬官夷陵令。次年早春,丁元珍作诗相赠,他作此诗"戏答"。

首句上二下四,句法挺拔;怀疑春风吹不到天涯,"疑"得出奇,引起读者的悬念。急读下句,便恍然大悟,感到"疑"得有理。这一联,大开大合,跌宕生姿,极有韵味。作者得意地说:"若无下句,则上句何堪?既见下句,则上句颇工。"(《笔说》)这一联的好处,还在于为以下的写景抒情开拓了广阔的天地。方回《瀛奎律髓》评此联:"以后句句有味。"说得很中肯。

次联承中有转;上下两句,每句又自具转折。"残雪""冻雷",承春风不到、二月无花。但"残雪压枝",而枝上"犹有橘",不畏摧残压抑,何等坚毅!"雷"声虽含"冻"意,却惊动竹笋,行将破土而出,茁壮成长,何等生机旺盛!

三联触景生情,抒发感慨。作者被贬之前在洛阳作官,上句说他夜闻北归的大雁鸣叫而"生乡思",即指怀念洛阳,为第七句留下伏线。下句说他从去年生病,直病到新一年,景物变换,睹物兴感。"物华"一词,涵盖夷陵、洛阳两地的景物,从而引出尾联。

作者从繁华的洛阳被贬到夷陵,当然很不痛快。闻归雁而思洛阳,这是真情。但尾联却用委婉的口吻来表述:我们都在洛阳居住过,看过洛阳的牡丹。和那"国色天香"相比,这里的"野芳"又算得什么!所以"二月山城未见花",又何必嗟叹呢?

首联疑春风不到,叹二月无花,心目中将夷陵与洛阳对比,流露出被贬以后的寂寞怅惘心情。次联忽然振起,以赞美的笔触描状金橘不畏雪压、新笋冒寒抽芽,寄托了不怕挫折,昂扬奋进的情怀。三联又回到被贬谪的现实,思乡、叹病,感慨于时光流逝,景物变迁。尾联自宽自解,以"不须嗟"收束全诗,虽含愁闷而不显低沉。欧阳修因支持范仲淹改革朝政而贬官。到达贬所,名其室为"至喜堂",作《夷陵县至喜堂记》,坚信经受挫折能够得到磨炼,事实也正是这样。所以后人评论道:"庐陵事业起夷陵,眼界原从阅历增。"(《随园诗话》卷一)这首《戏答元珍》诗,正表现了他善处逆境的思想感情。其语言的平易流畅,章法的跌宕变化,写景抒情的虚实相生,也一扫西昆诗风,实现了他的革新主张,形成了他自己的独特风格。

## 春日西湖寄谢法曹歌①

西湖春色归,　　春水绿于染。
群芳烂不收②,　　东风落如糁③。
参军春思乱如云④,　　白发题诗愁送春⑤;
遥知湖上一尊酒,　　能忆天涯万里人。
万里思春尚有情,　　忽逢春至客心惊。
雪消门外千山绿,　　花发江边二月晴。
少年把酒逢春色,　　今日逢春发已白;
异乡物态与人殊⑥,　　惟有东风旧相识。

**【注释】**

①西湖:这里指河南许昌的西湖。谢法曹:谢伯初。据《六一诗话》载:"闽人有谢伯初者,字景山,当天圣、景祐之间,以诗知名。余谪夷陵时,景山方为许州法曹,以长韵见寄,颇多佳句。"作者作此诗酬答。法曹:州府的属官。当时谢伯初任许州法曹参军。

②"群芳"句:百花争妍,绚丽夺目,令人观赏不尽。

③糁(sǎn):米粒。这里用以比喻落花纷纷。

④参军:指谢法曹。宋时法曹亦称司马参军。

⑤白发题诗:据《六一诗话》载:"盖景山诗有'多情未老已白发,野思到春乱如云'之句,故予以此戏之也。"

⑥异乡：指夷陵。

【品评】

此诗作于《戏答元珍》之后不久。东风已来，雪消花发，收到友人从许昌寄来的诗，因而作诗酬答。前四句驰骋想象，写友人所在地的西湖春色。接着写友人睹西湖春色而撩动春思，题诗送春，把酒怀人，用"能忆天涯万里人"一句将友人与自己绾合，归到友人寄诗。后六句写夷陵春色及自己的感触。当时作者才三十一岁，却说"今日逢春发已白"，强烈地表现了时光易逝、人生易老，却在贬谪生涯中虚度年华的感慨。全诗每四句换韵，首尾各四句押仄声韵，中间八句押平声韵（前四句属真、文韵，后四句属庚韵）。全诗以"春"为线索，"春"字凡八见，从西湖春归写到友人伤春、送春、忆友，从自己思春、逢春写到忆旧伤今，情景交融，章法井然。

谢伯初以诗知名，却困穷而卒。欧阳修著《六一诗话》时，已经说"其诗今已不见于世"。他寄欧阳修的一首，因载入《六一诗话》，今天还能看到。录在这里，可与欧阳修的答诗参照：

江流无险似瞿塘，满峡猿声断旅肠。
万里可堪人谪宦，经年应合鬓成霜。
长官衫色江波绿，学士文华蜀锦张。
异域化为儒雅俗，远民争识校书郎。
才如梦得多为累，情似安仁久悼亡。
下国难留金马客，新诗传于竹枝娘。
典词悬待修青史，谏章当来集皂囊。
莫谓平时暂迁谪，便将缨足濯沧浪。

## 水谷夜行寄子美圣俞①

寒鸡号荒林，　山壁月倒挂②。
披衣起视夜，　揽辔念行迈③。

我来夏云初，　素节今已届[4]。
高河泻长空[5]，　势落九州外[6]。
微风动凉襟，　晓气清余睡。
缅怀京师友[7]，　文酒邈高会。
其间苏与梅，　二子可畏爱。
篇章富纵横[8]，　声价相摩盖[9]。
子美气尤雄，　万窍号一噫[10]。
有时肆颠狂，　醉墨洒滂沛[11]。
譬如千里马，　已发不可杀[12]。
盈前尽珠玑[13]，　一一难拣汰[14]。
梅翁事清切[15]，　石齿漱寒濑[16]。
作诗三十年，　视我犹后辈[17]。
文词愈清新，　心意虽老大[18]。
譬如妖韶女[19]，　老自有余态。
近诗尤古硬[20]，　咀嚼苦难嘬[21]。
初如食橄榄，　真味久愈在。
苏豪以气轹[22]，　举世徒惊骇[23]。
梅穷独我知，　古货今难卖[24]。
二子双凤凰[25]，　百鸟之嘉瑞[26]。
云烟一翱翔[27]，　羽翮一摧铩[28]。
安得相从游，　终日鸣哕哕[29]？
相问苦思之[30]，　对酒把新蟹。

**【注释】**

①水谷：即水谷口，在今河北保定市至唐县之间。子美：苏舜钦的字。

圣俞：梅尧臣的字。

②山壁：山陡峭如墙壁。月倒挂：山特高，月将落时反低于山，有似月倒挂山上。

③辔：马缰绳。行迈：行程遥远。

④素节：秋季。届：来临。

⑤高河：高空的银河。

⑥九州：传说禹分中国为九州。更有大九州说，以为除中国外，尚有与中国相类似的八个州，合中国为九州。

⑦缅怀：追怀。

⑧纵横：交错貌，这里指所作诗篇极多。

⑨相摩盖：彼此不分上下，互为雄长。

⑩"万窍"句：谓大风起处，万穴皆发出巨大声响。语出庄子《齐物论》："大块（地）噫气，其名为风……作则万窍怒号。"窍：洞穴。噫（ài）：呼气。

⑪醉墨：指酒醉后作诗写字。洒滂（pāng）沛：振笔直书，墨如大雨倾泻。滂沛：形容大雨、大水。

⑫杀（shài）：减速。

⑬玑：不圆的珠。

⑭拣：选拔。汰：淘汰。

⑮事清切：从事清淡、切要的诗歌创作。

⑯石齿：齿状的石头。漱：洗。濑（lài）：流得很急的水。这句形容梅诗的风格清新、爽朗。

⑰"视我"句：比较起来，我只能算晚辈。视：比。

⑱"文词"二句：年龄虽大，心意不老，文词更加清新。

⑲妖韶：美好。

⑳古硬：古朴、瘦硬。

㉑嘬（chuài）：咬。

㉒气轹（lì）：气势逼人。

㉓徒惊骇：徒然震惊畏惧。

㉔“古货”句：古雅的货物，今人不赏识，难出售。比喻梅尧臣的诗歌风格清切、古硬，难被时人接受。

㉕凤凰：传说中的瑞鸟，雄名凤，雌名凰。

㉖“百鸟”句：比喻梅、苏是百鸟中的凤凰。

㉗“云烟”句：指苏舜钦。当时范仲淹等推行新政，苏舜钦任集贤校理、监进奏院，政治上较得意。

㉘“羽翮”句：指梅尧臣，当时犹未中进士，仕途失意，故比他为羽翮摧落的凤凰。摧铩（shà）：摧落。

㉙哕（huì）哕：鸟鸣声。

㉚“相问”句：因苦思故人，故作诗以通音问。

## 【品评】

庆历四年（1044）四月至七月，欧阳修奉命到今河北等地考察政事，途中作此诗。全诗可分四段：“声价相摩盖”以前为第一段，写水谷夜行之景及对京师师友的怀念，特别提出怀念苏、梅。“子美气尤雄”至“一一难拣汰”为第二段，描状苏诗风格。“梅翁事清切”至“真味久愈在”为第三段，描状梅诗风格。“苏豪以气轹”至结尾为第四段，比苏、梅为百鸟中的凤凰，而苏翱翔、梅铩羽，以渴望从游、寄诗相问作结。诗为五言古体，押去声“泰”“卦”韵，一韵到底。押窄韵、险韵而稳妥帖切，显示了作者的深厚功力。

《诗·大雅·烝民》“吉甫作诵，穆如清风”，已开以诗论诗先河。到了唐代，杜甫以七言绝句论诗，韩愈以长篇古体论诗，令人耳目一新。欧阳修的古体诗深受韩愈影响，这篇《水谷夜行寄子美圣俞》，显然与韩愈《孟生诗》《调张籍》《荐士》《醉赠张秘书》等一脉相承，但又有所创新。其突出特点在于不是通篇论诗或以主要部分论诗，而是先写夜行之景，景中含情，旅途中的荒寒寂寞引起对京师友人的怀念，这才转入对苏、梅诗风的描状；又由对苏、梅诗风的描状转入对二人遭遇的同情，而以抒发倾慕之诚与相思之苦收尾。从整体上说，这是一篇情景交融的怀人诗，具有强烈的艺术感染力。

论诗部分广譬博喻，将抽象的艺术特色表现得形象鲜明，有声有色，使读者可以准确地把握苏梅两家的不同风格。对于这部分，作者也相当满意，因而又写入《六一诗话》：

圣俞、子美，齐名于一时，而二家诗体特异。子美笔力豪隽，以超迈横绝为奇；圣俞覃思精微，以深远闲淡为意，各极其长，虽善论者不能优劣也。余尝于《水谷夜行》诗略道其一二云："子美气尤雄，……古货今难卖。"语虽非工，谓粗得其仿佛。

## 啼　鸟

穷山候至阳气生[①]，　百物如与时节争。
官居荒凉草树密，　撩乱红紫开繁英[②]。
花深叶暗耀朝日，　日暖众鸟皆嘤鸣[③]。
鸟言我岂解尔意，　绵蛮但爱声可听[④]。
南窗睡多春正美，　百舌未晓催天明[⑤]。
黄鹂颜色已可爱[⑥]，　舌端哑咤如娇婴[⑦]。
竹林静啼青竹笋[⑧]，　深处不见惟闻声。
陂田绕郭白水满[⑨]，　戴胜谷谷催春耕[⑩]。
谁谓鸣鸠拙无用[⑪]，　雌雄各自知阴晴[⑫]。
雨声萧萧泥滑滑[⑬]，　草深苔绿无人行。
独有花上提葫芦[⑭]，　劝我沽酒花前倾。
其余百种各嘲哳[⑮]，　异乡殊俗难知名。
我遭谗口身落此[⑯]，　每闻巧舌宜可憎[⑰]。
春到山城苦寂寞，　把盏常恨无娉婷[⑱]。
花开鸟语辄自醉，　醉与花鸟为交朋。

花能嫣然顾我笑[19]，　鸟劝我饮非无情。
身闲酒美惜光景，　惟恐鸟散花飘零。
可笑灵均楚泽畔，　《离骚》憔悴愁独醒[20]。

【注释】

①候至:这里指春天来临。候:气候。

②撩乱:纷乱。

③嘤鸣:本指两鸟对鸣,这里写众鸟齐鸣。

④绵蛮:形容鸟声。

⑤百舌:鸟名。据说能学多种鸟叫,故名。

⑥黄鹂:即黄莺。

⑦哑咤:婴儿学话声。

⑧青竹笋:竹林鸟的别名。

⑨陂田:蓄水的田。

⑩戴胜:布谷鸟的别名。

⑪鸠:即斑鸠。人们认为它拙笨得不会营巢。

⑫知阴晴:古谣谚:“天欲雨,鸠逐归;天既雨,鸠呼妇。”

⑬泥滑滑:又称竹鸡。

⑭提葫芦:又称提壶鸟。

⑮嘲哳:繁杂细碎的声音。

⑯谗口:谗言。

⑰巧舌:花言巧语。

⑱娉婷(pīngtíng):女子娇美貌,此指美女。

⑲嫣(yān)然:笑得美丽。

⑳“可笑”两句:灵均,屈原字。屈原被放,作《离骚》,“离骚”的意思是“遭忧”。《楚辞·渔父》写“屈原既放,行吟泽畔,颜色憔悴”,自诉道:“举世皆浊我独清,众人皆醉我独醒,是以见放。”

【品评】

这是庆历六年(1046)作者贬官滁州时期的作品,借写啼鸟坦露遭谗被贬的心境。

前面八句，由节令景物的变化写到众鸟嘤鸣、鸣声可爱，引出中间一大段对于啼鸟的描写，是全诗的引子。其中的“穷山”“官居荒凉”，既点鸟啼之地，又暗寓贬谪生涯之寂寞苦闷，为最后一段写“我遭谗口”“与鸟为友”留下伏线。

由“绵蛮但爱声可听”引出的中间一段写百鸟争鸣，绘声绘色，也传其情意。写鸟啼的顺序，也精心安排。作者春睡正美，被“百舌”唤醒。这时天已大亮，所以既可诉诸听觉，绘声；又可诉诸视觉，绘色。写黄鹂，先说“颜色已可爱”，绘色；继写“哑咤如娇婴”，绘声。写戴胜，先展现“陂田绕郭春水满”的背景，然后听它在这背景中“谷谷”鸣叫。作者虽说“鸟言我岂解尔意”，但他实际上是将绘声、绘色与传意融合为一。百舌“催天明”，戴胜“劝春耕”，鸣鸠“知阴晴”。至于“泥滑滑”与“提葫芦”，则既是鸟名，又是鸟叫声，其叫声本来被赋予特定的含意。梅尧臣《禽言四首》其二云：“提葫芦，沽美酒。风为宾，树为友。山花撩乱目前开，劝尔今朝千万寿。”其四云：“泥滑滑，苦竹冈。雨萧萧，马上郎。马蹄凌竞雨又急，此鸟为君应断肠。”欧阳修极赞赏。他在这里写每种鸟只用两句诗，却写得很精彩。“雨声萧萧泥滑滑，草深苔绿无人行”，写景如画；而“无人行”的原因，乃是鸟儿提出了“泥滑滑”的劝告。“独有花上提葫芦，劝我沽酒花前倾”，则在章法上引出最后一段。作者接受“提葫芦”的劝告，要去“沽酒花前倾”，对于那许多“难知名”的鸟儿，不一一描写了。

末段“我遭谗口身落此”，回应首段的“穷山”“官居”。庆历五年(1045)，有人诽谤作者与留养在家的孤甥张氏有暧昧关系。此事虽经辩明，但作者仍被降官，出知滁州。谗人之口，总是巧舌如簧。既遭谗口诬陷，那么“每闻巧舌”，不论人言鸟语，都应该深感憎恨，却为什么爱听鸟声呢？从反面衬托，文情顿起波澜，这才逼出“寂寞”一词，与起头的“官居荒凉”照应，写出不得不“醉与花鸟为交朋”的独特处境和心境。“花顾我笑”，“鸟劝我饮”，都很“有情”，因而便“唯恐鸟散花飘零”，开怀痛饮，一“醉”方休。屈原以“众人皆醉我独醒”而遭放逐，忧愁憔悴，是值得同情的。作者说他“可笑”，意在突出“醉与花鸟为交朋”的那个“醉”字。这种“醉”,是对“谗口”及其后台的抗争。我们知道,欧阳修被贬到滁州之后,自号醉翁,他在滁州作的那篇脍炙人口的《醉翁亭记》,可与此诗相参证。

这首诗,托物抒怀,舒卷自如,以大量篇幅写啼鸟,尤有新创。梅尧臣特作《和欧阳永叔啼鸟十八韵》,黄庭坚又作《演雅》,皆有仿效争胜之意,但都不如欧阳修的这一首有情韵。作者回京后又作一首《啼鸟》诗,其中有云:“提葫芦,不用沽美酒。宫壶日日新泼醅,老病足以扶衰朽。百舌子,莫道泥滑滑。宫花正好愁雨来,暖日方催花乱发。”末章云:“可怜枕上五更听,不似滁州山里闻。”处境心境不同,故诗的意境,也迥乎不同。

## 画　眉　鸟①

百啭千声随意移②，　山花红紫树高低。
始知锁向金笼听，　不及林间自在啼。

### 【注释】

①画眉鸟:一名百舌,善鸣。
②啭(zhuàn):叫声宛转。

### 【品评】

“百啭千声”,点结句的“啼”;“随意移”,点结句的“自在”。“山花红紫树高低”,则是“百啭千声随意移”的广阔天地,何等美好！两句诗,视觉形象与听觉形象同时闪现:鸟声动听;鸟飞好看;任凭画眉歇脚的山花树林,色彩绚丽,令人赏心悦目。于是由广阔天地想到狭窄的鸟笼,由自由自在的欢唱想到被锁在笼子里的哀鸣,写出了后两句。

以议论入诗,这是宋诗的特点之一。抽象议论而无情韵,便淡乎寡味。这首诗的后两句虽涉议论,但议论的根子,既萌生于前两句所展现的鲜明形象之中，所阐发的哲理，又从“锁向金笼听”与“林间自在啼”的形象对比中自然流露出来，因而不仅情韵盎然，风神摇曳，还能引发无限联想，给人以思想启迪。

后两句诗，既切合画眉鸟，又有普遍意义。通过一个小题目唱出赞颂自由、追求自由的高歌，对于古代诗人来说，这是难能可贵的。

## 别　滁①

花光浓烂柳轻明，　酌酒花前送我行。
我亦且如常日醉，　莫教弦管作离声。

**【注释】**

①滁：今安徽滁州市。

**【品评】**

庆历八年（1048），作者离滁州太守任，迁知扬州。临别之时，吏民设宴饯行，他于席间作此诗。

作者在滁州有惠政，《醉翁亭记》里，就有与民同乐的描写。他在滁州作了许多取材于当地风物的诗文，对那里的山川风俗有感情，《丰乐亭记》里就说他“日与滁人仰而望山，俯而听泉，……本其山川，道其风俗之美”。如今要离开，当然不能没有离情别绪。但他的这首《别滁》诗，一开头便把饯别的场景写得很美：花光浓烂，柳丝轻明，就在这花前柳下，吏民们酌酒送行。两句诗写出如此美好的场景，那么下两句怎么写？当然，如王夫之在《薑斋诗话》中所说：以乐景写哀，则倍增其哀。但作者却偏不写哀，反而说：

我亦且如常日醉，莫教弦管作离声。

舒坦开朗，与前两句的明快笔调相一致。但那个“且”（姑且）字却透露了一些消息:他的心情并不平静。而且,“莫教弦管作离声”,不正是因为自己已有几分离愁,才害怕弦管更作离声吗?用故作旷达的诗句表现故作平静的心态,收到了含蓄隽永、耐人寻味的艺术效果。

## 行次寿州寄内[1]

紫金山下水长流[2], 尝记当年此共游。
今夜南风吹客梦, 清淮明月照孤舟[3]。

**【注释】**

①行次:旅行到达。寿州:即今安徽省寿县。寄内:写给妻子。
②紫金山:即钟山,在今江苏南京市东。
③清淮:指淮河。寿州南临淮河。

**【品评】**

皇祐元年(1049),作者自扬州徙知颍州,此诗乃抵达寿州时所作。前两句忆昔:途经紫金山下,触景生情,想起当年曾与妻子在此地共游,往事历历在目。后两句伤今:“今夜”与“当年”对照,更加思念妻子。“南风吹客梦”,是说南风把他的梦吹到妻子那里去,也就是在梦中见到了妻子。可是梦醒之后的眼前情景,却是“清淮明月照孤舟”。四句诗,通过共游与孤栖的对比、梦境与实境的对比,表现出怀念妻子的深情,既明白如话,又深挚感人。

## 再和明妃曲[1]

汉宫有佳人, 天子初未识[2],

一朝随汉使，　　远嫁单于国[③]。
绝色天下无，　　一失难再得，
虽能杀画工[④]，　　于事竟何益？
耳目所及尚如此，万里安能制夷狄？
汉计诚已拙，　　女色难自夸。
明妃去时泪，　　洒向枝上花；
狂风日暮起，　　飘泊落谁家？
红颜胜人多薄命，莫怨春风当自嗟。

## 【注释】

①再和：仁宗嘉祐四年(1059)，王安石作《明妃曲》，梅尧臣、欧阳修皆有和作，这一首为欧阳修第二次和王安石《明妃曲》。明妃：汉王嫱，字昭君，选入宫为宫人。汉与匈奴和亲，汉元帝将她嫁给匈奴国王。晋人为避文帝司马昭的讳，将昭君改为明君，后人因又称她为明妃。

②天子：指汉元帝。

③单于国：指匈奴。

④杀画工：汉元帝宫女多，遂令画工图其形貌，元帝按图选召。众宫女赂画工，昭君恃貌美，独不与，画工遂丑其貌，终致落选。待昭君志愿申请赴匈奴和亲时，元帝才发现她容色为后宫第一，但已不能更换他人，元帝盛怒之下，便杀了画工。

## 【品评】

首二句“汉宫有佳人”而“天子初未识”，双绾王昭君与汉元帝，揭示出“佳人”与“未识”的矛盾，后面所写的悲剧结局即由此产生。“绝色天下无”一句，用汉元帝的赞叹口吻写出，其“重色”的心态跃然纸上。因“一失难再得”而“杀画工”，自是这种心态的必然表现。然而不反省自己的“不识”而归咎于图像的失真，又能解决什么问题。作者以“虽能杀画工，于事竟何益”的判断和慨叹承上启下，写出了脍炙人口的警句：

耳目所及尚如此，万里安能制夷狄？

“佳人”就在“汉宫”，身为汉家“天子”，连“耳目所及”的宫中“佳人”都“不识”，以致受画工蒙蔽而使此“佳人”“远嫁单于国”“一失难再得”，那么，对于万里之外的“夷狄”，又怎能了解其强弱虚实，采取有效的安边御侮之策呢？两句诗，沿着“不识”的脉络向前推进，由小及大，由近及远，就国家大事发表精辟议论而又饱含激情，故有强烈的艺术感染力。

“汉计诚已拙”一句承“安能制夷狄”而来，既不能“制夷狄”，就只有“和亲”；接着写“女色难自夸”，即就王昭君“远嫁单于国”而言。今天对王昭君“和亲”如何评价，是另一回事。作者说“汉计诚已拙”，实际上是借汉讽宋，对宋王朝每岁向辽输送大量银、绢以求苟安表示不满。“明妃去时泪”以下各句，就“花”与“泪”渲染悲剧气氛，对她的悲剧结局表现无限同情，骨子里也是对“和亲”拙计的深刻批判。

前面明说“耳目所及尚如此，万里安能制夷狄”，明说“汉计诚已拙，女色难自夸”，到了结尾，却说“红颜胜人多薄命，莫怨东风当自嗟”，似乎有点矛盾。其实，正因为前面笔锋太露，所以改用微婉含蓄的手法结尾。苏轼《五禽言》之五云：“姑恶！姑恶！姑不恶，妾命薄！”“姑虐其妇”，本来很“恶”，却在连呼“姑恶”之后，改口说“姑不恶，妾命薄”，范成大认为“此句可以泣鬼”（《姑恶·序》）。出以“温柔敦厚”，更能动人心魄。欧阳修的这两句诗，结合全诗来读，也具有动人心魄的艺术力量。

## 苏舜钦(1008—1048)

字子美,原籍梓州铜山(今四川中江),出生于开封。仁宗景祐元年(1034)进士,曾任大理评事、集贤校理等职。以支持范仲淹改革而被保守派攻击落职,退居苏州,筑沧浪亭,寄情山水以自娱。后复起为苏州长史,未赴任而卒。与欧阳修等从事诗文革新。诗与梅尧臣齐名,风格奔放雄健。善草书。有《苏学士集》。

### 城南归值大风雪[1]

一夜大雪风喧豗[2],　　未明跨马城南回,
四方迷惑共一色,　　挥鞭欲进还徘徊。
旧时崖谷不复见,　　纵有直道令人猜。
低头抢朔风[3],　　两眼不敢开;
时时偷看问南北,　　但见白羽之箭纷纷来。
既以脂粉傅我面[4],　　又以珠玉缀我腮[5];
天公似怜我貌古[6],　　巧意装点使莫偕[7],
欲令学此儿女态[8],　　免使埋没随灰埃。
据鞍照水失旧恶[9],　　容质皆白如婴孩,
虽然外饰得暂好,　　自觉面目如刀裁[10]。
又不知胸中肝胆挂铁石[11],　　安能柔软随良媒[12]?
世人饰诈我尚笑,　　今乃复见天公乖[13]:
应时降雪故大好,　　慎勿改易吾形骸!

【注释】

①值：碰到。

②喧豗(huī)：喧闹。

③抢(qiāng)：逆、顶着。朔风：北风。

④脂粉：指雪。傅：涂抹。

⑤缀(zhuì)：点缀，装饰。珠玉：指冰。

⑥貌古：面貌奇特。

⑦莫偕(xié)：与往常不同。

⑧儿女态：指前面所写的傅脂粉、缀珠玉。

⑨据鞍：坐在马上。旧恶：过去奇特的容貌。

⑩“自觉”句：语意双关，一指寒风如刀割面，二指内心不能忍受有如刀割。

⑪胸中肝胆挂铁石：如铁石般的肝胆悬挂在胸中。

⑫随良媒：听任中间人安排。媒：介绍人。

⑬天公乖：老天爷乖巧。指以脂粉、珠玉装饰他，想使他讨人喜欢。

【品评】

在大风雪中行进，人人多有此经验，作者却独出心裁，借题发挥，写出绝妙的骂世文字。其刚直不阿、痛恨诈伪的高尚品质，跃然纸上。

## 哭曼卿①

去年春雨开百花，　与君相会欢无涯②。
高歌长吟插花饮，　醉倒不去眠君家。
今年恸哭来致奠，　忍欲出送攀魂车③！

春晖照眼一如昨，　花已破蕾兰生芽[4]。
唯君颜色不复见[5]，　精魄飘忽随朝霞[6]。
归来悲痛不能食，　壁上遗墨如栖鸦[7]。
呜呼死生遂相隔，　使我双泪风中斜。

## 【注释】

①曼卿：石延年字，与欧阳修、梅尧臣、苏舜钦一道从事诗文革新运动。

②无涯：没有穷尽。

③"忍欲"句：怎忍牵着灵车去送葬！魂车：载灵柩的车子。

④破蕾：花苞已经开放。蕾：花苞。

⑤颜色：面容。

⑥精魄：灵魂。

⑦"壁上"句：壁上挂着他写的字画。《诗人玉屑》载石延年的字"气象方严遒劲，极可宝爱，真颜筋柳骨"。

## 【品评】

石延年以诗文、书法负盛名，仅活四十七岁，突然死去，未尽其才。作为他的挚友，苏舜钦闻噩耗，不禁痛哭。诗题冠以"哭"字，全诗也写得悲痛感人。

诗以"去年""今年"分层次，但又不是截然分写，作简单的今昔对照，而是互相交叉，波澜迭起。前四句写去年"相会"："春雨开百花"，真可谓"良辰、美景"；"高歌长吟"，插花痛饮，醉倒同眠，真可谓"赏心、乐事"。以"欢无涯"概括之，自然终生难忘，为写今年的一大段忽写眼前、忽写回忆奠定了基础。"今年恸哭来致奠，忍欲出送攀魂车！"这两句写眼前，但由于有去年的欢会作对照，故倍感沉痛。接着即今昔交写：春晖照眼，花已破蕾，兰已生芽，良辰美景"一如昨（去年）"，又该"相会"寻"欢"了！在章法上既与前四句拍合，又反跌下文：眼前景物一如去年，只有你的容貌不可再见，真是“风景不殊”，而“人事全非”！结尾四句写送丧归来，悲痛不已，而“壁上遗墨”一句，又今中含昔，忆昔痛今，将“死生相隔”，睹物怀人的心态活托出来，感人至深，非一般的挽诗可比。

## 夏　意

别院深深夏簟清①，　石榴开遍透帘明②。
松阴满地日当午，　梦觉流莺时一声③。

【注释】

①别院：别墅。常居住的宅第外另建的专供游息娱乐的馆舍。簟(diàn)：竹席子。清：凉。

②明：明媚。

③流莺：叫声圆啭的黄莺。

【品评】

夏日午休，环境清幽，景物明丽，梦醒闻莺，写尽闲适之趣。

## 和淮上遇便风①

浩荡清淮天共流②，　长风万里送归舟③。
应愁晚泊喧卑地④，　吹入沧溟始自由⑤。

【注释】

①和：酬和人家的诗。淮上：淮河上。便风：顺风。

②浩荡清淮：指澄碧的淮水波涛汹涌。天共流：从远处看去，水天相接处，天水一色，仿佛天随水流。

③长风：远风。

④泊：停船。喧卑地：喧闹低洼之地。

⑤沧溟：大海。

【品评】

前两句写水天共流，长风万里，归舟顺风急驶，视野开阔而心情畅适，然径直写去，则一泻无余，无动宕回旋之妙。此诗妙在第三句忽用“应愁”逆转，以“晚泊喧卑地”与前两句展现的开阔视野、畅适心情作强烈对照，顿起波澜，为第四句开拓新境界作好铺垫。抒情主人公本来是要“归”家的，如今却由于厌恶“晚泊”之地的“喧卑”而忽发奇想，希望万里长风将他的船“吹入沧溟”，因为在那里才能“自由”。其不自由的现实与追求自由的理想，俱见于言外。

## 淮中晚泊犊头①

春阴垂野草青青②，　时有幽花一树明③。
晚泊孤舟古祠下，　满川风雨看潮生④。

【注释】

①犊头：地名，淮河边上的一个小镇。

②垂野：笼罩四野。

③时有：有时有。

④满川：整个淮河一带。

【品评】

此诗以“晚泊孤舟”划界，写景抒情，极富变化。前两句，写舟行水上之时所见的动景。因“春阴垂野”而衬出野草之“青”与“幽花”之“明”，不无愉悦之感；也因“春阴垂野”而担心风雨将至，给愉悦心情蒙上一层阴影。后两句，写风雨交加，景物骤变，而作者于泊舟之后不去躲避风雨，却立在岸边，“满川风雨看潮生”，意境壮阔，蕴含丰富。第四句景中见情，作者的心潮随春潮起伏，这是可以肯定的。但作者是喜爱风急雨骤、涛翻浪涌的壮观，因而“看”它呢，还是另有感触，联想到他经历过的人世波涛、宦海风险，因而独立沉思呢？则令人生疑，引人寻绎。恽格在《瓯香馆集·画跋》里说：“尝谓天下为人不可使人疑，惟画理当使人疑，又当使人疑而得之。”画理如此，诗理亦然。那使人“疑而得之”的东西。就是“象外之象”“味外之味”“言外之意”“弦外之音”。

## 独步游沧浪亭①

花枝低攲草色齐②，　不可骑入步是宜③。
时时携酒只独往，　醉倒唯有春风知。

**【注释】**

①沧浪亭：在江苏苏州市城南，苏舜钦所建。今为苏州四大名园之

②攲(qī)：也写作敧，倾斜。

③骑入：骑马而入。步是宜：步行为宜。

**【品评】**

携酒独往，沉饮醉倒，“唯有春风知”而无人知，不言苦闷而苦闷自见。至于为什么如此苦闷，以及为什么有苦闷而无处发泄，只能借酒麻醉，则又引人生疑。疑而有得，便尝到了味外之味，获得了艺术享受。

## 李觏(1009—1059)

字泰伯,南城(今属江西)人。南城在盱江边,人称盱江先生。仁宗时,以范仲淹荐,任太学助教,后升任直讲。是北宋前期著名思想家。文章亦知名,诗受韩愈影响,命意遣词,力求新奇。有《直讲李先生文集》。

### 小　女

恃汝今何恃①?　言来泪满襟。
死生虽分定②,　襁褓累人心③。
饥买邻家乳,　寒旁祖母针④。
岂知泉路隔⑤,　时拨蕙帷寻⑥。

**【注释】**

①恃汝:本想晚年依靠你。

②"死生"句:古人以为死生有定数,由上天安排。分(fēn)定:命里注定。

③襁褓(qiǎngbǎo):背小孩的背带和布兜。

④旁:同傍。这里作"靠"讲。全句是说孩子靠祖母的针线御寒。

⑤泉路隔:古人迷信,认为人死之后,魂归九泉。九泉之路与人世相隔,无法跨越。

⑥蕙帷:蕙:香草。蕙帷指女子用的帐子,不一定真用香草薰过。

**【品评】**

开头不说死,而说:本来想晚年依靠你,可如今竟然……,叫我依靠什么呢！吞吐哽咽，令人不忍卒读。第三句用“生死分定”作自我宽解，但中间插一“虽”字，见得其实无法宽解。以下三句写抚养之艰辛，令人心酸；而艰辛的抚养，都是眼前的事情，仿佛感到她还在襁褓中啼哭，等待喂乳，等着穿祖母缝制的花衣。尾联以“岂知泉路隔”宕开，以“时拨蕙帷寻”拍合，曲尽伤痛至极、神思恍惚情态。

## 乡　思

人言落日是天涯[①]，　望极天涯不见家[②]。
已恨碧山相阻隔，　碧山还被暮云遮！

【注释】

①天涯：天边。

②极：尽。

【品评】

前两句为后两句作铺垫。后两句从李商隐《无题》“刘郎已恨蓬山远，更隔蓬山一万重”化出，而不说“山万重”，却说家被山隔、山被云遮，更增渺茫无际之感。

## 苏洵(1009—1066)

字明允,号老泉,眉州眉山(今属四川)人。受知于欧阳修。曾任秘书省校书郎、霸州文安县主簿。参与修纂《太常因革礼》,书成而卒。以文章著称于世,与其子轼、辙同属唐宋八大家,世称三苏。有《嘉祐集》。

### 九日和韩魏公①

晚岁登门最不才②, 萧萧华发映金罍③。
不堪丞相延东阁, 闲伴诸儒老曲台④。
佳节久从愁里过, 壮心偶傍醉中来。
暮归冲雨寒无睡, 自把新诗百遍开⑤。

**【注释】**

①九日:重九,指阴历九月初九日。韩魏公:韩琦,以功封魏国公。和:和诗。

②晚岁:年纪已大。

③金罍:酒杯。

④曲台:嘉祐六年(1061)苏洵被任命于太常寺参与修撰《太常因革礼》,太常寺又称曲台。

⑤"自把"句:把韩琦的诗打开反复地读。新诗:指韩琦的原诗。

**【品评】**

此诗作于英宗治平二年(1065)重阳节。十年前,苏洵四十八岁,自蜀入京,受到名臣韩琦、欧阳修的奖誉、荐举,但一直未得到朝廷重用。十年后的重阳佳节应邀参加韩琦的家宴,酬和韩琦的诗,不禁感慨万千。

首联感慨今昔。韩琦是朝廷重臣,而他自己直到"晚岁"(四十八岁)才有机会"登门"谒见,已嫌太晚。他自负有"王佐之才",韩琦也十分赏识;然而弹指十年,满头白发,仍未展其才,有负韩琦的知遇之恩。因而说:在您的门下士中,我算是"最不才"的了!为什么算"最不才",并未点明,却来了个描写句:"萧萧华发映金罍。"自己的"萧萧华发"与筵席上的"金罍"相映,这种强烈的对比又意味着什么呢?

自己"萧萧华发",同座的宾客中则不乏少年得志之士,这又是一个对比。所以次联以"不堪"领起,而以"闲伴"转折:像我这样的人,真"不堪"您丞相延请到东阁参加盛宴,而只应"闲伴"那些老儒在曲台编书,直到老死。

三联为一篇之警策。"佳节"点题中的"九日",但也可涵盖他已度过的许多佳节。既是"佳节",自应行乐,却"已从愁里过"。失意人遇佳节,反而更愁。"佳"与"愁",又是强烈对比。出句情绪低沉,对句忽然振起:壮心虽已消磨殆尽,但偶在"醉中",凭借酒力,仍会燃起希望的火花。

尾联写日暮冲雨归来,反复阅读韩琦的新诗,夜寒"无睡",百感纷来,兼点题目中的"和"字。"无睡"与"醉中",又是强烈的对比。

韩琦《乙巳重阳》诗云:"苦厌繁机少适怀,欣逢重九启宾罍。招贤敢并翘材馆,乐事难追戏马台。藓布乱钱乘雨出,雁飞新阵拂云来。何时得遇樽前菊,此日花随月令开。"两相对照,便知苏洵的和诗是"次韵"(亦称"步韵")诗。除第一句外(律诗第一句可不起韵,故次韵诗可不用第一句脚韵),其他韵脚与韩琦诗全同,却丝毫未受束缚;其命意、谋篇、造句,也自运抒机,独具特色,显示了深厚的功力和杰出的才华。全诗对比层出,波澜起伏,将有志难展,时不我待的精神苦闷表现无遗,而无浮浅、直露的缺失,故极耐涵咏。苏洵以散文名世,今存诗仅四十多首,但不乏佳作。正如叶梦得所说:"明允诗不多见,然精深有味,语不徒发。……婉而不迫,哀而不伤,所作自不必多也。"(《避暑录话》)

## 文同(1018—1079)

字与可,梓州永泰(今四川盐亭县)人。仁宗皇祐元年(1049)进士。精书法,尤工画竹,诗亦清奇。有《丹渊集》。

### 此　君　庵①

斑斑堕箨开新筠②,　粉光璀璨香氛氲。
我常爱君此默坐③,　胜见无限寻常人。

**【注释】**

①此君庵:《世说新语·任诞》:"王子猷(徽之)尝暂寄人空宅住,便令种竹。或问:'暂住,何烦尔?'王啸咏良久,直指竹曰:'何可一日无此君?'"后遂称竹子为"此君"。时文同官洋州守,建此君庵。

②斑斑:斑点众多。堕箨(tuò):笋壳脱落。开新筠(yún):长出新竹。箨:笋壳。筠:竹子外面的青皮。

③君:这里指竹。

**【品评】**

文同于熙宁八年(1075)任洋州(今陕西洋县)太守,作《洋川园池三十首》,《此君庵》即其中之一。前两句写竹,后两句写默坐赏竹。呼竹为"君",见竹"胜见无限寻常人",通过赞颂竹子表现了潇洒高洁的情操。

文同是苏轼的表兄,二人交情甚深。他的这组《洋川园池三十首》诗,苏轼一一和作,其和《此君庵》诗云:"寄语庵前抱节君,与君到处合相亲。写真虽是文夫子,我亦君堂作记人。"洋州多竹,文同每日画竹,名之曰"墨君",并筑"墨君堂",苏轼为他写了一篇《墨君堂记》。

## 曾巩（1019—1083）

字子固，建昌军南丰（今属江西）人。仁宗嘉祐二年（1057）进士，历官史馆修撰、中书舍人等职。早年为欧阳修所赏识，以文章名重当世，为唐宋八大家之一。亦能诗，七绝颇饶风致。有《元丰类稿》。

### 西　　楼

海浪如云去却回，　北风吹起数声雷。
朱楼四面钩疏箔①，　卧看千山急雨来。

**【注释】**

①朱楼：红色的楼。钩疏箔：挂起稀疏透风的帘子。

**【品评】**

写夏季海滨雷雨情景极生动。首句不写天上的云，而写“海浪如云”，用一“如”字，把天际乌云翻滚之状也拖带出来。首句写“海浪如云去却回”而不写“去却回”的动因，次句却出人意外，写“北风吹起数声雷”。“数声雷”怎么会是“北风吹起”的呢？仔细想来，如此写法极巧妙：第一，夏季雷声，往往滚滚而来，给人一种滚动感。滚动，是需要动力的。说“北风吹起数声雷”，便把雷声的那种滚动感表现出来了。第二，当时既有“北风吹”，则“海浪如云去却回”，自然也是“北风吹起”的。这样，就把海浪、乌云、雷声统摄于“北风吹”，在读者面前出现了海上浪涛翻滚、天际乌云翻滚、雷声也随之滚滚而来的壮阔图景，感到大雨即将来临。

后两句尤精采。大雨将至，不但不关门闭户，而且特意挂起“朱楼四面”的竹帘，令人感到有点反常。读到结句“卧看千山急雨来”，才恍然大悟：诗人长期为酷暑所困，热得喘不过气来，多么渴望下雨！明乎此，便知“卧看千山急雨”，不仅赏其壮观；那洒洒凉意，更从心底里感到舒服。

这首诗，构思新颖，笔力健举，境界壮阔，风格豪迈，且有言外之意，确是佳作。

## 司马光(1019—1086)

字君实,陕州夏县(今山西文喜)涑(sù)水乡人,世称涑水先生。仁宗宝应元年(1038)进士。神宗时擢翰林学士,因反对王安石变法,退居洛阳。哲宗时,王安石变法失败,司马光出任宰相,废除新法,尽复旧制。卒赠温国公,谥文正。撰有《资治通鉴》。长于散文,亦能诗,诗风闲婉、幽淡。有《司马文正公集》《稽古录》等。

### 过故洛阳城①

四合连山缭绕青②，　三川滉漾素波明③。
春风不识兴亡意，　草色年年满故城。

**【注释】**

①故洛阳城:指隋唐时洛阳旧城。

②"四合"句:洛阳地处伊洛盆地,南临伊阙,背靠邙山,四面合围,群山缭绕。

③三川:指黄河、洛水、伊水。滉漾:摇荡。素波:白色波浪。

**【品评】**

四围山色,万古常青;三川素波,万古常明;只有故洛阳城,却荒废不堪。作者以山青波明反衬故洛阳城长满野草,无复往日繁华,已见匠心。而他又不直说故城荒废,却去埋怨春风,以"春风不识兴亡意"反衬人识兴亡意,用笔更其深婉。言外之意是:人识兴亡意,所以怕见故洛阳城长满野草;如果春风也识兴亡意,就不忍心吹绿故洛阳城的满城野草,让它显得那么荒凉了。

## 王安石(1021—1086)

字介甫,晚号半山,抚州临川(今江西抚州)人。庆历二年(1042)进士。嘉祐三年(1058)上万言书,提出变法主张。神宗熙宁二年(1069)任参知政事,行新法。由于保守派的竭力反对,以及新法在推新过程中产生一些流弊,加之变法派内部出现矛盾,只好辞去宰相职务。晚年退居金陵(今南京市)的钟山半山园。元封三年(1080)封荆国公。文学成就极高,散文为唐宋八大家之一。诗遒劲清新,讲究使事、用典和翻新。亦能词。与其子雱及吕惠卿等注释《诗经》《尚书》《周官》,成《三经新义》。又著《字说》《钟山目录》等。诗文集有《王文公文集》和《临川先生文集》两种版本。

### 河　北　民①

河北民,　　　　　生近二边长苦辛②。
家家养子学耕织,　输与官家事夷狄③。
今年大旱千里赤,　州县仍催给河役④。
老小相依来就南⑤,南人丰年自无食。
悲愁天地白日昏,　路旁过者无颜色。
汝生不及贞观中⑥,斗粟数钱无兵戎。

【注释】

①河北:指当时黄河以北地区。即今山西、河北、山东等省的部分地方。

②二边:指与辽、西夏接界的地区。

③"输与"句:输:上缴。官家:皇家。事:供养。当时宋朝每年要向西夏、辽缴纳大量银、绢。

④河役:治理黄河的工役。

⑤就南:到黄河以南地区逃荒讨饭。

⑥"汝生"句:汝:你们,指河北民。不及:未能赶上。贞观(627—649),唐太宗年号。史载那时没有战争,连年丰收,斗米只值二三钱,路不拾遗,夜不闭户。

## 【品评】

王安石与他的变法主张相适应,写了不少政治诗。写于二十六岁时的《河北民》,就是其中较有代表性的一首。

此诗采用广镜头,不仅反映了河北民的苦难,也反映了河南民即使遇到丰年,也同样没饭吃。原因是:统治者不仅自己挥霍民脂民膏,还向辽、夏忍辱求和,把输送"岁币"的沉重负担转嫁给广大人民。作者将批判的矛头直指"官家",并与"贞观之治"相对照,指出民不聊生的根源不在外患,不在天灾,而在弊政。如果变法革新,致富图强,则外患可除,灾荒可免,"斗米数钱无兵戎"的盛世可以重现。全诗夹叙夹议来描写(如"悲愁天地白日昏,路旁过者无颜色"),感情色彩极浓烈。开头两句和结尾两句押平声韵,中间押入声韵。每两句一个层次,转换灵活,层层深入。篇幅不长,而容量很大。继承乐府诗传统而有所创新,奇崛峭拔,具有和他的散文相一致的独特风格。

# 明妃曲其一①

明妃初出汉宫时,　泪湿春风鬓脚垂②。
低徊顾影无颜色③,　尚得君王不自持④。

归来却怪丹青手[5]，　入眼平生几曾有[6]。
意态由来画不成[7]，　当时枉杀毛延寿[8]。
一去心知更不归，　可怜着尽汉宫衣。
寄声欲问塞南事[9]，　只有年年鸿雁飞[10]。
家人万里传消息：　“好在毡城莫相忆[11]；
君不见，咫尺长门闭阿娇[12]，人生失意无南北[13]。”

## 【注释】

①明妃曲：诗作于仁宗嘉祐四年（1059），参见欧阳修《再和明妃曲》注。

②春风：指面。杜甫《咏怀古迹》“画图省识春风面”。鬓脚：鬓的边沿。

③无颜色：没有欢容。

④“尚得”句：还能够引得君王不能克制他自己的感情。

⑤丹青手：画师。

⑥入眼：眼所看到的。

⑦意态：风度。

⑧毛延寿：将昭君故意画丑的那个画师。

⑨塞南：指边塞以南汉王朝所管辖的地方。

⑩“只有”句：相传鸿雁可以传信，但明妃只见雁飞，不见信至。

⑪毡城：匈奴所居的毡帐。

⑫咫（zhǐ）尺：指距离极近。古以八寸为咫。长门：长门宫。阿娇：汉武帝皇后，姓陈，名阿娇，后失宠，被武帝幽闭长门宫。

⑬无南北：不分东西南北。

## 【品评】

东汉以后，“昭君出塞”和亲的故事流传甚广，大都同情昭君，把她看成画师所害的悲剧人物；宽恕汉元帝，认为他是事前受蒙蔽、事后缠绵多情的君主；鞭打毛延寿，认为他是酿成悲剧的祸首。王安石此诗，则彻底“翻案”，别出新意，故在当时引起强烈反响，欧阳修、司马光、刘敞、曾巩等人都有和作。

前八句，融叙述、描写、议论于一炉，展示出昭君出塞及其前因、后果，而她绝代佳人的神采也宛然可见。前人写昭君之美，多着眼于面容、体态，此诗则兼用正面描写和侧面烘托等艺术手法，着重描状其风度、神韵和心灵世界。由“初出汉宫”引起的“泪湿春风鬓脚垂”“低徊顾影无颜色”，远非平时的“光艳照人”可比，然而“尚得君王不自持”“入眼平生几曾有”，则其“泪湿春色”“低徊顾影”的风度神韵如何动人，就不难想见了。作者由此生发，写出了惊人的警句：

意态由来画不成，当时枉杀毛延寿。

美人的“颜色”，是外在的，相对静止的，可以画出来；美人的“意态”，则是活的、动的，既是外在的，又是内在的，怎么画？比如眼前的王昭君：泪流满面，两鬓低垂，面容惨淡，毫无颜色，但她“低徊顾影”的“意态”，却楚楚动人，连美人充斥后宫的汉元帝都叹为平生未见。可是昏聩的汉元帝并未由此得出结论：高层次的美画不出来，不应借助画像识别美丑，而应亲眼去品评鉴赏。正因为他不曾认识到这个真理，才“当时枉杀毛延寿”。毛延寿因昭君拒不行贿而故意把她画丑，被杀也不算冤枉。但作者直探深微，从高处、大处落墨，写出了惊人的“翻案诗”，却不仅有一定的说服力，而且能激发读者的丰富联想，具有普遍的社会意义。且看王安石的《读史》诗：

自古功名亦苦辛，行藏终欲付何人？
当时黮暗犹承误，末俗纷纭更乱真。
糟粕所传非粹美，丹青难写是精神。
区区岂尽高贤意，独守千秋纸上尘。

联系这首诗，便知王安石的这篇“翻案诗”也是有感而发。对于历代“高贤”，史书的记载和丹青的图写都未能反映出他们的“粹美”和“精神”。那么在现实生活中，如果不亲自观察、考验而仅凭别人的介绍，能够识拔真才吗？

中间几句，写昭君出塞后不着胡服而“着尽汉宫衣”，又“寄声欲问塞南事”而年年空见鸿雁飞来，却渺无“塞南”音信。作者用了“可怜”两字，但不像前人那样只写其身世之可悲，而着重表现了她不忘故国、不忘亲人的心灵美。

结尾部分，又借“家人”从万里之外传来的安慰语作侧面烘托：阿娇未离汉宫，还不是一朝失宠，便遭幽闭！不论是深闭长门还是远嫁单于，同样是失意啊！你就在“毡城”里对付着活下去，别再苦苦地思念故国、思念亲人了！这样的安慰，当然并不能消除主人公内心的痛苦，倒是进一步渲染了悲剧气氛。

这首诗，立意深警而琢句婉丽、抒情缠绵，与《河北民》同中有异，显示了王安石诗歌风格的多样性。

## 明　妃　曲其二

明妃初嫁与胡儿①，　毡车百辆皆胡姬②。
含情欲说独无处，　传语琵琶心自知③，
黄金杆拨春风手④，　弹看飞鸿劝胡酒；
汉宫侍女暗垂泪⑤，　沙上行人却回首：
“汉恩自浅胡自深，　人生乐在相知心。”
可怜青冢已芜没⑥，　尚有哀弦留至今⑦。

**【注释】**

①胡儿：指匈奴单于呼韩邪。

②毡车：用毡子作车帷的车。

③“含情”二句：因语言不通，有话无处说，只好弹着琵琶表达自己的心意。

④黄金杆拨：弹琵琶的工具。春风手：巧手。

⑤汉宫侍女:陪嫁的宫女。

⑥青冢:即明妃墓。在今内蒙古自治区呼和浩特市南。据说塞外草白,唯明妃墓上却遍生青草,故名。芜没:荒废。

⑦哀弦留至今:《昭君怨》曲至今尚存。

## 【品评】

前一首,由昭君初出汉宫写到久住毡城,年年盼望鸿雁带来故国消息。这一首,则只写出塞途中的情景(除去结尾两句)。

开头写"胡儿"以"毡车百辆"相迎,与后面"汉恩自浅胡自深"呼应。因周围"皆胡姬",语言不通,故"含情欲说独无处",只能借琵琶弹出自己的心声,与结句"尚有哀弦留至今"呼应。接下去,描写了旅途中的一个场面:昭君手执"黄金杆拨",一面弹琵琶为"胡儿"劝酒,一面仰望飞鸿;陪嫁的"汉宫侍女"看见这种情景,不禁"暗垂泪";而"沙上行人",却"回首"嘀咕道:"汉恩自浅胡自深,人生乐在相知心。"这分明像小说:有不少人物,有各种表情,有鲜明的细节,还有人物语言。跟小说不同的是:人物的心理活动,不是用叙述人的语言讲出来的,而是从人物的表情、动作、语言中暗示出来的。昭君"弹看飞鸿劝胡酒","汉宫侍女"看了便"暗垂泪","沙上行人"看了却说昭君不该愁。结合关于昭君的细节描写,就不难想象她的心理活动。她既嫁与胡儿,就不得不为他"劝酒",但内心是愁惨凄苦的,体现于动作和表情,便被侍女和行人看出了潜台词:一面弹琵琶"劝胡酒",一面眼看从塞南飞来的鸿雁,意味着她心在汉而不在胡。汉女懂得她的心事而不敢劝慰,只有"暗垂泪"。那位沙漠上的"行人",从他"回首"讲话看,走着与昭君相反的方向,是从塞北来的胡人。他从昭君身旁经过时看见她的表情、动作,继续前进时猜出了她的心事,便回过头来说:单于用这么多毡车迎娶,多么看重你!和汉家待你相比,那真是"汉恩自浅胡自深",你应该高高兴兴地跟单于去享乐,何必留恋汉家呢?作为胡人,如此安慰昭君,那是合情合理的。

结尾两句是作者的感叹:到了今天,不用说昭君久已不在人世,连埋葬她的青冢也早已荒废不堪,只有她在出塞途中弹奏的哀曲,还广泛流传,引起人们的无限同情。

在这首诗里,作者用诗的语言和小说手法,通过昭君“含情欲说”“传语琵琶”“弹看飞鸿”的表情、动作和侍女垂泪、行人劝慰的多侧面衬托,突出地表现了昭君身去胡而心思汉的无限哀愁;并以“尚有哀弦留至今”收尾,与杜甫的“千载琵琶作胡语,分明怨恨曲中论”同一意蕴。可是有人却把胡人讲的两句话看成作者的议论,痛加非难。南宋李壁《王荆公诗笺注》引范冲对高宗语云:“诗人多作《明妃曲》,以失身胡虏为无穷之恨,读之者至于悲怆感伤。安石为《明妃曲》,则曰:‘汉恩自浅胡自深,人生乐在相知心。’然则,刘豫不是罪过,汉恩浅而虏恩深也。今之背君父之恩,投拜而为盗贼者,皆合于安石之意,此所谓坏天下人心术。孟子曰:‘无父无君,是禽兽也。’以胡虏有恩而遂亡君父,非禽兽而何?”未解诗意而无限上纲,令人啼笑皆非。李壁在引出这一段话后,虽说“公(指范冲)语固非”,却又解释道:“诗人务一时新奇,求出前人所未到,而不知其言之失也。”看来他也没有读懂这首诗。这首诗之所以至今还被某些人误解(看《宋诗鉴赏辞典》之类的书便知),乃由于诗人突破了诗歌的传统表现手法,用多种人物的表情、乃至语言来托出王昭君的心态;而篇幅极短,容量极大,许多意思,不是明说出的,而是从前后的关合、照应、转换中暗示出来的。从这些方面可领会它的真正好处。

## 示长安君①

少年离别意非轻,　老去相逢亦怆情②。
草草杯盘供笑语③,　昏昏灯火话平生。
自怜湖海三年隔,　又作尘沙万里行④。
欲问后期何日是⑤?　寄书应见雁南征⑥。

**【注释】**

①长安君:为王安石的大妹王文淑。她被封为长安县君。

②怆(chuàng)情:伤心。

③草草杯盘:随便凑点菜。

④尘沙万里行:作者自指要远使辽国。

⑤后期:后会日期。

⑥雁南征:秋天大雁南飞。

【品评】

写兄妹久别重逢、旋又分别之情真挚感人,第二联尤曲尽相聚匆匆情景。

## 梅　花

墙角数枝梅，　凌寒独自开[①]。
遥知不是雪[②]，为有暗香来[③]。

【注释】

①凌寒:冒着严寒。

②遥知:远处便感到。

③暗香:幽香。

【品评】

首句写"梅"只有"数枝",又在"墙角",极言孤寂冷落,引不起人们的重视。次句用一"独"字,暗示别的花儿都慑于寒威,早已飘零殆尽,只有梅花凌寒独放,突出其不畏严寒、特立独行的高节劲操。三、四句是观梅者从远距离作出的判断,含两个层次:遥望梅梢,只见白雪点点;继而暗香飘来,沁人心脾,才恍然大悟,原来那不是雪,而是梅花冒寒开放了。虽在"墙角",人所不到,但它不仅有高节劲操,还有幽香,是埋没不了的。

就逻辑顺序看,三、四句应在前,一、二句应在后。前后倒装,显得跌宕有致,摇曳生姿。

## 泊船瓜洲①

京口瓜洲一水间②，　钟山只隔数重山③。
春风又绿江南岸，　明月何时照我还？

### 【注释】

①泊:停。瓜洲:在江苏扬州市南江边。

②京口:在今江苏镇江市,同长江北岸的瓜洲隔江相望。

③钟山:在今南京市东。即紫金山。

### 【品评】

王安石于景祐四年(1037)随父王益定居江宁(今江苏南京)。第一次罢相,又退居江宁钟山,悠游啸咏。熙宁八年(1075)二月,他第二次拜相,奉诏进京,于"泊船瓜洲"时作此诗,表达了留恋钟山,渴望再回钟山的深情。

人已渡过长江,即将北上,其目光却不投向北方的汴京,而是越过长江"一水",投向"南岸"的京口;再越过京口而南望钟山,已为重山所遮。"数重山"而说"只隔",极言距离甚近,然而毕竟把钟山遮住了,望不见。"钟山"是全诗的焦点,前连"瓜洲",后接"照我还"。"照我还"者,照我还"钟山"也。读"钟山只隔数重山"一句,便觉一个"还"字呼之欲出,但作者不立刻说"还",却垫了一句:"春风又绿江南岸。"如无此句,则直而少味;有此句,则走处仍留,急处仍缓,突出了欲"还"钟山的渴望,使结局更富情韵。

洪迈《容斋续笔》卷八记载:吴中士人家藏有这首诗的草稿,其第三句,"初云'又到江南岸'。圈去'到'字,注曰'不好'。改为'过',复圈去而改为'入',旋改为'满'。凡如此十许字,始定为'绿'"。从十多个字中选出的这个"绿"字,的确很精彩。"春风"是抽象的。人在江北而眼望江南,用"到"、用"过"、用"入"、用"满",都不能使"春风"视而可见。而从"春风"的功效着想,用一"绿"字,就立刻出现了视觉形象,使作者触景生情,留恋江南的无边春色,"明月何时照我还"的激情,也就不可阻遏,随之喷薄而出。

从这句诗本身看,用"绿"字当然比用"过""入"等字好。但唐人已有"春风已绿瀛洲草"(李白)、"春风何时至,已绿湖上山"之类的诗句,因而看不出王安石有多少创新;而从全篇着眼,则王安石选用的这个"绿"字所起的作用,就更值得充分重视了。

王安石变法,曾受到猛烈攻击,阻力极大,因而罢相。二次拜相,在离开钟山北赴京师的路上心潮起伏,疑虑重重。这首诗,便是这种心态的外化。最后选用"绿"字,也许是想起了王维的诗句:"芳草年年绿,王孙归不归?"有的鉴赏家并未读懂这首诗,因而也并未看出这个"绿"字在全诗中有何妙用,却东拉西扯,把它的"妙处"谈了一大堆,其实全未搔着痒处。

## 题西太一宫壁二首①

柳叶鸣蜩绿暗②,　荷花落日红酣③。
三十六陂春水④,　白头想见江南。(其一)
三十年前此地,　父兄持我东西。
今日重来白首,　欲寻陈迹都迷。(其二)

**【注释】**

①题:即兴吟成,题在壁上。西太一宫:在汴京(今开封)西南八角

镇,为祀太一神的庙宇。

②蜩(tiáo):蝉。暗:颜色深浓。

③酣:像喝醉酒那样。

④三十六陂:陂塘名,在汴京附近。

## 【品评】

王安石于景祐三年(1036)随父兄到汴京,曾游西太一宫,当时是十六岁的青年,满怀壮志豪情。次年,其父任江宁府通判,他跟到江宁。十八岁时,王益去世、葬于江宁,亲属也就在江宁安了家。嘉祐六年(1061),王安石任知制诰,其母死于任所,他又扶柩回江宁安葬、居丧。熙宁元年(1068),王安石奉神宗之诏入京,准备变法,重游西太一宫,距初游之时已经三十二年,他已经是四十八的人了。在初游与重游之间的漫长岁月里,父母双亡,家庭多故,自己在事业上也还没有做出成绩,因而重游旧地,感慨很深。这两首六言绝句,正是他的真情实感的自然流露。

先看第一首。前两句写柳写荷:"绿"而曰"暗",极写"柳叶"之密,柳色之浓。"柳叶"与"绿暗"之间加入"鸣蜩",见得那些"知了"隐于浓绿之中,不见其形,只闻其声,视觉形象与听觉形象浑然一体,有声有色。"红"而曰"酣",把"荷花"拟人化,令人联想到美人喝醉了酒,脸庞儿泛起红晕。"荷花"与"红酣"之间加入"落日",不仅点出了时间,而且表明那本来就十分娇艳的"荷花",由于"落日"的斜照,更显得红颜似醉。柳高荷低,高处一片"绿暗",低处一片"红酣",高、低、红、绿,形成强烈的对照。柳在岸上,荷在水中,水面为"落日"所照耀,波光映眼。这一切,诗人虽未明写,但都可于言外领取。三、四两句有回环往复之妙。就是说:读完"白头想见江南",还应该回过头再读"三十六陂春水"。眼下是夏季,但眼前的陂塘波光闪耀,就像江南春水那样明净,因而令人联想起江南春水,含蓄地表现了抚今追昔、思念亲人的情感。

前两句,就"柳叶""荷花"写夏景之美,用了"绿暗""红酣"一类的字面,色彩十分艳丽。这"红"与"绿"是对照的,因对照而红者更红,绿者更绿,景物更加动人。第四句的"白头",与"绿暗""红酣"的美景也是对照的，但这对照在“白头”人的心中却引起无限波澜，说不清是什么滋味。

再看第二首。前两句回忆初游西太一宫的情景。三十年前自己还年轻，随父兄同游此地，从西走到东，从东走到西，多快活！而岁月流逝，三十多年过去了，父亲早已去世，哥哥又不在身边，于是从初游回到重游，写出了三、四两句：“今日重来白首，欲寻陈迹都迷！”“欲寻陈迹”，表现了对当年与父兄同游之乐的无限眷恋。然而呢，连“陈迹”都无从寻觅了！

四句诗，从初游与重游的对照中表现了今昔变化，言浅而意深，言有尽而情无极，比“同来玩月人何在，风景依稀似去年”之类的写法表现了更多的东西。

六言绝句音节不畅，很难写好。唐人六言绝句，以王维《田园乐》组诗最负盛名。宋人六言绝句，则以王安石的这两首传诵最广，苏轼、黄庭坚等皆有和作。蔡絛《西清诗话》云：“元祐间，东坡奉祠西太一宫，见公（指王安石）旧题两绝，注目久之，曰：‘此老野狐精也！’遂次其韵。”“野狐精”，在这里是个褒义词。

## 送和甫至龙安微雨因寄吴氏女子①

荒烟凉雨助人悲，　泪染衣襟不自持。
除却春风沙际绿，　一如看汝过江时。

**【注释】**

①和甫：王安礼的字，他是王安石的弟弟。龙安：即龙安津，在江宁（南京市）城西二十里。吴氏女子：为安石长女，能诗，时与作者唱和。嫁夫吴安持，古时女子出嫁，即从夫姓。

**【品评】**

题目的意思是：送弟弟过江，遇上微雨，作诗寄给他的女儿。作这样题目的诗,必须兼顾送弟弟与寄女儿;而他作的又是七言绝句,容量有限,其难度之大,可想而知。但作者既兼顾二者,又写得很轻松。其构思之巧,在于用"一如"两字,把现在送弟弟的情景与从前送女儿的情景重叠起来。"荒烟凉雨助人悲,泪染衣襟不自持",这是完全相合的。送弟弟过江,看来是初春季节,虽然有"荒烟凉雨",但春风毕竟来了,沙际已有绿色。送女儿过江,看来是深秋乃至初冬季节,只有"荒烟凉雨"助人悲凉,沙际已无绿色。这一点,是不相合的。"除却春风沙际绿,一如看汝过江时"两句,除去不合的而突出相合的,便把两次送行的悲凉情景同时表现出来,收到了以少总多,词约义丰的艺术效果。

## 北陂杏花[①]

一陂春水绕花身,　花影妖娆各占春。
纵被东风吹作雪[②],　绝胜南陌碾成尘[③]。

**【注释】**

①陂(bēi):池塘。

②作雪:指花被风吹,飘散如雪。

③陌:小路。

**【品评】**

前两句写景。"一陂春水",围"绕花身",表明杏树是长在池塘中一块隆起的高地上的,这就很得地利。正因为占有这样的地利,所以枝上的杏花和水里的投影,高低相映,分外妖娆,各自占领美妙的春光。

后两句抒情,其所抒之情,不是外加的,而是从前两句所写的美景中引申出来的。由于此花四面临水,纵然被东风吹得像雪花那样飘落,也在水面浮游,无损高洁,总比长在路边的杏树花儿一落,就被往来的车轮碾成尘土要好得多！四句诗，由写景到抒情，都紧扣题目中的“杏花”；但以闹市中的路边杏花衬托荒郊的“北陂杏花”而赞许后者，其寄寓情怀、比喻人事的意味，也是显而易见的。

## 书湖阴先生壁[1]

茅檐长扫静无苔，　花木成畦手自栽[2]。
一水护田将绿绕，　两山排闼送青来[3]。

**【注释】**

①湖阴先生：杨德逢号，是王安石退居钟山半山园时的邻人。书壁：写在墙上。

②畦(qí)：田园中划分的小区。

③排闼(tà)：硬推开门。

**【品评】**

王安石《示德逢》诗云：“先生贫敝古人风，……勤劳禾黍信周公。”《招杨德逢》诗云：“山林投老倦纷纷，独卧看云却忆君。云尚无心能出岫，不应君更懒于云。”看来住在钟山脚下、玄武湖边，距作者半山园不远的这位湖阴先生，是一位自食其力的高人，作者对他很崇敬、有感情。这首题在他的墙上的诗，通过对于他的庭院田园的描写，赞美了他的人品。

首句用“茅檐”指代主人的屋宇院落，其清贫俭朴之意见于言外：江南潮湿，又在“湖阴”，庭院很容易长出青苔。但主人爱清洁，又勤快，经常打扫，院子干净得连一丝儿青苔都没有。仅用七个字，便形象地表现出主人俭朴、勤劳、爱清洁、甘清贫的高尚品质。

次句“花木成畦”，既写花木繁茂，又写区分成畦，整齐有序，非杂乱无章者可比。而这许多花木，又是主人自己亲手栽培的。小中寓大，主人的生活情趣，气度才能，也灼然可见。

后两句将山水拟人化：一湾溪水为了保护湖阴先生自种的禾黍，以其全部绿色围绕他那块田；两座山峰懂得湖阴先生的爱好，不待邀请，便推开他的大门，为他送来无边青翠。山水这样敬重他、喜爱他，其人品如何，就不难想见了。

"护田"一词，见于《汉书·西域传序》；"排闼"一词，见于《汉书·樊哙传》。《石林诗话》便借王安石自己的口，以这首诗的后两句为例说："用汉人语，止可以汉人语对；若参以异代语，便不相类。"《韵语阳秋》则认为这是"好事者"的假托，"使果如好事者之说，则作诗步骤，亦太拘窘矣"。这说得很中肯。"一水护田""两山排闼"，当然很精采，但其佳处，并不在于以"汉人语"对"汉人语"，这是显而易见的。

## 江　上录一

江北秋阴一半开，　晓云含雨却低回①。
青山缭绕疑无路，　忽见千帆隐映来②。

**【注释】**

①低回：徘徊。

②隐映：隐约映现。

**【品评】**

《江上》组诗共五首，这是其中之一，写江上行舟情景。前两句写天象变化。"秋阴"与"晓云"对待，显然指雾。夜雾极浓，破晓以后才逐渐消散，可见度提高，能够朦胧地望见江北。心情当然也开朗起来。可是仰望天色，又见朵朵乌云在低空移动，饱含雨水，好像就要洒下来。心情又有点沉重。后两句写江上景物的变化。前面"青山缭绕"，怀疑没有出路。心情自然有点愁闷。可是重重青山一一退到船后,“忽见千帆隐映来”。视野开阔,心情也豁然畅适。看起来,雨没有下,雾差不多散光了。

四句诗,通过天象变化、江上景物变化表现船上人的心情变化,真可谓“状难状之景如在目前,含不尽之情见于言外”,比王维的“安知清流转,忽与前山通”,陆游的“山重水复疑无路,柳暗花明又一村”更饶韵味。

## 半山春晚即事①

春风取花去,　　酬我以清阴。
翳翳陂路静②,　　交交园屋深③。
床敷每小息④,　　杖履亦幽寻⑤。
惟有北山鸟,　　经过遗好音⑥。

【注释】

①半山:在钟山南侧,由江宁东门到钟山,这里为一半,故称半山。安石罢相后长住此地。即事:就眼前景写诗。

②翳(yì)翳:树荫浓密的样子。

③交交:树枝交错覆盖。

④床敷:铺床。

⑤杖履:拄着拐杖,穿着草鞋。幽寻:寻幽。

⑥遗(wèi):赠予。

【品评】

王安石被吕惠卿、曾布等排挤,离开相位,退居半山园。这首诗,表现了他退隐生活的一个侧面。

前四句写“半山春晚”景色。一开头便把“春风”拟人化:“春风”把我的花儿都取走了,却交给我这么多绿阴作为报酬。不仅写景新奇,而且含义极深，耐人寻味。三、四两句，即写绿阴，章法细密。后四句写他时而铺床小息，时而携杖寻幽，没有什么人来往，只有北山的鸟儿从这里飞过，赠他以美好的鸣声。寓感慨于闲逸之中，极饶韵味。

方回《瀛奎律髓》云："半山诗工密园妥，不事奇险，惟此'春风取花去'一联，乃出奇也。"

## 郑獬(xiè)(1022—1072)

字毅夫,安州安陆(今属湖北)人。仁宗皇祐五年(1053)进士第一,神宗时官至翰林学士。为人正直敢言,诗多反映现实,诗风豪爽明快,一如其人。有《郧溪集》。

### 采凫茨[1]

朝携一筐出[2], 暮携一筐归[3]。
十指欲流血, 且急眼前饥。
官仓岂无粟? 粒粒藏珠玑[4]。
一粒不出仓, 仓中群鼠肥。

**【注释】**

①凫茨(fúcí):即荸荠。
②一筐出:提空筐出去。
③一筐归:背一筐荸荠归来。
④藏珠玑:谓贮藏的粮食圆实而有光泽。

**【品评】**

前四句写农民没饭吃,靠采凫茨充饥,在死亡线上挣扎。第五句发出诘问:为什么不开仓赈济呢?难道官仓里没有粮食吗?下三句作了回答:官仓里堆满农民交来的粮食,粒粒饱满晶莹简直像珠玑,可是那不能拿出来救济农民,要留给一大群老鼠吃;你看那些老鼠,一个个喂得多“肥”!前后形成强烈的对照,对统治者的批判,即从对照中显示出来。“群鼠”双关,一个“肥”字,表现出诗人的无限愤慨。

# 田　家

田家汩汩流水浑①，　一树高花明远村。
云意不知残照好，　却将微雨送黄昏。

**【注释】**

①汩(gǔ)汩：流水声。

**【品评】**

写田家晚景如画。第二句“明”字是诗眼，“高”字也用得好。时已“黄昏”，又遇“微雨”，远处村落已看不清晰，只“一树高花”“明”得耀眼，才使人能够辨认出那里有个村子。后两句以“不知”“却将”呼应，跌宕有致，又将“残照”“微雨”“黄昏”的关系曲折地反映出来：先是残阳照射，给远近村落抹上金色；接着又乌云密布，下起“微雨”。好像乌云有意不让美好的“残照”装点“黄昏”，而要“微雨”送走“黄昏”。“送”字也用得好，以“云意”作反衬，诗人眷恋“残照”的情怀也曲曲传出。

## 刘攽（bīn）（1022—1089）

字贡父，临江新喻（今江西新余）人。仁宗庆历六年（1046）与兄刘敞同科进士，官至中书舍人。专精汉史，参加司马光《资治通鉴》的编撰，承担汉代部分。有《彭城集》。

### 雨后池上

一雨池塘水面平，　淡磨明镜照檐楹[①]。
东风忽起垂杨舞，　更作荷心万点声。

**【注释】**

①淡磨明镜：那时的镜子是用青铜做的，需要磨洗。檐：屋檐。楹：屋柱。

**【品评】**

诗写雨后观池，妙在第四句又唤回雨中景。前两句写静景，为后两句写动景作铺垫，但用“磨”“照”两个动词，把静景写得很生动。雨后波平，微风不起，池面像刚刚磨洗过的明镜，照出了池上屋檐、屋柱的影子。——这是池塘的雨后景，多么清明！多么宁静！然而“东风忽起”，池边垂杨迎风起舞，洒落万点水珠，使池中荷叶又响起一片雨声。——这仍是池塘的雨后景，垂杨摇落的是叶上积水，并非又一次下雨了。但“荷心万点声”，又同时是雨中景。诗人用“更作”二字，使人由雨后景回想雨中景，象外有象，超妙绝伦。

## 王令(1032—1059)

字逢原,广陵(今江苏扬州)人。不谋仕进,以教书为生。后因王安石援引,蜚声诗坛。诗堂庑阔大,豪迈雄奇,富有浪漫主义色彩。不幸短命。有《广陵集》。

### 暑旱苦热

清风无力屠得热,　落日着翅飞上山。
人固已惧江海竭①,　天岂不惜河汉干②?
昆仑之高有积雪,　蓬莱之远常遗寒③;
不能手提天下往,　何忍身去游其间!

**【注释】**

①固:本来。
②河汉:银河。
③遗寒:遗留一些寒气。

**【品评】**

"屠得热"的"屠"字下得极奇险,但接着把"热"和"日"联系起来,说"日"长着翅膀能够飞,那就当然可以"屠"。烈日晒了一整天,最后又飞上山巅不肯落,继续施展它的炎威,真恨不得杀死它。可是"清风无力",人又有什么办法!三、四两句用跌宕句法表现酷热行将造成的严重灾难,语带夸张;但抒发"暑旱苦热"的焦灼情感,却是真实的。后四句忽发奇想,想跑到昆仑、蓬莱那种清凉世界里去逃避暑热,可又转念深思:没有力量提携天下人一同脱离火坑,又怎忍心一个人去那儿独享清福呢?

全诗想象新奇,意境雄阔,又表现了这位青年诗人兼善天下的崇高理想,是宋诗中别开生面的作品。

## 夜 深 吟

叩几悲歌涕满襟①, 圣贤千古我如今②。
冻琴弦断灯青晕③, 谁会男儿半夜心④。

**【注释】**

①叩几(jī):用手拍打桌子。

②“圣贤”句:谓千古圣贤与如今的我同样有满腹悲愤。

③弦断:比喻没有知音。《吕氏春秋·本味》:春秋时俞伯牙善弹琴,钟子期最能领会琴音,子期死,伯牙认为失去知音,折断琴弦,不再弹琴。灯青晕:油灯微弱的光散发一圈暗光。

④会:理解。

**【品评】**

王令才华出众而怀才不遇,常在诗中抒发抑郁不平之气。《西园月夜》云:“我有抑郁气,从来未经吐。欲作大叹吁向天,穿天作孔恐天怒。”这首《夜深吟》以弦断灯青、扣几悲歌、半夜不寐等动人情景突出无人理解的满腔心事,其“半夜心”虽未明说,而壮志难酬、抑郁难平之意,已洋溢于字里行间。

## 张舜民(约 1034—1100)

字芸叟,自号浮休居士,又号矴斋,邠州(治所在今陕西彬县)人。英宗治平二年(1065)进士。历官馆阁校勘、监察御史、吏部侍郎、龙图阁待制知同州。仕途两遭贬谪,与苏轼友善,为陈师道姐夫。诗效白居易,诗风质朴平易。有《画墁集》。

### 百　舌[1]

学尽百禽语，　终无自己声。
深山乔木底，　缄口过平生[2]。

**【注释】**

①百舌:又名画眉。善鸣,其声宛转,反复变化,如百鸟之音。夏至后则停止啼鸣。

②缄口:指百舌停止鸣叫。《礼记·月令》:"仲夏之月,……小暑至,螳螂生,䴗始鸣,反舌无声。"

**【品评】**

《易纬通卦》云:"百舌者,反舌鸟也。能反复其口,随百鸟之音。"(《艺文类聚》卷九二引)此诗作者抓住这一特点阐明一个道理:一味摹仿而无创造,始终形不成自己的独特风格,最后只能"缄口过平生",无任何成就可言。这对于从事文学艺术工作乃至做人处世,都很有教育意义。

# 村　居

水绕陂田竹绕篱[①]，　榆钱落尽槿花稀[②]。
夕阳牛背无人卧，　　带得寒鸦两两归。

## 【注释】

①陂(bēi)田：池塘边的田。

②榆钱：榆树的荚，形如钱，故名。槿花：夏秋开花，花朝开夕落。

## 【品评】

"牧童归去横牛背，短笛无腔信口吹"(雷震《村晚》)，通过一个充满诗意的画面，表现出田家生活的宁静、闲逸，令人神往。这首诗的后两句也写"牛"，但展现在读者面前的却是另一幅图画：牛在夕阳中缓步回村，背上没有牧童，却驮着寒鸦。看起来，那牛是自己出村觅草的，到了日暮，便悠然而归；已经进村了，背上的寒鸦还未受惊扰，恋恋不肯飞起。鸦，大约就是村中的"居民"；它们的"家"，也就在"牛"栏旁的树上，所以觅食归来的时候遇见老"邻居"——牛，牛就把它们"带"回村。通过这幅新奇的画面，表现出的不仅是村野的清幽、田家的宁静，还有人禽相亲、物物和谐。

晚唐诗人陆龟蒙诗云："十角吴牛放江岸，……背上时时孤鸟立。"(《牧牛歌》)与张舜民同时稍晚的苏迈有这样的断句："叶随流水归何处？牛带寒鸦过别村。"(《东坡题跋·书迈诗》)就牛背有鸟这一点而言，都与张舜民的诗相类似，但由于取景的角度不同、形象的组合各异，都未能创造出物我相谐、情景交融的艺术境界。

## 苏轼(1037—1101)

字子瞻,号东坡,眉州眉山(今属四川)人。仁宗嘉祐二年(1057)进士,初任凤翔通判。还朝后因与王安石政见不合,出任杭、密、徐、湖等州地方官,有惠政。因作诗被诬陷下狱(即"乌台诗案"),获释后贬黄州。元祐初废新法,入为起居舍人、翰林学士。复因政争出知杭、颍、扬、定四州。哲宗斥逐旧党,贬惠州,再贬琼州(今海南岛)。遇赦北还,病卒于常州,追谥文忠。苏轼兼善古文、诗、词、书、画,为一代文宗。与其父洵、弟辙合称"三苏"。尤雄于诗,诗风雄浑豪迈,题材广泛,想象丰富,善用比喻。与黄庭坚并称"苏黄"。有《东坡全集》《东坡乐府》等。

### 辛丑十一月十九日既与子由别于郑州西门之外马上赋诗一篇寄之[①]

不饮胡为醉兀兀[②]?　此心已逐归鞍发[③]。
归人犹自念庭闱[④],　今我何以慰寂寞?
登高回首坡垅隔,　但见乌帽出复没。
苦寒念尔衣裘薄,　独骑瘦马踏残月。
路人行歌居人乐,　童仆怪我苦凄恻。
亦知人生要有别[⑤],　但恐岁月去飘忽[⑥]。
寒灯相对记畴昔,　夜雨何时听萧瑟[⑦]?
君知此意不可忘,　慎勿苦爱高官职!

## 【注释】

①辛丑：指仁宗嘉祐六年(1061)。子由：苏轼弟苏辙字。郑州：今河南郑州市。

②兀(wù)兀：昏沉貌。

③归鞍发：指子由送兄至郑州西门外作别，又回归汴京。

④归人：指子由。庭闱：父母的住处，这里指代父母。时苏氏兄弟的父亲苏洵在汴京参予修纂礼书。

⑤要有别：有时总要别离。

⑥去飘忽：消失得快。

⑦“寒灯”两句：苏辙《逍遥堂会宿并引》云：“辙幼从子瞻读书，未尝一日相舍。既壮，将游宦四方，读苏州(指韦应物)诗至‘安知风雨夜，复此对床眠’，恻然感之，乃相约早退，为闲居之乐。”“寒灯”句是说“记”起了昔日在老家“寒灯相对”时的“早退”之约；“夜雨”句是说何时实践旧约，与弟弟“对床听雨”呢？

## 【品评】

苏轼与苏辙骨肉情深，患难之中，友爱弥笃。兄弟二人一生作有很多抒发手足之情的名篇，此诗乃其中之一。

嘉祐六年(1061)冬，苏轼赴凤翔(今属陕西)签判任，苏辙由汴京(今河南开封)直送至郑州西门外，然后返回汴京，奉侍其父。苏轼一人独行，于马上吟成此诗，抒发离愁。

起句突兀惊人：没有饮酒，为什么神情恍惚，像喝醉了酒一样？次句作了解释：原来我的心，已经跟着弟弟的“归鞍”，摇摇晃晃地驰向汴京。“登高”两句，状难状之景如在目前：他与弟弟走着相反的方向，登上高处，“回首”遥望弟弟，由于“坡垅”遮蔽，弟弟走的路又时高时低，所以“但见乌帽出复没”。许彦周《诗话》云：“‘燕燕于飞，差池其羽。之子于归，远送于野。瞻望弗及，泣涕如雨。’此真可泣鬼神矣。张子野长短句云：‘眼力不如人，远上溪桥去。’东坡云：‘登高回首坡垅隔，但见乌帽出复没。’皆远绍其意。”认为苏轼的这两句诗借鉴了《诗·邶风》的《燕燕》篇，当然有可能，但“但见乌帽出复没”，却比“瞻望弗及”更系人心魂。

“苦寒念尔”四句，承“但见乌帽”发挥。“但见乌帽”，则人与马都看不见，但由于“心逐归鞍”，看不见的都想得出：严冬苦寒，又是凌晨，霜风刺骨，而弟弟却“衣裘薄”，“独骑瘦马踏残月”，怎能不令人心酸！先“见”后“念”，虚实相生，妙在不自己说心情“凄恻”，而是以“路人行歌居人乐”作强烈的反衬，然后由“僮仆”开口，“怪我苦凄恻”。路上的其他行人欢歌笑语，路旁的居人更全家团聚，享天伦之乐。以此反衬自己，行文顿起波澜。身边的“僮仆”随自己去上任，心情很愉快，满以为即将到任作官的主人更心花怒放；可是看主人的神情却那么“凄恻”，就感到“怪”。以此反衬自己，行文更起波澜。

前面写现在，虚实相生，波澜迭起，都围绕一个“别”字。接下去，以“亦知人生要有别”宕开，行文又起波澜。这和此后寄苏辙词中的“人有悲欢离合”一样，意在自我宽解；但下句又说“但恐岁月去飘忽”，表明不得不因离别而凄恻的原因：岁月易逝，人生苦短，怎忍长期分别呢？由此引起下文，忽而回忆过去，忽而展望未来，中心意思是：早日辞官归田，对床听雨，共享闲居之乐。全诗由“苦别”写到“思聚”，情感真挚，摹写入微，曲折遒宕，笔笔突兀。当时作者才二十六岁，已取得了如此卓越的艺术成就。

## 和子由渑池怀旧[①]

人生到处知何似？　应似飞鸿踏雪泥。
泥上偶然留指爪，　鸿飞那复计东西？
老僧已死成新塔[②]，　坏壁无由见旧题[③]。
往日崎岖还记否，　路长人困蹇驴嘶[④]。

## 【注释】

①子由：苏辙字。渑(Miǎn)池：今属河南。

②老僧：指奉闲和尚。新塔：和尚死后火化，造一塔贮藏其骨灰。奉闲刚死，所以是新塔。

③"坏壁"句：苏辙原诗自注："昔与子瞻应举，过宿(渑池)县中寺舍，题其老僧奉闲之壁。"

④蹇(jiǎn)驴：跛足驴、疲驴。诗末原注云："往岁马死于二陵，骑驴至渑池。"二陵：即河南的崤(Xiáo)山，在渑池县西。

## 【品评】

嘉祐六年(1061)冬，苏辙送苏轼至郑州，分手回京，作诗寄苏轼，这是苏轼的和作。

苏辙十九岁时，曾被任命为渑池县主簿，未到任即中进士。他与苏轼赴京应试路经渑池，同住县中僧舍，同于壁上题诗。如今苏轼赴陕西凤翔作官，又要经过渑池，因而作《怀渑池寄子瞻兄》。诗云："相携话别郑原上，共道长途怕雪泥。归骑还寻大梁陌，行人已度古崤西。曾为县吏民知否？旧宿僧房壁共题。遥想独游佳味少，无言骓马但鸣嘶。"苏轼的和诗，四个脚韵与原作全同，却纵笔挥洒，丝毫未受束缚。

前四句一气贯串，自由舒卷，超逸绝伦。次联两句以"泥""鸿"领起，用顶针格就"飞鸿踏雪泥"发挥。他用巧妙的比喻，把人生看作漫长的征途，所到之处，诸如曾在渑池住宿、题壁之类，就像万里飞鸿偶然在雪泥上留下爪痕，接着就又飞走了；前程远大，这里并非终点。这几句诗，由于用生动的比喻阐发了人生哲理，因而万口传诵，还被浓缩为"雪泥鸿爪"，至今仍被广泛运用。纪昀评此诗："前四句单行入律，唐人旧格；而意境恣逸，则东坡本色。"(《纪评苏诗》卷三)"意境恣逸"，是就其比喻的确切、超妙说的。"单行入律"，则就次联两句词语对偶而意义连贯而言。唐人每用此法，如白居易"野火烧不尽，春风吹又生"之类。简单地说，就是流水对。

后四句就题目中的“渑池怀旧”讲了三件事：当年同宿渑池僧舍，是奉闲老僧接待的，这次又到渑池，那位老僧已经死了，出现了贮藏他的骨灰的新塔；当年同在僧舍的墙壁上题诗，这次来看，墙已坏了，诗也看不见了；当年是骑着蹇驴到达渑池的，人困驴嘶，道路崎岖漫长。这一切，你还记得吗？很清楚，这都是印证“雪泥鸿爪”的比喻。“泥上偶然留指爪”，而那留下的爪痕，也在变化、消失，令人惆怅；然而“鸿飞那复计东西”，还是各奔前程吧！于“怀旧”中展望未来，意境阔远。

## 六月二十七日望湖楼醉书五绝录一①

黑云翻墨未遮山，　白雨跳珠乱入船。
卷地风来忽吹散，　望湖楼下水如天。

**【注释】**

①望湖楼：在杭州西湖边，为五代时吴越王钱俶（cù）所建。

**【品评】**

这首诗，乃熙宁五年（1072）苏轼任杭州通判时所作。

前两句，连用“翻”“遮”“跳”“入”四个动词，蝉联而下，展现一系列动景。用“翻墨”描状“黑云”，见得来势迅猛，含水量极大，所以还“未遮山”，骤雨已倾盆而下，泻向船舷，溅起无数雨珠，乱入舱房。第三句连用“卷”“来”“吹”三个动词写急风乍起，驱散黑云，引出第四句：“望湖楼下水如天”，西湖美景又重现眼前。

四句诗，把片刻之间出现的云翻、雨泻、风吹、云散、天晴的急遽变化写得何等活灵活现，有声有色！于暴风雨后出现“望湖楼下水如天”的美景，景中含情，尤宜玩味。

# 饮湖上初晴后雨

水光潋滟晴方好①，　山色空濛雨亦奇②。
欲把西湖比西子③，　淡妆浓抹总相宜。

## 【注释】

①潋滟(liànyàn)：波光闪耀貌。
②空濛：形容雨中山色。
③西子：即西施，春秋时越国的美女。

## 【品评】

诗人饮于湖上，天气"初晴后雨"，在短暂的时间里欣赏了西湖的晴景和雨景，赞美道："水光潋滟"，晴景正好；"山色空濛"，雨景亦奇。诗人以善用比喻著名，在这里又就地取材，把西湖比作古代越国的美女西子："山色空濛"，好像"淡妆"的西子；"水光潋滟"，好像"浓抹"的西子。对于绝代佳丽来说，"浓抹"很适宜，"淡妆"也很适宜，都那么美。当然，诗人的本意是说西湖在任何时候、任何情况下都是美的，"淡妆""浓抹"，不过随手举例而已，不宜呆看。正如西子，浓抹正好，淡妆亦奇，不抹不妆，粗服乱头，或嗔或喜，或颦或笑，都不失国色神韵。

南宋陈善《扪虱新话》曾说此诗"已道尽西湖好处"。要识西子，但看西湖；"要识西湖，但看此诗"。诗人将西子的神韵赋予西湖，反转来又通过西湖体现西子的神韵，西湖与西子遂合二而一，密不可分。从此诗传诵以来，人们便把西湖称为"西子湖"，一提起"西子湖"，便联想起"淡妆浓抹总相宜"的西子，山容水态，传神流韵，栩栩欲活。

# 有美堂暴雨[①]

游人脚底一声雷，　满座顽云拨不开。
天外黑风吹海立，　浙东飞雨过江来[②]。
十分潋滟金樽凸[③]，千杖敲铿羯鼓催[④]。
唤起谪仙泉洒面，　倒倾鲛室泻琼瑰[⑤]。

【注释】

①有美堂：嘉祐二年(1057)杭州太守梅挚建，在杭州吴山上。仁宗赐梅挚诗有“地有吴山美，东南第一州”之句，因以“有美”名堂。

②江：钱塘江，也称浙江。

③金樽凸：酒面高出酒杯，喻西湖水溢。

④“千杖”句：“羯鼓”，羯族首创的鼓。击羯鼓以声音碎急为善，《羯鼓录》云：“‘头如青山峰，手如白雨点’，此即羯鼓之能事也。‘山峰’取不动，‘雨点’取碎急。”《唐语林》记唐玄宗问李龟年打羯鼓数，龟年对曰：“臣打五千杖讫。”此句以“千杖敲铿(铿然作响)羯鼓”比喻雨声碎急。

⑤“唤起”两句：贺知章称李白为“天上谪仙人”，后人因以“谪仙”称李白。《旧唐书·李白传》载：“玄宗度曲，欲造乐府新词，亟召白，白已卧于酒肆矣。召入，以水洒面，即令秉笔，顷之成十余章。”结尾两句是说：天降暴雨，是为了使李白从沉醉中清醒过来，作出像琼瑰那样美好的诗章。

【品评】

题为“有美堂暴雨”，首联以“有美堂”为基点，写“暴雨”将至景象。“游人”(包括作者)正在“有美堂”就坐，忽闻“脚底一声”霹雳，“顽云”同时涌来，满堂“满座”，“拨”它“不开”。用“脚底”，用“满座”，一方面突出“有美堂”之高；另一方面突出“雷”“云”之低。民谚说“高雷无雨”，而

"滚地雷"则是"暴雨"的前兆。写"云"用"顽"、用"拨不开",强调云层极厚极密,含雨欲泻。写"脚底雷"用"一声",暗示雷声、顽云原在远方,因被急风驱赶,突然闯入"脚底""座"上。两句诗,挟云携雷,突兀奇警,为次联写暴风雨袭来渲染气氛,比唐人许浑"山雨欲来风满楼"更有声势。

次联上句脱胎于杜甫"四海之水皆立"(《朝献太清宫赋》),下句脱胎于谢朓"朔风吹飞雨,萧条江上来"(《观朝雨》)。但切合"有美堂暴雨",更写得形象飞动、声势逼人。"有美堂"在吴山高处,东对海门;山下的钱塘江(又名浙江)东流入海。"天外黑风吹海立",写云雷风雨发于东海。"风"本无色,"冠"以"黑"字,便将"风"驱"顽云"之状活现眼前。"吹海立"极写"黑风"迅猛,海水被"吹",波涛乍涌,巨浪如山。"浙东飞雨过江来",写发于"浙东"海上的云雷风雨急遽西移,"飞"过钱塘江,扑向"有美堂"。用一"来"字,与首联自然拍合,章法极细。

三联承"飞雨过江来"写眼前"暴雨"。杜牧"酒凸觥心泛滟光"(《羊栏浦夜陪宴会》),只是写杯中酒满。而此处的"十分潋滟金樽凸",则比喻西湖急涨,波溢湖岸;不正面写雨,而大雨倾盆之状不难想见。"千杖敲铿羯鼓催",也不正面写雨点,而以千杖敲响羯鼓比喻雨声的铿锵急促。两句诗从不同角度写"有美堂"所见雨景,上句写远景,下句写近景,俱用比喻,俱从侧面烘托,绘形绘色绘声。

前三联写"有美堂暴雨",神完气足,似乎再无余地可以开拓。那么尾联怎么写?作者出奇制胜,借用李白故事而赋予新意。"唤起谪仙泉洒面",是"泉洒面唤起谪仙"的倒装句。原来天降暴雨,是要用"泉洒面"的办法"唤起谪仙",让他像"倒倾鲛室"的珍珠琼瑰那样写出惊人的华章。以如此新奇的想象收束全篇,真是匪夷所思;而作者自喻自负之意,又蕴含其中。"诗中有我",并非客观写雨。

读完尾联,会想起前面的"催"字。以"千杖敲铿羯鼓"比喻雨点甚密,点点俱作铿锵声,意思已经很完满,后面拖个"催"字,似乎没着落。读到"唤起谪仙……",才悟出那个"催"字紧接尾联,是"催"谪仙醒来作诗。杜甫《陪诸贵公子丈八沟携妓纳凉晚际遇雨》云:"片云头上黑,应是雨催诗。"作者自己也有"飒飒催诗白雨来"之句。他的这首《有美堂暴雨》,也正是暴雨“催”出的杰作。

## 祭常山回小猎①

青盖前头点皂旗②，　黄茅冈下出长围③。
弄风骄马跑空立，　趁兔苍鹰掠地飞④。
回望白云生翠巘⑤，　归来红叶满征衣。
圣明若用西凉簿⑥，　白羽犹能效一挥⑦。

**【注释】**

①常山:在密州(今山东诸城)城南二十余里。

②青盖:青盖车,此指密州太守苏轼乘坐的车。点皂旗:皂旗迎风招展。

③黄茅冈:在常山附近。出长围:人马分散开,形成大的包围圈。

④趁:追逐。掠地:贴着地面。

⑤巘(yǎn):山峰。

⑥圣明:对皇帝的尊称。西凉簿:晋时谢艾为西凉主簿,以少量人马打败敌军三万人。

⑦白羽:指儒将所用羽扇。

**【品评】**

此诗作于熙宁八年(1075)任密州知府期间。作者与同僚率众祭常山祈雨,归途在黄茅冈下射猎演武。此诗前六句写射猎场景及射罢归来的风度,后两句直抒怀抱:如果朝廷委以边防重任,犹能像谢艾那样指挥若定,克敌制胜。与作此诗同时,还作有《江城子·密州出猎》词,录如下,以供参照:

老夫聊发少年狂。左牵黄,右擎苍,锦帽貂裘,千骑卷平冈。为报倾城随太守，亲射虎，看孙郎。　酒酣胸胆尚开张。鬓微霜，又何妨！持节云中，何日遣冯唐？会挽雕弓如满月，西北望，射天狼。

一诗一词，都写得格调昂扬，意气风发。结尾部分，都抒发了亲赴沙场，保卫祖国的壮志豪情，读之令人精神振奋。

## 百　步　洪录一①

长洪斗落生跳波②，　轻舟南下如投梭。
水师绝叫凫雁起③，　乱石一线争磋磨④。
有如兔走鹰隼落，　骏马下注千丈坡。
断弦离柱箭脱手，　飞电过隙珠翻荷。
四山眩转风掠耳⑤，　但见流沫生千涡。
崄中得乐虽一快⑥，　何异水伯夸秋河⑦。
我生乘化日夜逝⑧，　坐觉一念逾新罗⑨。
纷纷争夺醉梦里，　岂信荆棘埋铜驼⑩？
觉来俯仰失千劫⑪，　回视此水殊委蛇⑫。
君看岸边苍石上，　古来篙眼如蜂窠⑬。
但应此心无所住⑭，　造物虽驶如吾何⑮？
回船上马各归去，　多言譊譊师所呵⑯。

**【注释】**

①百步洪：一叫徐州洪，在今江苏徐州市东南二里。宋时，黄河由泗水经过，这里是有名的险滩。

②斗：同陡。斗落：突然下落。

③水师：船工。凫雁：野鸭子。

④磋：挤擦。

⑤眩:使人眼花缭乱。

⑥崄:同险。

⑦水伯夸秋河:语出《庄子·秋水篇》:"秋水时至,百川灌河,泾流之大,两涘渚崖之间,不辨牛马,于是焉,河伯欣然自喜,以天下之美为尽在己。"

⑧乘化:顺从生命的自然规律。日夜逝:一天天消逝。

⑨"坐觉"句:用佛家语言。《传灯录》:"新罗(今朝鲜)在海外,一念已逾。"即说观念可以任意驰骋,超越极远的地方。

⑩荆棘埋铜驼:《晋书·索靖传》中索靖看到天下将乱,指着洛阳宫门外的铜驼说:"会见汝在荆棘中。"后世遂用荆棘铜驼比喻世事变化。

⑪俯仰:俯仰之间,比喻极短的时间。劫:劫为佛家用语。印度传说经历若干万年世界便毁灭一次,再重新开始,这样一个周期,叫做一劫。这句是说:"俯仰之间便度过千劫。

⑫委蛇:转曲自如的样子。

⑬篙眼:撑船的篙子插在岸上石头中所形成的洞孔。

⑭无所住:《金刚经》:"应无所住而生其心。"即思考问题时,不拘泥于某一事物。

⑮"造物"句:造化消失得再快也与我无妨。如吾何:将我怎么样。

⑯譊(nāo)譊:啰嗦不休。师:指参寥。呵:斥责。

**【品评】**

苏轼于元丰元年(1078)任徐州知州期间同诗僧参寥放舟游览百步洪,作七言古诗两首,这是第一首,前有序,较长不录。

"崄中得乐"以上各句,写乘舟游百步洪的险景。于"轻舟南下如投梭"之时,忽然插入"水师绝叫凫雁起"作侧面烘托,突出轻舟进入"乱石一线"的惊险场景。"有如兔走鹰隼落,骏马下注千丈坡。断弦离柱箭脱手,飞电过隙珠翻荷"四句,连用七个比喻、七种形象来表现水波冲泻的动态和轻舟急驶的险象,令人眼花缭乱,应接不暇。接着又以"四山眩转风掠耳"作侧面烘托,又回到百步洪本身:"但见流沫生千涡。"如纪昀所评:

"语皆奇逸，亦有滩起涡旋之势。"（《纪评苏诗》卷三）后半篇由"崄中得乐虽一快，何异水伯夸秋河"转入议论，忽玄忽释，纵谈名理，却用"回视此水""君看岸边""回船上马"频频挽合，忽放忽收，控纵自如。姚鼐称赞说："此诗之妙，诗人无及之者，世惟有庄子耳。"（转引自《唐宋诗举要》卷三）

## 予以事系御史台狱狱吏稍见侵自度不能堪死狱中不得一别子由故作二诗授狱卒梁成以遗子由①

圣主如天万物春②，　小臣愚暗自亡身③。
百年未满先偿债④，　十口无归更累人⑤。
是处青山可埋骨⑥，　他年夜雨独伤神⑦。
与君世世为兄弟，　再结来生未了因⑧。（其一）
柏台霜气夜凄凄⑨，　风动琅珰月向低⑩。
梦绕云山心似鹿⑪，　魂惊汤火命如鸡⑫。
眼中犀角真吾子⑬，　身后牛衣愧老妻⑭。
百岁神游定何处？　桐乡知葬浙江西。（其二）

**【注释】**

①予以事系御史台狱：元丰二年（1079）三月，权监察御史里行何正臣，弹劾苏轼"愚弄朝廷，妄自尊大。又一有水旱之灾、盗贼之变，轼必倡言归咎新法，喜动颜色"。到了七月，权监察御史里行舒亶，国子博士李宜之，权御史中丞李定又交章弹劾，于是苏轼从湖州任上被逮捕到京，八月

下御史台狱,至十二月始释放。这便是当时震惊朝野的乌台(御史台)诗案。侵:侵逼,犹现在说的逼供。自度:自己忖度。不能堪:经不住拷打。

②圣主:指神宗。如天:恩泽像天。

③小臣:苏轼自指。

④先偿债:偿还罪债。苏轼这次自分必死。

⑤更累人:连累家属更连累弟弟。实事上,苏轼作此诗时,苏辙已将哥哥的家眷接往应天府(今河南商丘)任所同住。

⑥是处:到处。

⑦独伤神:指子由一人要独自伤神了。

⑧未了因:没有了却的因缘,即他生再作兄弟。

⑨柏台:即御史台。汉御史府中多柏树(见《汉书·朱博传》),后世因称御史台为柏台。

⑩琅珰:指屋檐下系的铃铎。

⑪心似鹿:心在胸中,像鹿一样撞。

⑫“魂惊”句:像鸡被蒸煮,性命难保。

⑬“眼中”句:苏轼想念儿子,说他天庭饱满,真是一个好儿子。犀角:指额上发际隆起的骨头。古人认为额骨隆起为贵相。

⑭牛衣:供牛御寒用的披盖物。如蓑衣之类。《汉书·王章传》:“章疾病,无被,卧牛衣中。”自料必死,与妻子诀别。妻子劝他病好后努力读书,后来官至京兆尹。一次王章向皇帝上书。弹劾外戚权臣王凤,妻子闻讯劝阻,要他知足,不要忘记卧牛衣时的情景,章不听,被下狱死。这里苏轼以王章自比,因不听妻子劝说,终于惹祸,所以说死后愧对妻子。

⑮桐乡:今安徽舒城。西汉朱邑在桐乡做官为人民办了许多好事,死后桐乡人将他埋在该地,并立祠奉祀。作者在“桐乡”句下注云“狱中闻杭、湖间民为余作解厄道场者累月,故有此句”。这句是说,他死后,杭州人一定会将他埋葬在那里。

## 【品评】

熙宁九年(1076)十月,王安石第二次罢相,退隐钟山,从此不出。新党中多小人,因苏轼反对新法,就其所作诗罗织罪名。舒亶上书说:“陛下发钱以本业贫民,则曰‘赢得儿童语音好,一年强半在城中’;陛下明法以课试群吏,则曰‘读书万卷不读律,致君尧舜知无术’;陛下兴水利,则曰‘东海若知明主意,应教斥卤变桑田’;陛下议盐禁,则曰‘岂是闻韶解忘味,尔来三月食无盐’。其他触物及事,应口所言,无一不以讥谤为主,小则镂板,大则刻石。”凡与苏轼有诗文往来而受株连者共二十余人,包括司马光、张方平、王诜和苏辙等等。苏轼被捕,押送他的狱卒“顾盼狞恶”。及入狱,狱卒“诟辱通宵不忍闻”,必欲置之死地。由于元老重臣吴充、范镇等多方营救及神宗祖母太皇太后曹氏出面干预,才从轻发落,贬为黄州团练副使,在本州安置,不得签署公文。赵宋开国以来,这是第一次文字狱,对当时和以后的政局带来了消极影响。士大夫多明哲保身,讳言国事,国事遂不可收拾。

这两首写于狱中的诗,第一首抒发怀念其弟苏辙的深情。作者自分必死,想到死后留下十来口家属,要连累弟弟照料;想到自己死掉,到处都可埋骨,可是留下弟弟,每逢“夜雨”,都只能独自伤神,兄弟“对床听雨”的旧约,再也不能实践!中间两联,凄怆沉痛。尾联转进一层,抒发了“与君世世为兄弟,再结来生未了因”的愿望,至情流露,感人肺腑。

苏辙得到哥哥被捕下狱的消息,“举家惊号”。当时他正在应天府(北宋的“南京”,今河南商丘)任判官,立即上书神宗,“乞纳在身官以赎兄轼,得免下狱死为幸”,并把苏轼留在湖州的家属接到应天府同住。其后苏轼获释,苏辙被贬往筠州(今江西高安)为酒监。兄弟情谊之深,历来受到人们的赞扬。

第二首思念妻、子,兼以自伤。“身后牛衣愧老妻”,虽然用了一个“愧”字,但用王章因弹劾权臣得祸致死的典故,含意很深。得祸致死,固然可悲,但关怀朝政得失,毕竟不算错。尾联的“浙江西”指杭州。作者任杭州通判三年,多有惠政。杭州一带的百姓听到他被捕下狱,为他作道场累月,祈祷消灾解难。他因此预料杭人会把他的骸骨运去埋葬,自伤中略含自慰。这和朝臣诬陷、狱吏侵凌形成了强烈的对照。

这两首诗为北宋的“文字狱”留下了历史见证,值得珍视。

## 陈季常所蓄《朱陈村嫁娶图》二首录一①

我是朱陈旧使君②，劝农曾入杏花村③。
而今风物那堪画，县吏催钱夜打门。

**【注释】**

①陈季常，名慥，四川眉山人。当时寓住在岐亭山（在黄州北），苏轼赴黄州任时经过这里。陈将所藏古画拿出请苏轼题诗。蓄：藏。朱陈村：唐时属丰县，宋时属萧县。白居易诗："徐州古丰县，有村曰朱陈。……一村唯两姓，世世为婚姻。"《朱陈村嫁娶图》是描绘那里嫁娶习俗的。

②使君：唐宋时对太守的别称。苏轼曾任徐州太守，故称"朱陈旧使君"。

③劝农：古时州县长官下乡视察农事，叫劝农。

**【品评】**

"杏花村"，泛指作者当年"劝农"到过的村子。"村"前加"杏花"二字，极言"风物"甚美，堪入画图。"而今"的情况又怎么样呢？唉！一切都变了。那些村子，"县吏催钱夜打门"，惊得鸡飞狗上墙，这样的"风物"，那堪入画啊！

题《朱陈村嫁娶图》，从一个"图"字生发，以堪入画与"那堪画"作今昔对比，既批评了时政，又未脱题。构思命笔，何等灵妙！

作者初出狱，被编管黄州，在赴黄州途中又作此诗为百姓说话，表现了他刚正不屈的崇高品德。

## 题西林壁①

横看成岭侧成峰，　远近高低各不同。
不识庐山真面目，　只缘身在此山中。

**【注释】**

①西林：即西林寺，又名乾明寺，在庐山七岭之西。

**【品评】**

元丰七年(1084)，作者由黄州改迁汝州(治所在今河南临汝)团练副使，途中游庐山，作此诗。

前两句写遍游庐山的观感：横看成岭，侧看成峰，远看、近看、高看、低看，又各不相同。后两句，是就这种观感作出的总结：因为只在山中转来转去，所以不论从哪一角度看，看到的都是某一局部、某一侧面，而不能从总体上识透"庐山真面目"。

这首诗，当然属于山水诗的范畴，却蕴含生活哲理，能给人以思想启迪，因而广泛传诵，并被引来讽喻某种社会现象，具有强大的艺术生命力。

## 韩干马十四匹①

二马并驱攒八蹄②，　二马宛颈鬃尾齐③。
一马任前双举后④，　一马却避长鸣嘶。
老髯奚官骑且顾⑤，　前身作马通马语。
后有八匹饮且行，　微流赴吻若有声。

前者既济出林鹤[⑥]，　后者欲涉鹤俯啄。
最后一匹马中龙，　不嘶不动尾摇风。
韩生画马真是马，　苏子作诗如见画。
世无伯乐亦无韩[⑦]，　此诗此画谁当看！

【注释】

①韩干：生卒年未详，蓝田人，得王维资助，专心学画。唐玄宗要他跟陈闳学画马，后发觉所画与陈闳不同，诘问之，韩干回答："臣自有师，陛下内厩之马，皆臣之师也。"（见朱景玄《唐朝名画录》）。其作品流传至今的有《照夜白图》《牧马图》。十四匹：当是"十六匹"之误，诗中共写了十六匹马，南宋人楼钥所见的李公麟临本，也有十六匹马。

②攒：聚集、靠拢。

③宛颈：曲颈。

④任前、举后：用前腿负全身之重而举起后腿。宋人作诗讲究"无一字无来历"，任前、举后，出自《韩非子·说林下》："伯乐教二人相踶马，相与之简子厩观马，一人举踶马，其一人从后而循之，三抚其尻而马不踶，此自以为失相。其一人曰：'子非失相也，此其为马也，踒肩而肿膝，夫踶马也者，举后而任前，肿膝不可任也，故后不举。'"

⑤奚官：养马人。

⑥既济：已经过河。出林鹤：刚飞出树林的鹤，昂首向上。

⑦伯乐：古代最善相马的人。

【品评】

苏轼既是诗人，又是画家，他的题画诗，多而且好。七绝如《惠崇春江晚景》和《书李世南所画秋景》都至今传诵。五古如《高邮陈直躬处士画雁》，纪昀称"一片神行，化尽刻画之迹"。这首《韩干马十四匹》则是七古中的题画名篇。

韩干，唐代京兆蓝田（今属陕西）人，相传年少时曾为酒肆雇工，经王维资助学画,与其师曹霸皆以画马著名,杜甫在《丹青引》里曾经提到他。他的《照夜白图》等作品尚存,而苏轼题诗的这幅画,却不复可见。诗题说是“马十四匹”,画中的马,却不止此数。南宋楼钥在《攻媿集·题赵尊道渥洼图序》里说:他看见的这幅渥洼图,乃是李公麟所临韩干画马图,即苏轼曾为赋诗者。“马实十六,坡诗云‘十四匹’,岂误耶?”楼钥因而题苏轼诗于图后,自己还作了一首“次韵”诗。李公麟临那幅画,自属可信。临本中的马是“十六匹”,也很值得注意。王文诰“据公诗,马十四匹,楼所见并非临本也”的按语,是缺乏根据的。细读苏轼的这首题画诗,就发现那些说“据公诗,马十四匹”的人,漏数了一匹,搞混了一匹,实际上是十六匹,和李公麟所临本相合。

诗题标明马的数目,但如果一匹一匹的叙述,就会像记流水帐,流于平冗、琐碎。诗人匠心独运,虽将十六匹马一一摄入诗中,但时分时合、夹叙夹写,穿插转换,变化莫测,先分写,六匹马分为三组。“二马并驱攒八蹄”,以一句写二马是第一组。“攒”,聚也。“攒八蹄”,再现了“二马并驱”之时腾空而起的动态。“二马宛颈鬃尾齐”,也以一句写二马,是为第二组。“宛颈”,曲颈也。“鬃尾齐”,谓二马高低相同,修短一致。诗人抓住这两个特点,再现了二马齐步行进的风姿。“一马任前双举后,一马却避长鸣嘶”,两句各写一马,合起来是一组。任,用也。一马在前,用前腿负全身之重而双举后蹄,踢后一马;后一匹退避,长声嘶鸣,大约是控诉前者无礼。四句诗写了六匹马,一一活现纸上。

接着,诗人迅速掉转笔锋,换韵换意,由写马转到写人,以免呆板。“老髯”二句,忽然插入,出人意外,似乎与题画马的主题无关。方东树就说:“‘老髯’二句一束夹,此为章法。”又说:“夹写中忽入“老髯”二句议,闲情逸致,文外之文,弦外之音。”他把这两句看作“议”(议论),而不认为是“写”(描写),看作表现了“闲情逸致”的“文外之文”,离开了所画马的本身,这都不符合实际。至于这两句在章法变化上所起的妙用,他当然讲得很中肯;但实际上,其妙用不仅在章法变化。只要弄懂第三组所写的是前马踢后马,后马退避长鸣,就会恍然于“奚官”之所以“顾”,正是听到马鸣。一个“顾”,写出了多少东西!“前身作马通马语”一句,似乎是“议”,

但议论这干什么？其实，“前身作马”，是用一种独特的构思，夸张地形容那“奚官”能“通马语”；而“通马语”乃是特意针对“一马却避长鸣嘶”说的。前马踢后马，后马一面退避、一面“鸣嘶”，“奚官”听懂了那“鸣嘶”的含义，自然就对前马提出警告。可见“通马语”所暗示的内容也很丰富。所谓“奚官”，就是养马的役人，在盛唐时代，多由胡人充当。“老髯”一词，用以描写“奚官”的外貌特征，正说明那是个胡人。更重要的一点是：“老髯奚官骑且顾”一句中的那个“骑”字，告诉我们“奚官”的胯下还有一匹马，就是说，作者从写马转到写人，而写人还是为了写马：不仅写“奚官”闻马鸣而“顾”马群，而且通过“奚官”所“骑”，写了第七匹马。

以上两句，把画面划分成前后两大部分；又以“奚官”的“骑且顾”，把两大部分联系起来，颇有岭断云连之妙。所谓“连”，就表现在“骑”和“顾”，“奚官”所“骑”，乃十六马中的第七马，它把前六马和后九马连成一气。“奚官”闻第六马长鸣而回“顾”，表明他原先是朝后看的。为什么朝后看？就因为后面还有九匹马，而且正在渡河。先朝后看，又闻马嘶而回头朝前看，真是瞻前而“顾”后，整个马群，都纳入他的视野之中了。

接下去，由写人回到写马，而写法又与前四句不同。“后有八匹饮且行，微流赴吻若有声”：八马饮水，微流吸入唇吻，仿佛发出汩汩的响声。一个“后”字，确定了这八匹与前七匹在画幅上的位置：前七匹，早已过河；这八匹，正在渡河。八马渡河，自然有前有后，于是又分为两组，“前者既济出林鹤”，是说前面的已经渡到岸边，像“出林鹤”那样昂首上岸。“后者欲涉鹤俯啄”，是说后面的正要渡河，像“鹤俯啄”那样低头入水。四句诗，先合后分，共写八马。

“最后一匹马中龙”一句，先叙后议，赞美之情，溢于言表。《周礼·夏官·瘦人》云：“马八尺以上为龙。”说这殿后的一匹是“马中龙”，已令人想见其骏伟的英姿。紧接着，又来了个特写镜头：“不嘶不动尾摇风。”“尾摇风”三字，固然十分生动、十分传神；“不嘶不动”四字，尤足以表现此马的神闲气稳、独立不群。别的马，或者已在彼岸驰骋，或者即将上岸；最后面的，也正在渡河，而它却“不嘶不动”悠闲自若。这是为什么？就因为它是“马中龙”。真所谓“蹄间三丈是徐行”，自然不担心拉下距离。

认为“据公诗,马十四匹”的王文诰,既没有发现“奚官”所“骑”的那匹马,又搞混了这“最后一匹”马。他说:“此一匹,即八匹之一,非十五匹也。”其实,从句法、章法上看,这“最后一匹”和“后有八匹”是并列的,怎能说它是“八匹之一”?

十六匹马逐一写到,还写了“奚官”,写了河流,却一直未提“韩干”,也未说“画”。形象如此生动,情景如此逼真,如果始终不说这是韩干所画,读者就会认为他所写的乃是实境真马。然而题目又标明这是题韩干画马的诗,通篇不点题,当然不妥。所以接下去便点题。归纳前面所写,自然得出了“韩生画马真是马”的结论。“画马真是马”,这是对韩干的赞词。而作者既赞韩生,又自赞,公然说:“苏子作诗如见画。”读完下两句,才看出作者之所以赞韩生又自赞,乃是为全诗的结尾作铺垫。韩生善画马,苏子善作画马诗,从画中,从诗中,都可以看到真马,看到“马中龙”。可是,“世无伯乐亦无韩,此诗此画谁当看?”——世间没有善于相马的伯乐和善于画马的韩干,连现实中的骏马都无人赏识,又何况画中的马、诗中的马!既然如此,韩生的这画,苏子的这诗,还有谁去看呢?两句诗收尽全篇,感慨无限,意味无穷。

全诗只十六句,却七次换韵,而换韵与换笔、换意相统一,显示了章法上的跳跃跌宕,错落变化。

这首诗的章法,前人多认为取法于韩愈的《画记》。如洪迈《容斋五笔》卷七和方东树《昭昧詹言》卷十二都这样说。这当然是不错的,但这首诗穷极变化,不可方物,似乎更多的是受了杜甫《韦讽录事宅观曹将军画马图》的启发。

## 书王定国所藏《烟江叠嶂图》[①]

江上愁心千叠山, 浮空积翠如云烟。
山耶云耶远莫知, 烟空云散山依然。

但见两崖苍苍暗绝谷，　中有百道飞来泉。
萦林络石隐复见[2]，　下赴谷口为奔川。
川平山开林麓断，　小桥野店依山前。
行人稍度乔木外，　渔舟一叶吞江天。
使君何从得此本[3]，　点缀毫末分清妍。
不知人间何处有此境，　径欲往买二顷田。
君不见武昌樊口幽绝处，东坡先生留五年。
春风摇江天漠漠，　暮云卷雨山娟娟。
丹枫翻鸦伴水宿，　长松落雪惊醉眠。
桃花流水在人世，　武陵岂必皆神仙？
江山清空我尘土，　虽有去路寻无缘。
还君此画三叹息，　山中故人应有招我归来篇。

【注释】

①王定国：名巩，字定国，从苏轼学诗文。

②“萦林”句：承上句，谓“百道飞来泉”萦绕林木、山石，时隐时现。

③使君：对对方的尊称，此指王定国。得此本：得到这幅《烟江叠嶂图》。

【品评】

此诗题下原注云：“王晋卿画。”王诜（1037—1093），字晋卿，太原人，居开封，北宋开国功臣王全斌之后（见《宋史·王全斌传·附传》）。妻英宗之女蜀国长公主，官驸马都尉。虽为贵戚，却远声色而爱文艺，与苏轼、黄庭坚、米芾等交好。筑“宝绘堂”于私第之东，苏轼为作记。擅诗词书法，尤以山水画著名。好写江上云山、幽谷寒林与平远风景，用李成皴法，也有金碧设色。存世作品有《渔村小雪图》《烟江叠嶂图》等。《烟江叠嶂图》，清初由王士禛（渔洋）送入皇宫。《香祖笔记》云：“余家藏王晋卿

《烟江叠嶂图》长卷,后有米元章书东坡长句。康熙癸未三月万寿节,九卿皆进古书、书画为寿,此卷蒙纳入内府。"王晋卿的画,苏轼的诗,米芾的字,三者结合在一起,真是艺术珍品。据苏诗查注,这首诗另有苏轼墨迹流传。

此诗自开头至"渔舟一叶吞江天"是第一个段落。方东树《昭昧詹言》卷十二云:"起段以写为叙,写得人妙而笔势又高,气又遒,神又旺。"所谓"以写为叙"是指这一段实质上是叙述《烟江叠嶂图》的内容,但没有用抽象叙述的方法,而用了形象描写的方法。其实,如果既不看诗题,又不看下段,便不会认为这是介绍《烟江叠嶂图》,只感到这是描写自然景物。

前四句,着眼于高处远处,写"烟江叠嶂"的总貌。"江上",点"千叠山"的位置。"愁心",融情入景,并让读者联想张说《江上愁心赋寄赵子》中的"江上之峻山兮,郁崎巇而不极,云为峰兮烟为色,欻变态兮心不识,……",以扩展艺术境界。"浮空积翠"是"积翠浮空"的倒装,其主语为"千叠山"。"积翠",言翠色极浓。"千叠山"积蓄了无穷翠色,在远空浮动,像烟,也像云。这里突出的是"积翠",而不是"云烟",一个"如"字须着眼。有人说这句是写"云烟缭绕的叠嶂",就失掉了景的"妙"与诗的"妙"。正因为诗人不曾说"云烟缭绕",而只说"浮空积翠如云烟",所以接下去才能继续写出"山耶云耶远莫识,烟空云散山依然"的妙句。由于受七字句的限制,上句省去了"烟耶",而以下句的"烟空"作补充。在那高空浮动的,究竟是"千叠山"的"积翠"呢,还是"烟"呢,"云"呢?因为那太"远"了,实在无法识别。然而看着看着,忽然起了变化:"烟"消了,"云"散了,依然存在的,只是那"千叠山"。画里如果确有"云烟缭绕",当然不会忽然消散。诗人并没有说山上确有"云烟",而只是说"浮空积翠如云烟"。那"浮空"的"积翠"从不同距离、不同角度去看,就有变化。这样去看,像"云"像"烟",那样去看,又只见"积翠",不见"云烟"。几句诗,变静景为动景,写远嶂千叠翠色浮空之状如在目前。

次四句由远而近,由高而低,先突现苍苍两崖,再从两崖的绝谷中飞出百道泉水。这百道飞泉"萦林络石",时隐时现,终于"下赴谷口",汇为巨川,奔腾前进。在这里,诗人以飞泉统众景,从而运用了以明见暗的艺术手法。两崖之间,有无数幽谷,因为"暗"而不见,无从写;只写百道泉飞来,而百道泉之所自出(无数幽谷),即不难想见。林木扶疏,奇石磊落,可见可写,但要一一摹写,就不免多费笔墨、分散重点,于是只写百道泉"萦林络石",而林木、奇石之状,即宛然在目。

后四句,诗人把读者的视线从百道泉的合流出谷引向近景。"川平、山开、林麓断",三个主谓结构,展现了三个画面;"林麓断"处,"小桥""野店""乔木""行人",历历如见。而"渔舟一叶",又把镜头推向开阔的"江天"。"吞江天"三字,涵盖了"烟江叠嶂"的全景,真有尺幅千里之势。

"使君"以下四句自成一段。纪昀评:"节奏之妙,纯乎化境。"方东树云:"四句正锋。"

第一段写"烟江叠嶂",纯是实景。诗人的巧妙之处,就在于先写实景,然后用"使君何从得此本"一句回到本题,既变真景为画景,又点出此画乃王定国所藏;而此画之巧夺天工,也不言而喻,为"点缀毫末分清妍"的赞语提供了有力的根据。"不知人间何处有此境"一句,又由画境想到真境,希望于"人间"寻求如此美好的江山,买田退隐,从而把全篇的布局,从写景转向抒情和议论。

从"君不见"至结尾是第三段。这一段,或理解为"以实境比况画境",或理解为"既用现实中的自然美陪衬了艺术中的自然美,又表现了诗人热爱壮美山川的襟怀"。都言之有据,但都很不确切。

如在前面所分析,第一段写画境,第三段由画境想到真境,希望于"人间"寻求像画境那样美好的江山,买田退隐。最后一段,即紧承退隐而来;却不直写为什么想退隐,而以"君不见"领起,将读者引向诗人回忆中的天地。这回忆对于诗人来说,并不那么愉快。元丰二年(1079)三月,苏轼罢徐州知州,改知湖州。四月到湖州任。何正臣摘引《湖州谢表》中的话指斥苏轼"妄自尊大";舒亶、李定等又就其诗文罗织罪状。七月二十八日,苏轼于湖州被捕,下御史台狱,这就是著名的"乌台诗案"("御史台"又叫"乌台")。十二月结案,贬黄州团练副使,本州安置,不得签书公事。苏轼从元丰三年(1080)二月到达贬所至元丰七年(1084)四月改任汝州团练副使，在黄州度过了四年多的辛酸岁月。现在，他因看《烟江叠嶂图》而有感触，唤起了对往事的回忆。“君不见”领起的“武昌樊口幽绝处”，写被贬之地的幽深；“东坡先生留五年”，言贬谪之时的漫长。以下四句，吴北江认为“写四时之景”，固然不算全错，因为的确写了景；但更确切地说，却是借景叙事、因景抒情。这四句紧承前两句而来，概括了诗人在那“幽绝处”“留五年”的经历和感受：春天，愁看“春风摇江天漠漠”；夏季，独对“暮云卷雨山娟娟”；秋夜寂寥，“丹枫翻鸦伴水宿”；冬日沉醉，“长松落雪惊醉眠”。一年，两年，三年，四年，……年年如此！贬谪生涯，贬谪心情，都通过四时之景的描绘而得到了形象的表现。

“桃花流水”以下四句，从章法上看，和前面的文字有什么联系呢？

在前面，诗人由画境写到“不知人间何处有此境，径欲往买二顷田”，然后不直接回答“人间何处有此境”的问题，却将笔锋宕开，转入贬谪生活的回忆。回忆到“长松落雪惊醉眠”，又折转笔锋，回顾“不知人间何处有此境，径欲往买二顷田”。“桃花流水在人世，武陵岂必皆神仙”两句，用“桃花源”典故而翻新其意。陶渊明所写的“桃花源”，是苦于暴政的人们所追求的“春蚕收长丝，秋熟靡王税”的理想社会。王维的《桃源行》，则说“初因避地去人间，及至成仙遂不还”。刘禹锡《游桃源诗一百韵》，进一步写仙家之乐。韩愈题《桃源图》，却认为“神仙有无何渺茫，桃源之说诚荒唐”。王安石的《桃源行》，又描写了一种“虽有父子无君臣”的平等世界，以寄托其进步的社会理想。苏轼则说：桃花源就“在人世”，那里的人们也不见得都是“神仙”。这两句，就是对前面“不知人间何处有此境”的回答。“江山清空我尘土”一句，句中有转折。“江山清空”，紧承“桃花流水在人世”；“我尘土”，遥接“君不见”以下六句，既指黄州的五年贬谪生活，又包括当前的处境。惟其“我尘土”，才想到“买田”退隐。第一段的画境，第二段的“不知人间何处有此境”，第三段的“桃花流水在人世”，和“江山清空”一线贯串，都指的是可以“买田”退隐的地方；而“虽有去路”以下数句，则是这条线的延伸。“寻无缘”的“寻”，正是“寻”可以退隐的地方。因为欲“寻”而“无缘”，所以“还君此画三叹息”。尽管“无缘”，但仍欲“寻”，故以“山中故人应有招我归来篇”结束全诗。

王文诰说这首诗“用两扇法”，自前句至“渔舟一叶吞江天”为一扇，“道图中之景也”；自“使君”至“寻无缘”为一扇，“道观图之人也”。此下以二句作结：“还君此画三叹息”，“结图中之景”；“山中故人应有招我归来篇”，“结观图之人”。这种说法虽有可供参考之处，但毕竟失之简单化。全诗绝不是截然分开的两扇，这从前面的分析中已可看出，现略作补充。作者把画境写得十分美好，十分诱人，从而引出“径欲往买二顷田”的愿望。以下所写，或与此照应，或与此联系。“桃花流水在人世”与“江山清空”，是和画境中的景物联系的；“武陵岂必皆神仙”，是和画境中的人物一脉相承的。“武昌樊口幽绝处”，就其四时景物而言，是与画境中的景物一致的；就在那里“留五年”的“东坡先生”来说，则是与画境中的人物对照的。在作者看来，那画中的“行人”“舟子”，自由自在地享受“江山清空”之美；而他自己，则仕途蹭蹬，备受谗毁和打击，困于“尘土”，不得自由。正因为处境如此，所以尽管在“幽绝处”留了“五年”，也不能像画中的“行人”“舟子”那样尽情地欣赏自然风光。写“幽绝处”四时风光的那四句诗，虽然很含蓄，但还是可以看出所表现的作者心情并不是愉快的。比如“丹枫翻鸦伴水宿”一句，说“伴水宿”，已露孤独寂寞之感；已经“宿”了，还说“丹枫翻鸦”，可见并未入梦，一晚上时而看“丹枫”，时而听“鸦翻”，辗转反侧，心事重重。又如“长松落雪惊醉眠”一句：“醉眠”一作“昼眠”；上句写夜宿，此句即使不用“昼”字，也看得出是写“昼眠”。冬季夜长昼短，夜间睡觉就够了，何必“昼眠”？更何必白昼“醉眠”？白昼“醉眠”而无人理睬，只有“长松落雪”才“惊”醒了他。醒过来之后，看是什么“惊”他的；看来看去，看见的只是那“长松落雪”，连人影儿也没有！……

“东坡先生”与画境对照、与画境中的人物对照，便不禁发出了“江山清空我尘土”的感慨。这“江山清空”与“我尘土”的对照，正是这首诗命意谋篇的契机。因画境的“清空”而回忆“我尘土”的往事，便追写了谪居黄州的生涯和心情；以画境的“清空”对照“我尘土”的现实，便引起了买田退隐的念头和“桃花流水在人世”的议论，而归结到“山中故人应有招我归来篇”。

苏轼在嘉祐六年(1061)应仁宗直言极谏的对策中，提出过许多改革弊政的意见。可以说,他是以改革派的面目登上政治舞台的。在要求改革这一点上,他与王安石并无重大分歧,其分歧在于改革的内容、程度、方法和速度。比较而言,苏轼要求的改革是温和的、缓慢的。他尽管也被卷进反对王安石变法的浪潮,并对新法讲了不少过头的话,但究竟与保守派有区别;王安石也未予追究。熙宁九年(1076)十月,王安石二次罢相,退居金陵之后,新法逐渐失去打击豪强的色彩,统治阶级内部变法派与保守派的斗争,也变成了封建宗派的倾轧与报复。苏轼于元丰二年(1079)因作诗获罪,被捕入狱,终于贬到黄州,责令闭门思过,就出于何正臣、舒亶、李定等人的诬陷,与王安石无关。元丰七年(1084)三月,苏轼接到命令移汝州团练副使。七月抵金陵,与久已罢相闲居的王安石多次相会,作《次韵荆公四绝》。十月至扬州,即上《乞常州居住表》,准备退隐,元丰八年(1085)三月,神宗死,哲宗年幼,高太后听政,改元元祐,起用司马光执政,苏轼也被调回京城任翰林学士等职。司马光着手废除全部新法,苏轼却主张"参用所长",更反对废除行之有益的"免役法",因而又和保守派结了仇,经常处于"忿疾""猜疑""诬告"的境地。元祐二年(1087),他因洛党官僚连续弹劾,四次上疏请外郡。元祐三年(1088)三月,因朝官攻击,上《乞罢学士除闲慢差遣札》;十月,再上《陈情乞郡札》。这首题《烟江叠嶂图》诗,作于元祐三年十二月,其"江山清空我尘土"的感慨,显然发自内心;"不知人间何处有此境,径欲往买二顷田"及"山中故人应有招我归来篇"等诗句所表达的,也是作者的真实情感。

这首诗以"书王定国所藏《烟江叠嶂图》"为题,当然首先是给藏画的王定国和作画的王晋卿看的。诗中写贬谪生活而以"君不见"领起,那"君"也首先指王定国和王晋卿。王定国名巩,《宋史》卷三二〇《王素传·附传》云:"巩有隽才,长于诗,从苏轼游。轼守徐州,巩往访之,与客游泗水,登魋山,吹笛饮酒,乘月而归。轼待之于黄楼上,谓巩曰:'李太白死,世无此乐三百年矣!'轼得罪,巩亦窜宾州,数岁得还,豪气不少挫。"这里所说的"轼得罪,巩亦窜宾州",即指王定国因受苏轼"乌台诗案"的株连,与苏轼同时被贬。王晋卿也同样被卷入"乌台诗案",因为苏轼的那些"讥讽朝政、谤讪中外"的诗,有些是王晋卿"镂刻印行"的,结果被贬到均州。还朝之后,苏轼在其《和王晋卿》诗的序里说:"附马都尉王诜(晋卿),功臣全斌之后也。元丰二年,予得罪贬黄冈,而晋卿亦坐累远谪,不相闻者七年。予既招用,晋卿亦还朝,相见殿门外。感叹之余,作诗相属,托物悲慨,阨穷而不怨,泰而不骄。怜其贵公子有志如此,故和其韵。"苏轼又作《书王定国所藏王晋卿画〈着色山〉二首》,其二云:

君归岭北初逢雪,我亦江南五见春。
寄语风流王武子,三人俱是识山人。

三个人同时被贬到南方,见过青山,所以有"三人俱是识山人"的诗句。

苏轼的这首《书王定国所藏〈烟江叠嶂图〉》,王定国读后有什么感触,缺乏记载;王晋卿却写了《和诗》:

帝子相从玉斗边,洞箫忽断散非烟。
平生未省山水窟,一朝身到心茫然。
长安日远那复见,掘地宁知能及泉!
几年飘泊汉江上,东流不舍悲长川。
山重水远景无尽,翠幕金屏开目前。
晴云漠漠晓笼岫,碧嶂溶溶春接天。
四时为我供画本,巧自增损媸与妍。
心巧构尽远江意,笔锋耕出西山田。
苍颜华发何所遣,聊将戏墨忘余年。
将军色山自金碧,萧郎翠竹夸婵娟。
风流千载无虎头,于今妙绝推龙眠。
岂图俗笔挂高咏,从此得名似谪仙。
爱诗好画本天性,辋川先生疑夙缘。
会当别写一匹烟霞境,更应消得玉堂醉笔挥长篇。

诗的前半篇写贬谪生涯,后半篇说他借画山水消遣时日。苏轼读到这首,又作诗酬和,诗题是这样的:《王晋卿作〈烟江叠嶂图〉,仆赋诗十四韵,晋卿和之,语特奇丽。因复次韵,不独记其诗画之美,亦为道其出处契阔之故,而终之以不忘在莒之戒,亦朋友忠爱之义也》。诗如下:

山中举头望日边，长安不见空云烟。
归来长安望山上，时移事改应潸然。
管弦去尽宾客散，惟有马埒编金泉。
渥洼故自千里足，要饱风雪经山川。
屈居华屋啗枣脯，十年俯仰龙旗前。
却因瘦病出奇骨，盐车之厄宁非天！
风流文采磨不尽，水墨自与诗争妍。
画山何必山中人，田歌自古非知田。
郑虔三绝君有二，笔势挽回三百年。
欲将岩谷乱窈窕，眉峰修嫮夸连娟。
人间何有春一梦，此身将老蚕三眠。
山中幽绝不可久，要作平地家居仙。
能令水石长在眼，非君好我当谁缘。
愿君终不忘在莒，乐时更赋《囚山篇》。

这篇诗的中心思想是希望王晋卿不要忘记当年遭谗被贬的惨痛经历，从中吸取教训，“要作平地家居仙”。王晋卿读到后又次韵酬答，诗题是：《子瞻再和前篇，非惟格韵高绝，而语意郑重，相与甚厚，因复用韵答谢之》。诗云：

忆从南涧北山边，惯见岭云和野烟。
山深路僻空吊影，梦惊松竹风萧然。
杖藜芒屩谢尘境，已甘老去栖林泉。
春篮采术问康伯，夜灶养丹陪稚川。
渔樵每笑坐争席，鸥鹭无机驯我前。
一朝忽作长安梦，此生犹欲更问天。
归来未央拜天子，枯荄敢自期春妍。
造物潜移真幻影，感时未用惊桑田。
醉来却画山中景，水墨想象追当年。
玉堂故人相与厚，意使嫫母齐联娟。
岂知忧患耗心力，读书懒去但欲眠。

屠龙学就本无用，　只堪投老依金仙。
更得新诗写珠玉，　劝我不作区中缘。
佩服忠言非论报，　短章重次“木瓜”篇。

读这三首次韵诗，更会加深对原作的理解。

## 惠崇《春江晚景》二首录一①

竹外桃花三两枝，　春江水暖鸭先知。
蒌蒿满地芦芽短②，　正是河豚欲上时③。

**【注释】**

①惠崇：建阳人，宋初著名诗僧，亦善画。

②蒌蒿：草名，花淡黄色，茎可食用。芦芽：即芦笋。

③河豚：鱼名。产于海，春江水发，溯江水上游产卵繁殖。肉味极鲜美，唯内脏有剧毒。

**【品评】**

《图画宝鉴》称惠崇“工画鹅、鸭、鹭鸶”。《图画见闻志》称他“尤工小景，为寒汀远渚、潇洒虚旷之象，人所难到”。他画的《春江晚景》已经失传，而苏轼的这首题画诗，却至今脍炙人口。

题画诗如果局限于复述画面内容，就不可能有艺术生命。前面选的题《朱陈村嫁娶图》，根本不去再现画境，而是就“图”字生发，抒发对现实的感慨。这首题《春江晚景》，是描绘了画面景物的，却又画外见意，创造了比画境更高更美的诗境。就这首诗看，竹、桃花、江水、鸭、蒌蒿、芦芽，这当然是画面上的景物；但水的“暖”、鸭的“知”，却绝对画不出来。至于河豚，既然说它“欲上”，当然还没有“上”，画面上也不会出现。诗人从画中景物着眼，驰骋想象和联想，创造出“春江水暖鸭先知”“正是河豚欲上时”的佳句,就使这幅画顿时活了起来,生机勃勃,春意盎然。

“春江水暖”,来自“桃花”盛开的联想;“鸭先知”,则出于想象。“春江水暖鸭先知”的超妙之处,在于激发读者的想象,想见鸭群在春江中浮游嬉戏的欢快情景。它们好像在说:“水暖了,冬天终于过去了!”

“河豚欲上”,来自蒌蒿、芦芽的联想。河豚食蒌蒿、芦芽;江淮一带人烹河豚,又用蒌蒿、芦芽作配料。由“蒌蒿满地芦芽短”联想到“正是河豚欲上时”,不仅补写景物、点明时令,还令人想起河豚的美味,心往神驰,注目春江,企盼它沿江而“上”。

四句诗,生动地再现了画面上的视觉形象;又借助触觉、知觉、味觉,以虚写实,扩展、深化了视觉形象。情景交融,韵味无穷。

## 书李世南所画秋景二首录一①

野水参差落涨痕,　疏林欹倒出霜根②。
扁舟一棹归何处③?　家在江南黄叶村。

### 【注释】

①李世南:字唐臣,安肃(今河北徐水县)人。北宋著名画家。这首题画诗为元祐二年苏轼在京任翰林学士时作。

②霜根:苍老的树根。

③棹:船桨。

### 【品评】

前两句细致勾勒深秋之景,宛然在目。后两句虽略作点染,却虚实相生,用“归何处”扩展画面,用“黄叶村”画出远景,既使读者想见“平远”无垠的江南秋色,又使读者联想到自己的“黄叶村”,悠然神往。

# 赠刘景文①

荷尽已无擎雨盖，　菊残犹有傲霜枝。
一年好景君须记，　最是橙黄橘绿时。

**【注释】**

①刘景文：名季孙，开封祥符（今河南开封市）人。

**【品评】**

刘景文，将门之后，博学能诗，曾受王安石赏识、提拔；苏轼也推许，表荐，称他为“慷慨奇士”。这首《赠刘景文》，作于元祐五年（1090）任杭州太守时。当时刘景文任两浙兵马都监，也在杭州，两人诗酒往还，交谊颇深。苏轼除此诗外，尚有《次韵刘景文见寄》《喜刘景文至》《和刘景文见赠》等诗。

赠人诗当然有各种各样的写法，但总应该对人有益。韩愈的《早春呈水部张十八员外》，也属于赠人诗范畴，诗如下：

天街小雨润如酥，草色遥看近却无。
最是一年春好处，绝胜烟柳满皇都。

前两句写“早春”景色绝妙，且不详谈；但说这“最是一年春好处”，比“烟柳满皇都”还好得多，却需要略加解释。长安的冬天很漫长，人们熬过几个月的冰雪严寒，忽然下起像奶油那样滋润的小雨，又透过纤纤雨丝，看见远郊泛起嫩绿的草色，该有多高兴！“烟柳满皇都”，春色极浓，当然很美，但也意味着春天即将离开；而春雨中朦胧泛起的远郊草色，却带来春天初临的喜讯，桃开李放，百卉争妍，一切美景都将相继展现。诗人因此说：“早春”景色，是一年中最好的景色。言外之意是：应该珍惜啊！把这样美妙的诗章赠给友人，当然比说“一年之计在于春”更有韵味。

苏轼的这首《赠刘景文》写初冬景色，把初冬景色赞为“一年好景”，又蕴含什么样的生活真理呢？

“荷”，这是夏季的骄子。“接天莲叶无穷碧，映日荷花别样红”（杨万里《晓出净慈寺送林子方》），多么美！如今呢，荷花早已开“尽”，连“擎雨”的荷叶也都消失了。“菊”，在百花凋谢的秋天傲霜独放。可是如今呢，尽管枝干挺然特立，仍然保持着傲霜的贞姿劲节，但那花儿毕竟已经衰残。两句诗，为推出“橙黄橘绿”作了两重铺垫，同时点明节令，已入初冬。

初冬季节，荷花、菊花，以及其他许多花都在霜威寒潮中纷纷凋残，而那橙、橘，却枝叶繁茂，为人们捧出累累硕果，金黄、碧绿，闪光发亮。诗人因此说：“一年好景君须记，最是橙黄橘绿时。”

橙树橘林，密叶含翠，枝头挂满金黄碧绿的硕果，作为一种景色看，的确是“好景”。更何况，这不是仅供观赏的花，而是“可以荐嘉宾”的果。不是一般的果，而是“精色内白”的佳果。从屈原以来，诗人们托物喻人，作过许多赞美橘的崇高品德的诗，赞它“苏世独立，横而不流”（屈原《橘颂》），赞它“经冬犹绿林，……自有岁寒心”（张九龄《感遇》）。“橙”是“橘”的同类，故苏轼连类并举，使艺术形象更丰满。

苏轼的这首诗，在萧条冷落的初冬季节推出“橙黄橘绿”，赞为“一年好景”，不仅诗情洋溢，给人以美感享受，还寓有人生哲理，引人深思，发人深省。

## 十一月二十六日松风亭下梅花盛开①

春风岭上淮南村②，　昔年梅花曾断魂。
岂知流落复相见，　蛮风蜑雨愁黄昏③。

长条半落荔枝浦[4]，　卧树独秀桄榔园[5]。
岂惟幽光留夜色[6]，　直恐冷艳排冬温。
松风亭下荆棘里，　两株玉蕊明朝暾[7]。
海南仙云娇坠砌[8]，　月下缟衣来扣门。
酒醒梦觉起绕树，　妙意有在终无言。
先生独饮勿叹息，　幸有落月窥清樽。

【注释】

①松风亭：在惠州（今广东惠阳）嘉祐寺附近的山上。时苏轼寓居嘉祐寺。

②春风岭：在今湖北麻城县东，北宋时属淮南西路，所以这句说“淮南村”。元丰三年（1080）正月苏轼赴黄州贬所，路过此地。

③蛮风蜑（yán）雨：指岭南的风雨。蛮、蜑，是古时汉人对南方少数民族的轻蔑称呼。

④荔枝浦：生长荔枝的水边。

⑤独秀：单独开花。桄榔：一种常绿树，生长在广东沿海一带。

⑥岂惟：岂止。

⑦玉蕊：花名。这里借来形容梅花洁白如玉。朝暾（tūn）：早晨的太阳。

⑧砌：台阶。

⑨缟（gǎo）衣：白色的衣服。扣：敲。

【品评】

绍圣元年（1094），已经变质的变法派上台，蔡京、章惇之流掌权，打击“元祐党人”，株连甚广。苏轼由定州知州调任英州知州，降一级。未到任所，再贬为宁远军节度副使，惠州安置。十月三日到达惠州贬所，寓嘉祐寺松风亭。十一月二十六日，见亭下梅花盛开而作此诗。

前四句由“昔年梅花”写到眼前梅花，忆昔伤今，感慨身世，为全诗定下基调。昔年因“乌台诗案”下狱,几乎送掉性命。后来编管黄州,路过春风岭时看到梅花,作《梅花二首》,曾发出“的皪梅花草棘间”的慨叹。“岂知流落复相见,蛮风蜑雨愁黄昏”,这荒远之地的梅花比“春风岭上”的梅花处境更坏,但它依然盛开,给人以精神上的慰藉。由此引出下文,用神来之笔,为梅花传神写照。写梅树横“卧”园中,“长条半落”水中,甚至困处“荆棘里”,既自喻处境,又为写其“独秀”“幽光”“冷艳”“玉蕊”作反面衬托。其“幽光”足以“留夜色”,其“冷艳”直恐“排冬温”,其“玉蕊”能够“明朝暾”,不仅状其光色,还写出梅花高洁的品格。“海南仙云娇坠砌,月下缟衣来叩门”两句,则通过想象和比拟,创造出梦幻般的境界:月明之夜,一位缟衣仙女乘着海南仙云冉冉而至,落于阶前,来叩诗人的门扉。这位仙女,当然是梅花的化身。这就不仅活画出梅花的风采神韵,而且表明诗人在流放生涯中只有梅花是他的知己,特来安慰他的寂寞心灵。纪昀评此二句:“天人姿泽,非此笔不称此花。”还是只就前者说的,后一层意思,他并没有看出。结尾四句写“酒醒梦觉”,写“落月窥清樽”,正是回应“海南仙云”两句:那种优美的梦幻境界消失了!“绕树”看梅,忽有“妙意”萌动,却终于“无言”。怎么说呢?又向谁说呢?“幸有落月窥清樽”,正表现了满腹心事无处倾吐的悲哀。“独饮勿叹息”,不过是自我排遣而已。

全诗一韵到底,韵险而语工,善传梅花神韵。但并非单纯写梅,而是用“岂知流落复相见”一句承上启下,通过描状两次贬谪中所见的梅花自叹流落、自抒怀抱,人梅双关,浑化无迹,乃东坡晚年得意之作。

## 荔 枝 叹

十里一置飞尘灰, 五里一堠兵火催[①]。
颠坑仆谷相枕藉[②], 知是荔枝龙眼来[③]。
飞车跨山鹘横海[④], 风枝露叶如新采;

宫中美人一破颜[5]，　　惊尘溅血流千载[6]。
永元荔枝来交州[7]，　　天宝岁贡取之涪[8]。
至今欲食林甫肉[9]，　　无人举觞酹伯游[10]。
我愿天公怜赤子[11]，　　莫生尤物为疮痏[12]；
雨顺风调百谷登，　　民不饥寒为上瑞[13]。
君不见武夷溪边粟粒芽[14]，　　前丁后蔡相笼加[15]。
争新买宠各出意，　　今年斗品充官茶[16]。
吾君所乏岂此物，　　致养口体何陋耶[17]？
洛阳相君忠孝家，　　可怜亦进姚黄花[18]。

【注释】

①置、堠(hóu)：古代的驿站。唐代以五里为单堠，十里为双堠。进荔枝，每站换马急驰。

②颠坑仆(pū)谷：跌入土坑、倒在山谷。相枕藉：互相枕压，尸骨堆积。

③龙眼：桂圆。

④飞车：快车。鹘(gǔ)：一种猛禽，这里指海船。

⑤宫中美人：指杨贵妃。破颜：笑。

⑥惊尘溅血：运送荔枝的车马飞驰，扬起的灰尘中血花四溅。指车马压死、踏死沿途的百姓。

⑦永元(89—105)：汉和帝年号。交州：今广东、广西及越南的部分地区。作者自注："汉永元中，交州进荔枝、龙眼，十里一置，五里一堠，奔腾死亡，罹(遭)猛兽青虫之害者无数。唐羌，字伯游，为临武长(县令)，上书言状(言进荔枝害民情况)和帝罢之。"

⑧天宝(742—756)：唐玄宗年号。岁贡：每年向朝廷进贡。涪(fú)：涪州，今四川涪陵县。作者自注："唐天宝中，盖取涪州荔枝，自子午谷路进入。"

⑨林甫：李林甫，唐玄宗时的奸相，人称他“口蜜腹剑”，是勒索荔枝的主事者。

⑩觞(shāng)：酒杯。酹(lèi)：古代发誓或祭祀的一种方式，即把酒洒在地上。这句是说：“唐伯游上书申诉进荔枝祸害百姓，皇帝因而罢进荔枝；但时间一久，人们就把他忘了！没有人祭奠他。

⑪赤子：老百姓。

⑫尤物：顶好的、难得的东西。疮痏(wěi)：疮：疮伤。痏：殴伤。这里疮痏引申为“祸害”。

⑬上瑞：最好的祥瑞。

⑭武夷：福建武夷山。粟粒芽：是武夷山所产名茶。

⑮前丁后蔡：丁谓和蔡襄。作者自注：“大小笼茶始于丁晋公(丁谓封晋国公)而成于蔡君谟(蔡襄字)，欧阳永叔(修)闻君谟进小龙团，惊叹曰：‘君谟，士人也，何至作此事！’”笼加：笼装进贡，前后相继。

⑯斗品：斗，竞赛。“斗品”乃进贡茶参加竞赛、评比选出的佳品，也称“斗茶”。充官茶：由原来的特贡转为法定交纳的官茶。作者自注：“今年闽(今福建)监司乞进斗茶，许之。”

⑰致养口体：用它来保养身体，满足口味。陋：鄙陋。

⑱“洛阳”二句：作者自注：“洛阳贡花，自钱惟演始。”姚黄花：洛阳一种名贵牡丹花，因姓姚的人培养出来，故名。钱惟演任洛阳留守，故称“洛阳相君”。钱惟演的父亲钱俶(cù)为吴越王，对宋不战而降，死后宋太祖称他“以忠孝而保社稷”。“忠孝家”本此。

## 【品评】

此诗绍圣二年(1095)作于惠州。惠州产荔枝，苏轼《四月十一日初食荔枝》诗自注云：“予尝谓荔枝厚味、高格两绝，果中无比。”《食荔枝二首》之一云：“日啖荔枝三百颗，不辞长作岭南人。”更表现了对荔枝的赞美。但想到汉唐时代进贡荔枝给人民造成的灾难，并联想到与此相似的现实问题，忧愤难平，又作了这首《荔枝叹》。

开头八句，写快马、飞车、飞船联运荔枝，急如星火，诗的节奏亦其疾如风。因迫于期限，横冲直闯，时有伤亡。诗人用集中和夸张手法，以“颠坑仆谷相枕藉”七字展现好几个特写镜头，令读者怵目惊心。荔枝最难保鲜，海南距长安又十分遥远。诗人用“风枝露叶如新采”一句描状送入长安的荔枝，既反衬出运送之迅疾、代价之高昂，又唤起以下两句的强烈对比，真是神来之笔！“宫中美人一破颜，惊尘溅血流千载”两句，以如此鲜明的对立形象揭露社会矛盾，引人深思：以“惊尘溅血”的代价换取美人一笑的罪魁祸首，究竟是谁？其批判的锋芒，直指最高统治者。

中间八句分两层。前四句承上，点明汉唐两代进荔枝，前者因唐伯游上书而作罢，后者因李林甫取悦皇帝而给人民造成深重苦难。“至今欲食林甫肉”一句，表现了作者对媚上害民者的极大愤慨；“无人举觞酹伯游”一句，则慨叹为民请命的精神已无人继承。后四句表现作者的善良愿望：怜惜赤子，莫生“尤物”，五谷丰登，民不饥寒。作者分明喜爱荔枝，如今却把它称为“尤物”，斥为“疮痏”，愿天公“莫生”，乃是出于对那些进奉“尤物”、坑害百姓者的极大愤慨，由此引出末段。

最后八句转入现实。武夷的名茶，洛阳的名花，也是荔枝一类的“尤物”，而丁谓、蔡襄、钱惟演之流却纷纷进贡，这不是重演汉唐进奉荔枝的故事吗？由于这都是眼前的人和事，不便直接鞭打，故用“吾君所乏岂此物”为皇帝掩饰，而用一个“陋”字批评丁谓等人。意思是：“吾君”所“乏”的是纳忠言、行善政，而不是养其口体的茶、花之类，措词很委婉。然而前面不是已经写出了“至今欲食林甫肉，无人举觞酹伯游”的诗句吗？

作者反对历史上的进荔枝，现实中的进茶、花，属于举例性质，实际上是以少总多，反对一切有害于民的进贡方物特产。作者编管惠州，失去自由，却仍然敢于揭露时弊、指斥当代官僚，乃由关心民瘼，激情难抑。如汪师韩所评：“其胸中有勃郁不可已者，惟不可以已而言，斯至言也。”《苏诗选评笺释》卷六)

# 澄迈驿通潮阁二首录一①

余生欲老海南村，　帝遣巫阳招我魂②。
杳杳天低鹘没处③，　青山一发是中原。

## 【注释】

①澄迈驿：驿站名，在今海南岛澄迈县北的白莲镇附近。通潮阁：澄迈驿中的阁楼。

②帝：天帝。这里隐喻皇帝。元符三年(1100)，哲宗死，徽宗即位，苏轼获赦内迁，自儋州徙居廉州(今广东合浦县)。巫阳：女巫名。《楚辞·招魂》说：天帝派巫阳去招回人的灵魂。这里实指朝廷召还。

③杳杳：遥远的样子。鹘：一种猛禽。

## 【品评】

苏轼从绍圣元年(1094)被贬出京，在惠州、儋耳(今海南儋县)度过了漫长岁月，切盼北归而北归无期，打算在海南了却余生。不料忽然奉召北移，不禁悲喜交集。首句突转次句，准确地表现出由悲转喜、由长期失望陡然涌起希望的复杂心态。三、四句写北望情景，其超妙之处在于：情是真情，景则有实有虚，虚实交融。鹘向北飞，作者目注飞鹘、心随飞鹘，直到“杳杳天低鹘没处”，这是真情实景。这时候，海天相接，双目已望不见飞鹘，可那一片归心，仍随健鹘继续北飞。站在洪迈驿的通潮阁，无论如何是望不见中原的。“青山一发是中原”，乃是想象中的虚景。景虽虚而情愈真，作者的归心已经飞入中原了。

施补华评此诗“气韵两到，语带沉雄”(《岘傭说诗》)。纪昀评后两句为“神来之笔”。以“天低鹘没”表现目光尽处，极真切生动。陆游的“天向平芜尽处低”，可能脱胎于此。用“一发”形容地平线上隐约可见的“青山”,极新奇神妙,后人往往沿用。如林景熙的“青山一发愁濛濛”(《题陆放翁诗卷后》),刘因的“人间一发是中原”(《远山笔架》),虞集的“青山一发是江南”(《题柯博士画》),等等,其例甚多。

## 六月二十日夜渡海

参横斗转欲三更[①],　苦雨终风也解晴[②]。
云散月明谁点缀?　天容海色本澄清。
空余鲁叟乘桴意[③],　粗识轩辕奏乐声[④]。
九死南荒吾不恨,　兹游奇绝冠平生。

**【注释】**

①参(shēn)横斗转:参宿与斗宿已转换了位置。三更:半夜时分。

②苦雨终风:指连续不断阴雨凄风。解:懂得。

③鲁叟:指孔子。孔子曾说:“道不行,乘桴浮于海。”桴:木筏子。

④轩辕:指黄帝。《庄子·天运篇》:“黄帝张咸池之乐于洞庭之野。”

**【品评】**

这首诗乃北归渡海时所作。

前四句,每句分两节,都以前四字写客观景物,以后三字表主观抒情或议论。唐人佳句,多浑然天成,情景交融。宋人造句,则力求洗练与深析。从这四句诗,既可看出苏诗的特点,也可看出宋诗的特点。

从天气变化的顺序看,应该先写“苦雨终风”。诗人有意颠倒过来,既增加了句法、语调的跌宕之美,又扩大了抒情表意的容量。一开头便写“参横斗转”,表明诗人翘首望天,盼望雨止风停;忽见参、斗出现,而且“参横斗转”,不禁又惊又喜:“嗬,快到三更了!无尽无休的凄风苦雨,也还懂得放晴啊!”这是写渡海时的情景,然而联系诗人长期流放,忽然遇赦北归的经历,其双关意义,也不难领会。

三、四句就“晴”字发挥。“云散月明”“天容海色”(用“句内对”,即以“月明”对“云散”,“海色”对“天容”),这是眼前景。“谁点缀”“本澄清”,则是诗人的评论。

这四句诗,从主观和客观的结合中展现的艺术形象是相当明晰的。读者从这里看到了作者半夜渡海的情景,感受到他因环境变化而引起的喜悦心情。仅就这一点说,已经是很有艺术魅力的好诗。但好处还不仅如此。《晋书·谢重传》载:谢重陪会稽王司马道子夜坐,“于时月夜明净,道子叹以为佳。重率尔曰:‘意谓乃不如微云点缀。’道子戏曰:‘卿居心不净,乃复强欲滓秽太清耶?’”(参看《世说新语·语言》)。“云散月明谁点缀”一句中的“点缀”一词,即来自谢重的议论和道子的戏语,而“天容海色本澄清”,则与“月夜明净,道子叹以为佳”契合。这两句诗,境界开阔,意蕴深远,再和这个故事联系起来,就更多一层联想:章惇、蔡京等“居心不净”的小人掌权,“滓秽太清”,弄得“苦雨终风”,百姓怨愤。如今“云散月明”,还有“谁点缀”呢?“海色天容”复归于“澄清”,强加于作者的诬蔑之词也一扫而空,又恢复了“澄清”的本来面目。从这里可以看出,诗中用典,不应全盘否定。如果用典贴切,就可以丰富诗的内涵,提高语言的表现力。

五、六两句写海。五句活用孔子乘桴典,含意是:在内地,我和孔子同样是“道不行”。孔子想到海外去行道,却没去成;我虽然去了,并且在那儿待了好几年。可是当我离开那儿北归的时候,又有什么“行道”的实绩值得自慰呢?只不过空有浮海行道的想法留在胸中罢了!被放逐的“罪人”,怎能行道?这句诗,由于巧妙地用了人所共知的典,因而寥寥数字,就概括了曲折的事,抒发了复杂的情;而“乘桴”一词,又准确地表现了正在“渡海”的情景。第六句也活用典故。《庄子·天运》:“北门成问于黄帝曰:‘帝张咸池之乐于洞庭之野,吾始闻之惧,复闻之怠,卒闻之而惑,荡荡默默,乃不自得。’”作者用这个典,以黄帝奏咸池之乐形容大海波涛之声,与“乘桴”渡海的情景很合拍。但不说“如听轩辕奏乐声”而说“粗识轩辕奏乐声”,又使人联想到作者的种种遭遇以及由此引起的心理活动。

就是说,对于那“始闻之惧,复闻之怠,卒闻之而惑”的“奏乐声”,他是亲身经历、领会很深的。“粗识”的“粗”,不过是一种诙谐的说法。

喜用典故,这是苏诗的特点之一,也是宋诗的特点之一。有些篇章堆砌典故,生僻难懂,枯涩少味,被讥为“事障”。另一些篇章虽用典而驱遣灵妙,精切自然,以少数字句述复杂之事态、传丰融之情思,既明畅易解,又耐人寻绎,这首诗便是这方面的例证。

尾联推开一步,收束全诗。“兹游”照应题目,指“六月二十日夜渡海”,但也兼指自惠州贬儋州的全过程,涵盖“九死南荒”。“九死南荒”全出于政敌的迫害,他固然达观,又哪能毫无恨意呢?可他偏不说恨,而以豪迈的口气说:“九死南荒吾不恨,兹游奇绝冠平生。”既含蓄,又幽默,对政敌的调侃与对政敌迫害的蔑视之意,俱见于言外。

纪昀评此诗:“前半纯是比体。如此措辞,自无痕迹。”“比”者,“以彼物比此物也”。既用“比体”,哪能没有痕迹?读完这首诗(不仅是前半),明显地看出它的好处在于几乎每句诗除了本身的意义之外,还能引起读者的联想,领悟到言外之意。这和简单的“比”是很不相同的。

## 苏辙(1039—1112)

字子由,晚号颍滨遗老,眉州眉山(今属四川)人。仁宗嘉祐二年(1057)进士。官至尚书右丞、门下侍郎。与父洵、兄轼世称三苏,散文同列唐宋八大家。诗的成就不如散文高。有《栾城集》。

### 神水馆寄子瞻兄四绝录一①

夜雨从来相对眠②, 兹行万里隔胡天③。
试依北斗看南斗④, 始觉吴山在目前⑤。

**【注释】**

①神水馆:在涿州(今河北涿县),当时属契丹管辖。子瞻:苏轼字。

②"夜雨"句:苏氏兄弟早年读韦应物诗"宁知风雪夜,复此对床眠",便"相约早退为闲居之乐"。故此诗中提及"对床夜雨"。

③胡:泛指北方少数民族,这里指契丹。

④北斗、南斗:均为星名。北斗在北极星周围,位置在北,南斗同北斗相对,位置在南。

⑤吴山:在浙江杭州市南面。春秋时为吴国的南疆,故名吴山。时苏轼任杭州太守,故思及吴山。

**【品评】**

元祐四年(1089),苏辙出使契丹,作此诗怀念其兄。前两句以昔年夜雨对床之乐反衬如今相隔万里之悲。后两句不言悲而反作自我宽慰:遥望南斗,星光闪耀,兄长所在的杭州,不就在星光下面吗?

## 孔平仲(生卒年不详)

字毅夫,临江新喻(今江西新余)人。英宗治平二年(1065)进士。与兄文仲、武仲都以擅作诗著名,人称“清江三孔”。有《清江三孔集》。其才优于二兄,有《孔氏谈苑》《珩璜新论》等。

### 代小子广孙寄翁翁[1]

爹爹来密州[2], 再岁得两子[3]。
牙儿秀且厚[4], 郑郑已生齿[5];
翁翁尚未见, 既见想欢喜。
广孙读书多, 写字辄两纸。
三三足精神[6], 大安能步履[7]。
翁翁虽旧识, 伎俩非昔比[8]。
何时得团聚, 尽使罗拜跪[9]。
婆婆到辇下[10], 翁翁在省里[11]。
太婆八十五[12], 寝膳近何似?
爹爹与嬭嬭[13], 无日不思尔[14]。
每到时节佳, 或对饮食美。
一一俱上心[15], 归期当屈指。
昨日又开炉, 连天北风起。
饮阑却萧条[16], 举目数千里[17]。

## 【注释】

①这是父亲代儿子写给祖父的诗。广孙:儿名。

②密州:今山东诸城。

③再岁:两年。

④牙儿:广孙的弟弟。秀且厚:清秀和丰满。

⑤郑郑:广孙的弟弟。

⑥三三:广孙的弟弟。

⑦大安:广孙的弟弟。能步履:已会走路。

⑧“伎俩”句:指精明调皮的本领都超过从前。

⑨罗拜跪:罗列着向祖父磕头。

⑩婆婆:祖母。辇下:京城。

⑪省:古代中央的官署有秘书省、中书省、尚书省等。

⑫太婆:曾祖母。

⑬妳(mí)妳:母亲。

⑭尔:语气词,无实义。

⑮俱上心:都在心头思念。

⑯却:反而。萧条:指心情不愉快。

⑰“举目”句:因相隔太遥远,抬头看也看不见。

## 【品评】

作者本来要给父母写平安家书,却换了一种方式,作了一首别开生面的诗:《代小子广孙寄翁翁》。广孙是作者的长子,但年纪还小;作者揣摸小孩子的口吻和心理讲话,口角伶俐,神情毕肖。

诗分两大段。前十四句报告兄弟五人的近况,中间插入“翁翁尚未见,既见想欢喜”,“翁翁虽旧识,伎俩非昔比”,层次分明,亲切有味。而以“何时得团聚,尽使罗拜跪”引起对翁翁、婆婆、太婆的思念之情,转向第二大段,思路清晰,情感真挚。

后十四句先问候翁翁、婆婆、太婆的健康状况:能睡好觉吗?饭量还好吗？接着就他的观察和感受,报告自己的父母多么想念老人,“爹爹与妳妳”以下十句,情景交融,感人至深。

## 道潜(1043—1102)

字参寥,俗姓何,杭州於潜(今浙江临安)人。出家为僧,与苏轼、秦观相唱和。轼贬岭南,道潜亦因语含讥讽,命还俗。建中靖国初,诏复祝发。崇宁末,归老江湖。能诗善文,有《参寥子诗集》。

### 临平道中[①]

风蒲猎猎弄轻柔[②], 欲立蜻蜓不自由。
五月临平山下路, 藕花无数满汀洲[③]。

**【注释】**

①临平:山名,在杭州市东北。

②猎猎:指风吹蒲叶的响声。

③藕花:荷花。汀洲:水中小块陆地。临平山下有临平湖,多藕花,又名藕花洲。

**【品评】**

前两句写小景。风并不大,却吹得蒲叶翩翩起舞,卖弄轻盈柔媚的腰身,还用自己的清歌伴舞。蜻蜓飞来,想在蒲叶上歇脚,却老是站不稳,忽上忽下,翻飞不定。这样有声有色的动景,只有现代的电影艺术才能摄取,却被诗人用十四个字表现出来了。

后两句写大景。“藕花无数满汀洲”,鲜艳夺目。但与前面的小景怎样联系起来呢?

苏轼《乘舟过贾收水阁》诗云:“枭枭风蒲乱,猗猗水荇长。”这说明蒲是长在水边的。道潜的这首七绝以“临平道中”为题,在大景与小景之间,又插入“五月临平山下路”,表明作者在路上行进,那路的一边紧靠“汀洲”,其视线首先被“风蒲”“蜻蜓”所吸引,接着便看见“藕花无数”。明乎此,便知道小景是统一于大景之中的;蒲叶既在清风中摇曳,藕花当然也在晃漾中散发出沁人心脾的清香。

据《冷斋夜话》记载:苏轼赴官杭州,途中见道潜此诗,“大称赏。已而相寻于西湖,一见如旧相识”。又据《续骫骳说》:苏轼见此诗而“刻诸石,宗妇曹夫人善丹青,作《临平藕花图》,人争影写”。

## 黄庭坚(1045—1105)

字鲁直,号山谷道人,晚号涪翁,洪州分宁(今江西修水)人。英宗治平四年(1067)进士。政治遭遇随新旧党争的变化而升沉。哲宗时召为校书郎,预修《神宗实录》,迁著作佐郎。后被指控修史“多诬”,贬为涪州别驾。徽宗即位,赦还,领太平州事,旋以“幸灾谤国”除名,流放宜州(今广西宜山)卒。与张耒、晁补之、秦观并称苏门四学士。诗与苏轼齐名,并称“苏黄”。诗以杜甫为宗,兼法韩愈,有“夺胎换骨”“点铁成金”之论,风格奇崛拗峭,清新瘦硬,被尊为江西诗派之祖,影响颇大。能词善书,书法为“宋四家”之一。有《豫章黄先生文集》《山谷琴趣外编》《山谷刀笔》。

### 赣上食莲有感[①]

莲实大如指[②], 分甘念母慈[③]。
共房头䶢䶢[④], 更深兄弟思[⑤]。
实中有幺荷[⑥], 拳如小儿手[⑦]。
令我念众雏[⑧], 迎门索梨枣[⑨]。
莲心政自苦[⑩], 食苦何能甘?
甘餐恐腊毒[⑪], 素食则怀惭[⑫]。
莲生淤泥中, 不与泥同调。
食莲谁不甘, 知味良独少[⑬]!
吾家双井塘[⑭], 十里秋风香。
安得同袍子[⑮], 归制芙蓉裳[⑯]。

## 【注释】

①赣上:即赣州,今江西赣县。

②大如指:像手指头那么大。

③“分甘”句:思念母亲当年给自己分食莲子。

④房:莲房,也称莲蓬。䶑(jí)䶑:形容莲蓬中莲子众多。

⑤“更深”句:更加深对兄弟的思念。

⑥幺荷:莲子心,即莲子中的嫩芽。

⑦拳:拳曲。

⑧雏:小鸟,这里指小孩。

⑨索:要。

⑩政:通正。

⑪甘餐:吃好的东西。腊:极。

⑫素食:无功受禄。即白吃。

⑬知味:知道莲子出污泥不染情味的。良:信、真。

⑭双井:今江西修水。

⑮同袍子:《诗·秦风·无衣》:“岂曰无衣,与子同袍。”同袍子,指相友好、共事业的人,这里指兄弟。

⑯芙蓉裳:《离骚》:“集芙蓉以为裳。”芙蓉:莲花。制芙蓉裳:比喻保持志行高洁。

## 【品评】

元丰四年(1081),作者任吉州太和(今属江西)令,有事至赣州(今江西赣县),作此诗。

题为“食莲有感”,一开头即从“食莲”写起,层层深入,引人入胜。

前八句写因“食莲”而想念亲人。看见眼前的莲实,便想起小时候母亲分莲子给自己吃,多么慈爱!看见莲蓬中一个个莲子紧密相连,便想起在母亲身边一起长大的兄弟,多么想念他们!看见莲子中的嫩芽像小儿拳曲的手,便想起小儿女们一见我回家,就迎到门口伸手要梨、枣,多么活泼可爱！谁吃莲子的时候会想到这些事，可是诗人想到了，还写得这么真切，这么热情洋溢。读这几句诗，谁能不唤起心中的亲子之爱和兄弟之爱？

以下各句，就“食莲”发挥，抒发了关于立身处世的感想。莲心很苦，吃苦的东西当然感不到甘甜。莲实很甘，但老吃甘美的东西却恐怕中毒。“甘餐恐腊毒”一名句，自《国语·周语》“位高实疾颠，厚味实腊毒”化出。官位太高，就怕跌下来；饮食太美，就怕受毒害。这当然不是说“甘餐”本身有毒，而是说一味贪图享受，就会害了自己。既然“甘餐恐腊毒”，那么“素食”好不好？作者由“食莲”联想到“甘餐”“素食”，而“甘餐”“素食”，都不是用字面上的意义，“甘餐”指丰厚的物质享受，“素食”则是“白吃”。《诗·魏风·伐檀》：“彼君子兮，不素餐兮。”作者正做太和县令，所以既警惕“甘餐”中毒，又以“不素餐”要求自己。

“莲实”是莲花的果食，因而从“食莲”想到莲生淤泥而不受淤泥污染，又想到家乡的莲花正十里飘香，怎能与兄弟们“归制芙蓉裳”，隐居不仕，保持像莲花那样高洁的节操？

全诗处处从“食莲”生发，由思念母亲、兄弟、子女扩展到立身处世，不贪图高位美食，有惭于尸位素餐，而以渴望与兄弟一同归隐收束。首尾照应，章法严密，构思新颖，语言质朴。而对宦海风波的恐惧，对做官而不能行其志的感慨，对贪图高位美食、同流合污、尸位素餐者的厌恶，都见于言外。

## 登快阁[1]

痴儿了却公家事[2]，　快阁东西倚晚晴。
落木千山天远大，　澄江一道月分明。
朱弦已为佳人绝[3]，　青眼聊因美酒横[4]。
万里归船弄长笛，　此心吾与白鸥盟[5]。

## 【注释】

①快阁:在太和县(今属江西)城东澄江上。

②痴儿:作者自指。

③“朱弦”句:用钟子期死,俞伯牙以为世无知音,便“破琴绝弦”典,见《吕氏春秋·本味》。

④青眼:表示有好感。《晋书·阮籍传》说阮籍能作青白眼,对有恶感的人作白眼,对有好感的人作青眼。

⑤与白鸥盟:表示要退隐田园。古人常把鸥、鹭看成隐逸之士的伴侣。

## 【品评】

首联构思奇妙、造语生新,上句用《晋书·傅咸传》典。夏侯济与傅咸书曰:“天下大器非可稍了,而相观每事欲了。生子痴,了官事,官事未易了也。了事正作痴,复为快耳。”这是说会“了官事”的是“痴儿”。作者则甘以“痴儿”自居,一开头便说:我这个“痴儿”办完了公事,很以“为快”,一下班便来登“快阁”。就夏侯济的话反其意而用之,自我调侃,饶有风趣。句中又暗含夏侯济讥笑痴儿一“了官事”便以“为快”的那个“快”字,与下句的“快阁”拍合,其用典之妙,也令人惊喜。下句“快阁东西倚晚晴”的“晚”字与上句“了却公家事”照应,表明为“了却公家事”忙了一整天,天晚才来登快阁,真够“痴”!“晴”字唤起下联的“月”字,但“倚”的对象只应是具体的“阁”,他却偏说“倚晚晴”,这就调动读者的想象,想到整个快阁都沉浸在明丽的月色之中。“倚”的位置,应该是固定的,而作者却连用“东、西”两字,这又调动读者的想象,想到诗人迷恋快阁周围的景色,时而走到东,时而走到西,“倚”遍快阁的东西南北。这一联诗,不过是点题目“登快阁”罢了,却表现出这么多东西!这就是这位江西诗派创始者的独特本领。

次联承“倚晚晴”写景,是著名的警句。上句意境雄阔,读之令人心胸开朗。而因“落木千山”,了无障蔽,才显出“天远大”,又蕴含哲理,能给人以思想启迪。下句景物明丽,读之令人心地澄澈。而因江水澄净、微澜不起,才照出“月分明”,也寓有深义,耐人寻绎。李白“木落秋山空”,只说“空”而已;谢朓“澄江净如练”,只说“净”而已。山谷却将“山空”与天远、“江净”与月明联系起来,创造出“落木千山天远大,澄江一道月分明”的佳句,这不仅得力于他的“夺胎换骨”法,更是他视野开阔,襟怀淡远的艺术体现。

三联抒发世无知音的感慨,引出尾联写归隐:“万里归船弄长笛”,既与次联展现的阔远境界拍合,又与三联“青眼聊因美酒横”联系,把抒情主人公的孤高、兀傲神态表现得淋漓尽致。

方东树《昭昧詹言》评此诗:“起四句且叙且写,一往浩然。五、六对意流行,收尤豪放。此所谓寓单行之气于排律之中者。”律诗由于受格律的限制,很容易写得板滞窘促,奄奄无生气。此诗则在讲究平仄、对偶、韵律的同时运单行之气,像李白歌行那样纵横驰骋,舒卷自如,达到了既“运古入律”,又饶有情韵的艺术境界。元人韦居安《梅礀诗话》记载:“快阁”经黄庭坚作此诗品题而“名重天下”。前后和此诗者,“无虑数万篇”,都未能赶上原作。

## 夜发分宁寄杜涧叟①

阳关一曲水东流②,　灯火旌阳一钓舟③。
我自只如常日醉,　满川风月替人愁。

**【注释】**

①分宁:今江西修水县,作者故乡。杜涧叟:名槃。作者的朋友。

②阳关:唐王维《送元二使安西》诗被谱曲传唱,因有“劝君更尽一杯酒,西出阳关无故人”之句,故称“阳关曲”,送行时演唱。

③旌阳:山名,在修水县东一里左右。钓舟:小船。

【品评】

元丰六年(1083)十二月,作者由知吉州太和县移监德州(今属山东)德平镇。此诗是告别老家,登舟启程时所作。

前两句叙事、写景:“《阳关》一曲”,还在耳边回荡,而人已辞别亲友,顺东流水进发;回望旌阳,还能看见故乡的灯火,而人已在一叶钓舟中随波摇晃,又开始了宦海飘泊的生涯。

前两句,叙事、写景中已饱含一个愁字,后两句,自应放手写愁:可第三句却出人意外,偏说:“我自只如常日醉。”——只不过像平常那样喝醉了酒,并不愁。第四句进一步翻出新意:“满川风月替人愁。”——我不愁,可那满川风月,却正替我发愁呢!乍看起来,这似乎不近情理;仔细想来,却曲尽情理。正因为愁,才喝酒,以至喝到沉醉,既已沉醉,便以为神经麻痹,不知道什么是愁;可是看那满川风月,却是一派愁惨景象,因而才说“风月替人愁”。实际上,正因为自己仍然愁绪盈怀,所以看那本来很美的满川风月,也一派愁容。将自己的愁投射于客观景物,反转来,又用客观景物烘托自己的愁,不独回环婉曲,耐人寻味,而且化抽象为具体,强化了艺术感染力。杜牧的“蜡烛有心还惜别,替人垂泪到天明”,王安石的“只有明月西海上,伴人征戍替人愁”,都是这方面的例子。

## 寄黄几复①

我居北海君南海②,　寄雁传书谢不能③。
桃李春风一杯酒,　江湖夜雨十年灯。
持家但有四立壁④,　治病不蕲三折肱⑤。
想见读书头已白,　隔溪猿哭瘴溪藤。

【注释】

①黄几复:名介,豫章西山(今江西新建)人。作者少年时代的好友。

②“我居”句：《左传·僖公四年》：“君处北海，寡人处南海，唯是风马牛不相及也。”此时作者监德州（今属山东），黄几复知四会县（今属广东），皆滨海。

③寄雁传书：借鸿雁传递书信，见《汉书·苏武传》。谢不能：因办不到而谢绝。《汉书·项籍传》：“东阳少年杀其令，相聚数千人，欲立长，无适用，乃请陈婴，婴谢不能。”

④持家：治家。但有：只有。“四立壁”：家里空空荡荡，只有四堵墙立在那里，极言贫困。《史记·司马相如传》：“家居徒四壁立。”

⑤蕲（qí）：同祈。肱（gōng）：手臂的下半部。《左传·定公十三年》：“齐高疆曰：‘三折肱知为良医。’”意谓：一个三次跌断胳膊的人凭他丰富的治疗经验，就可当个好医生。

## 【品评】

此篇以诗代柬，寄友人黄几复，是黄庭坚七律名篇之一。黄几复有和答诗，黄庭坚有《次韵几复和答所寄》。

作者七律，起句每飘然而来，奇气横溢，此篇亦然。彼此所居之地一“南”一“北”，已露怀友之意，各缀一“海”字，更显得相隔辽远，海天茫茫。“寄雁传书”虽常用典故，而继之以“谢不能”，将雁拟人化，便顿感生新。相传大雁南飞，至衡阳而止，故王勃《秋日登洪府滕王阁饯别序》云：“雁阵惊寒，声断衡阳之浦。”欧阳修《送张道州》云：“身行南雁不到处，山与北人相对愁。”秦观《阮郎归》云：“衡阳犹有雁传书，郴阳和雁无。”今故人既在“南海”雁不能到，故让雁吐人言：“你要我把信捎到南海吗，办不到啊！我哪有这种本领呢？”就雁飞不到翻出新意，而念友深情，被表现得更加浓烈。

次联在当时便被张耒赞为“奇语”（见《王直方诗话》）。汪彦章“千里江山渔笛晚，十年灯火客毡寒”，胡仔“钓艇江湖千里梦，客毡风雪十年寒”，都有意仿效。但注《山谷内集》的南宋初人任渊，却说“两句皆记忆往时游居之乐”，连意思都理解错了，后人还往往袭用这种解释，又怎能显出“奇”在何处。黄几复于熙宁九年（1076）“同学究出身”，与作者在京城相会。其后任长乐尉、广州教授、楚州推官、四会县令，仕于岭南已达十年，与作者分手亦已十年。这一联诗，上句追忆京城相聚之乐，下句抒写别后相思之深。为了扩大诗句的容量，吸取了温庭筠"鸡声茅店月，人迹板桥霜"的句法，不用动词或任何关联词而只选择最富表现力的名词或名词性词组精心组合，便把两种苦乐不同的时、地、景、事、情生动地表现出来。就上句说：时，"十年"前的春季；地，人们留恋、向往的京城；景，春风吹拂，桃李盛开；事，友人"同学究出身"，把酒欢会；情，则洋溢于良辰美景、赏心乐事之中。就下句说：时，寂寞的深夜；地，旅人飘泊的江湖；景，萧骚夜雨，暗淡孤灯；事，相别十年，两地相思；情，即跃动于时、地、景、事之中。上句表现昔年相聚之乐，下句表现别后相思之苦，已极感人，但还不仅如此。这两句诗，是相互对照的。"桃李春风"与"江湖夜雨"，是"乐"与"哀"的对照；"一杯酒"与"十年灯"，是"一"与"多"的对照。"桃李春风"而共饮"一杯酒"，欢聚何其短促！"江湖夜雨"而各对"十年灯"，飘泊何其漫长！快意与失望，暂聚与久别，往日的交情与当前的思念，都从时、地、景、事、情的强烈对照中表现出来，令人玩味无穷。

晚唐诗人杜荀鹤《旅怀》诗云："月华星采坐来收，江声岳色暗结愁。半夜灯前十年事，一时和雨到心头。"真情流露，凄怆感人。"江湖夜雨十年灯"大致涵盖了类似的内容，却含而不露，更耐咀嚼。

五、六两句也是对照的，从不善"持家"而善"治病"的对照中赞其才能、叹其不遇。作为一个县的长官而家徒四壁，既说明黄几复清正廉洁、又说明他把全部精力用于"治病"和"读书"，无心，也无暇经营个人的安乐窝。《国语·晋语》有"上医医国，其次救人"的话，这里的"治病"即指"医国"。作者反用《左传》中"三折肱知为良医"的成语，称黄几复善"治病"，但并不需要"三折肱"，其含意是：他已经有政绩，显露了"医国""救人"的才干，为什么还不重用，老要他在下面跌撞呢？

尾联以"想见"领起，勾勒出黄几复公余读书、白发萧萧的形象，以"隔溪猿哭瘴溪藤"作映衬，给整个图景带来凄凉的氛围。不平之鸣，怜才之意，都蕴含其中。

黄庭坚作诗，强调"无一字无来处"，讲究"夺胎换骨""点铁成金"。

倘无真情实感而一味在这些方面玩花样，难免模拟剽窃、生硬晦涩。这首诗，则是实践这些主张而取得成绩的佳作。首句“北海”“南海”出自《左传》，增强了两地相隔的辽阔感和迷茫感。次句“寄雁传书”与“谢不能”俱出《汉书》，连在一起，化腐臭为神奇。第三联“四立壁”出自《史记》，“三折肱”出自《左传》，而与“持家”“治病”连缀，互相对照，后者又反其意而用之，增强了表现力。其他也都有“来处”，如第七句脱胎于杜甫《不见》诗“匡山读书处，头白好归来”，第八句点化杜甫《九日》诗“殊方日暮玄猿哭”。全诗“无一字无来处”，但不觉晦涩，有的地方还由于活用典故而丰富了诗句的内涵。而取《左传》《史记》《汉书》中的散文语言入诗，又给近体诗带来苍劲古朴的风味。

黄庭坚主张“宁律不谐而不使句弱”，喜用拗律变调来作律诗，追求奇峭挺拔的独特诗风。其七律三百一十一首，拗体，竟占二分之一。这首《寄黄几复》基本合律，不算拗体，但“持家”句两平五仄，“治病”句顺中带拗，其挺拔的句法与奇峭的音响正有助于表现黄几复廉洁干练、刚正不阿的性格。

这首诗情真味厚，格韵高绝；而在好用书卷、以故为新、运古入律、拗折波峭等方面，又都表现出黄诗的特色，可视为山谷七律的代表作。

## 送范德孺知庆州[①]

乃翁知国如知兵[②]，　塞垣草木识威名[③]。
敌人开户玩处女，　掩耳不及惊雷霆[④]。
平生端有活国计[⑤]，　百不一试埋九京[⑥]。
阿兄两持庆州节[⑦]，　十年麒麟地上行[⑧]。
潭潭大度如卧虎[⑨]，　边人耕桑长儿女[⑩]。
折冲千里虽有余[⑪]，　论道经邦政要渠[⑫]。
妙年出补父兄处，　公自才力应时须[⑬]。

春风旍旗拥万夫⑭，　幕下诸将思草枯⑮。
智名勇功不入眼⑯，　可用折棰笞羌胡⑰。

【注释】

①范德孺：名纯粹，范仲淹第四子，元丰八年（1085）八月知庆州（今甘肃庆阳）。庆州为北宋与西夏对峙的前哨重地。

②乃翁：你父亲（指范仲淹）。知国如知兵：政事和军事同样精通。

③塞垣：边境城镇。草木识威名：自《旧唐书·张万福传》“江淮草木亦知卿威名”化出。仁宗时，范仲淹知庆州，为环庆路经略安抚缘边招讨使。他修城砦，招流亡，羌人敬畏，呼为“龙图老子”。

④“敌人”二句：《孙子·九地》：“始如处女，敌人开户；后如脱兔，敌不及拒。”《淮南子·兵略》：“疾雷不及塞耳。”《旧唐书·李靖传》：“兵贵神速，所谓疾雷不及掩耳。”是说主持军务，安闲镇静，稳操胜算。开始如闺中少女，敌人遂玩忽开户，不加戒备。当敌人开户时，以迅雷不及掩耳之势（即脱兔），给敌人以打击。

⑤端：真。活国计：使国家转危为安的计策。

⑥百不一试：试用的不及百分之一。九京：九泉，即地下。

⑦阿兄：指范纯仁。两持庆州节：范纯仁于神宗熙宁七年（1074）和元丰八年（1085）两度知庆州。

⑧麒麟地上行：麒麟古称仁兽，相传它不踏生虫，不折生草。用麒麟比喻范纯仁，是说他为人仁厚。

⑨潭潭：形容气度深沉宽广。如卧虎：意谓像只躺着的老虎，不动声色，而敌人自然畏惧。

⑩“边人”句：说他在边境上，劝民耕桑，使他们生儿育女，安居乐业。

⑪折冲：《吕氏春秋·召类》：“修之于庙堂之上，而折冲乎千里之外。”高诱注：“冲，车。……欲使攻己者折还其冲车于千里之外，不敢来也。”

⑫“论道”句：谓治理国家的重任正需要他承担。政：通正。渠：他。这句说范纯仁内调，任枢密副使。

⑬“妙年”二句：谓范德孺还年轻，便补父兄之缺，出知庆州，是由于才力适合当时的需要。

⑭“春风”句：形容仪仗之盛，军容之壮。拥：拥有。旍（jīng）：同“旌”。

⑮“幕下”句：指麾下的众将，都在等待时机，为国立功。草枯：指深秋。秋高马肥，最宜作战。

⑯“智名”句：《孙子·形篇》：“善战者之胜也，无智名，无勇功。”意谓范德孺有高度的军事素养，一般的智名勇功都不放在眼里。

⑰折棰：折断策马的杖。《后汉书·邓禹传》：“赤眉无谷，必将东来，吾折棰笞之，非诸将忧也。”是说用短杖即可打退敌人。笞（chī）：用鞭、杖或竹板打人。

## 【品评】

题目是“送范德孺知庆州”，诗既要写范德孺，又不能脱离庆州。庆州当时是抗御西夏侵扰的军事要地，范德孺出知庆州，责任重大，但他还年轻，没有多少军功政绩可以称颂，因而要写一篇内容充实，足以抒发作者政治见解的送行诗，就很难下笔。这篇诗构思、谋篇之妙，在于通过赞颂范德孺父兄的功业来烘托范德孺本人，而对范德孺知庆州的期望，即蕴含于对其父兄功业的赞颂之中。

全诗以“乃翁”发端，单刀直入，用六句诗写范仲淹。“知国如知兵”，是对他的总评价。“知国”照应下文“活国计”，“知兵”引起“塞垣”三句。范仲淹知庆州，改革军制，巩固边防，恩威并用，夷夏敬服，称为“龙图老子”，赞他“胸中有十万甲兵”。对于这一切，只用“塞垣草木识威名”一句概括，而形象鲜明，饶有诗意。“敌人”两句，点化兵家语言赞颂范仲淹善用兵，上下句既互相映衬，兼写敌我双方；又一气贯注，气机流畅。“有活国计”而“百不一试”，便长埋地下，是对范仲淹“庆历新法”因受保守势力反对而未能实现的沉痛惋惜。不能用“知国”者革除弊政，富民强国，又怎能消除外患？这是作者的主导思想。

中间六句以“阿兄”领起，写范纯仁“两持庆州节”。其赞颂的重点，在于威慑敌人,劝民耕桑,使百姓安居乐业,长养儿女。后两句承上转下:范纯仁在安边御敌方面虽然才干有余,可是他更善于治理国家,因而国家正需要他。这和前段强调"知国""活国"相一致,又点明范纯仁内调,其遗缺由乃弟接任,引出第三段。

后六句写范德孺。"妙年"两句,以"出补父兄处"收拢前两段入题,以"才力应时须"引出以下四句,归结到"送范德孺知庆州",用笔灵妙,承转自如。"春风"两句,写仪仗之盛、军容之壮及将士斗志高昂,用以烘托主帅,读者总以为接下去要期望范德孺一到庆州便大张挞伐。及读结尾两句,才知并非如此。"智名勇功不入眼",是说不要在个别战役或局部问题上追求"智名勇功",而要善于统筹全局。"可用折棰笞羌胡",是说如果西夏敢来侵犯,用短棍赶跑即可,无须大动干戈。对于范德孺知庆州的期望之所以只写这一些,是因为前两段对他父兄的赞颂,也就是对他的期望。只要像他父兄那样加强防御,恩威并用,安抚百姓,发展生产,便可折冲千里之外,使敌人不敢来犯;如果来,略施教训,便可解决问题。可以看出,作者在这首诗里,通过对范仲淹、范纯仁的赞颂和对范德孺的期望,阐发了他自己对于治国安边的进步主张。

换韵与换意统一,乃是写古体诗的常规。其必须统一的道理也显而易见,无须解释。而这首诗却偏偏打破常规,其原因何在呢?

四句诗同押一韵,或者翻一番八句诗同押一韵,读起来较顺畅自然。此诗写父子三人各用六句,倘换韵与换意统一,每六句同押一韵,则读起来略嫌跛脚;而且,全诗由句数相等、用韵相同的三段组成,显得匀衡平板,无综错变化之美。作者因此打破常规,前后八句各押平韵,中间两句独押仄韵,以押韵的变化调济了分段的均衡。八句同押一韵,读起来较顺畅,而中间写范纯仁的六句,前两句与写其父的六句同韵,后两句与写其弟的六句同韵,起了前后衔接、过渡的作用。在前后平韵之间以两句独押仄韵,奇峰突起,警挺异常。而"潭潭大度如卧虎,边人耕桑长儿女"所表达的,正是作者对范德纯的殷切期望,因而用独特的艺术手法加以强调,收到了预期的艺术效果。

不能说只要不符合换韵与换意相统一的常规,便是创新。在一般情况下,韵、意相谐,声、情相应的规律应该遵守,而不宜随意打破。

## 题竹石牧牛并引

子瞻画丛竹怪石,伯时增前坡牧儿骑牛[1],甚有意态,戏咏。

野次小峥嵘[2], 幽草相倚绿[3]。
阿童三尺棰[4], 御此老觳觫[5]。
石吾甚爱之, 勿遣牛砺角!
牛砺角尚可, 牛斗残我竹。

### 【注释】

①伯时:李公麟字,号龙眠居士,北宋著名画家。

②野次:野地里。

③幽草:幽静的竹丛。

④棰:鞭子。

⑤御:驾御。觳觫(húsù):恐惧颤慄貌。《孟子·梁惠王》载:梁惠王想要杀牛,又以羊换牛,孟子问这是什么原因,梁惠王说:“吾不忍见其觳觫。”这里以觳觫指牛。

### 【品评】

此诗作于元祐三年(1088),作者在京任史官。这年春天,苏轼知贡举,作者与李公麟同为属员,时相过从。苏轼善画竹、石,李公麟善画人物、牛、马。由他们两人合作的这幅《竹石牧牛图》,当然“甚有意态”,值得写一首绝妙的题画诗。

前四句再现画中景。以“觳觫”代“牛”,强调其老迈之态;以“峥嵘”代“石”,突出其峭拔之势。当然,以形容词代名词,有时含混不清,例如“峥嵘”,可以形容多种事物,并不限于形容怪石。然而小序中既已说明画中有牛、有石,后四句又直称牛、石,联系起来看,就明白无误,还颇有谐趣。

后四句,作者忽然对牧童讲话:"石,我很喜爱它,可别让牛在那上头磨角!万一牛去磨角,你又管不住,那就让它磨吧。可千万别让牛打架!要是打起架来,就把我的竹子踩坏了!"

画中的峥嵘小石和翠绿丛竹多么意态横生,引人喜爱;画中的阿童虽然拿着"三尺棰",毕竟太年幼,不一定能完全管住牛;画中的牛简直是活的,虽然"老",但牛性犹存,说不定会到石上磨角,甚至打斗起来,殃及丛竹。这一切,都从那篇讲话中表现出来,多么妙!当然,表现出来的,还有作者喜爱竹石的雅趣。

全诗语言省净,音节拗峭。后四句散文化倾向极突出,符合讲话的口吻;其奇思妙想,尤令人赞叹不已,是题画诗中别开生面的佳作。

## 和答元明黔南赠别①

万里相看忘逆旅②, 三声清泪落离觞③。
朝云往日攀天梦④, 夜雨何时对榻凉⑤?
急雪鹡鸰相并影⑥, 惊风鸿雁不成行⑦。
归舟天际常回首, 从此频书慰断肠⑧。

**【注释】**

①元明:作者长兄的字,名大临。黔南:指黔州(今四川彭水)。

②看:照看。逆旅:旅馆、旅途。

③三声清泪:郦道元《水经注·三峡》:"巴东三峡巫峡长,猿鸣三声泪沾裳。"

④朝云:宋玉《高唐赋》述神女语云:"妾在巫山之阳,高丘之阻,旦为朝云,暮为行雨。"这里语意双关。攀天梦:指欲入朝为官,施展政治抱负。

《楚辞·惜诵》:“昔余梦登天兮。”

⑤“夜雨”句:化用韦应物《示全真元长》“宁知风雨夜,复此对床眠”诗意。

⑥鹡鸰:鸟名。《诗经·小雅·棠棣》:“鹡鸰在原,兄弟急难。”后人用它来比喻兄弟患难与共。

⑦鸿雁:此处指兄弟。《礼记·王制》:“兄之齿雁行。”

⑧频书:常常通信。

## 【品评】

绍圣二年(1095),作者被贬为涪州别驾,黔州安置,他的哥哥黄元明从汴京附近陪送他直至贬所。作者在《书萍乡县厅壁》一文中曾追述经过:“元明自陈留出尉氏、许昌,渡汉沔,略江陵,上夔峡,过一百八盘,涉四十八渡,送余安置于摩围山之下。淹留数月,不忍别;士大夫共慰勉之,乃肯行。掩泪握手,为万里无相见期之别。”手足情深,令人感动。元明作“赠别”诗,这是“和答”之作。

首联飘然而来,以“万里相看”概括了长兄送行,“过一百八盘,涉四十八渡”的艰苦旅程,而以“忘逆旅”反衬下句。从汴京至贬所,万里旅途,险象环生,但因为兄弟互相照看,形影不离,所以忘记了这是在逆旅中奔波。可是如今呢,尽管哥哥预感到相见无期而不忍分别,但在“淹留数月”后仍然不得不分别,听到“猿鸣三声”,便忍不住伤心落泪,落入饯行的酒杯。两句诗,浓缩了被贬出汴京以来的多少经历,而又互相映衬,跌宕起伏,情景交融,气机流畅。解此诗者将首句与次句合在一起,认为都写饯别时情景,不仅“万里”无着落,而且对诗的真正好处,也未能充分领会。

次联大开大合,大起大落。上句追忆往昔:兄弟二人都少怀大志,做过“攀天梦”。下句从眼前想未来:自己被编管黔州,与哥哥在贬所分手,恐怕永无见期,什么时候还能对榻听雨,共享夏夜的清凉呢?

三联抒写兄弟的险恶遭遇,兼摄今昔:我们兄弟两人像鹡鸰鸟那样在“急雪”中奋飞,挣扎、拼搏,始终形影相随,未被急雪打散。可是如今遇到如此猛烈的“惊风”,刮得我们“鸿雁不成行”,终于天各异方了!化用典故,赋中有比,景中有情。

尾联照应“离觞”写送别情景。首句从谢朓“天际识归舟”化出。“归舟”已到“天际”,仍然“常回首”,其长兄频频回头遥望弟弟的神态与其恋恋不忍遽去的深情,俱跃然纸上。这情景,又是从送行者眼中看出的,作者伫立江岸,遥望其兄乘舟远去的神态及其心态如何,亦不难想象。“归舟”终于在天际消失,从此相见无期,只有频频寄书,互相安慰了!

“三声清泪”“朝云”,皆点化旧文,既另有新意义,又点饯别之地。“攀天梦”“夜雨对榻”“鹡鸰”“雁行”“归舟天际”等都有出处,这是山谷七律本色,但由于抒写的是宦海浮沉之感、兄弟急难之情和“万里无相见期之别”的无限痛楚,激情喷涌,急待表达,而胸中又富有书卷,故成语典故,信手拈来,悉归熔铸,浑化无迹,自然超妙。山谷诗的兀傲峭拔风格,仍然依稀可见;但峭拔中见深婉,兀傲中见风神,是山谷七律中最明畅圆融、深挚感人的佳作。

## 病起荆江亭即事十首录二[①]

翰墨场中老伏波[②], 菩提坊里病维摩[③]。
近人积水无鸥鹭[④], 时有归牛浮鼻过[⑤]。(其一)
闭门觅句陈无已[⑥], 对客挥毫秦少游[⑦]。
正字不知温饱未[⑧]? 西风吹泪古藤州[⑨]。(其二)

【注释】

①荆江亭:在江陵(今属湖北)。即事:写眼前景物和感触。

②翰墨场:文坛。老伏波:马援,东汉名将,封伏波将军,六十二岁时尝自请出征五溪(今湖南贵州交界处)。这里诗人以“老伏波”自况。

③菩提坊:佛寺。维摩:即维摩诘,学问僧,尝带病讲经,故历代文人

喜以自况。

④近人：和人靠近的地方。

⑤浮鼻过：指牛渡水时在水面露出鼻子。

⑥觅句：搜寻诗句。陈无己：陈师道。朱熹《朱子语类》卷一四〇："陈无己平时出行，觉有诗思，便急归，拥被卧而思之，呻吟如病者，或累日而后起，真是'闭门觅句'者。"

⑦对客挥毫：形容作诗的豪放与敏捷。秦少游：秦观的字。罗大经《鹤林玉露》卷一六："少游则杯觞流行，篇咏错出，略不经意。"

⑧正字：指陈师道。时师道任秘书省正字。古人往往用官衔来代替名字。

⑨"西风"句：指秦少游于元符三年(1100)秋天在从雷州贬所北归时，客死于藤州(今广西藤县)事。

## 【品评】

建中靖国元年(1101)，徽宗初即位，欲调停"元祐""绍圣"两派矛盾，起用一批被放逐的"元祐党人"。黄庭坚亦被放还，沿江东下，于初秋到江陵，卧病二十余日。病起游荆江亭，作诗十首，这里选其第一、第六两首。

先谈第一首。

首句反跌次句：以"翰墨场中"的"老伏波"自许，以示虽老而尚有余勇，可用"翰墨"为国效力；如今却成了"病维摩"，只能在"菩提坊里"消磨光阴。

后两句写眼前景，从一"无"一"有"的对照中暗寓满腹牢愁。靠近他的是一池"积水"，却并"无鸥鹭"，只是不时地有回村的水牛浮鼻而过。透过这幅画面，可以想见穷乡僻壤的荒寒景象，面对如此景象，诗人的心绪当然是凄凉的。但还不仅如此。"积水"中只见归牛，写牛就是了，何必又慨叹"无鸥鹭"？"鸥鹭"，这是归隐的好伴侣，作者早在《登快阁》中就说"此心吾与白鸥盟"；可现在看见的只有"牛"，并看不见"鸥鹭"啊！作者饱经宦海风涛，对朝廷的污浊看得很清，因而对这次召还并不抱什么希望。

唐人陈咏有"隔岸水牛浮鼻渡"诗句(见孙光宪《北梦琐言》),写景甚工;但与"傍溪沙鸟点头行"对偶,只是单纯写景。山谷"归牛浮鼻过"与"积水无鸥鹭"对偶,寓意甚明,耐人寻味,不仅写景胜过原作而已。前人视作山谷"点铁成金"的范例,不无道理。

再看第二首。

这一首怀念两位朋友。用杜甫《存殁口号》的写法,一、二两句各写一个朋友,然后以第三句与第一句对应,以第四句与第二句对应,显得错落有致。

艺术构思,或极敏捷,或极迟缓,因人而异。司马相如、扬雄、桓谭、王充、张衡、左思,都构思迟缓;枚皋、曹植、王粲、阮瑀、弥衡,则构思敏捷(见《文心雕龙·神思》)。陈师道是迟缓型的。山谷以"闭门觅句"概括其创作特点,于肯定其态度认真的同时也同情其构思的艰辛,因而想到他家境贫寒、缺吃少穿,如今做个"正字"的小官,不知道还能不能吃饱穿暖?果然,在山谷作这首诗的第二年冬天,陈师道便在参加郊祀时冻起重病,不治而死。与陈师道相反,秦观是敏捷型的,山谷用"对客挥毫"概括他的创作特点,当然是赞扬他才华横溢。可他的遭遇更惨,与作者同受政敌打击,贬到横州、雷州,就在与作者同时放还的旅途中死去了。读"西风吹泪古藤州",读者也会为他掉泪。

把这两首诗联系起来看,便会了解作者当时的心境,便会了解北宋后期的党争给一大批杰出人才带来了什么命运。不多久,北宋也就亡了。

## 雨中登岳阳楼望君山二首[①]

投荒万死鬓毛斑[②],　生出瞿塘滟滪关[③]。
未到江南先一笑,　岳阳楼上对君山。(其一)
满川风雨独凭栏,　绾结湘娥十二鬟[④]。
可惜不当湖水面,　银山堆里看青山。(其二)

【注释】

①岳阳楼:在湖南岳阳城西,面临洞庭湖。君山:在洞庭湖中。

②投荒:被贬谪到荒远的地方。万死:指九死一生。鬓毛斑:耳边的头发都已花白。

③瞿塘:长江三峡之一。滟滪关:即滟滪堆,为峡口最危险处。

④绾(wǎn):盘结。湘娥:传说中的女神娥皇、女英。鬟(huán):妇女头上的发髻,这里指君山的山峰。十二:古汉语常用的一个成数。

【品评】

作者于绍圣二年(1095)因修国史被政敌诬陷,编管黔州(今四川彭水),其后又移戎州(今四川宜宾)。徽宗即位,始赦还。崇宁元年(1102)正月由荆州至巴陵,二月初登岳阳楼,作了这两首脍炙人口的七绝。

先看第一首。

"投荒万死鬓毛斑",自分生还无望;却竟然"生出瞿塘滟滪关",活着回来了!两句诗正反衬跌,突出地表现了又惊又喜的复杂心态。

第三句尤精采。未到江南,已先一笑;既到江南,其喜更不可胜言。他是准备回乡探亲的,这里的"江南",包括他的家乡分宁。"先一笑"唤起结句:"岳阳楼上对君山。"登楼回望,明丽的景色与首句的"投荒"、次句的"瞿塘滟滪关"形成强烈对照,怎能不高兴得笑起来?

再看第二首。

前两句承第一首结句写君山,先以"满川风雨"作烘托,接着将君山想象为传说中的湘娥,把风雨中的山峰说成湘娥头上的发髻。刘禹锡《望洞庭》云:"遥望洞庭山水翠,白银盘里一青螺。"陶雍《望君山》云:"应是水仙梳妆罢,一螺青黛镜中心。"皮日休《缥缈峰》云:"似将青螺髻,撒在明月中。"这都用比拟手法;山谷则将君山青峰直接说成湘娥绾结的"十二鬟",在"满川风雨"中更显出烟鬟雾鬟的神韵。

前两句实写,后两句则诉诸想象:可惜不能到湖上去,如果能去的话,从雪浪涌起的万座银山之间观赏青翠欲滴的君山,那该是多么壮丽的奇景！前后两联虚实相生，湘娥烟鬟，已浮现于万顷雪涛银浪之间；而作者独立岳阳楼上凭栏眺望的神态，也宛然在目。

## 跋子瞻和陶诗[1]

子瞻谪岭南[2]，　时宰欲杀之[3]。
饱吃惠州饭[4]，　细和渊明诗。
彭泽千载人[5]，　东坡百世士[6]。
出处虽不同[7]，　风味乃相似。

**【注释】**

①跋：文体的一种，多写在书籍和文章的后面。子瞻：苏轼字。和陶诗：和陶渊明诗。

②岭南：地区名，指五岭以南地区。

③时宰：当时的执政者，指章惇。

④惠州：绍圣元年(1094)，苏轼被安置在惠州(治所在今广东惠阳)。

⑤彭泽：陶渊明曾为彭泽令，因称他为陶彭泽。

⑥东坡：苏轼号。

⑦出：出来做官，指东坡。处：隐居田园，指渊明。

**【品评】**

崇宁元年(1102)六月，黄庭坚知太平州，九天即被罢官。当时赵挺之为相，仇视庭坚，欲置之死地。此诗作于同年八月，苏轼已于上年七月病逝常州。

首二句分量极重，也切合事实。“时宰”章惇贬东坡于惠州，自以为东坡在那里既无自由，又不服水土，必死无疑。孰料东坡泰然处之，还作诗说：“报道先生春睡美，道人休打五更钟。”章惇见诗，再贬他到儋耳，必欲置之死地而后快。

三、四句急转，在“时宰欲杀之”的情况下既不乞怜，也不忧伤，而是“饱吃惠州饭，细和渊明诗”。这是对“时宰”迫害的极大蔑视，也是胸襟开朗、人品卓绝的具体表现。东坡晚年知扬州时，曾和陶渊明《饮酒诗》二十首；南迁之后，几乎和完了陶渊明的全部诗作。他之所以如此喜爱陶诗，自然不仅由于艺术上的向往，更主要的还在于心灵上的契合。

题为“跋子瞻和陶诗”，第四句才落到题上，接下去应该就“和陶诗”本身叙述评赞。可他点到即止，立刻转向更高层次，借渊明人品陪衬东坡人品：“彭泽千载人，东坡百世士。”大开大合，高唱入云。而东坡为什么要和陶诗，已不言自明；“和陶诗”的价值如何，亦不言自明。

“出处虽不同”，用“虽”字转折；“风味乃相似”，用“乃”字拍合。渊明作彭泽令，只有百多天，便“不为五斗米折腰”，弃官归隐。东坡却自入仕以后，一直在宦海中浮沉。从形迹看，一出一处，迥乎不同。但都率性而行，襟怀坦荡，其“风味”极其相似。“风味”两字，涵盖人品与诗作。为《子瞻和陶诗》作《跋》而如此收尾，既妙合无垠，又含蓄不尽。

方东树《昭昧詹言》云：“凡短章最要层次多，每一二句，即当一大段，相接有万里之势。山谷多如此。”这首五古亦复如此。

山谷在“时宰欲杀之”的情况下作此诗，也有借以自况的含意。第二年，他被编管宜州（治所在今广西宜山），崇宁四年（1105）卒于贬所。

## 秦观(1049—1100)

字太虚,后改字少游,号邗沟居士、淮海居士,扬州高邮(今属江苏)人。神宗元丰八年(1085)进士。历任宣德郎、太学博士、秘书省正字兼国史院编修。坐元祐党,累遭贬谪。与黄庭坚、晁补之、张耒为苏门四学士。为北宋著名词人,词以清新婉丽见长。诗亦风格隽秀,但略嫌纤弱。有《淮海集》四十卷,后集六卷。

### 秋日三首录一

霜落邗沟积水清①,　寒星无数傍船明。
菰蒲深处疑无地②,　忽有人家笑语声。

**【注释】**

①邗(hán)沟:指今江苏扬州市至淮安县一段运河,通淮河。

②菰蒲:菰:茭白。蒲:蒲草。

**【品评】**

首句特写霜落水清,突出"清"字,与第二句突出"明"字关合。"寒星无数傍船明",乃是"清"水中映现的"寒星",有人解释成"无数寒星在天幕上闪烁",大谬。三、四两句以"疑无""忽有"呼应,极动宕、摇曳之妙。

## 还自广陵[①]

天寒水鸟自相依，　十百为群戏落晖[②]。
过尽行人都不起，　忽闻冰响一齐飞。

【注释】

①广陵:今扬州市。还自广陵,作者从广陵返回高邮老家。

②戏落晖:在落日的余晖里嬉戏。

【品评】

水鸟因天寒而互相依傍,成群结队,在落日的金晖里嬉戏,不管有多少行人从水边经过,仍嬉戏如常。而“忽闻冰响”,便一齐飞起。四句诗,写水鸟神情姿态宛然在目;而水鸟与行人相安无事的常态与冰块突自上游飘来的变态,也同时得到生动的表现。

## 春日五首录一

一夕轻雷落万丝[①]，　霁光浮瓦碧参差[②]。
有情芍药含春泪，　无力蔷薇卧晓枝。

【注释】

①一夕:一夜。万丝:形容细雨。

②霁光:初晴的阳光。碧:琉璃瓦的颜色。参差(cēncī):错落不整齐的样子。

## 【品评】

元好问《论诗三十首》第二十四云："有情芍药含春泪，无力蔷薇卧晚（应作"晓"）枝。拈出退之《山石》句，始知渠是女郎诗。"元氏论诗，重骨力气格，故以韩愈《山石》"芭蕉叶大栀子肥"对比，称秦观此诗为女郎诗。秦观写春雨后的芍药、蔷薇，神情毕肖，自是佳句。题材不同，不能一概而论。瞿佑《归田诗话》、薛雪《一瓢诗话》、袁枚《随园诗话》等以为杜甫有"香雾云鬟湿，清辉玉臂寒"之句，韩愈有"银烛未销窗送曙，金钗欲醉坐添香"之句，"诗贵相题而作，不可拘以一律"，都很有见地。

## 张耒(1052—1112)

字文潜,号柯山,楚州淮阴(今属江苏)人。熙宁间进士,历任县尉、县丞、秘书省正字、著作郎等。少以文章受知于苏轼兄弟,为苏门四学士之一。苏轼病逝,为之举哀,被贬官。晚年定居宛丘(今河南淮阳),世称宛丘先生。诗受白居易影响颇大,常抨击时弊;诗风平易坦荡。有《柯山集》。

### 感春十三首录一

春郊草木明,　秀色如可揽。
雨余尘埃少,　信马不知远[①]。
黄乱高柳轻,　绿铺新麦短。
南山逼人来[②],　涨洛清漫漫[③]。
人家寒食近,　桃李暖将绽[④]。
年丰妇子乐,　日出牛羊散。
携酒莫辞贫,　东风花欲烂[⑤]。

**【注释】**

①信马:听从马自由行走。
②逼人来:骑着马向南山走去,山愈来愈近。
③洛:即今河南省的洛河。漫漫:水大的样子。
④绽(zhàn):开放。
⑤烂:光彩四射。

【品评】

写春日郊游情景，颇有韵味。“黄乱”两句，学杜甫“绿垂风折笋，红绽雨肥梅”“红浸珊瑚短，青悬薜荔长”句法。

## 和晁应之悯农[1]

南风吹麦麦穗好，　饥儿道上扶其老。
皇天雨露自有时，　尔恨秋成尚不早。
南山壮儿市兵弩[2]，　百金装剑黄金缕[3]；
夜为盗贼朝受刑，　甘心不悔知何数[4]？
为盗操戈足衣食，　力田竟岁犹无获[5]，
饥寒刑戮死则同，　攘夺犹能缓朝夕[6]。
老农悲嗟泪沾臆[7]，　几见良田有荆棘，
壮夫为盗羸老耕[8]，　市人珠玉田家得[9]。
吏兵操戈恐不锐[10]，　由来杀人伤正气。
人间万事莽悠悠，　我歌此诗闻者愁？

【注释】

①晁应之：诗人的朋友。

②市：买。弩(nǔ)：一种用机栝发箭的弓。

③“百金”句：言不惜花钱来配备武器。

④知何数：谓不知其数。

⑤竟岁：一年到头。无获：收不到粮食。

⑥攘夺：偷和抢。缓朝夕：可推迟几天死。

⑦臆：胸前。

⑧羸(léi):瘦弱多病的人。

⑨“市人”句:谓城里人的钱财都是从农民那里拿去的。

⑩恐不锐:唯恐不够锐利。

【品评】

此诗写官逼民反情况极真实。北宋晚期,不断爆发农民起义,但在当时人的诗歌创作中几乎看不到正面反映。从这一意义上说,这首诗很值得重视。

## 劳　歌[1]

暑天三月元无雨,　云头不合惟飞土。
深堂无人午睡余,　欲动身先汗如雨。
忽怜长街负重民,　筋骸长彀十石弩[2]。
半衲遮背是生涯[3],　以力受金饱儿女[4]。
人家牛马系高木[5],　惟恐牛驱犯炎酷[6]。
天工作民良久艰,　谁知不如牛马福[7]。

【注释】

①劳歌:为出卖劳力养家活口的人写的诗。

②彀(gòu):张满弓弩。全句谓负重时要用拉十石弓那样的力气。

③衲(nà):补缀。这里指补过的衣服。

④以力受金:出卖劳力换钱。

⑤系:拴在。

⑥犯炎酷:为炎热酷暑所侵犯。

⑦结尾两句:老天爷生育人民也很不容易,谁知这些负重民还不如牛马有福气。

【品评】

前四句,从各种角度渲染酷热气氛,深堂午睡初醒,一动身便汗如雨下。中间四句写负重民在长街烈日之下出卖劳力,劳动强度极大,却衣不蔽体,换来的钱只能养活儿女。后四句以富贵人家的牛马在大树下避暑作强烈对比,感慨作结。“忽怜长街负重民”的那个“怜”字,闪耀着人道主义的火花。由于这种火花的烛照,才能从普遍存在、一般人毫不介意的现象里看出社会问题,写出别人还没有写过的诗章。

## 有　感

群儿鞭笞学官府①,　翁怜痴儿傍笑侮②。
翁出坐曹鞭复呵③,　贤于群儿能几何?
儿曹相鞭以为戏,　翁怒鞭人血满地。
等为戏剧谁后先④?　我笑谓翁儿更贤⑤。

【注释】

①鞭笞(chī):用鞭子打人。

②“翁怜”句:谓一位当官的老头儿怜悯这些小孩无知,站在一旁嘲笑。傍:通旁。

③坐曹:上衙门去坐大堂,审判案件。呵:骂。

④等为戏剧:同样作戏。谁后先:谁好谁坏。

⑤“我笑”句:我告诉当官的说,孩子们是打着玩的,比起你们真打人好得多。

【品评】

上行下效;老子干什么,儿子就学什么。做上级、做老子,必须百倍重视自己的示范作用。

这首诗一开头,就写了一位既当老子又当官的家伙所起的示范作用:“群儿鞭笞学官府。”高适做封丘县尉时说他“鞭打黎庶令人悲”(《封丘作》),这算是有良心的。可这个既当老子又当官的家伙看见“群儿”学他耍威风,用鞭子互相抽打,却不感到痛心,反而嘲笑“群儿”太“痴”,可见他已经丧尽天良了。以下六句,把这位“翁”与“群儿”作比较,说“群儿”互相鞭打,不过是闹着玩玩,而“翁”可是动真格的:用一“怒”字,可以想见咆哮如雷的凶相;“鞭人血满地”,更表现出他草菅民命的暴行。诗人由此得出结论:“儿”比“翁”贤。然而有其父必有其子,他那儿子长大后如果凭借他的后台当了官,又会怎样呢?

## 海州道中二首录一①

秋野苍苍秋日黄,　黄蒿满田苍耳长②。
草虫咿咿鸣复咽③,　一秋雨多水满辙。
渡头鸣舂村径斜④,　悠悠小蝶飞豆花。
逃屋无人草满家⑤,　累累秋蔓悬寒瓜。

### 【注释】

①海州:在今江苏连云港市一带。
②“黄蒿”句:是说田地没人耕种,田中长满黄蒿、苍耳等野草。
③咿咿:草虫叫声。
④舂(chōng):捣谷去皮的工具。
⑤逃屋:外出逃亡者留下的空屋。

### 【品评】

通篇写景,而哀叹农村萧条、农民逃亡的深情即寓于景物描写之中。

# 夜　坐

庭户无人秋月明，　夜霜欲落气先清。
梧桐真不甘衰谢，　数叶迎风尚有声。

【品评】

后两句所写者不过风吹残叶、沙沙作响而已；诗人却用拟人化手法，翻出新意，称赞"梧桐真不甘衰谢"，令人深受鼓舞。宋人吴曾《能改斋漫录》卷九云："张文潜言：昔以党人之故，坐是废放，每作诗，尝寄意焉。有云：'最怜杨柳身无力，付与东风自在吹。'又云：'梧桐真不甘衰谢，数叶迎风尚有声。'"怜杨柳无力而赞梧桐有声，表现了不甘屈服、敢于抗争的坚强意志。

## 贺铸(1052—1125)

字方回,号庆湖遗老,卫州(今河南汲县)人。熙宁中以恩授右班殿直,监军器库门。后做过监临城酒税、泗州通判等小官。晚年退居苏州。以填词名家,其词以婉约为主。诗风清朗,很有情致。有《庆湖遗老集》《东山词》。

### 病后登快哉亭①

经雨清蝉得意鸣,　征尘断处见归程。
病来把酒不知厌,　梦后倚楼无限情。
鸦带斜阳投古刹②,　草将野色入荒城。
故园又负黄花约③,　但觉秋风鬓上生。

**【注释】**

①快哉亭:在彭城(今江苏徐州市)东南角城墙上。唐时修建,原名阳春,苏轼知徐州时题名“快哉”。

②刹:寺庙。

③“故园”句:又负了回故园赏菊花之约。

**【品评】**

贺铸于元丰八年(1085)任徐州宝丰监钱官,六、七月间病居僧寺,八月病愈登快哉亭,作此诗,熔秋意、乡愁于一炉,颇饶韵味。

# 茅塘马上

壮图忽忽负当年[①]，　回羡农儿过我贤[②]。
水落陂塘秋日薄[③]，　仰眠牛背看青天。

【注释】

①壮图：远大的抱负。

②回羡：反而羡慕。

③秋日薄：秋天太阳光微弱。

【品评】

壮志未酬，仍然骑马奔走衣食，看见路旁的牧童"仰眠牛背看青天"，何等自在，反而感到人家比自己高明。全诗触景生情，抒发感慨。读张耒写农村的几首诗，便知牧童不可能很自在，但诗人描绘的牧童形象，确实令人羡煞。

## 陈师道(1053—1101)

字无己,一字履常,号后山居士,彭城(今江苏徐州市)人。因苏轼、孙觉举荐,为徐州教授。徽宗即位,任太学博士,秘书省正字等职。师道幼笃学能文,曾师事曾巩,在散文创作上有一定成就。其诗远宗杜甫,近师黄庭坚,清劲简古。与黄庭坚、陈与义被尊为江西诗派“三宗”。有《后山集》。

### 别　三　子

夫妇死同穴,　父子贫贱离。
天下宁有此,　昔闻今见之!
母前三子后,　熟视不得追。
嗟乎胡不仁①,使我至于斯?
有女初束发②,已知生离悲;
枕我不肯起,　畏我从此辞。
大儿学语言,　拜揖未胜衣③;
唤爷我欲去,　此语那可思④?
小儿襁褓间,　抱负有母慈;
汝哭犹在耳,　我怀人得知⑤?

【注释】

①“嗟乎”句:唉呀,老天爷怎么这样不仁慈!胡:何、为什么。

②束发:把头发束起来,幼儿成童时的打扮。

③未胜衣:承受不起衣服的重量,指年幼无力。

④那可思:太令人痛心,不能多想。

⑤人得知:别人哪能知晓。

【品评】

陈师道很穷,老婆孩子饿肚子。元丰七年(1084),他岳父郭概到四川去做官,把女儿和外孙全部带走,以减轻女婿的生活负担。陈师道于送走他们后作此诗。

前八句写与老婆孩子分别。头两句写分别原因,吞吐哽咽:夫妇活着不能同住一起,看来只有等待死后"同穴"了!为何活着不能同住,"父子贫贱离"一句作了补充说明:因为"贫贱",养不活妻子儿女,才落到这一地步。"母前三子后,熟视不得追",语极沉痛。"熟视"三个孩子跟着母亲走了,真想把他们追回来;但追回来又拿什么填肚子!因此,想追又"不得追",不禁嗟叹哀怨,质问老天怎么这般不仁慈。

后面十二句,补写离别惨景。女儿年纪大一点,已懂得别离的悲哀,因而枕在父亲身上不肯起来,害怕从今以后再见不到父亲的面。大儿子才学习说话,身体稚弱,连拜、揖时穿的衣服都显得沉重,却连声呼喊:"爸爸,我要去!我要去!"小儿子还在襁褓之中,在母亲背上哭哭啼啼。

全诗由作者用"我"的口吻直接倾诉别妻、别儿女的悲惨情景,语言简短、质朴,字字发自肺腑,表现力极强。三个不同年龄的幼儿在分别时的不同表情和他们随母远去的情态,以及作者仰呼苍天、痛彻五内、热泪迸流的神情,都跃然纸上。不难设想,如果作者改用华丽的语言,必将给人以华而不实、言不由衷的感觉。有人批评这首诗"文采不扬",乃是由于不懂得"至情无文"的道理。

## 寄外舅郭大夫[①]

巴蜀通归使, 妻孥且旧居[②]。
深知报消息, 不忍问何如。

身健何妨远，　情亲未肯疏。
功名欺老病，　泪尽数行书③。

【注释】

①外舅：古人称岳父为外舅，当时郭概提点成都府路刑狱，故称他为“郭大夫”。

②妻孥：妻子、儿女。

③数行书：短短的书信。

【品评】

作者的妻子儿女到了巴蜀，其岳父托人送来平安家报，因作此诗寄岳父。

首句写乍见使者的惊喜之情，蜀道艰险，竟然能“通”，来了使者！次句写急于知道妻、儿近况，心中默祷：但愿妻子儿女像旧日那样平安就好。第二联从宋之问“近乡情更怯，不敢问来人”(《渡汉江》)、杜甫“反畏消息来，寸心亦何有”(《述怀》)化出：深知使者是来报消息的，不等他开口，便想问妻儿们怎么样，却生怕听到不好的消息，不敢问。第三联写已经听到消息，妻儿们都平安健康，因而松了一口气：只要身健就好，远一点不妨；骨肉之间的感情总是那么亲，不会因为远在异乡就疏远了。尾联报告自己的近况，感慨作结：“功名”这东西也太势利，看见我又老又病，就越发欺侮我，躲得远远的，不肯让我沾一点边。妻子儿女，只好连累岳父了！边写信边流泪，只写了短短几行，眼泪已经流“尽”。从全诗的叙述、描写看，这感情是真实的。

方回评此诗：“后山学老杜，此其逼真者。枯淡瘦劲，情味深幽。”纪昀评此诗：“情真格老，一气浑成。”(《瀛奎律髓汇评》卷十)惟其“情真”，故全篇只是向家人倾诉胸怀，毫无矫揉造作，散文化、口语化的特点十分突出；然而又完全合律，是一首不折不扣的五言律诗。光有真情而无深厚的艺术功力，不可能写出这样的好诗。当然，黄庭坚的艺术功力更深厚，但往往缺乏真情实感而语言伤于工巧，故艺术感染力受到削弱。陈师道曾说“人言我语胜黄语”，其关键在此。

## 示　三　子①

去远即相忘②，　归近不可忍。
儿女已在眼，　眉目略不省③。
喜极不得语，　泪尽方一哂④。
了知不是梦⑤，　忽忽心未稳⑥。

**【注释】**

①示三子：作者因家穷，将家属寄养外家。元祐二年(1087)，作者任徐州教授，始接妻子和儿女回家团聚。这首诗写在与三个孩子和妻子初见面时。

②“去远”句：说实在走远了，便也淡了些。

③省(xǐng)：识。

④哂(shěn)：微笑。

⑤了知：确实知道。

⑥“忽忽”句：谓心中还是恍恍惚惚，一时安定不下来。

**【品评】**

元丰七年(1084)，陈师道送妻、儿随岳父入蜀就食，自己在家里侍母抚妹。元祐二年(1087)，师道因苏轼荐举，任徐州州学教授，才让妻、儿们回来，分别已有四年之久。

首句与姜夔《鹧鸪天》“人间别久不成悲”抒发了同样的感情，反衬次句。次句“归近不可忍”，写久别即将重聚、无法控制自己的激情，曲尽神理。三、四句写孩子们已来到眼前，却看不出当年的样子，久别之悲，见于言外。以下四句，写欢喜到极点，反而说不出话，只管流泪，直到泪尽，才破涕为笑;分明知道这不是在做梦,可心里恍恍惚惚,还是不踏实。把久别重逢的复杂心态表现得活灵活现,与杜甫《羌村》"妻孥怪我在,惊定还拭泪。……夜阑更秉烛,相对如梦寐"异曲同工。陈师道主张作诗"宁拙毋巧,宁朴无华"(《后山诗话》),表现骨肉至情,正宜如此。

## 怀　远①

海外三年谪,　天南万里行②。
生前只为累,　身后更须名③?
未有平安报,　空怀故旧情。
斯人有如此④,　无复涕纵横⑤!

### 【注释】

①怀远:所怀念的为苏轼。

②"海外"二句:苏轼于绍圣四年(1097)被贬儋耳,此诗作于元符二年(1099),恰是三年。

③"生前"二句:谓名声大,活着时只能招人忌恨、陷害,死后还要它干什么。

④斯人:指苏轼。有如此:落到这个地步。

⑤"无复"句:叫人眼泪都没得流了。

### 【品评】

苏轼为权奸章惇陷害,远谪儋耳,三年犹未放还。作者被苏轼器重,交情甚深,属"苏门六君子"之一,"未有平安报"一句,表现了他对苏轼的艰危处境深感忧虑。"生前只为(名)累,身后更须名?"一联,乃愤激之语。尾联更是对章惇之流的鞭笞:像苏轼这样的杰出人才竟遭受这样的迫害,真令人欲哭无泪。而使"斯人有如此"者,不正是章惇之流吗?

# 九日寄秦觏①

疾风回雨水明霞②，　沙步丛祠欲暮鸦③。
九日清尊欺白发④，　十年为客负黄花⑤。
登高怀远心如在⑥，　向老逢辰意有加⑦。
淮海少年天下士⑧，　独能无地落乌纱⑨？

【注释】

①九日：指农历九月初九，又称重九节、重阳节。传东汉时桓景听仙人费长房说，这天他家将遭灾，若令家人臂系红袋，内放茱萸，登高饮菊花酒，便可免祸。秦觏(gòu)：字少章，秦观弟。

②疾风回雨：急风将雨吹散了。

③沙步：水边可以系船供人上下的地方。丛祠：草木丛生处的庙宇。

④尊：酒杯。欺白发：年老易醉。

⑤黄花：这里指菊花。

⑥怀远：指想念秦觏。心如在：心留在秦觏身边。

⑦“向老”句：走向老境，遇到佳节，更多感慨。

⑧淮海少年：指秦觏，籍隶高邮，位于淮河东海之间。

⑨乌纱：代指帽。晋孟嘉为大将军桓温参军，重九节，随桓温登高，风吹帽落，温令孙盛作文相嘲，嘉亦作文回敬。文章都写得很好。“独能”句：巧用这个典故，是说像秦觏这样少年英豪，逢此佳节，岂能不结伴登高，写出优秀作品来？

【品评】

前三联写自己过重阳节，旅况萧条，心绪悲凉，不禁怀念秦觏。尾联用虚拟语气，点题目中的“寄秦觏”：秦觏乃天下英才，正当少年，岂能没有地方让他登高作赋，施展才能吗？前后对照，虚实相生，沉郁顿挫，意味深长。

## 绝句四首录一

书当快意读易尽，　客有可人期不来[①]。
世事相违每如此[②]，　好怀百岁几回开[③]？

【注释】

①可人：中意、可意的人。期：期望、等待。
②相违：与主观愿望相违。
③好怀：愉快的情怀。杜甫《秋尽》诗："怀抱何时得好开。"

【品评】

好书读易尽，可人期不来，这是一般人都有的感受，但无人说出；一旦被作者说出，便引起读者的共鸣，感到很亲切。

作者《寄黄元》云："俗子推不去，可人费招呼。世事每如此，我生亦何娱。"南宋尤袤的警句"不如意事常八九，可与言人无二三"所抒发的都是同意的感慨。

## 春怀示邻里

断墙着雨蜗成字[①]，　老屋无僧燕作家[②]。
剩欲出门追语笑[③]，　却嫌归鬓着尘沙[④]。
风翻蛛网开三面[⑤]，　雷动蜂窠趁两衙[⑥]。
屡失南邻春事约[⑦]，　只今容有未开花[⑧]。

## 【注释】

①蜗成字:古人把蜗牛爬行留下的涎迹比作篆书,故又称蜗牛为“篆愁君”(见陶谷《清异录》卷三)。

②老屋:破旧的房子。

③剩欲:颇想。

④着尘沙:沾上灰尘。

⑤开三面:传说商汤心仁慈,见人捕兽四面张网,不忍,令去其三面,让鸟兽好逃去。这里活用其典,意思是说老屋风大,吹得蜘蛛连网也结不成。

⑥雷动:形容蜂群的轰鸣。趁:追逐。两衙:据说蜂在早晨和晚上出入蜂房时,排列得像衙门前的仪仗一样,故称为两衙。

⑦春事约:相约一道去游春。

⑧容有:或许有。

## 【品评】

这是陈师道的名作。题为“春怀”,却不像一般诗人那样写春风骀荡、春花绚丽、春意盎然,而是创造了一种前人未有的独特意境。首联写自己的家。老屋、断墙,像是破烂的僧房,够凄凉的,然而毕竟有些春意:断墙经过春雨的润泽,蜗牛爬来爬去,篆了许多字;老屋虽然破烂,连和尚都不屑住,可那燕子却欣然飞来,筑巢安家,与主人和睦相处。次联紧扣题目,写自己很想出门,和“邻里”说说笑笑,共享春天的欢乐,可是风太大,如果出门,归家时必然满头沙尘,所以还是待在家里好。三联写院子里的春景:风翻蛛网,已经吹破三面,小飞虫们有了更多的自由;至于那窠蜜蜂,根本不怕风吹,早晚两次排衙,嗡嗡轰鸣,简直像打雷一样。你看,室内蜗篆字,燕作家,屋外风破网,蜂排衙,不都很有一点春天的味道吗?尾联上句应第二联:因为风大怕出门,所以邻人多次约会春游,却多次失约,现在真想践约了,也许还有尚未开放的花儿吧!

方回评此诗:“淡中藏美丽,虚处着工夫。”纪昀评此诗:“刻意劖削,脱尽甜熟之气。”(《瀛奎律髓汇评》卷十)都评得很中肯。

## 晁补之(1053—1110)

字无咎,巨野(今属山东)人。十七岁至杭州,著《钱塘七述》,为苏轼称赏,为"苏门四学士"之一。元丰二年(1079)中进士,曾任秘书省正字、著作佐郎、礼部郎中兼国史编修,后被列名"元祐奸党",屡遭贬谪。其诗文"温润典缛",有名于时。工词,亦擅丹青。有《鸡肋集》《晁氏琴趣外篇》。

### 自题画留春堂山水大屏

胸中正可吞云梦,　盏里何妨对圣贤。
有意清秋入衡霍①,　为君无尽写江天。

**【注释】**

①衡霍:湖南衡山,一名霍山,故称衡山为衡霍。杜甫《送王十六判官》:"衡霍生春早,潇湘共海浮。"

**【品评】**

晁补之是诗人、词人、画家,善画山水、人物、鸟兽,陈师道称他为"今代王摩诘"。《留春堂山水大屏》,是他的得意之作,这首七绝,是题这幅画的。

首句从司马相如《子虚赋》"吞若云梦者八九于其胸中"化出。云、梦本为二泽,跨今湖南、湖北两省,方圆九百里。后来大部分淤成陆地,便合称云梦泽。"胸中正可吞云梦",是说作者由于吞云梦于胸中,所以画成了《留春堂山水大屏》。作者在《赠文潜甥杨克一学文与可画竹求诗》一诗中说:"与可画竹时,胸中有成竹。"他画山水时,胸中也有山水。

次句写饮酒助兴。《三国志·徐邈传》载："醉客谓酒清者为圣人、浊者为贤人。""盏里何妨对圣贤"，是说不妨从酒杯里面对圣人和贤人——清酒和浊酒。

三、四句推开一步：我还想等到清秋时节登上南岳，放眼四望，把无边无际的江天写入新的画幅。

晁补之主张"诗传画外意，贵有画中态"，这首诗，只第一句点题，其他三句，都从画外发挥。第一句固然包含胸有山水，因而画出了山水之意，可算点题，但更明显的是表现出吞吐宇宙的阔大胸怀。第二句的"圣贤"也有双关意义，耐人寻味。全诗意境雄阔，气象宏伟，近似苏轼的风格。

## 李廌(1059—1109)

字方叔,华州(今陕西华县)人。少以文谒苏轼,很受赏识,为"苏门六君子"之一。后举进士不第,绝意仕进。寓居长社(今河南长葛),以布衣终。有《济南集》八卷。

### 骊山歌①

君门如天深九重②, 君王如帝坐法宫③。
人生难处是安稳, 何为来此骊山中?
复道连云接金阙④, 楼观隐隐横翠红⑤。
林深谷暗迷八骏⑥, 朝东暮西劳六龙⑦。
六龙西幸峨眉栈⑧, 悲风便入华清院⑨。
霓裳萧散羽衣空⑩, 麋鹿来游虚市变⑪。
我上朝元春半老⑫, 满地落花人不扫。
羯鼓楼高挂夕阳⑬, 长生殿古生青草⑭。
可怜吴楚两醯鸡, 筑台未就已堪悲⑮。
长杨五柞汉幸免⑯, 江都楼成隋自迷⑰。
由来流连多丧德⑱, 宴安鸩毒因奢惑⑲。
三风十愆古所戒⑳, 不必骊山可亡国!

【注释】

①骊山:在今陕西临潼县南。

②九重:古以为天有九层,叫九重天。古代帝王效法天,所居城阙亦

营九重门:路门、应门、雉门、库门、皋门、城门、近郊门、远郊门、关门。见《礼记》注。

③帝:最高的天神。法宫:正殿,古代帝王处理政事的地方。

④复道:高楼间或山岩险要处架空设置的通道。

⑤楼观(guàn):楼台。横翠红:指楼观上的雕梁画栋,五彩缤纷。

⑥八骏:周穆王有八匹骏马。这里指唐明皇车驾上用的良马。

⑦六龙:据《周礼》:“马八尺以上为龙。”这里亦谓车驾上用的良马。

⑧幸:皇帝所到之处,叫幸。峨眉栈:是唐时入川要道。安史乱起,唐明皇仓惶经峨眉栈道入四川避乱。

⑨华清院:骊山的华清宫。为唐明皇所修建,是他与杨贵妃寻欢作乐处。

⑩“霓裳”句:霓裳羽衣,舞曲名,杨贵妃在骊山,常为明皇跳霓裳羽衣舞。

⑪麋(mí)鹿:即四不像。虚:同墟,即集市。“麋鹿”句:指城市、宫殿变成荒野,麋鹿在上面游玩。

⑫朝元:骊山上有朝元阁。春半老:春天过去一半。

⑬羯(Jié)鼓楼:在华清宫内骊山高处。

⑭长生殿:为唐明皇在骊山上修建的宫殿。

⑮醯(xī)鸡:小虫,亦名蠛蠓。吴楚:指西汉宗室吴王、楚王,据东南要地,景帝时发动七国(七个宗室王国)之乱,很快被平定。这两句是说吴、楚修筑楼殿,打算称帝作乐,可怜还未修成,已被消灭。

⑯长杨:宫殿名,秦筑,汉时重修扩建。五柞:亦汉代宫殿名。这句是说汉代大兴土木,没有被灭亡,只不过是侥幸。

⑰江都:今江苏扬州市。隋炀帝在这里大修宫室,内有迷楼,果因自陷昏迷而亡。

⑱流连:指沉浸酒色中。

⑲鸩(zhèn)毒:鸩为一种有毒的鸟,传说用它的羽毛浸入酒内,喝了便毒死人。这句是说宴安骄奢,等于自饮鸩毒。

⑳三风十愆(qiān):三风指巫风、淫风、乱风。它包涵十大罪过:巫风

为舞、歌;淫风为货、色、游、畋;乱风为侮圣言、逆忠直、远耆德、比顽童。合在一起叫十愆。愆,过错。据传这是商朝贤臣伊尹告诫太甲的话。

【品评】

唐明皇荒淫误国,导致安史之乱,不仅唐王朝由盛转衰,而且影响到五代之乱和宋朝的积贫积弱。李廌借骊山的兴废总结历史教训,至结尾又推开一步,指出不仅骊山游乐可以亡国,“三风十愆”中的任何一种都可亡国,是有现实意义的。作者作此诗时,宋徽宗正宠信蔡京等奸邪小人,大兴土木,沉溺于声色犬马,生灵涂炭,国势危如垒卵。故全诗表面上写历史,骨子里写当前,激情喷涌,感慨淋漓,极富艺术感染力。

## 晁说之(1059—1129)

字以道,号景迂生,济州巨野(今属山东)人。晁补之的从弟,神宗元丰五年(1082)进士。历官著作郎、东宫詹事、徽猷阁待制等职,钦宗时,因主张抗金而被免官。北宋灭亡后流寓南方,建炎三年(1129)死于漂泊途中。博学能文,善画山水。忧民忧国,指斥奸邪,反对投降,形诸吟咏,为南宋爱国诗的先声。有《景迂生集》。

### 明皇打球图①

宫殿千门白昼开,　三郎沉醉打球回②。
九龄已老韩休死,　明日应无谏疏来③。

**【注释】**

①明皇:即唐玄宗李隆基。打球:又称打马球,是从波斯传入的一种体育游戏活动。其法为骑马用球杖逐球,设有球门,两方对垒以分胜负,类似现在的曲棍球。唐章怀太子墓壁绘有彩色打马球图。

②三郎:唐明皇排行第三,在与伶人戏耍时叫人家呼他为"三郎"。

③"九龄"两句:张九龄、韩休,都是唐明皇开元时的贤相。九龄曾谏明皇杀掉安禄山,后来反被奸臣李林甫谗害罢相;韩休为人忠直,明皇有过失,常问左右:"韩休知道不?"紧接着,韩休的谏书便送来了。明皇的侍从们说:"自从韩休当宰相,陛下比过去瘦多了。"谏疏(shū):劝谏皇帝的奏章。

**【品评】**

面前是一幅《明皇打球图》,要题诗,可以从不同角度发挥。作者眼里见的、心里忧的,都是当朝天子宋徽宗荒淫误国的情景:宠信阿谀逢迎的小人,排斥直言敢谏的贤臣,淫乐无度,荒废政事;他喜欢踢球,陪他踢球的人都青云直上。这就激发了作者的创作灵感,写出了这首千古传诵的好诗。

前两句点题,妙在不正面描写打球的精采场面,只说"打球回"。打打球,有什么错?问题是主人公是一位皇帝,时间是"白昼",地点是千门尽开的"宫殿",他该在那里处理国家大事啊!那么,"打球回",他不就可以办公了嘛。问题是:作者在"打球回"前面加了"沉醉"二字,表明他又吃酒作乐,醉得东歪西倒,哪能清醒地解决国计民生问题!后两句更妙,作者不直接出面鞭打荒淫天子,却描写他"沉醉打球回"时的心理活动:像张九龄、韩休那样爱提意见的家伙老的老、死的死,明天大概不会有谏疏送来、令人扫兴了!作为一国之主而一任荒淫误国、无人劝谏阻挡,国家的前途真不堪设想!写"沉醉打球"而以"无谏疏"收尾,力重千钧。

## 江端友(？—1130)

字子我，陈留(今属河南)人。靖康初，为承务郎，赐进士出身，历官至太常少卿。诗属江西派。著有《七里先生自然斋集》七卷，今佚。

### 牛 酥 行①

有客有客官长安，　牛酥百斤亲自煎②。
倍道奔驰少师府③，　望尘且欲迎归轩④。
守阍呼语“不必出⑤，　已有人居第一先⑥。
其多乃复倍于此，　台颜顾视初怡然⑦。
昨朝所献虽第二，　桶以纯漆丽且坚⑧。
今君来迟数又少，　青纸封题难胜前⑨。
持归空惭辽东豕⑩，　努力明年趁头市⑪。”

【注释】

①牛酥：从牛奶中提炼出来的酥油。

②“有客”两句：徽宗宣和年间，任西京(今河南洛阳)留守的邓某，向徽宗宠信的太监梁师成献过一百斤牛酥(见吴曾《能改斋漫录》卷十一)。长安：代指北宋的西京洛阳。

③倍道：两步并作一步。少师府：指梁师成府第，梁曾任少师。

④“望尘”句：梁师成不在家，送礼的人在门外恭候，遥望梁师成回府的车子扬起的灰尘，准备赶上去迎接。归轩：归车。望尘：用潘岳巴结贾谧，望尘下拜的典故。

⑤守阍(hūn):看门人。“呼语”以下,是看门人对送礼者说的话。不必出:不必把酥油拿出来。

⑥“已有”句:有人已抢先一步。

⑦台颜:台:敬词,指梁师成。颜:脸色。初怡然:对头一宗礼品很喜欢。

⑧“桶以”句:酥油盛在桶里,那桶用纯漆漆成,美丽而且坚实。

⑨“今君”两句:你送的牛酥已落在人家后头,数量又少,只用青纸包装,哪能胜过前人的!题:头,指盛牛酥纸袋上端的口。封题:指封口、包装。

⑩辽东豕:东汉人朱浮《与彭宠书》中说:辽东有人,他家的母猪生了“白头豕”,感到很稀罕,便拿去进贡,走到河东,看见到处跑的都是“白头豕”,感到很羞惭,于是把自己的猪娃子抱回了家。

⑪趁头市:第一个赶到市场做买卖。这里指争取明年抢先送礼,立个头功。

## 【品评】

行贿受贿,贪污腐化,是一切政权崩溃的内因。这首诗从送牛酥切入,以小见大,揭示了北宋王朝覆亡的内因,有深远的教育意义。

梁师成这个阴险毒辣的宦官由于受到皇帝的宠信,权势显赫,炙手可热,被目为“隐相”(无宰相头衔的宰相),大小官吏争先行贿。这首诗重点写第三个送牛酥的,但通过看门人用对比手法对他的奚落,第一个送牛酥的和第二个送牛酥的,其丑态亦跃然纸上;受贿者的神情,亦活灵活现。

惟妙惟肖地描绘行贿受贿丑态的文学作品,散文里有明人宗臣的《报刘一丈书》,小说里有清人李伯元《官场现形记》里的《买古董借径谒权门》。这些作品,大家都很熟悉;但较少有人知道早在北宋末年,就有这首《牛酥行》只用寥寥数语,便写出了类似的丑剧。

## 邓肃(1091—1133)

字志宏,南剑州沙县(今属福建)人。徽宗时为太学生,以《花石诗》闻名当时,又因诗涉讽刺,而被逐出太学。钦宗靖康时,以李纲荐,赐进士出身。南宋初,任谏官。其诗长于讽谕。有《栟榈集》。

### 花石诗十一首录一①

蔽江载石巧玲珑②,　雨过嶙峋万玉峰③。
舻尾相衔贡天子,　坐移蓬岛到深宫④。

**【注释】**

①花石诗:反映花石纲(纲是成批运送货物的组织)的诗。徽宗为起造万寿山(即艮岳),广搜天下奇木异石。太湖石当时最有名,便成为掠夺的对象,东南人民备受其害,激起方腊起义。

②巧玲珑:指运送的太湖石玲珑剔透,精巧异常。

③"雨过"句:承第一句,因无数大船互相连接、遮蔽江面,故雨过之后,满载在船上的太湖石经过雨洗,万峰挺秀。

④坐:顿时、突然。

**【品评】**

宋徽宗宣和四年(1122),艮岳建成,朝臣纷纷进献贺诗,太学生邓肃却献了一组讽谕诗,因而被逐出太学。这里选的是第一首。

《宋史纪事本末》卷五〇载:"朱勔于太湖取石,高广数丈,载以大舟,挽以千夫,凿城断桥,毁堰拆牐,数月乃至。"这是写一艘大船载一块大石。此诗则从宏观上把握,以"蔽江"与"舻尾相衔"写船数之多,以"巧玲珑"

与“嶙峋万玉峰”写“载石”之多、之奇，写实中略带渲染，从而唤起“蓬岛”，然后以“贡天子”点透，惊叹道：“偌大一座蓬莱仙岛，实然移到天子的深宫里来了！”讽刺之意，见于言外。

## 避地过雷劈滩①

门前又见马如流，　兵革缤纷几日休②？
岭似车盘方税驾③，　滩如雷劈更行舟。
豺狼敢侮乾坤大④？　江海徒深虮虱忧⑤。
安得将坛登李郭⑥，　挽回羲御照神州⑦！

**【注释】**

①避地：迁到安全地方以避灾祸。

②兵革：指战乱。

③方：刚才。税驾：解开车驾，指停车休息。

④豺狼：指金兵。敢：岂敢。句后应加“？”号。

⑤江海：犹言“江湖”，与“魏阙”（朝廷）相对而言，是说自己如今身在江湖，但仍关心朝廷。虮虱：人身上的吸血虫，指皇帝身边的奸邪小人。徒：徒然、白白地。

⑥李、郭：指唐代平息安史之乱的中兴名将李光弼、郭子仪。

⑦羲：羲和。御：驾车。传说羲和为太阳驾车。挽回西落的太阳，让它照耀神州，指挽回北宋覆亡的败局，使国家中兴。

**【品评】**

金兵入侵，汴京沦陷，官民纷纷逃难，此诗乃作者随逃难人群至雷劈滩时所作。

首句写自己“门前”车马如水奔流；次句慨叹兵戈遍野，不知何日平息,点明首句的车马如水奔流乃是人们纷纷逃离京城;三、四两句,写刚坐车绕过车盘岭,又匆匆乘船经雷劈滩行进。四句诗,突兀而来,跌宕跳跃,其疾如风,活画出兵慌马乱、仓惶逃命的情景。五句振起:大宋乾坤如许宏大,豺狼敢侵侮吗?表现了坚强的自信心和对侵略者的轻蔑。六句急转:朝廷里充满“虮虱”,这正是“豺狼”敢于侵侮的原因,我这身在“江海”的人为此而深感忧虑;然而这优虑也是徒然的,皇帝能听我的忠告,除掉那些“虮虱”吗?七、八两句,即从六句翻出。“虮虱”在朝,奸佞专权,就很难重用良将,但又希望起用良将,收复失地,因而说:“安得”李光弼、郭子仪那样的杰出人物登坛拜将,挽回败局,使国家中兴呢!“安得”,可译为“哪得”,是希望得到而又很难得到的假设语气,表现了作者失望与希望交织的复杂心态。高宗建炎元年(1127)任奸臣黄潜善为宰相,将抗金名将李纲免职;陈东、欧阳彻言黄不可用,李不能去,被杀。此诗作于此时,其忧愤之深广,须结合时代背景,才能有更深刻的领会。

## 徐俯(1075—1141)

字师川,洪州分宁(今属江西)人,是黄庭坚的外甥,被列入江西诗派。有《东湖居士诗集》,已佚,存诗见《宋诗纪事》。

### 春日游湖上

双飞燕子几时回？　夹岸桃花蘸水开[①]。
春雨断桥人不度，　小舟撑出柳阴来[②]。

**【注释】**

①蘸(zhàn):浸入、沾染。

②撑(chēng):这里指用篙行船。

**【品评】**

双双燕子从湖面掠过,诗人亲切地问道:"你们是几时回来的?"燕子是报春的使者,他们来了,春天也就跟着来了。亲切地一问,既表现了诗人的喜悦,又自然逗出关于湖上春景的生动描绘:"夹岸桃花开",已极美丽;于"开"前加"蘸水"二字,更显得鲜艳夺目。桃花之所以"蘸水",一因繁花带雨,桃枝低垂,二因湖水高涨,绿波溢岸;下句的"春雨断桥"已呼之欲出。桥被水淹,人不能度,本身似无诗意,但由此引出"小舟撑出柳阴来",便化静为动,精采百倍。

南宋赵鼎臣《和默庵喜雨述怀》云:"解道春江断桥句,旧时闻说徐师川。"可见此诗传诵之广。张炎咏春水的《南浦》词,被推为"古今绝唱",其中的名句"荒桥断浦,柳阴撑出扁舟小",即从此诗化出。

## 韩驹(约 1086—1135)

字子苍,仙井监(治所在今四川仁寿)人。政和(1111—1117)初,赐进士出身、除秘书省正字。被吕本中列入江西诗派,他不乐意,但其诗确受黄庭坚的影响。有《陵阳集》四卷。

### 代人送葛亚卿①

妾愿为云逐画樯②, 君言十日看归航③。
恐君回首高城隔, 直倚江楼过夕阳。

**【注释】**

①葛亚卿,作者的朋友,他与一位风尘女子相爱,别后互相思念。作者用女子的口吻写了一组七绝送给亚卿,这里选其中的一首。

②为云:变作云,暗用巫山神女"朝为行云"的典故。樯:船上的桅杆,这里代指船。

③归航:回来的船。

**【品评】**

前两句,写临别时依依不舍,互吐衷肠。女的说:"我愿变成一朵云,跟着你的船。"男的说:"我一去便回,顶多十天,你就会看见我坐船回来。"

后两句,写分手后女方的情态:"我知道开船后你会回头望我,生怕你的视线被高城隔断,所以我爬上江楼的最高层,倚栏伫立,直立到夕阳西下。"

前两句兼写男女双方,如闻切切私语之声。后两句亦写男女双方,却从女方体贴男方的角度切入，更饶情韵。

## 和李上舍冬日书事①

北风吹日昼多阴，　日暮拥阶黄叶深。
倦鹊绕枝翻冻影，　飞鸿摩月堕孤音。
推愁不去如相觅，　与老无期稍见侵。
顾藉微官少年事②，　病来那复一分心！

### 【注释】

①李上舍：其人不详。王安石于熙宁四年（1071）立太学生三等法，分太学生为三等：外舍、内舍、上舍。李上舍，即姓李的上舍生。

②顾藉：爱惜。韩愈《柳子厚墓志铭》："勇于为人，不自贵重顾藉。"

### 【品评】

前四句写冬天景象。昼、日暮、月，表现了时间的推移。北风吹日、黄叶拥阶、倦鹊绕枝、飞鸿摩月、翻冻影、堕孤音，从写景的角度到构思、炼字，都生新、奇警，不落常套。而作者对冬景的独特感受，即从独特的景物描状中体现出来。

作者对冬景的独特感受，源于他的独特心情。后四句，即直抒其情。"愁"，本来发自作者的内心，他却将"愁"拟人化，说"愁"这家伙好像在人群中专门寻觅他，如今寻到了，就恋恋不舍，推也推不走。作者此时并不"老"，只是因为"愁"，才感到有点"老"。他把"老"也拟人化，说他自己并没有和"老"约好会面的日期，可是"老"这家伙竟不约自来，日见侵凌。构思、炼句，也相当新颖。那么，作者为什么"愁"，是嫌官小位卑吗？回答是否定的。他好像预料到读者会发出这样的疑问，因而用最后两句诗明确表态："爱惜微官，那是少年时代的事；自从生病以来，再也没有那份心思了!”清人贺裳在《载酒园诗话》中评论道:“词气似随句而降,渐就衰飒。”其实,全诗都够衰飒的。此诗作于徽宗晚期,外患日丞,而君主荒淫、群小弄权,斥逐元祐党人,禁绝苏氏学术。作者早年学诗于苏辙,后来又受知于黄庭坚,其处境之孤危,不难想见。全诗所写的衰飒之景和所抒的衰飒之情,既是国家没落景象的折射,也是个人孤危处境的反映。不久,即“坐为苏氏学”贬出京师(《宋史》卷四四五),他大约是有预感的。

吴曾《能改斋漫录》称:“子苍有馆中诗,最为世所推,故商老有‘黄叶’之句。”商老是李彭的字,李彭《建除体赠韩子苍》有云:“满朝以诗鸣,何独遗大雅?平生黄叶句,摸索便知价。”可见韩驹的这首诗,在当时很有影响。

## 董颖(生卒年不详)

字仲达,德兴(今属江西)人。与汪藻、徐俯、韩驹交游。有《霜杰集》,已佚。

### 江 上

万顷沧江万顷秋， 镜天飞雪一双鸥。
摩挲数尺沙边柳， 待汝成阴系钓舟。

【品评】

秋高则气爽,“万顷沧江万顷秋”,自然水天一色,澄明如镜。首句写大景,诗人举目四望之状宛然可想;而次句的“镜天”,已含于大景之中。次句写小景,诗人于举目四望之际忽见两团白雪飞来,渐飞渐近,才看出那是正在飞翔的一双白鸥。写动景由远而近、由模糊而清晰,极生动逼真。雪白的、飞动的双鸥以“镜天”为背景,多么美！多么自由自在！这便触发了诗人对这一片清幽、洁净、自由天地的爱恋之情,想在这里以钓鱼为生,终老天年。三、四句所表现的正是这个意思,而表现手法之新奇,却出人意料:他把视线从双鸥移向岸边,看见一株小小的柳树,便像抚摸幼儿那样“摩挲”起来,亲切地说:“快快长吧！等你长大,我要在你的绿阴中‘系钓舟’呢!”用“摩挲”“汝”把“沙边柳”拟人化,向它倾吐自己的心事,其失意之感与归隐之志,即从此中曲曲传出。

据洪迈《夷坚乙志》卷一六记载,董颖是一位穷愁潦倒的诗人。联系他的身世读这首小诗,更能领会其深层意蕴。

## 李纲(1083—1140)

字伯纪,邵武(今属福建)人。政和二年(1112)进士。靖康时,任兵部侍郎,金兵围城,坚决主战,阻止钦宗迁都,并击退金兵。旋被贬。南宋高宗时曾召任宰相,受黄潜善等投降派排挤,仅七十日而罢。后屡上疏主战,终不得行,忧郁而死。有《梁溪集》《靖康传信录》等。

### 病　　牛①

耕犁千亩实千箱②，　力尽筋疲谁复伤③？
但得众生皆得饱，　不辞羸病卧残阳④。

**【注释】**

①病牛:作者罢相后,任湖广宣抚使时作。
②实:指粮食。箱:指粮仓。
③伤:怜悯,同情。
④羸(léi)病:瘦弱多病。残阳:隐喻晚年。

**【品评】**

以"病牛"自况,表达了为国为民、鞠躬尽瘁的高尚品德。

## 吕本中(1084—1145)

字居仁,学者称为东莱先生,寿州(今安徽寿县)人。少以荫补承务郎。绍兴六年(1136)赐进士出身。官至中书舍人兼侍讲,权直学士院,以反对秦桧投降论调而被罢官。早年曾作《江西诗社宗派图》。论诗主活法,尚自然,诗歌深受黄庭坚、陈师道的影响。有《东莱先生诗集》等。

### 兵乱后杂诗录二[①]

晚逢戎马际[②], 处处聚兵时。
后死翻为累[③], 偷生未有期[④]。
积忧全少睡, 经劫抱长饥[⑤]。
欲逐范仔辈[⑥], 同盟起义师[⑦]?(其一)
万事多翻复[⑧], 萧兰不辨真[⑨]。
汝为误国贼[⑩], 我作破家人?
求饱羹无糁[⑪], 浇愁爵有尘[⑫]。
往来堂上燕, 相顾却情亲。(其二)

**【注释】**

①兵乱:指金兵攻破汴京。

②戎马际:战乱之时。

③翻:反。

④"偷生"句:谓苟且偷生的日子没有尽头。

⑤抱长饥:即长抱饥,经常挨饿。

⑥逐：跟随。范仔辈：作者自注："近闻河北布衣范仔起义师。"

⑦"同盟"句：联合义师，起兵抗金。

⑧翻复：反复。

⑨萧兰：萧，象征坏人；兰，象征好人。语出屈原《离骚》。

⑩误国贼：指蔡京、童贯等。

⑪羹：粥。糁(sǎn)：煮熟的米粒。

⑫爵有尘：酒杯被灰尘沾满了。

**【品评】**

《兵乱后杂诗》五首，见方回《瀛奎律髓》卷三二。据方回说：原诗二十九首，多已残缺，完整的仅此五首。这里选其一、其二。

靖康元年(1126)冬，金兵侵入汴京，作者出城避难。次年四月金兵掳徽、钦二帝北去，作者回到京城旧居，触目伤情而作此诗。斥奸臣误国，叹生民破家，抱饥积忧，长夜无寐；二帝被掳，官兵四散，因而寄希望于人民义军，想和他们一起抗击金兵，收复河山。全诗风格，类似杜甫《春望》《伤春》《有感》诸作，苍凉沉痛，感人至深。

## 连州阳山归路①

稍离烟瘴近湘潭②，　疾病衰颓已不堪。
儿女不知来避地，　强言风物胜江南。

**【注释】**

①连州阳山：今广东阳山县。金兵南侵，作者在两广一带流亡，其后辗转漂流，将到湘潭，有感而作此诗。

②烟瘴：湿热之气，这里以"烟瘴"指代瘴疠之地。杜甫《梦李白》："江南瘴疠地。"

【品评】

“稍离烟瘴近湘潭”，对于父亲和儿女，都是同样的。但做父亲的辗转漂泊，“疾病衰颓已不堪”；儿女们呢，年纪太小，不知来湘潭也是为了避难，硬说这里的风景比江南好多了。以无知儿女强言风景好反衬自己国亡家破、老病飘泊的无限感慨，强化了艺术感染力。从表现方法上说，可能受了杜甫《月夜》“遥怜小儿女，未解忆长安”的启发。

## 李清照(1084—约1151)

号易安居士,济南(今属山东)人。父李格非为北宋著名学者,夫赵明诚为金石学家。早年生活优裕,南渡后,明诚死,境遇孤苦。善诗文书画,词的成就最高,是文学史上最杰出的女词人。存诗不多,然诗风清刚,且能反映社会重大问题。后人辑有《漱玉词》。今人有《李清照集校注》。

### 乌　江①

生当作人杰,　死亦为鬼雄。
至今思项羽②,　不肯过江东③。

**【注释】**

①诗题一作《夏日绝句》。乌江:指乌江浦,在今安徽和县东北四十里长江北岸。

②项羽:秦末起义军领袖。秦王朝被推翻后,他与刘邦争夺天下,兵败,自称无面目见江东父老,不肯渡江,在乌江边自刎。

③江东:指今长江下游以南的地带。

**【品评】**

李清照以词名世,但在当时也很有诗名。朱弁《风月堂诗话》称她"善属文,于诗尤工"。王灼《碧鸡漫志》称她"自少年便有诗名"。惜其诗多已散失,今仅存十八首和一些残句,风格刚健豪放,与其婉约词风不同。

《乌江》属于咏史诗的范畴,咏在乌江自刎的项羽。关于项羽自刎乌江的经过,《史记·项羽本纪》是这样记载的:"至乌江。乌江亭长舣船待，谓项王曰：'江东虽小，地方千里，众数十万人，亦足王也，愿大王急渡。'项王笑曰：'天之亡我，我何渡为！且籍与江东子弟八千人渡江而西，今无一人还，纵江东父老怜而王我，我何面目见之？纵彼不言，籍独不愧于心乎？'乃赐马与亭长，步行接战，杀汉军数百人，项王身亦被十余创，乃自刎而死。'"根据这种记载，后人作了不少咏史诗，从不同的角度立论，各有新意。仅就李清照以前的说，一类诗认为项羽应该过江，其代表作是杜牧的《题乌江亭》：

胜败兵家不可期，包羞忍耻是男儿。
江东子弟多才俊，卷土重来未可知。

另一类诗认为项羽不得人心，失败的局面已难挽回，即使渡江，也得不到人民的拥护，其代表作是王安石的《乌江亭》：

百战疲劳壮士哀，中原一败势难回。
江东子弟今虽在，肯与君王卷土来？

多数作者，则肯定项羽全赵、灭秦的功劳，称赞他死得壮烈。其代表作是初唐诗人于季子的《咏项羽》：

北伐虽全赵，东归不王秦。
空歌拔山力，羞作渡江人。

李清照的《乌江》也歌颂项羽羞过乌江、死得壮烈，但用意不同。前两句，"人杰""鬼雄"并举，表现了一种昂扬奋进、自强不息的生死观。英风激荡，豪气纵横，出于女词人笔下，真可"压倒须眉"。后两句，把这种生死观落实到项羽身上。项羽"身经七十余战，所当者破，所击者服"，遂灭暴秦而自立为西楚霸王。他生前是"人杰"，这是不必说的；何况题目是"乌江"，所以略去"生"而咏他的"死"，赞颂他"不肯过江东"，死后也是"鬼雄"。

此诗作于宋室南渡之后，咏史的目的在于"讽今"，"至今思项羽"的那个"今"字，便透露了此中消息。汴京沦陷之后，长江以北的大部分土地还在宋朝手中，如果重用李纲、宗泽、韩世忠、岳飞等抗金名将，坚决抗战，不难收复中原，完成统一。但宋高宗赵构却步步南逃，由扬州而建康而杭州，重用奸邪小人，执行妥协投降政策，以广大人民践踏于侵略者铁蹄之下的高昂代价换取小朝廷的荒淫享乐,“直把杭州作汴州”。这中间,屡败金兵的宗泽曾上疏二十余次,请高宗还京(汴梁),终被投降派所阻,忧愤而死。高宗仓皇南逃到扬州南面的扬子桥,一卫士拦马进谏,劝其回马北进,高宗竟拔剑刺杀卫士,渡江逃到润州(今江苏镇江)。对于这一切,李清照都很熟悉,也极端愤慨,因而通过歌颂项羽“不肯过江东”给予无情的鞭打。

寥寥二十字,取材于历史,着眼于现实,气势豪迈,寓意深刻;关于如何对待生、死问题的简练概括,尤发人深省。

## 咏　史

两汉本继绍①，　新室如赘疣②。
所以嵇中散③，　至死薄殷周④。

**【注释】**

①两汉:指刘邦建立的西汉(一称前汉)和刘秀建立的东汉(一称后汉)。继绍:继承。

②新室:西汉末年,王莽篡汉,国号新。赘疣(yóu):皮肤上长出的肿瘤。这里的“新室”,实指金人建立的伪楚(张邦昌)、伪齐(刘豫)傀儡政权。

③嵇中散:即嵇康,三国魏人,曾官中散大夫。

④薄:鄙薄、看不起。殷周:商朝和周朝。司马昭欲篡魏,引“汤武革命”(商汤王革夏桀王的命,周武王革商纣王的命)为依据,于是嵇康自称“非汤武而薄周孔”(《与山巨源绝交书》),实际上是反对司马昭篡魏。后来司马昭借故把他杀了。作者在这里通过称扬嵇康抨击伪楚、伪齐。

**【品评】**

这完全是借古讽今之作。前两句说:东汉对于西汉,那是继承关系;

至于“新室”，则是汉朝的“赘疣”。言外之意是：南宋对于北宋，也一脉相承，属于正统；而被金人扶植起来的伪楚、伪齐，则是宋朝的毒瘤，必须割掉。后两句，以嵇康反对司马氏篡魏表达了作者维护南宋政权，反对张邦昌、刘豫称帝的正义立场，爱国热情，溢于言表。四句诗义正词严，喷涌而出，有震撼人心的艺术力量。朱熹曾情不自禁地赞扬道：“如此等诗，岂女子所能？”（《朱子语类》卷一四〇）

李清照在早年所写的《词论》里认为“词别是一家”，有不同于诗的特点。她用词表现个人生活，风格婉约；用诗反映重大的社会政治问题，杂以议论，风格豪放，这和她对于诗、词特点的认识有关。就她的创作实践看，可以说她很出色地发挥了词的艺术功能，也很出色地发挥了诗的艺术功能。

## 曾几(1184—1166)

字吉甫,号茶山,原籍赣州(今江西赣县),徙居河南(今河南洛阳市)。徽宗时,任校书郎。南宋初,历任江西、浙西提刑。主张抗金,为秦桧排斥。桧死起复,官至敷文阁待制,以通奉大夫致仕。陆游曾师事之。论诗与吕本中相类,诗学黄庭坚,风格清峻。有《茶山集》。

### 三衢道中①

梅子黄时日日晴, 小溪泛尽却山行②。
绿阴不减来时路, 添得黄鹂四五声。

**【注释】**

①三衢:山名,在衢州(今浙江巨县)城北二十五里。
②泛:泛舟。

**【品评】**

这是一首纪行诗,清新活泼,宛如一气呵成;但仔细玩味,便见转折斡旋,颇费匠心。

首句即有转折,“梅子黄时”与“日日晴”之间有个不读出声的“却”字。江南初夏,梅子黄时,阴雨连绵,叫做“黄梅雨”。北宋词人贺铸的《青玉案》以“……梅子黄时雨”数句出名,被称为“贺梅子”。作者于“梅子黄时”出行,最怕遇雨;可是天公作美,竟然“日日晴”!惊喜之情,即于转折中曲曲传出。

次句用“却”字,当然是又一次转折。“小溪泛尽”,该掉转船头,兴尽而返;却出人意料地舍舟爬山。其游兴之浓,亦于转折中曲曲传出。

第三句写"山行",先用"绿阴"二字展现一片清凉、宁谧境界,令人神清气爽。接下去,出人意料地用"不减来时路"打了一个回旋,读者这才恍然大悟:原来诗人在走回头路,前面所写,乃是归途上的情景。来时山间小路上一片"绿阴",归时"绿阴"未减,一样美好。

第四句翻进一层:来时一片"绿阴",已经很美、很宁静;归时不仅"绿阴不减",还"添得黄鹂四五声",真如"锦上添花",比来时更美、更宁静。心理学上有所谓"同时反衬现象",万籁俱寂而偶有声音作反衬,就更显得幽静。在诗中体现这种反衬现象的名句,是齐、梁诗人王籍《入若耶溪》里的"鸟鸣山更幽"。曾几此诗的后两句,其言外之意,正是"鸟鸣山更幽"。

出游的一般情况是乘兴而往,及至踏上归途,便力疲兴减。此诗用层折、回旋、递进手法,把一次平凡的出游写得妙趣横生,归时景物比来时更美,归时游兴比来时更浓,具有引人入胜的艺术魅力。

## 陈与义(1090—1138)

字去非,号简斋,洛阳(今属河南)人。政和三年(1113)登上舍甲科。任太学博士等职。因所作《水墨梅》诗为徽宗所激赏,由是以诗名于世。南渡后,官至参知政事。曾与张元干、吕本中等人交游。早期作品受黄庭坚、陈师道影响较深,故被列入江西诗派。元人方回倡江西诗派"一祖三宗"说,以杜甫为"一祖",黄庭坚、陈师道、陈与义为"三宗"。但与义后经靖康之变,身历亡国艰险,感时抚事,诗风转为悲壮苍凉,实不囿于江西诗派。有《简斋集》三十卷、词一卷。《宋史》卷四四五有传。

### 襄邑道中①

飞花两岸照船红, 百里榆堤半日风。
卧看满天云不动, 不知云与我俱东。

**【注释】**

①襄邑:今河南睢县,在开封东南。

**【品评】**

全诗写坐船行进于襄邑水路的情景。首句写两岸飞花,一望通红,把诗人所坐的船都照红了。用"红"字形容"飞花"的颜色,这是"显色字",诗中常用;但这里却用得很别致。花是"红"的,这是本色;船本不红,被花照"红",这是染色。诗人不说"飞花"红而说飞花"照船红",于染色中见本色,则"两岸"与"船",都被"红"光所笼罩。次句也写了颜色:"榆堤",是长满榆树的堤岸;"飞花两岸",表明是春末夏初季节,两岸榆树,自然是一派新绿。只说“榆堤”而绿色已暗寓其中,这叫“隐色字”。与首句配合,红绿映衬,色彩何等明丽!次句的重点还在写“风”。“百里”是说路长,“半日”是说时短,在明丽的景色中行进的小“船”只用“半日”时间就把“百里榆堤”抛在后面,表明那“风”是顺风。诗人只用七个字既表现了绿榆夹岸的美景,又从路长与时短的对比中突出地赞美了一路顺风,而船中人的喜悦心情,也洋溢于字里行间。

古人行船,最怕逆风。诗人既遇顺风,便安心地“卧”在船上欣赏一路风光:看两岸,飞花、榆堤,不断后移;看天上的“云”,却怎么“不动”呢?诗人明知船行甚速,如果天上的“云”真的不动,那么在“卧看”之时就应像“榆堤”那样不断后移。于是,他恍然大悟:原来天上的云和我一样朝东方前进呢!凡有坐船、坐车经验的人大约都见过“云不动”的景象,但又有谁能从中感受到盎然诗意,写出这样富于情趣的佳句!

诗人坐小船赶路,最关心的是风向、风速。这首小诗,通篇都贯串一个“风”字。全诗以“花飞”领起,一开头便写“风”。试想,如果没有“风”,“花”怎会“飞”?次句出“风”字,写既是顺风,风速又大。三、四两句,通过仰卧看云表现闲适心情,妙在通过看云的感受在第二句描写的基础上进一步验证了既遇顺风、风速又大,而诗人的闲适之情,也得到了进一步的表现。应该看到,三、四两句也写“风”,如果不是既遇顺风、风速又大,那么天上的云怎么会与我同步前进,跑得那么快呢?以“卧看满天云不动”的错觉反衬“云与我俱东”的实际,获得了出人意外的艺术效果。

## 和张矩臣水墨梅五绝录三[①]

粲粲江南万玉妃[②],　别来几度见春归[③]。
相逢京洛浑依旧[④],　唯恨缁尘染素衣[⑤]。(其一)
含章檐下春风面[⑥],　造化功成秋兔毫[⑦]。
意足不求颜色似,　前身相马九方皋[⑧]。(其二)
自读西湖处士诗[⑨],　年年临水看幽姿。
晴窗画出横斜影,　绝胜前村夜雪时[⑩]。(其三)

## 【注释】

①张矩臣:一作张规臣,二人皆与义表兄弟。水墨梅:指不设色纯用水墨绘出的梅花。

②粲粲:鲜丽貌。万玉妃:指众多的白色梅花。

③几度:几回。春归:春天归来。

④京洛:这里实指京城汴梁。浑:全。

⑤恨:婉惜。缁尘:黑色灰尘。素衣:洁白的衣服。

⑥含章檐下:据《杂五行书》载:南朝宋武帝寿阳公主,正月初七日,卧含章殿檐下,梅花落在她额上,成五色花形,拂之不去,于是妇女乃效为"梅花妆"。

⑦造化:创造化育。秋兔毫:指毛笔。

⑧"意足"二句:谓他所追求的是梅花的神韵,至于梅花颜色为白为黑,原不甚关心。他的"前世之身"就是善相马的九方皋。九方皋:春秋时相马能手。《列子·说符》:伯乐推荐九方皋给秦穆公选马,他选了匹黄色雌马给穆公,一看却是匹黑色雄马。穆公怀疑九方皋不识马,伯乐说:九方皋相马,看重的是马的"天机","得其精而忘其粗,在其内而忘其外"。

⑨西湖处士:指林逋,字和靖,隐居杭州西湖孤山,自号西湖处士。他的咏梅名作《山园小梅》"疏影横斜水清浅,暗香浮动月黄昏"脍炙人口,本诗二、三句即从中化出。

⑩前村夜雪:唐代诗僧齐己《梅花》诗:"前村深雪里,昨夜一枝开。"

## 【品评】

据曾敏行《独醒杂志》卷四记载:此墨梅系衡阳花光寺长老仲仁所画。张矩臣为此画题诗,陈与义和作。原诗五首,受到宋徽宗的赞赏,洪迈也称其"语意皆妙绝";但也有指责其"不切题"的,原因是这些批评者不懂得水墨画的特点。

墨梅是一种水墨画,我国传统的水墨画是文人的写意画,虽讲究"墨分五彩”,但其本质特点不在于如实地再现描写对象的原形真色,而在于凸现其神采、情韵,借以抒发画家的意趣。陈与义的这几首诗,正是抓住水墨画的本质特点加以发挥的,表现了对水墨画的卓越的艺术见解。

“粲粲”一首,写曾在江南见过的万树白梅,经过几度春归,如今又在京城里见面了!以久别重逢点出题画的地点,多么有情致。接着说:京洛重逢,精神实质都没有变,只恨四处飞扬的缁尘把本来洁白无比的衣裳染黑了!如此点“水墨梅”,物我兼包,抒发了深沉的人生感慨,构思何等灵妙!陆机《为顾彦先赠妇》诗“京洛多风尘,素衣化为缁”,谢朓《酬王留安》诗“谢谁久京洛,缁尘染素衣”,诗人也有同感,因而以此为契机,写出了这首遗貌取神、托物写意的绝妙好诗。

“含章”一首,从水墨梅画想到画师,赞扬了他的高超画艺。前两句借“梅花妆”的典故,以“含章檐下春风面”指画师笔下的梅花,赞美画师的毛笔有造化之功。三、四两句点“水墨”而命意高绝。用水墨画梅,当然失掉了梅花的本色,作者却用“意足不求颜色似”加以解释。这句诗,简要地概括了水墨画的妙谛,比苏轼的“论画以形似,见与儿童邻”更精辟。由“意足不求颜色似”联想到九方皋相马,称赞画师是九方皋转世,既出人意料,又贴切无比。

最后一首,用前人咏梅佳句烘托水墨梅的特殊美。前两句说他自从读了林逋的咏梅诗,就爱上了梅花,年年看梅;但于“看幽姿”前特意加“临水”二字,意在表明他爱看的是映现在水中的横斜疏影。后两句称赞花光和尚于“晴窗”下画出的正是梅花的“横斜影”,比齐己所咏的雪中梅花更美。这首诗也很切题,但许多人都忽略了。诗人之所以特别点明画师“画出横斜影”,正是和林逋的“疏影横斜水清浅”一句联系起来,点出花光和尚所画的是“水墨梅”。梅花本身是白的、红的,或者绿色的,但她的横斜疏影却是黑色的。忽略了这一点,便无法领略这首诗的韵味。

这几首诗属于“咏物诗”的范畴。高明的咏物诗和高明的水墨画一样,不应以“形似”为满足,而应形神兼备,甚至遗貌取神、托物言志。这几首诗,堪称高明的咏物诗。作者虽不拘拘于再现“水墨梅”的形态,但所咏的确是“水墨梅”,也就是说,每一首都是切题的,尽管并没有句句点题。

## 夏日集葆真池上以绿阴生昼静赋诗得静字[1]

清池不受暑[2]，　幽讨起予病[3]。
长安车辙边[4]，　有此荷万柄[5]。
是身惟可懒[6]，　共寄无尽兴。
鱼游水底凉，　鸟宿林间静。
谈余日亭午[7]，　树影一时正。
清风不负客，　意重百金赠。
聊将两鬓蓬[8]，　起照千丈镜[9]。
微波喜摇人[10]，　小立待其定[11]。
梁王今何许[12]？　柳色几衰盛[13]。
人生行乐耳，　诗律已其剩[14]。
邂逅一樽酒[15]，　它年五君咏[16]。
重期踏月来，　夜半啸烟艇。

**【注释】**

①原题一作《夏日池上》。葆真池：北宋皇宫中的一个池塘。
②不受暑：不被酷暑侵袭。
③幽讨：暗中寻求。起予病：医治好我的病。
④长安：本汉唐京城，这里用来代指宋朝京城汴梁。车辙边：大道旁。
⑤荷万柄：荷花万枝。
⑥是：这、此。
⑦亭午：正午。
⑧聊将：且把。
⑨千丈镜：指葆真池水像千丈大镜。

⑩“微波”句:微波摆动,人影在其中摇晃。中间用“喜”字,把微波拟人化。

⑪小立:稍站一会儿。

⑫梁王:西汉梁孝王,在开封(宋汴京)建东苑,规模宏大,方三百余里,宫室相连属。今何许:如今在哪儿,言早已死去。

⑬“柳色”句:谓柳色年复一年地由衰变盛,由盛变衰,却仍然存在着。

⑭“诗律”句:谓作诗只是剩余的事。

⑮邂逅:不期而遇。

⑯五君咏:诗篇名,南朝宋颜延之作。五君指竹林七贤中的嵇康、阮籍、刘伶、向秀、阮咸。这里借指作者和与他分韵作诗的四个朋友。

**【品评】**

诗题下有“以‘绿阴生昼尽’分韵,得静字”一语,说明作者和四位朋友分韵作诗,是一次诗会。“绿阴生昼尽”是韦应物《游开元僧舍》诗中的句子,五个人各分得一字,按该字所在的韵部押韵。古代诗人聚会作诗,常用这种办法。

这首诗结构凝炼,造句生新,“谈余日亭午,树影一时正”“微波喜摇人,小立待其定”诸句,状难状之景如在目前。脱稿不久,京师人人传写,风行一时。

## 登岳阳楼二首录一①

洞庭之东江水西②,　帘旌不动夕阳迟③。
登临吴蜀横分地④,　徙倚湖山欲暮时⑤。
万里来游还望远,　三年多难更凭危⑥。
白头吊古风霜里,　老木苍波无限悲。

【注释】

①岳阳楼:在今湖南岳阳城西。背靠长江,面对洞庭湖。

②洞庭:即洞庭湖。江:即长江。

③帘旌:楼上悬挂的帷幔。迟:晚。

④吴蜀横分地:吴、蜀是三国时孙权和刘备建立的两个国家。当时吴、蜀为争夺荆州,吴将鲁肃曾率兵驻守岳阳。横分地:以此为分界处。

⑤徙倚:时而倚栏站立,时而徘徊走动。

⑥三年:此诗作于建炎二年(1128)秋,诗人从靖康元年(1126)春开始逃难,至此时已有三年。

【品评】

北宋诗人黄庭坚等学杜诗,主要从艺术技巧方面着眼。靖康之难以后,北中国沦陷,诗人们南渡逃难,颠沛流离,与杜甫有类似的切身经历,才对杜诗,特别是安史之乱以后的杜诗有深刻理解,诗风也随之发生了明显的变化。陈与义在这方面最有代表性。《登岳阳楼二首》七律,登高望远,吊古伤今,苍凉悲壮,沉郁顿挫,显然在意境、风格方面接近杜律,可与杜甫《登高》并读。

## 巴丘书事①

三分书里识巴丘②, 临老避胡初一游③。
晚木声酣洞庭野④, 晴天影抱岳阳楼⑤。
四年风露侵游子⑥, 十月江湖吐乱洲⑦。
未必上流须鲁肃⑧, 腐儒空白九分头⑨。

【注释】

①巴丘:在岳阳境内。

②三分书：即《三国志》。记载魏蜀吴三国鼎立的事。

③胡：指金人。

④晚木：秋冬的树木。酣：这里作“充塞”解。

⑤影：指日光。

⑥四年：这首诗作于建炎三年(1129)，诗人于靖康元年(1126)南下避金兵侵略，至此已四年。

⑦吐乱洲：秋冬之际。洞庭湖水落，湖中露出许多不规则的沙洲。

⑧上流：三国吴的主要领地在长江下游，巴庄对它来说，乃是上流。须鲁肃：因蜀将关羽镇守荆州，吴使鲁肃以万人屯巴丘，与关羽对抗。

⑨腐儒：迂腐的读书人，乃自我嘲讽之词。

## 【品评】

起势跌宕有情致，既扣题，又有深沉的感慨，为尾联作伏笔。“三分书”，乃记述天下三分之书，当年从“三分书”里见到作为“三分割据”时期军事要地的巴丘；如今北中国沦陷，祖国统一受到严重破坏，自己以“临老”之年，因“避胡”南逃到巴丘，追昔抚今，感慨万千，因而想到自己能不能像鲁肃那样为国效力，尾联已呼之欲出。颔联写眼前景，境界阔大而声情苍凉。上句用“酣”字将“晚木声”拟人化。“晚木声”，即秋风吹撼树木之声，包含屈原所写的“嫋嫋兮秋风，洞庭波兮木叶下”的萧瑟景象。“晚木声”酣畅地震撼辽阔的洞庭之野，一派肃杀之气。其象征意味，显而易见。下句用“抱”字将“晴天影”拟人化。晴天的日光，自应普照大千世界，可如今只紧抱岳阳楼，与“晚木声”震撼旷野形成了强烈对比，其象征意蕴也耐人寻味。颈联上句着重抒情、下句着重写景。用“侵”、用“吐”，也将“风露”“江湖”拟人化。四年逃难，饱受“风露”的侵凌，这“风露”当然不仅是自然界的风霜雨露，还有人事方面的诈伪险阻。十月的“江湖”，“吐”出许多“乱洲”，造句新颖，写景如画；但那个“乱”字，也容易唤起祸乱迭出的联想。

作者作此诗时，高宗驻跸扬州，奸臣黄潜善、汪伯彦当国，力主一味逃窜。长江上流的岳州一带，更无抗敌的准备。诗人在《里翁行》里大声急呼:"君不见巴丘古城如培塿,鲁肃当年万人守!"这两句诗,正可以作为《巴丘书事》尾联的注脚。"未必上流须鲁肃"——长江上流的军事要地巴丘,吴国曾派鲁肃率领万人镇守,如今金兵南侵,大约未必须要像鲁肃那样的将领来驻守吧!正话反说,对黄潜善之流的投降派给予辛辣的讽刺。正因为朝廷中的投降派认为"上流"无须设防,而作者认为是急需设防的,因而结尾发出了"腐儒空白九分头"的慨叹:我这个"腐儒"尽管为"上流"毫无御敌准备而急白了九成头发,也只是"空"着急,有什么用处呢?

全诗抒写乱离,忧心国事;首尾呼应,中间两联意境雄阔,对仗精妙而又富于变化,"酣""抱""侵""吐"四字,尤精彩、生动,声调,音节,洪亮、沉着。得杜甫七律神髓而有新的时代色彩。

## 怀天经智老因访之①

今年二月冻初融,　睡起苕溪绿向东②。
客子光阴诗卷里③,　杏花消息雨声中。
西庵禅伯方多病,　北栅儒先只固穷④。
忽忆轻舟寻二子⑤,　纶巾鹤氅试春风⑥。

**【注释】**

①天经:姓叶名懋。智老:即大圆洪智和尚。

②苕溪:发源于浙江天目山,流经余杭、杭州、湖州等地,注入太湖。

③客子:作者自称。

④"西庵"二句:西庵:智老居住地。北栅:天经居住地。二处都在湖州东南九十里的乌镇。禅伯:精通佛学的人。儒先:精通儒学的人。固穷:安于贫穷。

⑤"忽忆"句:忽然想起天经、智老,便乘轻舟去拜访他们。

⑥纶(guān)巾:用青丝带制成的帽子。鹤氅(chǎng):以鸟类羽毛

制成的大衣。

## 【品评】

绍兴五年(1135),陈与义提举江州太平观,卜居青镇(今属浙江桐乡),作此诗。

诗题的意思是:怀念天经、智老,因而去拜访他们。据《吴兴备志》卷一二《人物》引《乌青志》:

叶懋,字天经,少师简斋陈与义。初,与义劝之仕,懋不答。及与义参知政事,动见格于执政,气抑郁不得伸,乃叹曰:"吾今始知天经之高也。"

这说明天经是位高士,与作者关系很深。至于洪智,乃是一位和尚,作者与他时相往来,有《九日示大圆洪智》等诗。

以"今年二月冻初融"开头,用一"初"字,表明"今年"春天来得晚。诗人的住处可以望见向东流去的苕溪,水面冰融,所以"睡起"一望,便出现了"苕溪绿向东"的画面,意味着春天将临,因而引出第二联。

诗人"睡起",望见苕溪冰融水绿,而窗外响起"雨声",便想到"杏花"该要开放了吧!于是吟成了"杏花消息雨声中"的佳句,微妙地表现了余寒未退的初春景象和诗人渴望春暖花开的情怀。这句诗已经很精彩,但更精彩的是诗人把它作为这一联诗的下句,用来衬托上句"客子光阴诗卷里"。"客子光阴",只在"诗卷里"消磨,其寂寞、无聊,可想而知。而寒雨霏霏,"杏花消息"尚在"雨声中"滞留,上下句互相衬托,其蕴含更深更广,耐人寻味。而怀人之意,已跃然纸上。这两句诗,魏庆之《诗人玉屑》刊入"宋朝警句",并把这一类对句称为"轻重对"。方回《瀛奎律髓》解释说:"以'客子'对'杏花',以'雨声'对'诗卷',一我一物,一情一景,变化至此,乃老杜'即今蓬鬓改,但愧菊花开',贾岛'身世岂能遂,兰花又已开'翻窠换臼,至简斋而益奇也。"

第三联上句怀智老、下句怀天经,一个"多病",一个"固穷",因而想去访问。第四联写往访,但只是动了念头,还未行动;乘轻舟,试春风,都出于想象。"试春风"又与"冻初融""绿向东""杏花消息"一脉相承,不仅针线细密,而且相互生发,扩展了读者驰骋想象的空间。

# 伤　　春

庙堂无策可平戎[①]，　坐使甘泉照夕烽[②]。
初怪上都闻战马[③]，　岂知穷海看飞龙[④]。
孤臣霜发三千丈[⑤]，　每岁烟花一万重[⑥]。
稍喜长沙向延阁[⑦]，　疲兵敢犯犬羊锋[⑧]。

**【注释】**

①庙堂：朝廷。平戎：消除敌兵的入侵。

②坐：因。甘泉：汉宫名。距长安甚近。据《汉书·匈奴传》：汉文帝时，为了防止匈奴入侵，把边境上的烽火台，一直延伸到甘泉宫，一旦匈奴进犯，急举烽火，朝廷立即知晓。这里用来比喻金人对北宋首都汴梁（今开封市）的入侵。

③上都：京城。南宋初期，曾在扬州、建康、杭州建有行宫居住。闻战马：这几个地方曾被金兵先后攻陷。

④穷海看飞龙：建炎三年（1129）至四年（1130），高宗被金兵追赶，由杭州、明州（今宁波），一直浮海逃到温州。穷海：贫穷偏僻的海滨。飞龙：皇帝的代称。

⑤孤臣：作者自指。霜发三千丈：比喻愁多。李白《秋浦歌》："白发三千丈，缘愁似个长。"

⑥烟花一万重：指景物繁荣昌盛。杜甫《伤春》："关塞三千里，烟花一万重。"

⑦向延阁：即向子諲时为长沙太守，曾值龙图阁（汉时亦称延阁），所以诗人借用汉代官名称他。

⑧"疲兵"句：建炎四年（1130）二月，金兵侵入湖南，向子諲率长沙军民阻击，终使金兵首次受挫。犯：这里作抗击解。犬羊：对金兵的蔑称。

【品评】

唐代宗广德元年(763)十月吐番陷长安,代宗逃往陕州。杜甫于次年春在蜀中得悉此事,作《伤春》五言排律五首,抒写忧国伤时的激情,表达还京兴国的渴望。陈与义借杜甫诗题作此诗,可谓异代同悲。

前四句大气盘旋,把金兵长驱直入、皇帝辗转逃窜归因于"庙堂无策可平戎",抒发了对投降派误国殃民的愤慨。后四句一气贯注,既伤国事,又叹自身,而以向子諲敢以"疲兵"抗敌与"庙堂"的逃跑主义相对照,用"稍喜"二字给予赞颂。一褒一贬,爱憎分明。

第三联用李白、杜甫诗句,而于两相对照中赋予新意。"孤臣"二字,流露了对于自己孤危处境的慨叹。"霜发三千丈",极言愁多,联系前四句,便知这愁主要是国愁。"烟花",即李白名句"烟花三月下扬州"的"烟花",泛指春景。从自然界看,春天来临,柳总要绿,花总要开,自从逃难以来,每遇春天,祖国大地依然是"烟花一万重",可是国破家亡,于颠沛流离中霜发满头的"孤臣",又有什么心情欣赏呢!只有"感时花溅泪,恨别鸟惊心"罢了。以此联承上转下,兼寓"伤春"之旨,无意扣题而自不离题,真大家手笔。

## 牡　丹

一自胡尘入汉关，　十年伊洛路漫漫[①]。
青墩溪畔龙钟客[②]，　独立东风看牡丹。

【注释】

①十年:自靖康二年(1127)汴京沦陷至作此诗时已有十年。伊洛:伊水、洛水都流经洛阳,故以伊洛指代洛阳。

②龙钟:衰老行动不便的形态。

【品评】

此诗作于绍兴六年(1136)春,作者当时引疾去官,寓居桐乡青墩寿圣院塔下。

洛阳是作者的故乡,北宋时期,洛阳牡丹极著名,欧阳修作有《洛阳牡丹记》。此诗以“牡丹”命题,通过怀念洛阳牡丹抒发怀念故乡之情。

绝句只有四句,浅露质直,便淡乎寡味,不耐咀嚼。这首诗的好处是内容深厚,却含而不露,意在言外。“胡尘”与“汉关”对照,“胡尘入汉关”,则金人入侵,中原沦陷已蕴含其中。

“一自”与“十年”呼应,“一自”中原沦陷,至今已有“十年”,而北望伊洛,长路漫漫,则颠沛流离之苦、思念故乡之殷、盼望收复之切,已蕴含其中。老态龙钟,仍在作客,不是在洛阳与亲友们一同看牡丹,而是在异乡“独立东风看牡丹”,则衰贫交加,孤独落寞、思亲念友、厌乱伤离之类的苦况与忧思,已蕴含其中。

题为“牡丹”,前两句无“牡丹”字样,而言外之意是已有十年无法看到洛阳牡丹。后两句写看牡丹,眼里看的是青墩溪畔的牡丹,心里想的是故乡洛阳的牡丹。而牡丹,实际上是触发无限联想的触媒剂。联系前三句读“独立东风看牡丹”,自会触发无限联想,品尝出无穷诗味。

# 早　行

露侵驼褐晓寒轻①，　星斗阑干分外明②。
寂寞小桥和梦过③，　稻田深处草虫鸣。

【注释】

①驼褐(hè):用兽毛制成的上衣。

②阑干:横斜貌。

③寂寞:寂静,冷清。和梦:带着残梦。

## 【品评】

唐宋以来,写“早行”的诗很多,其中如温庭筠的《商山早行》、苏轼的《太白山下早行》等都是佳作。但从表现手法说,陈与义的这一首,应该说最富独创性。

从全诗看,诗人“行”得特别“早”,这不是用“鸡唱”“残月”“晓霜”“未五更”之类的词语烘托出来的,而是通过主人公的感觉准确地表现出来的。第一句里的“驼褐”看来是为防露水特意穿上的,如今已被“露湿”,感到湿冷,可见已“行”了很久,而天还没有亮,其“行”之“早”已不言可知。第二句写星斗“明”,意味着此时天空里没有月,因为如果有月,则星光被月光所掩。“阑干”,横斜貌,月落参横,意味着天将黎明。黎明之前,大地特别幽暗,以暗衬明,故“星斗”显得“分外明”。第三句于“小桥”前加“寂寞”一词而“早”意全出,“小桥”乃行人所必经,天亮之后,其喧闹甚于他处,而如今却如此“寂寞”,正表明诗人是最“早”过“桥”的行人。赶路而做梦,其人在马上,有人为他牵马,自在意料之中。明乎此,便可以回过头再看前两句。

第一句不诉诸视觉写“早行”之景,却诉诸触觉写寒意袭人,是耐人寻味的。联系第三句,这味也不难寻。过“小桥”还在做梦,说明诗人起得太早,觉未睡醒,一上马就迷糊过去了。及至感到湿冷,醒过来一摸,露水已侵透“驼褐”。其心理活动是:“嗬!已经走了这么久,天快亮了吧!”于是借助视觉,抬头一看,“嗬!离天亮还早呢!”于是又进入梦乡。既入梦乡,又怎么知道在过桥?因为他骑着马,马蹄在桥板上击起的响声惊动了他,意识到在过桥,于是略睁睡眼,看到桥是个“小”桥,桥外是“稻田”,又朦朦胧胧,进入半睡眠状态。

第一句写触觉,第二句写视觉;三、四两句,则视觉、听觉并写,先听见蹄声响亮,才略开睡眼,看见“小桥”和“稻田”;至于“草虫鸣”,则是“和梦”过“小桥”时听见的。正像从响亮的马蹄声意识到过“桥”一样,“草虫”的鸣声不在桥边而在“稻田深处”,也是通过听觉判断出来的。

这首小诗的艺术特色,正是通过主人公的触觉、视觉、听觉的交替与综合,描绘出一幅独特的“早行”图。读者通过“通感”与想象,主人公在马上摇晃,时睡时醒,时而仰首看天,时而低头看桥,以及凉露湿衣,虫声入梦等一系列微妙的神态变化,都宛然在目。

这首小诗曾引起诗人们的重视和仿效,宋末张良臣和刘应时的《早行》诗便是例证。张良臣诗云:“千山万山星斗落,一声两声钟磬清。路入小桥和梦过,豆花深处草虫鸣。”(《雪窗小集》)刘应时诗云:“登舆睡思尚昏昏,斗柄衔山月在门。鸡犬未鸣潮未落,草虫声在豆花村。”(《颐庵集》)摹拟、袭用的痕迹十分明显,其艺术水平,无法与陈与义的同题诗相提并论。

## 春 日 二 首录一

朝来庭树有鸣禽, 红绿扶春上远林。
忽有好诗生眼底①, 安排句法已难寻②。

### 【注释】

①眼底:眼前。

②安排:组织、剪裁。

### 【品评】

头两句写景极生动。第三句不继续写景,而说从眼前佳景中生出好诗。第四句说:急忙安排句法,想把那好诗写出来,可它已经溜掉了。

这实际上是一首论诗诗,说明诗意来自客观世界,需要妙手去捕捉。北宋诗人史尧弼的《湖上》诗,可与此诗相映证:“浪汹涛翻忽渺漫,须臾风定见平宽。此间有句无人得,赤手长蛇试捕看。”(《莲峰集》卷二)尽管第三句取自苏轼的“此间有句无人识,送与襄阳孟浩然”(《郭熙〈秋山平远〉》),但全诗很有气魄,意思也很好。

## 李弥逊(1085—1153)

字似之,自号筠溪翁,苏州吴县(今属江苏)人。反对议和忤秦桧,乞归田。晚年隐居连江(今属福建)西山。有《筠溪集》。

### 东岗晚步

饭饱东岗晚杖藜[①],　石梁横渡绿秧畦。
深行径险从牛后[②],　小立台高出鸟栖。
间舍谁人村远近,　唤船别浦水东西[③]。
自怜白头江山里,　回首中原正鼓鼙[④]!

**【注释】**

①杖藜:拄着手杖。杖:拄、扶,作动词用。藜:用藜条制成的手杖。
②从牛后:跟在牛的后面。
③别浦:小河流入大河的汊口。
④鼓鼙:军用乐器,指战争。

**【品评】**

作者与抗金名将李纲交厚。因反对求和,被秦桧贬斥归田。此诗作于连江西山,东岗乃西山附近的山岗。前三联写晚饭后散步东岗,移步换形,情景历历如画。主人公的心态,似乎很闲适。尾联忽作逆转,波澜突起:回望中原,人民正呻吟于金兵的铁蹄之下,而自己,却在后方的"江山里"虚度光阴,频添白发,能不"自怜"吗?"自怜"并非"怜"自己丢了官,而是"怜"自己不能投身于救国救民的战斗,只能散步东岗,空老故园。深沉感慨作结,把全诗的思想境界提到新的高度。

## 张元干(1091—约1170)

字仲宗,福州长乐(今属福建)人。政和、宣和间,以词名。靖康元年(1126),李纲任亲征行营使,元干在其属下任职,投身抗金斗争。胡铨反对和议忤秦桧,被编管新州(今广东新兴),元干作《贺新郎》送行,被桧削除官籍。有《芦川归来集》《芦川词》。

### 登垂虹亭二首录一①

一别三吴地②,　重来二十年。
疮痍兵火后,　花石稻粱先③。
山暗松江雨④,　波吞震泽天⑤。
扁舟莫浪发⑥,　蛟鳄正垂涎。

**【注释】**

①垂虹亭:在吴江垂虹桥上。

②三吴:《水经注》以会稽、吴郡、吴兴为三吴。

③"花石"句:"花石"即"花石纲",见前邓肃《花石》诗注。"稻粱"指农业生产。全句意谓朝廷将搜刮奇花异石以供荒淫享乐置于发展农业生产之先。

④松江:即吴江,亦称吴淞江。

⑤震泽:太湖。

⑥浪发:轻率地出发。

**【品评】**

前两联写故地重游,抚今叹昔。兵火之后,满目疮痍,乃重来时所见景象。因而追忆二十年前初游之时，由于朝廷征调花石纲而给江南人民带来深重灾难，农事荒废，满目萧条。第二联上句写今，下句写昔，从而揭示了今昔之间的因果关系，含蕴深广。

第三联写眼前景，雨暗波吞，象征时局的险恶。故尾联提出警告：波浪之中，“蛟鳄正垂涎”，可别轻率地乘舟出发、被它们吃掉！作者曾在李纲部下积极参与抗金斗争，靖康元年(1126)十月李纲被贬，作者也“罪放”出京，从此朝政完全落入投降派手中，致使中原沦陷，金兵南侵。此处以“蛟鳄”比喻把持朝政的投降派，他们“垂涎”、吞食的对象，正是力主抗金的爱国志士。

张元干是杰出的爱国词人，诗也写得好。他早年学诗于徐俯，又与吕本中、陈与义唱和，颇受江西派影响。南渡后诗风大变，反映民族苦难，抒发爱国激情，风格接近杜甫。这首诗便是一个例子。

## 王琮(生卒年不详)

括苍(治今浙江丽水东南)人。徽宗初登进士第。宣和中,任大宗正丞等职。南渡后,官至龙图阁学士。有《雅林小稿》。

### 题多景楼①

秋满阑干晚共凭,　残烟衰草最关情。
西风吹起江心浪,　犹作当时击楫声②。

**【注释】**

①多景楼:在今江苏镇江北固山甘露寺内。北宋时修建,用唐李德裕“多景悬窗牖”句意命名。

②击楫:用祖逖“中流击楫”典。

**【品评】**

首句写在多景楼上凭栏遥望时的感受,用一“满”字,将“秋”气形象化,唤起下句的“残烟衰草”和第三句的“西风”。对“残烟衰草”而“最关情”,表明那“残烟衰草”实指北望中所见的一派萧条景象。北固山临江屹立,江北便是沦陷区,经过金兵的残杀、掠夺,那里已人烟稀少,田园荒芜,令诗人触目惊心。“最关情”者,关心国土沦丧、人民受难,渴望收复也。正因为有此“关情”,才会见“江心浪”而联想到“击楫声”。晋元帝时,祖逖自请统兵北伐,元帝赞许,命他为奋威将军,渡江时“击楫而誓曰:‘不能清中原而复济者,有如此江!’”,渡江后破石勒,收复了黄河以南地区。其渡江之处,正在北固山下。当然,祖逖的中流击楫声早已消失了,作者说他眼底的“江心浪”至今“犹作当时击楫声”,意在歌颂祖逖恢复中原的壮志和渡江北伐的壮举永不磨灭，应该继承、发扬，完成统一祖国的大业。四句诗即景生情，一气呵成，而怀古、伤时之情，俱寓景中，余味曲包，极耐寻绎。

## 朱淑真(生卒年不详)

号幽栖居士,钱塘(今浙江杭州)人,一说海宁(今属浙江)人。约生活在北宋至南宋间。婚后尝随夫宦游吴、越、荆、楚间。因婚姻不遂素志,抑郁而死。能词,诗亦清新婉丽。有《断肠诗》《断肠词》。今人辑为《朱淑真集注》。

### 秋　夜

夜久无眠秋气清，　烛花频剪欲三更[①]。
铺床凉满梧桐月，　月在梧桐缺处明。

**【注释】**

①烛花频剪:古人用蜡烛照明,烛烬叫烛花,必须不断地用剪刀剪去,才能继续燃烧。

**【品评】**

“秋气清”,正好睡觉。而频剪烛花,将到三更,其满腹心事,夜不能寐,已见于言外。独对烛光,老是呆坐下去,也不是办法,于是“铺床”作就寝的准备工作,可是铺床之时,发现满床月光凉生生的令人心里发凉,朝窗外一看,原来“月在梧桐缺处明”,自然又触发了满腹心事。可以想见,主人公虽然铺好床,还是不能入睡,由独对烛光转向独望秋月了。

全诗只写秋夜无眠的情态,而独居的寂寞,心绪的烦乱,怀人的殷切,都不难想象。

## 朱弁(1085—1144)

字少章,号观如居士,徽州婺源(今属江西)人。北宋末年入太学,以诗见重于晁说之。高宗建炎元年(1127)冬,以通问副使赴金,被拘留而坚贞不屈,历十五年始放归。被秦桧排挤,终奉议郎。有《曲洧旧闻》《风月堂诗话》。

### 送　春

风烟节物眼中稀①,　三月人犹恋褚衣②。
结就客愁云片段,　唤回乡梦雨霏微。
小桃山下花初见,　弱柳沙头絮未飞。
把酒送春无别语,　羡君才到便成归。

【注释】

①节物:与季节相适应的景物,这里指春景。

②褚(zhū)衣:棉衣。

【品评】

这是作者被金国拘留期间所作的一首七律,前三联即景抒情。已经是“三月”天气,但还脱不掉棉衣,春天的景物十分稀少。望天空,云朵凝结客愁,雨丝唤回乡梦。“乡梦”的内容是什么,没有说,却是可以想见的。因为那“乡梦”既然是“雨霏微”唤起的,就包含这样的暗示:江南“三月”,细雨霏霏,百花盛开,春色无际。接下去,由梦境回到现实:“山下”“沙头”,虽然比较暖和,可在那里也不过是小桃初见花朵、弱柳尚未飞絮,春天才刚刚由南方走来啊!

尾联的春天“才到”是从前三联所写的景色中概括出来的，并无新奇之处。但从整体看，却很新奇、很精彩。既然春天“才到”，那么天气会愈来愈暖，桃花会由初开而盛开，柳梢会由吐芽而飞絮，总之，春色会愈来愈浓，为什么要“把酒送春”呢？为什么说春天“才到便成归”呢？有些分析文章说作者“极力描写塞北春天的迟到速归，短促得几乎使人感受不到春天已经来临”“塞北春迟、速归，好似昙花一现”。这其实是误解。“送春”“春归”，是就首联的“三月”说的。阴历的春夏秋冬四季，每季占三个月。“三月”是春季的最后一月，进入四月，便算夏季了。作者多年羁留异国，见云而结客愁，望雨而惹乡梦，时时盼望南归，于是从“三月”(当然是三月底)着眼，借“送春”发挥，写出了“把酒送春无别语，羡君才到便成归”的警句，用以反衬自己久到不能归的痛楚，把全诗的意境提升到身处异域而不忘故国的高度。

## 朱松(1097—1143)

字乔年,号韦斋,歙州婺源(今属安徽)人。朱熹之父。徽宗政和八年(1118)同上舍出身。历官秘书省正字、司勋员外郎。因反对秦桧求和被贬,死于途中。诗风幽劲豪逸,有《韦斋集》。

### 新　笋

一雷惊起箨龙儿①,　戢戢满山人未知②。
急唤苍头斸烟雨③,　明朝吹作碧参差。

**【注释】**

①箨龙儿:指竹笋,箨,笋壳。卢仝《寄男抱孙》诗:"新笋好看守,万箨包龙儿。"

②戢戢:密集貌。

③苍头:指奴仆。汉时奴仆以青巾包头,故称。

④碧参差:指竹子。

**【品评】**

全诗的意思不过是:满山冒出新笋,叫仆人赶快掘来吃,要不,很快就长成青翠的竹子,吃不成了。可是选词、炼句,别出心裁,给人以新鲜感,其受江西派的影响是显而易见的。

# 题范才元《湘江唤舟图》用吕居仁韵[1]

天涯投老鬓惊秋[2]，　梦想长江碧玉流。
忽对画图揩病眼，　失声便欲唤归舟。

## 【注释】

①范才元：与作者同时，画家。用韵，即“次韵”；吕本中（字居仁）先作《题范才元画轴后》诗，作者题同一幅画，便用吕诗韵脚押韵。

②天涯：天边，极言故乡遥远。投老：临老。鬓惊秋：惊叹两鬓在秋风中衰白。

## 【品评】

吕本中的诗“昔年同过岭南州，曾见湘江万里流。妙手可传诗外意，乱云寒木更孤舟”，着重就画图本身落墨：作者与画家当年一同见过湘江，如今看他的画，不仅画出了湘江，还增加了乱云、寒木与孤舟。这首题诗也不错。朱松题同一幅画，当然要避免雷同，另出新意。他从画中的江上“孤舟”生发开来：垂老之年，依然流落天涯，因而时常梦想长江，渴望沿长江乘舟归家。如今忽然面对画图，揩亮病眼，不禁失声唤舟，想乘那只舟归去。把画中的江误认为真江、把画中的舟误认为真舟，失声呼唤舟子：“把你那舟划过来，送我回家！”既赞美了那幅画，又抒发了倦游思归的深情，构思之妙，匪夷所思。和韵之作，远胜原作，这是很难做到的。

## 曹勋(1098—1174)

字功显,号松隐,阳翟(今河南禹县)人。宣和五年(1123)以荫补承信郎,特命赴廷试,赐进士甲科。绍兴中,官至昭信军节度使、太尉等职。有《松隐文集》《北狩见闻录》。

### 出　入　塞并序

仆持节朔庭[①],自燕山向北,部落以三分为率,南人居其二。闻南使过,骄肩引颈,气哽不得语,但泣数行下,或以慨叹,仆每为挥涕惮见也。因作《出入塞》记其事,用示有志节、悯国难者云。

### 入　塞

妾在靖康初，　胡尘蒙京师。
城陷撞军入，　掠去随胡儿。
忽闻南使过，　羞顶羖羊皮[②]。
立向最高处，　图见汉官仪[③]。
数日望回骑，　荐致临风悲[④]。

### 出　塞

闻道南使归，　路从城中去。

岂如车上瓶⑤，　犹挂归去路！
引首恐过尽⑥，　马疾忽无处。
吞声送百感，　南望泪如雨。

【注释】

①仆：作者自称。持节：出使，“节”是使者所持的凭证。朔庭：北方的朝廷，指金国。

②羖(gǔ)羊：黑色的公羊。

③图：希望。汉官仪：指南宋使者的仪仗。

④荐：通“洊”，再次。

⑤车上瓶：装车轴润滑油的瓶子。

⑥引首：伸长脖子远望。

【品评】

绍兴十二年(1142)，曹勋奉命出使金国，迎高宗母韦太后回国，作《入塞》《出塞》诗。序中说：从“燕山”(今北京附近)向北，所经部落，居民中的三分之二是汉人，即北宋遗民。那些北宋遗民听说南宋的使者到来，便“骈肩引颈，气哽不得语，但泣数行下，或以慨叹”。作者把使他“挥涕惮见”的这种情景加以概括，通过一个从汴京被金兵掠去的妇女的口吻，倾吐了沦陷区人民的屈辱生活和渴望南宋拯救他们脱离苦海的心情，真切感人，催人泪下。作者的创作意图是：“用示有志节、悯国难者。”凡是“有志节、悯国难”的人读了这两首诗，都会愤发图强，投身于收复失地、救民水火的斗争。

## 刘子翚(1101—1147)

字彦仲,建州崇安(今属福建)人。北宋末以荫补承务郎,南宋初曾任兴化军通判。后退居武夷山,在屏山下讲学十七年,人称屏山先生。朱熹曾从其问学。有《屏山集》。

### 汴京纪事二十首录四[①]

帝城王气杂妖氛[②],　胡虏何知屡易君[③]?
犹有太平遗老在[④],　时时洒泪向南云[⑤]。(其一)
内苑珍林蔚绛霄[⑥],　围城不复禁刍荛[⑦]。
舳舻岁岁衔清汴[⑧],　才足都人几炬烧[⑨]。(其二)
空嗟覆鼎误前朝[⑩],　骨朽人间骂未销[⑪]。
夜月池台王傅宅,　春风杨柳太师桥[⑫]。(其三)
辇毂繁华事可伤[⑬],　师师垂老过湖湘[⑭]。
缕衣檀板无颜色[⑮],　一曲当时动帝王。(其四)

**【注释】**

①汴京沦陷后,作者抚膺时事,心情沉痛,因作这组诗,以寄其黍离的愤慨。全诗写得激楚苍凉,精妙非常。

②帝城:汴京城。王气:古代方士认为帝王所居之地有“王气”呈现。妖氛:妖气。指被金人占领。

③胡虏:对金人的蔑称。屡易君:指金人于靖康二年(1127)立张邦昌为伪楚帝,旋废;建炎四年(1130)立刘豫为伪齐帝。君:皇帝。何知,谓金人不明大义,随意立君、废君。

④太平遗老:指经历过太平之世的北宋遗民。

⑤南云:南天的云。晋陆机《思亲赋》:"指南云以寄钦,望归风而效诚。"后来诗文中借"南云"作怀念亲友、故乡之词。

⑥内苑:即御花园。徽宗派朱勔等人赴各地搜集奇花异石,起造内苑艮岳,又名万寿山。珍林:奇花异木。蔚:草木茂盛貌,这里用作动词,作簇拥讲。绛霄:绛霄楼,是艮岳中最壮丽的建筑。

⑦"围城"句:靖康元年(1126)闰十月金兵围汴京,十二月底城破。天冷多雪,百姓无柴烧,便将内苑中的房室拆掉、树木砍光。刍荛:打柴的人。

⑧舳舻(zhúlú):舳,本指船的尾部;舻,本指船的头部。这里都指船。衔清汴:前船与后船相衔,在清澈的汴河里络绎行进。

⑨都人:汴京居民。炬(jù):火。全句意谓建筑物和树木虽多,却仅够全城居民点几把火。

⑩空嗟:徒然叹息。覆鼎:语出《易·鼎》"鼎折足,覆公餗(sù)"。餗,盛在鼎中的羹汤。鼎既是贵族食器,也是国家的象征,故以鼎的"足"比大臣。鼎足折而覆餗,比喻大臣失职。此指王黼、蔡京等误国。

⑪销:同消。

⑫"夜月"二句:王傅:王黼,官至太傅,封楚国公。太师:蔡京,官至太师,封鲁国公。皆属"六贼"。二人所起造的宅第都极其辉煌,可如今只见夜月凄冷地笼罩王宅,蔡京的宅第更化为乌有,仅剩下一座桥梁,唯有杨柳在其周遭摆动罢了。

⑬辇毂(niǎngǔ):皇帝坐的车子。这里有辇毂之下的意思,指京城。

⑭师师:李师师,汴京名妓,徽宗极为宠爱,终于入宫,封瀛国夫人。湖湘:洞庭湖、湘水一带。

⑮缕衣:金缕衣,金线绣的衣服。檀板:歌唱用以打拍子的檀木拍板。无颜色:破旧失去了光彩。

**【品评】**

《汴京纪事二十首》,是诗人追忆汴京往事之作,每一首咏一事,合起来便是反映靖康之难前后重大历史事件的大型画卷。诗一脱稿,即广泛流传,《宣和遗事》前集引一首、后集共引三首。清人翁方纲推崇道:“刘屏山《汴京纪事》诸作,精妙非常。此与邓栟榈《花石纲》诗,皆有关一代事迹,非仅嘲评花月之作也。宋人七绝,自以此种为精诣。”(《石洲诗话》卷四)这里选四首。“帝城王气”是组诗的第一首,哀叹汴京沦陷,金人立汉人为傀儡皇帝以图笼络人心,而有深厚爱国传统的北宋遗民仍不忘故国,渴望恢复,“洒泪向南云”而寄希望于南宋政权。“内苑珍林”一首,写徽宗为满足一己的欲望而劳民伤财,修建“内苑”,而当金兵围城之时,却自顾不暇,哪里还有力量再禁刍荛,所有珍林楼殿,统统被砍伐、拆毁,权当柴烧。荒淫亡国,自食其果。“空嗟覆鼎”一首,痛斥奸臣误国,永留骂名,其豪华第宅的营建耗费了大量民脂民膏,原以为可以世代享乐,却落得身败名裂,空留“夜月池台”和“春风杨柳”。“辇毂繁华”一首,通过李师师名动京师和飘泊湖湘的生活变化,反映了汴京由繁华到沦陷、北宋由兴盛到覆亡的历史,由小见大,感慨无穷。

## 铜　爵①

金碧销磨瓦面星②,　乱山依旧绕宫城③。
路人休唱《三台曲》④,台上而今春草生。

**【注释】**

①铜爵:即铜爵台。爵,同“雀”,因楼顶铸有大铜雀,故名。曹操于建安十五年(210)建于邺城(今河南临漳县西)。

②“金碧”句:琉璃瓦上的金碧釉彩已经剥落销蚀,瓦面上满布星星斑点。

③宫城:曹操被封为魏王,定都邺城。其后十六国的后赵、前燕和北朝的东魏、北齐,也都以邺城为首都。

④《三台曲》：曹操所建铜爵台、金虎台、冰井台，合称邺中三台。后赵石虎都邺，常在三台游宴，命乐工作《三台曲》。

【品评】

当年绕宫城的乱山依然如故，而宫城空留故址，铜爵台空留残瓦。遥想石虎游宴三台，乐工唱《三台曲》侑酒之时，何等繁华！而如今却见台上遍生春草，又多么荒凉！妙在第三句用"路人休唱《三台曲》"一垫，而以"台上而今春草生"作结，沧桑屡变，感慨无穷。

## 绝　　句

偶临沙岸立多时，　淡淡烟村日向低。
幽事挽人归不得①，　一枝梅影浸澄溪。

【注释】

①幽事：指幽景。挽：挽留。

【品评】

"一枝梅影浸澄溪"，已清幽可爱，而以"幽事挽人归不得"唤出，更饶韵致。

## 岳飞(1103—1142)

字鹏举，相州汤阴(今属河南)人。北宋末从军，任秉议郎。南宋建炎三年(1129)，金兀术渡江进犯，率军拒之，屡立战功，历少保、河南北诸路招讨使、枢密副使，以反对与金议和，终为奸相秦桧以"莫须有"之罪杀害。孝宗追谥武穆，宁宗封鄂王，理宗改谥忠武。有《岳忠武王文集》。

### 池州翠微亭①

经年尘土满征衣②，　特特寻芳上翠微③。
好水好山看不足，　马蹄催趁月明归。

**【注释】**

①池州：今安徽贵池县。翠微亭：在池州城东南的齐山上，唐杜牧任刺史时建。杜牧的名作《九日齐山登高》即有"江涵秋影雁初飞，与客携壶上翠微"之句。

②经年：多年，谓经过若干年头。

③特特：特地、特意。欧阳修《和人三桥》诗："为爱斜阳好，回舟特特过。"寻芳：探胜。

**【品评】**

岳飞是著名的抗金英雄，主要精力用于抗金斗争，为奸臣杀害，年仅三十九岁，而诗、词、文、书法都有相当造诣。

这首七绝，乃屯兵池州，偶游齐山时所作。首句概括多年来的征战生涯，"尘土满征衣"，将征战的艰苦形象化。次句的"特特"承前启后，正因为经年戎马倥偬,才在战斗的空隙“特意”登山探胜。“特特”,本可作摹声词,形容马蹄声,如温庭筠“马声特特荆门道”、陆游“马蹄特特无断时”之类,但此处则作“特意”解。有人将此处之“特特”亦解为“马蹄声”,并说“用在此处有‘鸟鸣山更幽’的情趣”,实属误解。第三句写登翠微亭,欣赏山光水色、留连忘返的情景,并引出尾句:正因为好山好水老是看不够,才不觉日落月出,“马蹄催趁月明归”,还游兴未尽。

首句反衬后三句,跌宕有致。首句与第三句又有内在联系:正因为热爱祖国的“好山好水”,才不辞艰苦,为“还我河山”而战斗不息,“经年尘土满征衣”。第三句与尾句呼应,“月明归”的原因是“好山好水看不足”,表明作者登山必在白天,在翠微亭上欣赏山水,留连忘返。如此构思,才把热爱山水的情怀表现得淋漓尽致。有人说此诗乃作者“夜游齐山时所作”,忽略了“看不足”的含意,遂使诗味大减,也辜负了作者言外见意的苦心。

## 题青泥市寺壁①

雄气堂堂贯斗牛②,　誓将直节报君仇③。
斩除顽恶还车驾④,　不问登坛万户侯⑤。

**【注释】**

①青泥市:即青泥镇,在临江新淦(今江西新干县)。

②贯斗牛:直射牛星和斗星,即浩气冲天。

③直节:坚贞的品节。

④还车驾:接回徽、钦二宗。车驾:皇帝的坐车,代指皇帝。靖康二年(1126),金兵攻陷汴京,俘高宗之父徽宗和长兄钦宗以去,囚于五国城(今黑龙江依兰)。

⑤不问:不计较。登坛:登上拜将坛,接受帝王的任命。万户侯:秦、

汉时封侯,小者食邑五百户,大者万户。

## 【品评】

高宗绍兴三年(1133),岳飞领兵过新淦,作此诗题于僧寺壁上,表达了不求名利,誓雪国耻,收复失地,接回“二圣”的决心。宋高宗为了保住他自己的皇帝位子,最害怕的便是他的父亲徽宗、特别是他的哥哥钦宗回来。奸臣秦桧看透了他的内心秘密,才敢放手杀害抗金英雄,力主向金人投降称臣。岳飞坚决要“斩除顽恶还车驾”,便导致了被杀害的悲剧。

## 吴涛(生卒年不详)

字德邵,抚州崇仁(今江西崇县)人。其弟吴沆(1116—1172)的《环溪诗话》里保存了他的几首诗。

### 绝　句

游子春衫已试单，　桃花飞尽野梅酸。
怪来一夜蛙声歇，　又作东风十日寒。

**【品评】**

作者自称“游子”,表明他正飘泊异乡。一、二句用春衫、花飞、梅酸点明时已暮春,天气和暖。三、四句用“怪来”领起,以“蛙声歇”表现忽有寒流袭来。四句诗写已暖忽寒之景如在目前,而暗寓人事变化之意,亦隐约可见。

## 郑汝谐(生卒年不详)

字舜举,号东谷,处州青田(今属浙江)人。高宗绍兴时期(1131—1162)进士,历官江南西路转运副使、吏部侍郎。孝宗淳熙十二年(1185)任信州太守,与辛弃疾酬唱。有《东谷集》。

### 题盱眙第一山①

忍耻包羞事北庭②,　奚奴得意管逢迎③。
燕山有石无人勒④,　却向都梁记姓名。

**【注释】**

①盱眙(Xūyí):今属江苏,在淮河南岸。第一山:即都梁山,在盱眙城南。

②包羞:含羞。事北庭:奉事金国。

③奚奴:仆役。管逢迎:掌管迎接使臣的事务。

④"燕山"句:《后汉书·窦宪传》载:东汉车骑将军窦宪领兵追击匈奴,深入塞北,登燕然山(今蒙古人民共和国境内的杭爱山),命班固作铭,"刻石勒功,纪汉威德"。此句慨叹当时无人效法窦宪,驱逐金兵。

**【品评】**

宋金议和,宋向金称臣,岁贡银二十五万两、绢二十五万匹,以淮河为界。盱眙在淮河南岸,南宋派往金国的使臣从这里经过,不但对向北庭纳贡称臣不感到羞耻,还以能出使金国为荣,游山赋诗、刻石留名。作者见此情景,深感痛心而作此诗。

首句指出奉事北庭是奇耻大辱,应有羞耻感,用以反剔下文。次句写驿馆人员以能迎接使臣而感到“得意”，讥其不知羞耻，从而引出三、四句写使臣。三、四句以窦宪刻石燕然山纪功反衬使臣们刻石都梁山留名，用以激发其羞耻感和抗金意识。用一“却”字，力重千钧：燕然山上有的是石头，但无人去刻，“却”在淮河南岸的都梁山上刻石“记姓名”，夸耀因出使金国到此一游！讲到这里，即戛然而止；剩下的许多话，让读者们去想吧！让那些使臣们去想吧！全诗讽刺中含激励，失望中寓希望，叙而不议，意在言外。

## 萧德藻(生卒年不详)

字东夫,号千岩老人,长乐(今属福建)人。绍兴二十一年(1151)进士,曾官乌程(今浙江湖兴)令。杨万里称其诗“工致”。原有《千岩择稿》,今佚,厉鹗《宋诗纪事》,光聪谐《有不为斋随笔》皆辑有他的诗。

### 登岳阳楼①

不作苍茫去②, 真成浪荡游③。
三年夜郎客, 一舵洞庭秋④。
得句鹭飞处, 看山天尽头。
犹嫌未奇绝, 更上岳阳楼。

**【注释】**

①岳阳楼:在今湖南岳阳市城西。
②苍茫:旷远无边貌。
③浪荡:放浪游荡。
④舵:这里代指船。

**【品评】**

萧德藻曾从曾几学诗,又是姜夔的老师和岳父。杨万里很推崇他的诗,把他与尤袤、范成大、陆游并列,称为“近代风骚四诗将”。因诗集久佚,存诗不多,故逐渐被人遗忘。

这首诗见杨万里《诚斋诗话》,前面有“信脚到太古,又登岳阳楼”两句,前一句五字皆仄声,后一句与结尾重复,显然是误抄上去的。删去这两句,便是一首完美的五律。

首句衬托次句,意思是:我不曾在苍茫辽阔的江南烟水之乡遨游,却来到夜郎、洞庭一带浪荡。次句领起以下三联:夜郎远在天边,我却在那里作客长达三年之久;洞庭湖波翻浪涌,浩淼无际,我却在那里孤舟漂流;得句(得到诗句)于白鹭飞处,承“洞庭”;看山于青天尽头,承“夜郎”;结尾“上岳阳楼”,当然也是“浪荡游”的内容。

在夜郎、洞庭一带长期漂泊,本来是并不得意的事,作者却写得兴会淋漓,豪情满怀。全诗造句新颖,属对精工,一气旋转,灵动洒脱。以“浪荡游”启下,以“犹嫌未奇绝”上包二、三联内容,又引出结句“更上岳阳楼”。这真是“浪荡游”,真是“奇绝”、更“奇绝”的“浪荡游”! 读此诗至结尾,不禁联想起苏轼《六月二十日夜渡海》的尾联“九死南荒吾不恨,兹游奇绝冠平生”。

## 次韵傅惟肖①

竹根蟋蟀太多事,　唤得秋来篱落间。
又过暑天如许久,　未偿诗债若为颜②。
肝肠与世苦相反③,　岩壑嗔人不早还④。
八月放船飞样去,　芦花丛外数青山⑤。

【注释】

①傅惟肖:南安(今属福建)人。曾知清江县(今属江西),有善政。

②若为颜:难为情。颜:颜面、面子。

③肝肠:指思想、性情。

④嗔(chēn):责怪。

⑤数(shǔ):动词,一个一个地计算数目。

## 【品评】

古人作诗,先作的称原唱,就原唱酬答的,叫和诗。和诗如果依次用原唱的脚韵,叫次韵或步韵。这首诗,便是依次用原唱的脚韵酬答傅惟肖的;可惜原唱没有流传下来。

这是一首完全符合格律的七律,却未受格律束缚,句法、章法,都活泼、跳脱,显示了作者的深厚功力和独特的艺术风格。

看样子,傅惟肖早在"暑天"就作了诗,要求作者"次韵";他没有马上作次韵诗回报,这就欠下了"诗债"。如今已到秋天,如果还不还债,就太难为情了,所以提笔作此诗。弄清了这一层,便会看出前四句作得多么巧!从事件发展的顺序看,友人作诗索和在"暑天",他和诗回报在秋天。按这个顺序作诗,就太平板了。所以颠倒过来,先从眼前的秋天写起。秋天如何写,也关系到诗的优劣。如果写成:"呵!秋天已经来了!"那也不像样子。作者用的是触景生情法,这也不新鲜,但他写得很新鲜:忽然听见屋外的竹丛下面传来蟋蟀的叫声,意识到秋天来临,这已经不算平庸;出人意外的是他跨越一层,责怪蟋蟀:"躲在竹根边的蟋蟀啊!你太多事了!为什么要把秋天唤到我的篱落之间呢?"如此写秋天来临,何等新奇!当然,蟋蟀在秋天叫,但秋天并不是它唤来的。怨蟋蟀,怨得很无理,却十分有趣。古典诗词中,是有不少无理而有趣的佳句的。在点出秋天之后,突然回到暑天:"呵,度过暑天已经这么久了!可我还没有偿诗债,面子上怎么过得去呢!"这两句,还是讲究对仗的,却一气贯串,活泼自然,令人感觉不到这是对偶句。应该指出,这是一种很高明的手段。

前四句写"次韵"还诗债;后四句,大约是联系原作的内容,自写怀抱,打算辞官归隐。"肝肠与世苦相反"一句有如奇峰突起,不知道他要说明什么问题;看下句,其寓意便清楚了。肝肠与世人完全合拍,比如世人趋炎附势,你也趋炎附势;世人巧取豪夺,你也巧取豪夺;世人以权谋私,你也以权谋私:如此这般,自然官运亨通,青云直上。而"肝肠与世苦相反",什么都和人家唱反调,那根本就不是做官的料子。不要说世人,连故乡的"岩壑"都看透"我"不是做官的那块料,嗔怪道:"你为什么不早点回来呢?"开头是作者埋怨蟋蟀,这里又是岩壑责怪作者,同样用拟人化手法,却花样翻新,各显风韵。作此诗时蟋蟀唤秋,大约是阴历七月。七月打算退隐,说退便退,因而预想到了"八月",便辞官放船,像苍鹰急飞那样回到故乡的岩壑,在芦花丛外数青山了。杜甫《闻官军收河南河北》的尾联"即从巴峡穿巫峡,便下襄阳向洛阳",写想象中的行程其急如飞,生动地表现了急于还乡的心情,而多年来的战乱流离之苦,见于言外。这首诗的尾联"八月放船飞样去,芦花丛外数青山",写想象中的行程速度更快,生动地表现了急于归隐的心情,而多年来浮沉宦海的辛酸,也见于言外。

## 古梅二首

湘妃危立冻蛟脊①,　海月冷挂珊瑚枝②。
丑怪惊人能妩媚③,　断魂只有晓寒知④。(其一)
百千年藓著枯树⑤,　三两点春供老枝⑥。
绝壁笛声那得到,　只愁斜日冻蜂知⑦。(其二)

**【注释】**

①湘妃:湘水女神,这里比喻梅花。危立:高耸地站立。冻蛟脊:冻僵的蛟龙脊背,指梅树枝干。

②海月:倒映入海的月亮。这句说梅花又像海月凄冷地倒挂在珊瑚枝上。

③"丑怪"句:古梅极丑极怪,达到了令人惊奇的程度,却最能显出她的妩媚姿态。

④断魂:令人神思恍惚,即具有迷人的魅力。

⑤藓:苔藓。著:粘附。

⑥三两点春:三两朵梅花。

⑦“绝壁”二句：谓古梅生长在悬崖断壁，是游人所不到的地方，哪能听到笛声；只是怕黄昏时分，被冻蜂探知她开放的消息，飞来打扰。

## 【品评】

方回《瀛奎律髓》卷六评萧德藻《次韵傅惟肖》诗云：“其诗苦硬顿挫而极其工。”前面刚讲过的《次韵傅惟肖》七律，说它“顿挫”、说它“极工”，都不错；说它“苦硬”，似乎并不恰切。把“苦硬”二字用来评这两首七绝，倒切合实际。

先看第一首。

作者咏“古梅”，当然要写梅的“古”。梅的花不可能“古”，其“古”只能从枝干上表现。一、二两句，比古梅的老干硬枝为“冻蛟脊”“珊瑚枝”，比清冷的梅花为“湘妃”“海月”，而以“危立”“冷挂”表明两者的关系。连缀起来，便是：湘妃耸立在冻蛟的脊梁上，海月冷挂在珊瑚的枝桠上。这样描状古梅，真有点“苦硬”。从声调看，第一句平平平仄仄平仄，第二句仄仄仄仄平平平，都是拗句，声调也“苦硬”。

范成大《梅谱后序》云：“梅以韵胜、以格高，故以横斜疏瘦与老枝奇怪者为贵。”明乎此，就看出作者以“冻蛟脊”“珊瑚枝”为喻，正是要写出古梅“瘦”“老”“奇怪”的可贵之处的。当然，如果只有“瘦”“老”“奇怪”的枝干，而不缀以“湘妃”“海月”般清丽的花朵，也算不得“韵胜”“格高”。梅圣俞《东溪》七律中的名句“老树着花无丑枝”，便说明了这个问题。作者很懂得这个道理，所以用画龙点睛之笔，写出第三句：“丑怪惊人能妩媚。”其枝干“丑怪惊人”而又“能妩媚”，就因为它能开放清丽绝俗的花朵。作者特用“妩媚”一词，可能想起唐太宗的名言。《旧唐书》卷七一《魏征传》载：魏征常常当众谏诤，太宗感到难堪，便对魏征说：我当众提出的主张，你何必当众反对，事后再向我说，也来得及嘛！魏征回答道：当年大舜告诫群臣：“尔无面从，退有后言！”我如果像您要求的那样做，岂不是当面不讲背后讲，不把您当尧舜看待了吗？太宗听了这番议论，便笑着说：“人言魏征举动疏慢，我但觉妩媚，适为此耳。”魏征的妩媚，正是从疏慢举动（当面谏诤，不留情面）所体现的高贵品格中流露出来的。然而这样的“妩媚”,只有开创“贞观盛世”的一代英主唐太宗才能看出,才能赞赏。古梅的妩媚,也并非一般人都能赏识,这就有了第四句。

从第四句的“晓寒”可以看出,这首诗所咏的是凌晨开放的古梅。梅花开时,正当严冬,天气很冷,凌晨更冷,故前面用了“冻蛟”“冷挂”之类的字面。古梅于百花凋谢的季节凌寒独放,这也是它的“妩媚”之处。然而能从它的“丑怪惊人”中欣赏其“妩媚”的,能有几人呢?“断魂只有晓寒知”,这是诗人发出的深沉慨叹。好的咏物诗都有寄托,此诗作于隐居屏山之时,其借梅自喻的深层意蕴,是不难领会的。

陈衍《宋诗精华录》卷三评此诗:“梅花诗之工,至此可叹观止,非林和靖所想得到矣。”

再看第二首。

首句是说古梅的树干上长满苔藓,“藓”前加“百千年”,极言古梅之“古”。次句是说因为枝老,开花不多。“三两点春”,即三两朵梅花。南朝宋陆凯《赠范晔》云:“折梅逢驿使,寄与陇头人。江南无所有,聊赠一枝春。”这便是以“春”代梅的先例。陈衍《宋诗精华录》云:“首二句,可作前一首注解。”

后两句是说古梅生长于绝壁,不会有人来这里吹笛,只怕冻蜂嗅到香味,飞来打扰。之所以用“笛声”,是因为笛曲有《梅花落》《梅花引》,李白便有“黄鹤楼中吹玉笛,江城五月落梅花”的诗句。这两句和前一首的结句从不同角度表现了古梅超尘绝俗的清操。“只有晓寒知”,是说人间没有知音;“笛声那得到”而只愁“冻蜂知”,是说无人知正好,还生怕有人来干扰呢!作者隐居于乌程屏山,那里千岩竞秀,因自号千岩老人。其退隐之故与终隐之志,都通过这两首咏梅诗表现出来,而又物我交融,浑化无迹。就声调说,第二首的前两句“著”字宜平而用仄,“供”字宜仄而平,是所谓“拗救”。第三句只有“声”字是平声,又是拗句。以苦硬的文词、不谐律的声调,表现不谐俗的品格,内容与形式达到了完美的统一。

## 黄公度(1109—1156)

字师宪,号知稼翁,莆田(今属福建)人。绍兴八年(1138)进士第一,任秘书省正字。忤秦桧,通判肇庆府。桧死召还,终考功员外郎。其诗在南宋初期自成一家,颇受洪迈等人赞赏。有《知稼翁集》《知稼翁词》。

### 悲　　秋

万里西风入晚扉①，　高斋怅望独移时。
迢迢别浦帆双去②，　漠漠平芜天四垂③。
雨意欲晴山鸟乐，　寒声初到井梧知④。
丈夫感慨关时事，　不学楚人儿女悲⑤。

**【注释】**

①扉:门。

②别浦:通大江的小河汊。

③平芜:野草丛生的平原。

④井梧:院落中的梧桐。

⑤楚人儿女悲:指宋玉《九辩》中关于悲秋的感叹,讥其无丈夫气,只像小儿女那样为个人的得失而惆怅自怜。

**【品评】**

全诗借"悲秋"感慨时事。首联"西风"点"秋"、前面加"万里",寓意甚明。从"万里"之外刮来的"西风"于傍晚之时吹入房门,感到秋天来了,因而于"高斋怅望"。"独移时",是说独自怅望了很久,表明心情很不平静。次联写怅望中所见:辽阔江天,一派萧条景象。“漠漠平芜天四垂”一句,写景极工,陆游“天向平芜尽处低”,似从此化出。三联写怅望中所感:山间的鸟儿,因将要下雨的天气忽然有放晴的希望而感到欢乐,叽叽喳喳地叫,但“雨意”只是“欲晴”,并不见得真的会晴;天井中的梧桐,却敏锐地感觉到西风吹来,行将枯落的叶片发出寒声。很明显,诗人由季节的变化而感受到时事的变化,“悲秋”是“悲”金兵南侵,朝政腐败,祖国山河已笼罩在“秋”气之中。故尾联托出全诗主旨:“丈夫感慨关时事,不学楚人儿女悲。”

## 韩元吉(1118—1187)

字无咎,号南涧,开封雍丘(今河南杞县)人,徙居上饶(今属江西)。以荫补龙泉县主簿。累官吏部尚书,封颍川郡公。与朱熹友善。曾与叶梦得、曾几、陆游、陈亮等相唱和。有《南涧甲乙稿》。

### 送陆务观福建提仓①

觥船相对百分空②,　京口追随似梦中③。
落纸云烟君似旧④,　盈巾霜雪我成翁⑤。
春来茗叶还争白⑥,　腊尽梅梢尽放红。
领略溪山须妙语,　小迂旌节上凌风⑦。

**【注释】**

①务观:陆游字。

②觥(gōng)船:容量大的饮酒器。

③京口:在今江苏镇江。

④落纸云烟:杜甫《饮中八仙歌》:"张旭三杯草圣传,……挥毫落纸如云烟。"这里称赞陆游依旧挥毫作草书。

⑤盈巾霜雪:满头白发。巾:头巾。

⑥茗叶还争白:茗叶,茶叶,宋人宋子安《东溪试茶录》:"茶之名者有七,一曰白叶茶,民间以为茶瑞。"福建武夷山产白叶茶。

⑦小迂:稍稍迂回一下道路。旌节:宋制,镇守一方的军政长官,皆拥旌持节。凌风:亭名,在福建建安。此诗原注:"仆为建安宰,作凌风亭。"

**【品评】**

宋孝宗淳熙五年(1178)春,陆游奉调离蜀,秋抵杭州,除提举福建路常平茶事(简称福建提仓)。冬季赴任,韩元吉作此诗送行。韩元吉当时任吏部尚书,不安其位,不久即出守东阳。

首句写设宴饯行。"觥船"并不是"载酒的船","百分空"也不是"万事皆空"。清人厉鹗《瓶花斋百八瓷酒器歌》云:"就中我爱小觥船,不酹亦复堪流涎。"说明觥船是一种容量大的饮酒器。"觥船相对百分空",是写二人相对,各用大杯饮酒,一杯又一杯,都百分之百地喝干了。饯行诗如此开头,自能涵盖全篇,领起以下各句。他们是志同道合的老朋友,都力主抗金而受制于奸臣,不得行其志。当即将分手之时,以"觥船"饮酒直至"百分空",其抚今忆昔、依依不舍之情见于言外。次句紧承首句,写忆昔。孝宗隆兴二年(1164)陆游任镇江通判,闰十一月,韩元吉来镇江省亲,与陆游相聚,"相与道旧故,问朋游,览观江山,举酒相属,甚乐"(陆游《京口唱和序》)。又同登焦山,"踏雪观《瘗鹤铭》,置酒上方。烽火未息,望风樯战舰,在烟霭间,慨然尽醉"(陆游《焦山题名》)。回忆起来,这已是十五年前的事了。"京口相随似梦中"一句所包含的谈话内容之多和感慨之深,于此可见。第三、四句忆昔抚今:昔年"京口追随"之时,每见"君"挥毫急书,"落纸云烟"(《焦山题名》,即陆游书写、圜禅师刻石),如今相聚,"君"依旧挥毫落纸如云烟,豪情不减当年;而我呢,那时正当壮年,如今已霜雪满头,变成老翁了(韩元吉长陆游七岁,这时已六十有一)!陆游善草书,其《题醉中所作草书卷后》诗云:"胸中磊落藏五兵,欲试无路空峥嵘。酒为旗鼓笔刁槊,势从天落银河倾。端溪石池浓作墨,烛光相射飞纵横。须臾收卷复把酒,如见万里烟尘清。……"这是说他胸有甲兵而欲试无路,便借作草书纵横驰骋,略显身手;草书作完,仿佛已扫清万里烟尘。韩元吉的这两句诗只说陆游依旧作草书,自己已成老翁,似乎很平淡,实际上蕴涵着壮志难酬的感慨。

后四句转向送行。陆游出任的是管理福建茶叶事务的闲官,赴任之时,正当"腊尽",沿途"梅梢尽放红",不妨尽情观赏;进入福建境内,已经"春来",遍山名茶该已争吐白芽,可以及早品尝。你稍稍绕点路,到我当年修建的凌风亭上去,领略溪山之美,作几首好诗寄我读,以慰我对旧游之地的怀念。四句诗,清新明丽,楚楚动人。

## 王质(1127—1189)

字景文,号雪山,原籍郓州(今山东东平),寓居兴国(今属江西)。绍兴三十年(1160)进士。孝宗朝,历枢密院编修官,出判荆南府。诗风流畅俊爽,近似苏轼,亦以苏轼继承人自命。有《雪山集》、《绍陶录》。

### 山行即事

浮云在空碧, 来往议阴晴。
荷雨洒衣湿, 蘋风吹袖清。
鹊声喧日出, 鸥性狎波平①。
山色不言语, 唤醒三日酲②。

**【注释】**

①狎(xiá):戏弄。
②酲(chéng):喝醉酒神志不清的状态。

**【品评】**

首联写天气,统摄全局,极精采。两句诗应连起来读、连起来讲:飘浮的云朵在碧空里你来我往,忙于"议","议"什么呢?"议"究竟是"阴"好,还是"晴"好。"议"的结果怎么样,没有说,接着便具体描写"山行"的经历和感受:"荷雨洒衣湿",下起雨来了;"鹊声喧日出",太阳又出来了。浮云议论不定,故阴晴也不定。宋人诗词中往往用拟人化手法写天气,姜夔《点绛唇》中的"数峰清苦,商略黄昏雨"尤有名。但比较而言,王质以浮云"议阴晴"涵盖全篇,更具匠心。

"荷雨"一联承"阴"。先说"荷雨",后说"洒衣湿",见得先听见雨打荷叶声而后才意识到下雨,才感觉到"衣湿"。这雨当然比"沾衣欲湿杏花雨"大一点,但大得也有限。同时,有荷花的季节衣服被雨洒湿,反而凉爽些。"蘋风"是从浮萍之间吹来的风,说它"吹袖清",见得那风也并不狂。雨已湿衣,再加风吹,其主观感受是"清"而不是寒,表明如果没有这风和雨,"山行"者就会感到炎热了。

"鹊声"一联承"晴"。喜鹊喜干厌湿,所以叫"干鹊"。雨过天晴,喜鹊"喧"叫,这表现了鹊的喜悦,也传达了人的喜悦。试想:荷雨湿衣,虽然暂时带来爽意,但如果继续下,没完没了,"山行"者就不会很愉快;所以诗人写鹊"喧",也正是为了传达自己的心声。"喧"后接"日出",造句生新:"喜鹊喧叫:'太阳出来了!'多么传神!"鹊声喧日出",引人向上看,由"鹊"及"日";"鸥性狎波平"引人向下看,由"鸥"及"波"。鸥,生性爱水,但如果风急浪涌,它也受不了。如今雨霁风和,"波平"如镜,鸥自然尽情玩乐。"狎"字也像"喧"字一样用得很精彩,"狎"有"亲热"的意思,也有"玩乐"的意思,这里都适用。

像首联一样,尾联也用拟人化手法,其区别在于前者正用,后者反用。有正才有反,从反面说,"山色不言语",从正面说,自然是"山色能言语"。惟其能言语,所以下句用了个"唤"字。刚经过雨洗的"山色"忽受阳光照耀,明净秀丽,"不言语"已能"唤醒三日醒";对于并未喝酒烂醉的人来说,自然更加神清气爽,赏心悦目。

以"山行"为题,结尾才点出"山",表明人在"山色"之中。全篇未见"行"字,但从浮云往来到荷雨湿衣、蘋风吹袖、鹊声喧日、鸥性狎波,都是"山行"过程中的经历、见闻和感受。合起来,就是所谓"山行即事"。全诗写得兴会淋漓,景美情浓,艺术构思也相当精巧。

## 陆游(1125—1210)

字务观,号放翁,越州山阴(今浙江绍兴)人。绍兴二十三年(1153)应礼部试,被主考官录为第一,而秦桧孙埙为第二,桧怒,被黜落。孝宗初,赐进士出身,历任镇江、隆兴、夔州通判。乾道八年(1172)入四川宣抚使王炎幕府,投身军旅生活。后官至宝章阁待制。力主抗金而为投降派所阻,报国无门,其爱国忧民之激情一发于诗,雄放豪迈,前无古人。其抒写日常生活之作则清新圆润,别饶韵味,今存诗九千余首。亦工词,散文、书法成就皆高,尤长于史学。有《剑南诗稿》《渭南文集》《放翁词》《南唐书》《老学庵笔记》等。

### 度浮桥至南台①

客中多病废登临,　闻说南台试一寻。
九轨徐行怒涛上②,　千艘横系大江心。
寺楼钟鼓催昏晓,　墟落云烟自古今③。
白发未除豪气在,　醉吹横笛坐榕阴④。

**【注释】**

①南台:在福州城南九里,有钓龙台。
②九轨:多条道路。
③墟落:村落。
④榕阴:榕树的绿阴。福州多榕,旧有榕城之称。

**【品评】**

绍兴二十九年(1159),陆游任福州司理参军,此诗乃到任不久时所作。

首联上句衬托下句，“多病废登临”而带病试登南台，则从别人口中听到的南台胜境令作者神往，可想而知，从而为以下写“度浮桥至南台”作好了铺垫。次联写“度浮桥”。无数车马行人分为许多行列，安稳地并行于怒涛之上，仅用七个字描绘出的这幅壮阔、奇特的场景不禁引起读者的疑问：“怒涛上”怎能“徐行”？读完下句，才知道作者有意颠倒顺序，先写“浮桥”的功用，然后才描状“浮桥”本身，从而获得了异常惊耸的艺术效果。用“千艘横系大江心”写“浮桥”本身，真切而生动。据《三山志》记载：由福州城到南台，江广三里，北宋元祐八年(1093)连舟造浮桥，“北港五百尺，用舟二十”“南港二千五百尺，用舟百”，舟上架板，“翼以扶栏，广丈有二尺”“植石柱十有八”，用大藤缆挽直桥路。诗人用“九轨”“千艘”，自然语带夸张，但更能突出地表现这座浮桥的雄伟气象。第三联写“至南台”的见闻感受。据《三山志》记载：南台临江的天宁寺内，“危楼万仞，波光入户”。附近还有泗州堂、钓鱼台院、高盖院等许多寺观，晨钟暮鼓，声传数里。诗人闻“寺楼钟鼓”之声而感到它在“催昏晓”，便有壮志未酬、时不我与的感慨。以这样的心情，远望散布各处的“墟落”俱在“云烟”霭霭之中，便又触发“云烟自古今”而人世有沧桑的感慨。尾联开头的“白发”，显然承“催昏晓”“自古今”而来。作者这时三十五岁，不算老，也未必有“白发”，但对于以救国救民为己任的陆游来说，在这样的年龄还虚度光阴，自然会有盛年难再的感伤。用“白发”，正出于这样的心态。然而接下去，又突然转向昂扬振奋。“未除豪气”，是陈元龙“豪气未除”的倒用。尽管已生“白发”，但“白发”并未消除一贯的豪气，还希望大有作为。“坐榕阴”而“醉吹横笛”，便是豪气仍在的具体表现。

次联写景，境界阔大，气象峥嵘。三联景中含情，寄慨遥深。全诗雄伟瑰丽，体现了陆游前期诗歌的主要风格。

# 秋夜读书每以二鼓尽为节①

腐儒碌碌叹无奇②，独喜遗编不我欺③。
白发无情侵老境，青灯有味似儿时④。
高梧策策传寒意⑤，叠鼓冬冬迫睡期⑥。
秋夜渐长饥作祟，一杯山药进琼糜⑦。

## 【注释】

①二鼓尽：二更结束。二更，晚九点至十一点。
②腐儒：迂阔的读书人。
③遗编：古人遗留下来的书籍。
④青灯：油灯。其光青莹，故称。
⑤策策：风吹桐叶声。
⑥叠鼓冬冬：连续的更鼓声。
⑦琼糜：琼浆玉液，比喻精美的食品。糜：糊状食物。

## 【品评】

此诗作于乾道元年(1165)秋初任隆兴(治所在今江西南昌)通判时，年四十一。

陆游一生好学不倦，专写读书的诗，约一百多首，把他的房子取名"书巢"，"饮食起居，疾痛呻吟，悲忧愤叹，未尝不与书俱"(《书巢记》)。他读书是为了学以致用，济世救民。《读书》诗说："归老宁无五亩园，读书本意在元元。""元元"，指老百姓。《夜读兵书》诗说："孤灯耿霜夕，穷山读兵书。平生万里心，执戈王前驱。"读兵书的目的是驱逐金兵，收复失地。《读书》诗说："读书四更灯欲尽，胸中太华蟠千仞。……策名委质本为国，岂但空取黄金印。"读书为了救国、治国。《久无暇近书卷慨然有作》诗说:“少小喜读书,事业期不朽,致君颇自许,书卷常在手。”读书是为了致君尧舜,做一番不朽的事业。《五更读书示子》云:“暮年于书更多味,眼底明明见莘渭。……万钟一品不足论,时来出手苏元元。”伊尹耕于有莘之野,后来辅佐商汤;吕尚钓于渭滨,后来辅佐周武王。作者于读书时看到伊尹、吕尚的事迹而受到鼓舞,希望有一天也能得到重用,拯救受苦受难的黎民。《冬夜读书示子聿》诗说:“纸上得来终觉浅,绝知此事要躬行。”《睡觉闻儿子读书》诗说:“人人本性初何欠,字字微言要力行。”又强调把从书本里学到的知识付诸实践。以上略举数例,对于理解《秋夜读书每以二鼓为节》这首七律会有些帮助。

首联点题。作者自许“塞上长城”,自知并非“腐儒”;自称“胸藏五兵”,自知并非“碌碌无奇”。“腐儒碌碌叹无奇”,用一“叹”字,其不见重于当权者的无限感慨已洋溢纸上。“遗编不我欺”,是说古书里所讲的致君泽民之道是正确的,因而要“秋夜读书”;而在前面加上“独喜”二字,则他在现实生活中受尽欺凌,已不言而喻。次联极精彩:如今白发见侵,已入老境,而“青灯”映黄卷,读得津津“有味”,还像“儿时”一样。这两句诗,看起来很平淡,但凡是自幼好学不倦的老年人读起来都会为诗人描绘的夜读情景所陶醉,对自己儿时夜读的乐趣无限神往。五、六两句写读书至二更已尽的情景:先是窗外的梧桐叶策策作响,传来寒意,接着是连续的更鼓冬冬报时,告诉他自定“以二鼓尽为节”的时限已经迫近,应该准备睡觉。这时候,肚子饿了,吃一杯煮山药,比富贵人家喝琼浆玉液都香。作者这时做地方官,官虽小,但还是有权的。从本意只在描写夜读实况的这几句诗看,自定“睡期”而不敢延长,是因为明日要处理公务,必须早起;他赋闲家居的时候,则常常夜读至四更、五更。其充饥之物只是“一杯山药”,却吃得那么香;但他并不是只知道山药可以充饥,还知道有所谓“琼糜”。凡是写出真情实况的好诗,读者都会在诗人的本意之外领会到许多东西。读这几句诗,诗人居官勤谨、作风廉洁、生活清苦、安贫乐道、好学不倦的高风亮节,不是历历如在目前吗?可是人家却视为“腐儒”,笑他“碌碌无奇”(诗人如此评论自己,乃愤激之词,实际上是当权者嫌他迂腐,不肯重用),岂不可“叹”!

# 游山西村[①]

莫笑农家腊酒浑[②]，　丰年留客足鸡豚[③]。
山重水复疑无路，　柳暗花明又一村。
箫鼓追随春社近[④]，　衣冠简朴古风存。
从今若许闲乘月[⑤]，　拄杖无时夜叩门[⑥]。

## 【注释】

①山西村:是作者故里山阴的一个小村。

②腊酒:腊月(阴历十二月)酿的酒。

③豚(tún):小猪,这里泛指猪。

④春社:古时把立春后第五个戊日叫春社日,于这日祭土地神,祈求丰年。

⑤闲乘月:趁月明之时出外闲游。

⑥无时:随时。

## 【品评】

乾道二年(1166),作者在隆兴通判任,因支持张浚北伐,被投降派以“交结台谏,鼓唱是非,力说张浚用兵”的罪名弹劾,免官回到故乡山阴,卜居于镜湖附近的三山。这首《游山西村》,作于第二年春天。山西村,即三山西边的村子。

首联写游到山村,被农家邀去做客,硬留他吃饭。因为遇上丰年,又准备过春社,所以用酒肉待客。上年腊月酿的米酒虽然浑一些,但鸡肉、猪肉只管往上端,足够吃。两句诗,把农民的热情、好客和丰收之年的喜悦表现得活灵活现,令人神往。

细玩诗意,诗人用了倒叙手法。先写在农家做客,然后补写来到这个村子的沿途景物及村中景象。诗人从他居住的那个村子出发，信步漫游，并无明确的目的地。走过几重山、绕过几条水，只见前面"山重水复"，好象"无路"可走。可是继续前进，忽觉豁然开朗，出现在眼前的是"柳暗花明又一村"。两句诗，委婉明丽，状难状之景如在目前，其中又蕴含人生哲理。不论是干事业、做学问，都会遇到类似的境界，因而常被人引用，至今传诵不衰。诗人来到这个"柳暗花明"的村子，只见"衣冠简朴"的村民们有的吹箫，有的打鼓，互相"追随"，热闹非凡。原来这里"古风"犹存，大家正准备过春社呢！古代民俗，春社祝祷丰收，民众竞技、奏乐，进行各种表演，并集体欢宴。唐人王驾《社日》诗云："鹅湖山下稻粱肥，豚栅鸡栖半掩扉。桑柘影斜春社散，家家扶得醉人归。"到了南宋，这种民俗还未改变，陆游的这两句诗，正展现了南宋农村的风俗画。

从顺序看，首联所写的农家留客情景，应该是出现在三联展现的场景之后的，因而以"从今若许闲乘月，拄杖无时夜叩门"收束全诗。"门"，就是留他吃饭的那个"农家"的"门"。诗人从应试到罢官归里，受尽了上层统治者的打击迫害，真有"山重水复疑无路"的感觉，可是一到上层统治者当牛马看待的农民家里，受到热情款待，便感到无限温暖，顿觉"柳暗花明"。因而以"莫笑"领起，先赞赏淳朴的"农家"，结尾又说从今以后，不要说白天，就是月明之夜，也要"叩门"来访的。读完全诗，令人感到作者游山西村，发现了一片淳朴可爱的新天地。如果用记流水账的办法写，就很难收到这样的艺术效果。

## 黄　州[①]

局促常悲类楚囚[②]，　迁流还叹学齐优[③]。
江声不尽英雄恨，　天意无私草木秋。
万里羁愁添白发，　一帆寒日过黄州。
君看赤壁终陈迹[④]，　生子何须似仲谋[⑤]。

## 【注释】

①黄州:今湖北黄冈。

②楚囚:《左传·成公九年》记郑人向晋国献"楚囚"事。后借指处境窘迫者。

③齐优:古代称乐工为优人,齐人送鲁女乐,孔子认为鲁接受了女乐工,终日享乐,政治上不会搞好,遂辞官而去。

④赤壁:周瑜,诸葛亮大破曹操处,地在今湖北蒲圻县东北。苏轼作《赤壁赋》,以黄州赤鼻矶为赤壁,陆游姑用其说。

⑤仲谋:即孙权。《三国志·吴志·吴主传》裴松之注引《吴历》云:"曹公喟然叹曰:'生子当如孙仲谋。'""曹公"即曹操。

## 【品评】

乾道六年(1170)闰五月十八日,陆游离山阴赴夔州通判任,八月过黄州,作此诗。作者多年来仕途失意,屡受摧抑,此次远赴夔州,仍做通判,不可能大有作为,故首联借"楚囚""齐优"抒发"局促""迁流"之感。次联触景伤怀,情景交融:耳闻江涛之声,便感到江声在倾吐英雄的怨恨,"江声不尽","英雄恨"亦无穷无尽;眼见无边秋色,便想到"天意无私",一到秋天,草木摇落,无一例外。三联承上转下:"万里羁愁",兼包"局促""迁流""英雄恨""草木秋",安得不"添白发";"一帆寒日",照应"迁流"与"草木秋",又为"羁愁"增加了新内容,缀以"过黄州",点明兴感之地,上应"英雄恨"而下启"赤壁"与"孙仲谋"。当年曹操率兵南下,欲灭孙吴,当望见吴军阵营整肃,不觉发出"生子当如孙仲谋"的赞叹。赤壁大战,曹军败北,孙吴乃日益强大。当时南宋的处境类似孙吴,而朝廷却被投降派把持,有谁能像孙仲谋那样击败南侵之敌!江声传出的"英雄恨",既是孙吴英雄未能生擒曹操之恨,也是诗人"爱国欲死无战场"之恨。尾联乃愤激之词:眼前的"赤壁"已成陈迹,时至今日,曾在这里大破曹兵的英雄早被人们忘得一干二净,更谈不上有谁去效法。既然如此,"生子何须似仲谋"呢?正话反说,感慨无穷。

# 山　南　行[①]

我行山南已三日，　如绳大路东西出。
平川沃野望不尽，　麦陇青青桑郁郁。
地近函秦气俗豪[②]，　秋千蹴鞠分朋曹[③]。
苜蓿连云马蹄健[④]，　杨柳夹道车声高。
古来历历兴亡处，　举目山川尚如故。
将军坛上冷云低[⑤]，　丞相祠前春日暮[⑥]。
国家四纪失中原[⑦]，　师出江淮未易吞[⑧]。
会看金鼓从天下，　却用关中作本根[⑨]。

【注释】

①山南：终南山之南，指汉中（南郑）。

②函秦：指关中。关中在函谷关之西，是秦国故地，故称函秦。气俗豪：民风豪健。

③秋千：一种带有娱乐性质的体育运动，至今农村犹有玩者。蹴鞠（cùjū）：古代的一种足球运动，用以娱乐、健身。分朋曹：分组编队进行比赛。

④苜蓿：一种豆科植物，主要作马的饲料。

⑤将军坛：指刘邦拜韩信为大将的拜将坛，在南郑。

⑥丞相祠：指诸葛亮祠，在勉县北。

⑦四纪：十二年为一纪。从建炎元年（1127）至作此诗时，中原沦陷已四十六年，约为四纪。

⑧“师出”句：从江、淮出师，不易吞灭金人。

⑨“会看”两句：收复关中作为根据地，然后出兵东向，驱逐中原一带

的金人，就有雄师自天而降的气势。古代击鼓进军，鸣金收兵，故以“金鼓”指军队。

【品评】

乾道八年（1172），陆游离夔州通判任，被四川宣抚使王炎辟为宣抚使司干办公事兼检法官。当时四川宣抚使衙门设在南郑，陆游于暮春到任，即历览山川形势和民情风俗，写了这首充满收复中原希望的《山南行》。

全诗以“我行山南已三日”领起，写“三日”观察的印象和感想：东西大路笔直如绳；望不到尽头的平川沃野，麦田青青，桑麻郁郁；地近秦川，民气豪健，或打秋千，或踢足球，一派尚武风气；山地苜蓿，远望与无际的乌云相连，饲料丰足，战马强壮；杨柳夹道，车声隆隆。这一切，使诗人感到南郑可以作为收复中原的基地。进而与历史相印证：刘邦在这里筑坛拜将，建立了大汉王朝；诸葛亮北伐中原，曾多次屯兵于此。举目山川，尚与昔年无异；那么在今天，这里仍可大有作为。中原沦陷已经四十多年，从江、淮出兵北伐，很难驱逐金人；可是从南郑出兵先收复关中，然后以关中为本根，出兵东进，那就有高屋建瓴之势，会看到大宋雄师自天而降，收复中原，指日可待。全诗以大量篇幅写眼前实景，并印证历史，洋溢着可以大有作为的激情。最后四句，乃是从前面描写的有利条件中概括出来的结论，故无游离之感。

宋室南渡，金人攻占陕西诸地。绍兴十一年（1141）宋、金议和，以淮河、大散关为界，其北属金，其南属宋。南郑在一度陷敌后复归南宋管辖，经过三十来年的休养生息，又出现繁荣景象。陆游在负责前敌工作，并力主抗金的王炎部下肩负要职，满以为实现理想的机会到了，因而一到任就写了这首《山南行》，提出了先收复关中的主张。此后，频繁往来于南郑和前线之间，作了许多鼓吹抗金的诗。尽管他在南郑只工作了半年时间即被迫离职，但他在南郑的一段军旅生活仍是一生中最快意的生活，此后数十年经常怀念，形诸吟咏。现存南郑时期的诗词及后来的追忆之作，多达三百余首。南郑军旅生活使他的诗风也发生了根本性的转变，这在《九月一日夜读诗稿有感走笔作歌》诗中有清楚的表述。

## 剑门道中遇微雨[①]

衣上征尘杂酒痕[②]，　远游无处不消魂。
此身合是诗人未？　细雨骑驴入剑门。

**【注释】**

①剑门：又称剑阁，在四川省剑阁县北。

②征尘：旅行中衣上所蒙的灰尘。

**【品评】**

乾道八年(1172)三月，陆游到达南郑，投身于收复长安的准备工作。半年之内，西到仙人原、两当县，北到黄花驿、金牛驿，南到飞石铺、桔柏渡，或防守要塞，或侦察敌情，还参加过强渡渭水的战役和大散关的遭遇战。但正当收复长安的事业有了希望的时候，王炎被调回临安，陆游被改任成都府安抚司参议，希望化为泡影。这年十一月，他携眷赴成都，过剑门关时写出这首脍炙人口的小诗。

"衣上征尘"，既来自从南郑到剑门的长途跋涉，也来自"铁马秋风大散关"的战斗，那充满报国希望的战斗生活只留下"衣上征尘"，不可复得；如今离开前线去成都做那英雄无用武之地的闲官，"衣上"徒增旅途中的"征尘"，怎能不百感丛生！"渭水函关原不远，着鞭无日涕纵横"(《嘉州铺得檄遂行中夜次小柏》)，未离南郑时尚且如此，何况如今呢？于是只好借酒解闷，"衣上征尘"又"杂酒痕"了。诗人在此后作的《长歌行》中声明他"平时一滴不入口"，并非一贯贪杯，只在"国仇未报壮士老"的悲愤无法消除时才"剧饮"。

第二句是个陈述句。从次序上看，应该先说"远游"，然后对"远游"

的情景作具体描写。然而文似看山不喜平,这样写,虽易于理解,却未免平庸。诗人先不说“远游”,一开头就用“衣上征尘杂酒痕”描写“远游”情景,展现了“远游”者的内心世界,这才用“远游”点明,既使起势突兀,一上来就抓住读者;又获得形象的鲜明性,强化了艺术感染力。王维的《观猎》一开头就写“风劲角弓鸣”,第二句才点明“将军猎渭城”;杜甫的《画鹰》一开头就写“素练风霜起”,第二句才点明“苍鹰画作殊”,都用的是这种“逆起”法。

“远游”的“游”是相对于“居”而言的。在家的人叫“居人”,出门的人叫“游人”“游子”。具体到这首诗,“远游”指诗人从南郑到成都的长途跋涉,也可追溯得更远,多年来调动频繁,仆仆风尘,都是“远游”的具体内容。正因为这样,就感到“远游无处不消魂”了。“消魂”一词,很难用现代汉语中任何一个词对译。大致说来,凡因外界感触而使心情激动,都可用“消魂”,究竟是愁、是喜、是恨,则要看具体情况。这里的“远游无处不消魂”,只有联系上下文才能领会其复杂内涵。上文已作解释,再看下文。

“此身合是诗人未”——我这个人,应该算是诗人呢,还是不应该算作诗人?

这一问,问得很突然,与上句“消魂”之间似无内在联系。看看下句,才知道先后次序又被颠倒了。就是说,“细雨骑驴入剑门”是“远游”的主要内容,应该紧接“远游无处不消魂”,那一问,则是由此激发出来的,应该移在后面,而作者却把它提前了。一提前,就突出了那一问的重要性,使读者急于得到答案。而读了第四句,又发现那并非答案,而只是提出问题的根据。问而不答,就不能不引人深思,收到了言有尽而意无穷的效果。

“衣上征尘杂酒痕”“细雨骑驴入剑门”,此情此景,引起了诗人的许多联想。自己骑驴远游,衣有“酒痕”,就联想到许多大诗人也骑驴、也好酒。例如李白乘醉骑驴游华阴(见王琦《李太白全集注》卷三六引《合璧事类》);杜甫“骑驴三十载,旅食京华春”(《奉赠韦左丞丈二十二韵》),传世有《杜子美骑驴图》(见《广川画跋》卷四)和《醉杜甫象》(见《画声集》卷一)。至于孟浩然骑驴踏雪寻梅、贾岛骑驴赋诗、孟郊骑驴苦吟、李贺骑驴觅句、郑綮"诗思在灞桥风雪中驴子背上",则更为人所熟知。而自己"骑驴过剑门",又自然联想到杜甫过剑门入蜀的经历,想到以《蜀道难》诗赢得"谪仙"称号的蜀中诗人李白,联想到杜甫、黄庭坚入蜀以后在诗歌创作上取得的成就。这许多联想,就引出了深长的一问。既然前代诗人都如此,我亦如此,那么,我究竟该不该算个诗人呢?就我们看,回答是肯定的,他不仅该算个诗人,而且早已是颇负盛名的诗人了。既然如此,他又何必发出意味深长的一问呢?

且看作者对于"诗人"的看法:他在《读杜诗》里说杜甫胸怀大志而不得重用,才"空回英概入笔墨",写出了堪比《生民》《清庙》的诗作,后人不了解杜甫,把他只看成"诗人",那是可悲的误解。"后世但作诗人看,使我抚几空嗟咨!"这是讲杜甫,也是讲自己。在《长歌行》里,他就明确地为自己报国无门而发出诘问:"岂其马上破贼手,哦诗长作寒螀鸣?"

为了进一步理解"此身合是诗人未"的内涵,不妨再看由南郑到成都以后作的《夏夜大醉醒后有感》:

少时酒隐东海滨,结交尽是英豪人;龙泉三尺动牛斗,《阴符》一编役鬼神。客游山南("山南"指南郑——引者)夜望气,颇谓王师当入秦("秦"指关中——引者);欲倾天上河汉水,净洗关中胡虏尘。那知一旦事大谬,骑驴剑阁霜毛新;却将覆毡草檄手,小诗点缀西州春!素心虽愿老岩壑,大义未敢忘君臣;鸡鸣酒解不成寐,起坐肝胆空轮囷。

就主观愿望说,陆游不甘心只当个诗人,可客观形势却不允许他"上马击狂胡,下马草军书",只能写点小诗。"细雨骑驴入剑门",难道就只能当个诗人了吗?就其基本内容而言,《剑门道中遇微雨》这首七绝与《读杜诗》《长歌行》《夏夜大醉后有感》相类似,抒发了壮志难酬的愤懑;但在艺术表现上却另辟蹊径。前三首,直抒胸臆,激情喷涌;这一首,则于含蓄中见忧愤,于婉约中见感慨。惟其含蓄,故忧愤更其深广;惟其婉约,感慨更其沉痛。

# 三月十七日夜醉中作

前年脍鲸东海上①，　白浪如山寄豪壮。
去年射虎南山秋②，　夜归急雪满貂裘。
今年摧颓最堪笑③，　华发苍颜羞自照④。
谁知得酒尚能狂，　脱帽向人时大叫。
逆胡未灭心未平⑤，　孤剑床头铿有声⑥。
破驿梦回灯欲死⑦，　打窗风雨正三更。

## 【注释】

①“前年”句：指任福州司理参军时乘兴航海。脍(kuài)鲸：细切鲸鱼肉炒了吃，夸张地形容泛海豪情。

②射虎南山：陆游在南郑(今陕西汉中)任内，有描写亲自射虎的诗。南山：即终南山。

③摧颓：摧伤颓废。

④华发苍颜：头发花白、面容苍白。羞自照：对镜自照感到羞耻。

⑤逆胡：对金人的蔑称。

⑥铿(kēng)：金属物碰击时发出的声响。

⑦灯欲死：灯光暗淡，好像将要熄灭。

## 【品评】

乾道九年(1173)春，陆游权理蜀州(治所在今四川崇庆)通判，因事赴成都，于旅途驿店中作此诗。前四句回忆过去，分“前年”“去年”两层，前两句押去声韵，后两句换平声韵。后八句写当前：前四句押去声韵，是由豪壮转向悲痛的过渡；后四句换平声韵，极写国仇未报、壮志未酬的悲愤。由忆昔到叹今，场景频频变化，韵脚、声调频频变化，恰切地表现了情感波涛的跌宕起伏。

## 九月十六日夜梦驻军河外遣使招降诸城觉而有作①

杀气昏昏横塞上，　东并黄河开玉帐②。
昼飞羽檄下列城③，　夜脱貂裘抚降将④。
将军枥上汗血马⑤，　猛士腰间虎文韔⑥。
阶前白刃明如霜，　门外长戟森相向⑦。
朔风卷地吹急雪⑧，　转盼玉花深一丈⑨。
谁言铁衣冷彻骨，　感义怀恩如挟纩⑩。
腥臊窟穴一洗空⑪，　太行北岳元无恙⑫。
更呼斗酒作长歌，　要遣天山健儿唱⑬。

**【注释】**

①河外：指黄河以北地区。

②并(bàng)：傍。玉帐：主帅所居的帐幕。

③羽檄：檄书上插有羽毛，是最急的军事公文。

④抚降将：安抚投降的将领。

⑤枥(lì)：马槽。汗血马：日行千里的名马。

⑥虎文韔(chàng)：虎皮制的弓套，或绘有虎皮纹的弓套。

⑦戟：古代的一种长柄兵器。

⑧朔风：北风。

⑨玉花：指雪花。

⑩如挟纩(kuàng)：《左传·宣公十二年》载："师人多寒，(楚)王巡

三军，抚而勉之，三军之士皆如挟纩。”纩，丝绵。

⑪腥臊窟穴：指金兵营寨。

⑫太行：即太行山，在山西、河南、河北交界处。北岳：即恒山，在山西浑源县东南。

⑬天山：在新疆境内。

## 【品评】

这一首诗作于乾道九年（1173）秋天。当时陆游摄知嘉州（今四川乐山），离开南郑抗金前线不到一年，日思夜梦，都集中于驱逐金人、收复失地。诗题中说他梦见“驻军河外，遣使招降诸城”，并且郑重其事地写明作梦的时间是“九月十六日夜”，强调真的做了这样的梦，并非说谎。

日有所思，夜有所梦，诗人所写的，也许是梦中出现的情景，也许是托为梦境，表现渴望实现而在现实中无法实现的雄心壮志。全诗以“杀气昏昏横塞上”领起，展现了“驻军河外，遣使招降诸城”的连环画卷，想象丰富，气势豪迈，词彩绚丽，声调宏亮，读之令人精神振奋，意气风发。

# 金错刀行①

黄金错刀白玉装②，　夜穿窗扉出光芒③。
丈夫五十功未立，　提刀独立顾八荒④。
京华结交尽奇士⑤，　意气相期共生死⑥。
千年史策耻无名⑦，　一片丹心报天子。
尔来从军天汉滨⑧，　南山晓雪玉嶙峋⑨。
呜呼楚虽三户能亡秦⑩，岂有堂堂中国空无人？

## 【注释】

①金错刀：刀身纹饰镶有黄金。行：歌行，古诗的一种体裁。

②白玉装：刀柄、刀鞘镶有白玉。

③扉：门。

④八荒：指八方荒远之地。

⑤京华：京城，这里指南宋都城临安。

⑥意气：志趣。相期：相约。

⑦策：通册，古代用竹片或木片记事著书，成编的叫册。

⑧尔来：近来。天汉滨：汉水旁边。汉水，发源于陕西，上游流经汉中盆地。陆游曾在汉中任职，故言及。

⑨南山：即终南山。玉嶙峋：玉，形容雪色。嶙峋（línxún）：堆积突兀不平貌。

⑩“楚虽”句：战国末年，楚国为秦国所灭，楚人不屈，有民谣云：“楚虽三户，亡秦必楚。”项羽楚人，终灭秦国。

【品评】

此诗乾道九年（1173）冬作于嘉州。同年春天所作的《三月十七日夜醉中作》中有“逆胡未灭心未平，孤剑床头铿有声”之句；同年秋天所作的《宝剑吟》有“幽人枕宝剑，殷殷夜有声，……不然愤狂虏，慨然思遐征”之句，皆以剑自喻，渴望远征，一试锋芒。这一首，则以“金错刀”起兴，由刀及人，托出“提刀独立顾八荒”的英雄形象，然后展现提刀四顾时的内心活动：在京华结交了许多一心报国、誓共生死的“奇士”；在南郑前线，亲眼看到南山嶙峋，地形险要，可以“天汉滨”为根据地进取关中，收复中原。于是以“呜呼”振起，以“楚虽三户能亡秦”的历史事实鼓舞斗志，而以“岂有堂堂中国空无人”的反诘语气作结，大声镗鞳，振聋发聩。

## 长　歌　行

人生不作安期生①，　醉入东海骑长鲸；
犹当出作李西平②，　手枭逆贼清旧京③。

金印煌煌未入手，　白发种种来无情[④]。
成都古寺卧秋晚，　落日偏傍僧窗明。
岂其马上破贼手，　哦诗长作寒螿鸣[⑤]？
兴来买尽市桥酒，　大车磊落堆长瓶[⑥]；
哀丝豪竹助剧饮[⑦]，　如巨野受黄河倾[⑧]。
平时一滴不入口，　意气顿使千人惊。
国仇未报壮士老[⑨]，　匣中宝剑夜有声。
何当凯旋宴将士[⑩]，　三更雪压飞狐城[⑪]？

【注释】

①安期生：传说中的古代仙人。

②李西平：唐德宗时平息朱泚之乱，收复长安的名将李晟，因功封为西平郡王。

③枭(xiāo)：斩首高挂于木竿。逆贼：指朱泚，这里代指金人。旧京：指长安，这里代指汴梁。

④种种：短貌。白发种种：头发变得白而短的样子。

⑤哦：吟咏。螿(jiāng)：蝉。

⑥磊(lěi)落：错落不齐的样子。

⑦"哀丝"句：丝是弦乐器，如二胡、琵琶；竹是管乐器，如箫、笛。全句意谓：用悲壮慷慨的音乐助兴痛饮。剧饮：痛饮。

⑧巨野：在今山东省巨野县境内，为黄河的吞吐湖。

⑨壮士：作者自指。

⑩"何当"句：何时军队打了胜仗，奏着胜利的音乐回来，并宴请将士吃饭。何当：何时、何日。

⑪飞狐城：亦称飞狐口，在今河北省涞源县北。这里泛指边境要塞。

【品评】

起头四句，直抒壮怀，辞气凌厉，有如长江出峡，不可阻遏。从语法结构上看，这四个七字句，实际上是一个包含两个分句的复句，而以“人生”为共同主语。“不作”只起陪衬作用，由于它的陪衬，“犹当出作”的意义才显得更突出。这个长句的意思是：人生如果不能做一个像安期生那样的仙人，醉骑长鲸，在汪洋大海里纵横驰骋，就应当做一个像李西平那样的名将，消灭逆贼，收复旧京，使天下清平。

作诗作文，都须蓄势。如不蓄势，便一泻无余，气衰势穷。此诗突然而起，二十八字的长句有如长风鼓浪，奔腾前进，但当全力贯注于“手枭逆贼清旧京”之后，即不复继续前进，来了个“逆折”，折向相反的方面：“金印煌煌未入手”，壮志未酬，不胜愤懑！忽顺忽逆，忽扬忽抑，形成第一次波澜。李西平之所以能“手枭逆贼清旧京”，当然由于他有将才和爱国心，但更重要的还在于他肘悬“金印”，掌握兵权。自己也有将才和爱国心，但手无煌煌“金印”，又怎能实现“手枭逆贼清旧京”的壮志？

“金印煌煌未入手”一句连“折”带“抑”，“白发种种来无情”一句再“抑”，“成都古寺卧秋晚，落日偏傍僧窗明”两句更“抑”，直把起头用二十八字长句所抒发的一往无前的壮志豪情“抑”向低潮。此诗作于淳熙元年(1174)秋，作者已五十岁，客寓成都安福院僧寮。就一生说，白发日添；就一年说，已到“秋晚”；就一日说，日已西落。真所谓“志士愁日短”！而易逝的时光，就在这“古寺”的闲“卧”中白白消磨。这对于渴望“手枭逆贼清旧京”的爱国志士来说，怎能不焦灼！

一“抑”再“抑”之后，突然用一个反诘句平空提起：“岂其马上破贼手，哦诗长作寒蛩鸣？”形成又一波澜。接下去，通过描写“剧饮”抒发“手枭逆贼清旧京”的理想无由实现的悲愤。读“兴来”四句，似见“长鲸吸百川”的气概。但一味夸张地描写“剧饮”，会给人以“酒徒”酗酒的错觉，因而用“平时一滴不入口”陡转，用“意气顿使千人惊”拍合，形成第三个波澜。此后波澜迭起，淋漓酣纵：“国仇未报壮士老”一句，正面点明“剧饮”之故，感慨万端；“匣中宝剑夜有声”一句，侧面烘托报国的决心，又燃起希望之火，从而引出结句“何当凯旋宴将士，三更雪压飞狐城”，希望有一天能统率北伐大军，在收复汴京之后乘胜追击，尽复北方边郡，在飞狐城上大宴胜利归来的将士，痛饮狂欢，直至三更，大雪纷飞，也不觉寒冷。读诗至此，才意识到前面写“剧饮”排闷，正是为结句写凯旋欢宴作铺垫。而“三更雪压飞狐城”一句，则既和前面的“落日偏傍僧窗明”相对照，又以荒寒寂寥的环境反衬“宴将士”的欢乐热闹场面。

此诗起势雄迈俊伟，中间沉郁顿挫，曲折变化，波澜迭起，结尾兴会淋漓，豪气纵横。方东树推为陆游诗的“压卷”(《昭昧詹言》卷一二)，确非无的放矢。

## 关山月[①]

和戎诏下十五年[②]，　将军不战空临边。
朱门沉沉按歌舞[③]，　厩马肥死弓断弦。
戍楼刁斗催落月[④]，　三十从军今白发，
笛里谁知壮士心，　沙头空照征人骨[⑤]。
中原干戈古亦闻，　岂有逆胡传子孙，
遗民忍死望恢复[⑥]，　几处今宵垂泪痕。

### 【注释】

①关山月：汉乐府古题，属横吹曲。

②“和戎”句：孝宗隆兴二年(1164)，下诏议和，到淳熙三年(1176)陆游作此诗时，已近十五年。

③朱门：富贵人家。沉沉：深远貌。

④戍(shù)楼：边塞上的岗楼。刁斗：古代军中用来打更报时的用器。

⑤沙头：沙场。

⑥遗民：指金统治区的原北宋人民。

### 【品评】

此诗淳熙三年(1176)作于成都。

高宗绍兴九年(1139)宋金议和,宋对金称臣,岁贡银二十五万两、绢二十五万匹;绍兴十二年(1142)又定和议,宋金以大散关、淮河为界。孝宗即位,开始尚有抗金决心。隆兴二年(1164)三月,张浚以右丞相督视江淮兵马,驻节镇江;陆游初任镇江通判,以世谊晋谒,颇受器重,便"力说张浚用兵",对恢复大业充满希望。但不久张浚罢相,投降派势力又占主导地位。隆兴二年(1164)十一月,孝宗遣王抃使金,称叔侄之国,地界如绍兴之时。第二年,"隆兴和议"成立,至陆游作此诗,将近十五年。

全诗以"和戎诏下十五年"领起,下面从各个方面写因"和戎"而出现的典型景象:"朱门"——富贵人家,包括朝廷中的权豪势要,正好及时行乐,歌舞升平;将军不战,厩马肥死,武备废弛;渴望收复失地的壮士无用武之地,徒添白发,吹笛抒愤;沦陷区的遗民在水深火热之中顽强挣扎,垂泪南望,期待王师解救他们,却始终不见王师的踪影。前四句押平声韵,中间四句换入声韵,后四句换平声韵,仅用十二句诗,高度概括地描绘出"隆兴和议"以来十多年间中国历史的基本面貌和不同人物的处境、心态,而作者忧国忧民的激情,洋溢于字里行间,感人肺腑。

## 楚　　城①

江上荒城猿鸟悲，　隔江便是屈原祠②。
一千五百年间事③，　只有滩声似旧时。

【注释】

①楚城:即楚王城,楚始封于此,为楚国的发祥地,在今湖北省秭归县东。

②屈原:楚之爱国志士,因楚王不听他的劝告而悲愤忧虑,自投汨罗江而死。楚不久亦为秦所灭。

③"一千"句:谓从屈原到诗人作此诗事,时间已过去一千五百年。

## 【品评】

淳熙五年(1178)正月,孝宗召陆游东归。二月,陆游离成都,顺长江东下,五月初到达归州,作《楚城》及《屈平庙》等诗。据他所写的《入蜀记》,楚城在长江之南的“山谷间”,与归州(秭归)城及其东南五里的屈原祠隔江相望;而江中“滩声”“常如暴风雨至”。

题为“楚城”,而只用第一句写“楚城”;第二句和三、四句,则分别写“屈原祠”和江中“滩声”。构思谋篇,新颖创辟。

“江上荒城猿鸟悲”,先点明“城”在“江上”,并用“荒”和“悲”定了全诗的基调。“楚城”即“楚王城”,“楚始封于此”,是楚国的发祥地。楚国强盛之时,它必不荒凉;如今竟成“荒城”,就不能不使人悲!接下去,作者就用了一个“悲”字,但妙在不说人“悲”,而说“猿鸟悲”,用了拟人法和侧面烘托法,“猿鸟”何尝懂得人世的盛衰?说“猿鸟”尚且为“楚城”之“荒”而感到悲哀,则凭吊者之悲哀更可想见。“江上”二字,在本句中点明“楚城”的位置,在全诗中则为第二句的“隔江”和第四句的“滩声”提供根据,确切不可移易。

在第二句,诗人并没有直接回答“楚城”为什么“荒”,却用“隔江便是屈原祠”一句进一步确定“楚城”的地理位置,但不仅如此。

屈原辅佐楚怀王,主张彰明法度,举贤授能,东联齐国,西抗强秦,却遭谗去职。怀王违反屈原联齐抗秦的主张,使楚陷于孤立,为秦惠王所败。此后,怀王又不听屈原的劝告,应秦昭王之约入秦,被扣留,死在秦国。楚顷襄王继立,信赖权奸,放逐屈原,继续执行亲秦政策,国事日益混乱,秦兵侵凌不已。屈原目睹祖国迫近危亡,悲愤忧郁,自投汨罗江而死。至秦始皇二十四年(前223),楚国终为秦国所灭。

明乎此,就不难理解:楚国的命运与屈原遭遇密不可分,诗人一见“楚诚”的荒芜,就想到了屈原的遭遇。

“江上荒城,——猿鸟悲!”从语气看,这是慨叹;就文势说,这是顿笔。楚城如此荒凉,连猿鸟都为之悲伤,而楚城的隔江,便是屈原的祠庙啊!这无限感慨中又蕴蓄多少说不出,说不尽处。

两句诗，欲吐又吞，低回咏叹，吊古伤今，余意无穷。

三四两句，仍然是再伸前说。一二两句，只用“便是”绾合“江上荒城”与“屈原祠”，接下去似应伸说那二者之间的关系。然而这样写，其意便浅，所以诗人别出心裁，照应着第一句的“江上”与第二句的“隔江”去写“滩声”。

从屈原那时到现在，时间已过了一千五百年，除了江上的“滩声”仍像一千五百年前那样“常如暴风雨至”（《入蜀记》）外，人间万事都不似旧时。“滩声”依旧响彻“楚城”，而“楚城”已不似旧时；“滩声”响彻归州，而归州亦已不似旧时。陵变谷移，城荒猿啼，一切的一切，都不似旧时啊！

诗人在此以少总多，纳“楚城”和“屈原祠”于“滩声”之中，并以“滩声”的似旧反衬人间万事的非旧，而“楚城”之所以“荒”，“猿鸟”之所以“悲”，屈原之所以被后人修祠纪念，以及诗人抚今思昔、吊古伤今的无限情意，许多不便说、说不尽处，都蕴蓄于慨叹和停顿之中，令人寻味无穷。全诗也就到此结束，不再“伸说”，也无须“伸说”。

这首七绝，在运用反衬手法上也有独创性，第一句写楚城在“江上”，第二句写屈原祠在“隔江”，从而以两个“江”字引出响彻两岸的“滩声”，使四句诗形成了天衣无缝的整体。江水流怨，滩声吐恨，那流经楚城与屈原祠之间、阅尽楚国兴亡和人世巨变的江水及其“常如暴风雨至”的“滩声”，是为屈原倾吐怨愤之情呢，还是为南宋时期与屈原有类似遭遇的一切爱国志士倾吐怨愤之情呢？

## 五月十一日夜且半梦从大驾亲征尽复汉唐故地见城邑人物繁丽云西凉府也喜甚马上作长句未终篇而觉乃足成之[①]

天宝胡兵陷两京[②]，　北庭安西无汉营[③]；
五百年间置不问[④]，　圣主下诏初亲征[⑤]。

熊罴百万从銮驾[⑥]，　故地不劳传檄下[⑦]；
筑城绝塞进新图[⑧]，　排仗行宫宣大赦[⑨]。
冈峦极目汉山川[⑩]，　文书初用淳熙年[⑪]；
驾前六军错锦绣[⑫]，　秋风鼓角声满天。
苜蓿峰前尽亭障[⑬]，　平安火在交河上[⑭]。
凉州女儿满高楼，　梳头已学京都样[⑮]。

【注释】

①大驾：皇帝车驾。亲征：亲自讨伐敌人。西凉府：宋初以凉州为西凉府，后为西夏占领。治所在今甘肃武威县。足成之：将梦中未作完的诗补足，使成完整的诗章。

②天宝：唐玄宗李隆基年号，天宝十四载（755），安禄山发动叛乱，攻陷长安和东都洛阳。

③北庭：治所在今新疆孚远县。安西：治所在今新疆吐鲁番，唐时曾在此两地设都护府以加强统治，安禄山叛乱后，两地皆被吐蕃攻占。

④五百年间：从安史之乱，到孝宗时约五百年。

⑤圣主：指宋孝宗。

⑥熊罴：均为猛兽，这里比喻勇猛的将士。銮驾：皇帝所乘之车。

⑦故地：凉州原为中国的属地。檄：军中的告示、文书。

⑧绝塞：极远的边塞。进新图：将新收复地方的版图献给皇帝。

⑨排仗：排列的仪仗。行宫：皇帝在外临时居住的地方。

⑩极目：眼睛能望见的地方。

⑪淳熙：孝宗年号。

⑫六军：古代皇帝拥有六军。错锦绣：六军穿着锦绣所制的衣服，五色交错。

⑬苜蓿峰：地未详。这里借指边关要塞。亭障，驻军所设碉堡。

⑭交河：县名，在今新疆吐鲁番西，唐置安西都护府于此。

⑮京都：指南宋都城临安。

【品评】

此诗作于淳熙七年(1180)五月十一日夜半。先一年陆游任朝请郎(正七品)提举江南西路常平茶盐公事,十二月到抚州(今江西临川)任,此诗即作于抚州。

陆游生于宣和七年(1125),次年即逢靖康之难,金人攻陷汴京。作者作此诗时已五十六岁,中原沦陷已半个多世纪,渴望皇帝下诏亲征,尽收失地。此诗借写梦境驰骋想象,写出了大驾亲征、军威远震、敌人投诚、失地全收、宣布大赦、实现和平统一的许多动人情景,而以"凉州女儿满高楼,梳头已学京都样"收尾,小中见大,不仅金人的残酷统治已经一去不返,就连夷化已久的风俗习惯,乃至妇女的发型,也迅速改变,复归于华夏文明。全诗想象丰富,形象鲜明,作者的爱国激情亦得到生动感人的体现。

## 夜泊水村

腰间羽箭久凋零①, 太息燕然未勒铭②。
老子犹堪绝大漠③, 诸君何至泣新亭④。
一身报国有万死⑤, 双鬓向人无再青⑥。
记取江湖泊船处, 卧闻新雁落寒汀⑦。

【注释】

①羽箭久凋零:意谓杀敌武器被长期闲置。

②燕然未勒铭:燕然,山名,即今蒙古杭爱山。后汉和帝永元元年(89),车骑将军窦宪击北匈奴,至燕然山,班固作铭,纪功勒石而还。未:不曾,没有。

③老子:作者自指。绝:横渡。大漠:大沙漠。

④新亭:注见前。

⑤有万死:即万死不辞。

⑥无再青:不可能再恢复青春。

⑦新雁:新秋南来之雁。汀:水边平地、小洲。

## 【品评】

淳熙八年(1181),陆游奉调提举淮南东路常平茶盐公事,因臣僚以“不自检饬,所为多越于规矩”论罢,闲居山阴老家。第二年,除朝奉大夫,主管成都府玉局观。宋朝制度,指明“主管”或“提点”某宫、某观,只是给一个领取乾俸的空名,根本不须到那里去干什么实事。这首诗,即作于此年山阴赋闲之时。

题为“夜泊水村”,按照触景生情的规律,通常的写法应该是先从眼前景落墨,诗人摆落凡近,别出心裁,将眼前景留在结尾,却用以借景抒情。从实质上说,通篇八句,都用来自抒胸臆,从而在最大限度上扩展了情感波涛的空间。

通篇抒情,容易流于抽象化。诗人的高明之处,正在于通篇抒情,却形象鲜明,具有强烈的艺术感染力。

前四句的形象性来自借古事以抒今情。且看首联:杜甫用“良相头上进贤冠,猛将腰间大羽箭”,再现凌烟阁上功臣们的画像(见《丹青引》),东汉车骑将军窦宪率部击败北匈奴的侵略军,登燕然山(今蒙古杭爱山),令班固作铭,刻石纪功而还(见《后汉书·窦宪传》),其人其事,都是诗人所向往的,故首联即取材于此而自铸伟词。自顾腰间,羽箭犹在,表明始终渴望驰驱沙场,收复失地;然而羽箭久已凋零,却依然投闲置散,何时才能像窦宪与凌烟猛将那样大显身手,为国立功?两句诗,历史与现实交错,遭遇与愿望对立,从而激发读者的无穷想象,而诗人流落江湖的身影与壮志难酬的心态,也于广阔的历史背景中闪现,如闻“太息”之声,多情的读者,也会为之“太息”的。如果是意志薄弱的碌碌之辈,继一声“太息”,必将进而大发牢骚,倾泻绝望情绪。作为杰出爱国诗人的陆游,却不如此,且看次联。

次联以“老子”与“诸君”对举，用了两个典故。《史记·卫将军骠骑列传》记载：骠骑将军霍去病出塞三千余里，大破匈奴，天子用“绝大漠，……执卤获丑”等语赞扬他的赫赫战功，诗人从这里吸取“绝大漠”三字，隐然以霍去病自比。但霍去病横渡大漠之时，正年富力强，而诗人此时已五十八岁，故自称“老子”，又于“绝大漠”之前加“犹堪”二字，表明自己虽然年老，仍然能够长驱直入，杀敌致胜。这句诗，以“绝大漠”表现抗金雄心，用典贴切。用“犹堪”作状语，更蕴含深广，耐人寻味。诗人少壮之年，“楼船夜雪瓜洲渡，铁马秋风大散关”，已自许“塞上长城”；如果得到重用，早可以追踪卫霍。可是直到老年，还夜泊水村，一筹莫展！用“犹堪”二字，其岁月蹉跎的悲慨已见言外。然而作为“绝大漠”的状语，这种言外之意反而强化了百折不挠的坚强意志，真可谓“烈士暮年，壮心不已”！其爱国激情，献身豪气，令人感发兴起。如果当权“诸君”都像他这样，那么南宋的偏安局面，不就可以彻底改变了吗？然而“诸君”的表现，却与此形成强烈的对照。大家都很清楚：当时南宋政府奉行投降政策，对金称臣、纳贡、割地以求苟安。诗人在这里不愿正面提出这一类事情痛加斥责，而是委婉地用了一个典故：晋室南渡，过江诸人常在新亭饮宴，周侯叹息说：“风景不殊，正自有河山之异？”大家都相视流泪。王导批评道：“当共戮力王室，克服神州，何至作楚囚相对？”(《世说新语·言语》)诗人将这个典故锤炼成精采的诗句，与上句合成有机联系的一联：我年近花甲，倘有用武之地，还能像霍去病那样横度大漠；诸君大权在握，又何至于束手无策，像南渡诸人那样对泣新亭呢？”“当共戮力王室，克服神州”之意，已溢于言表。

三联上句“一身报国有万死”，紧承次联，进一步表明决心：誓雪国耻，万死不辞。然而问题的关键仍在于“报国欲死无战场”，因而以“双鬓向人无再青”转向尾联。韶华易逝，时不我与，再蹉跎下去，双鬓飞雪，还能有什么作为呢？这里当然有自惜自叹的成分，但更重要的则是向当权者提出希望和警告。

尾联点题。“江湖泊船处”，紧扣题目中的“泊水村”。最后一句，则通过自我情态和客观景物的生动描绘托出题目中的“夜”字。白天当然也可以“卧”,但如果是白天,则“新雁落寒汀”自然明白可见,不必用那个“闻”字。“卧闻新雁落寒汀”,首先展现的是诗人夜卧船舱、侧耳静听的神态。既用“闻”字,则只能闻其声,不能见其形。他听见雁声自远而近,由高向低,最后来自“寒汀”,便通过“通感”作用,在想象中浮现“新雁落寒汀”的动景。“汀”不会感到“寒”,说它“寒”,乃是诗人触觉的外射。“寒”与“新雁”相联系,再结合山阴的气候特点,便可以看出诗人通过触觉和听觉,多么细致入微地写出了江南水村最富特征性的冬夜景色。

尾联写出了“夜泊水村”的荒寒情景,但用“记取”领起,便非单纯写景,而是由三联下句转出,慨叹时光的不断流逝。“新雁落寒汀”,这一年不又进入秋末冬初了吗?时不再来的忧伤,请缨无路的焦灼,北定中原的渴望,都随雁唳的声声入耳而激荡跃动,化为汹涌澎湃的情感波涛。这首爱国诗歌激动人心的艺术魅力,正来自这种情感波涛的奔腾流注。国仇未报,壮士空老?千载之下,每一位有爱国心的读者都不能不为作者的遭遇感到痛惜,一洒同情之泪。

## 小园四首录二

小园烟草接邻家, 桑柘阴阴一径斜①。
卧读陶诗未终卷②, 又乘微雨去锄瓜。(其一)
村南村北鹁鸪声③, 水刺新秧漫漫平④。
行遍天涯千万里, 却从邻父学春耕。(其二)

**【注释】**

①桑柘(zhè):柘亦桑属,其叶可以喂蚕。

②陶诗:陶渊明的诗。

③鹁鸪(bógū):鸟名,天要下雨或天刚晴的时候,在树上咕咕啼叫。

④漫漫:无边无际的样子。

## 【品评】

淳熙八年(1101),陆游任“提举淮南东路常平茶盐公事”官,三月,被同僚以“不自检饬,所为多越于规矩”论罢,闲居农村,作此组诗,共四首。其第二首云:“历尽危机歇尽狂,残年唯有付耕桑。麦秋天气朝朝变,蚕月人家处处忙。”其第四首云:“少年壮气吞残虏,晚觉丘樊乐事多。骏马宝刀俱一梦,夕阳闲和《饭牛歌》。”读此二诗,可以了解诗人的心态,有助于了解所选两首诗的深层意蕴。

前一首第一句点出“小园”,乃第四句“锄瓜”之地。第二句“一径斜”写自己住宅通向“小园”的道路,乃“去锄瓜”所必经。“烟草接邻”“桑柘阴阴”,则烘托出农村景色。全诗以“微雨锄瓜”为落脚点,妙在用“卧读陶诗未终卷”唤起,便言外有意,余味无穷。陶渊明厌恶官场黑暗,不为五斗米折腰而归隐田园,躬耕自给,为后世留下了许多珍贵的田园诗。陆游志在收复中原,却为当权者所排斥而罢归农村,气节、遭遇、处境,都与陶渊明相通,因而“卧读陶诗”,以求心灵的慰藉;当看到天降“微雨”,便感到正是“锄瓜”的好时机,即放下陶诗去“锄瓜”了。陆游《读陶诗》云:“我诗慕渊明,恨不造其微。退归亦已晚,饮酒或庶几。雨余锄瓜垄,月下坐钓矶。千载无斯人,吾将谁与归?”可与此诗参证。

后一首,一、二两句写江南村景如画,为第四句“学春耕”作铺垫。但正像前一首那样:如果不用“读陶诗”唤起,则“锄瓜”不过是常见的农家劳动而已,别无蕴含,不耐咀嚼。这一首,如果单纯写“春耕”,也诗意不浓。其出人意外的精彩之处在于:在用前两句展现有声有色的村景之后,忽然远离村景,用“行遍天涯千万里”涵盖瓜洲夜雪、散关秋风、壮岁从戎、气吞残虏,直到留蜀、去闽、赴赣而壮志难酬的种种经历,然后用“却”字收回,以“从邻父学春耕”收到“小园”本题,与一、二两句所写村景拍合。真是能放能收,控纵自如!与陆游同时,而且志同道合的爱国词人辛弃疾的《鹧鸪天·博山寺作》云:“人间走遍却归耕。”《鹧鸪天·有客慨然谈功名因追念少年时事戏作》云:“却将万字平戎策,换得东家种树书。”一句之内,两句之间,反差强烈,对照鲜明,正与陆游诗不谋而合,处境相似，心态相通，故有构思类似的绝妙好句。

## 书　愤

早岁那知世事艰[1]，　中原北望气如山。
楼船夜雪瓜洲渡[2]，　铁马秋风大散关[3]。
塞上长城空自许[4]，　镜中衰鬓已先斑。
出师一表真名世[5]，　千载谁堪伯仲间[6]。

【注释】

①早岁：指年轻的时候。世事艰：指抗金大计屡受投降派破坏，无法实行。

②楼船：高大的兵舰。瓜洲渡：在今江苏镇江市对岸的长江边上。陆游于隆兴二年(1164)任镇江通判，当时完颜亮正率军南侵，敌我双方正准备交锋。

③铁马：披着铁甲的战马。大散关：在今陕西省宝鸡市西南，是当时南宋与金的西边关界。陆游于乾道八年(1172)从军南郑，曾在大散关一带与金兵交锋，已见前注。

④塞上长城：南朝宋文帝将杀名将檀道济，济怒，脱帻投地说："乃坏汝万里长城。"

⑤"出师一表"句：诸葛亮在蜀汉后主建兴五年(227)三月出兵伐魏前，曾给后主上了一篇《出师表》，以表示自己为国"鞠躬尽瘁"的决心。名世：名传后世。

⑥伯仲：原指兄弟间的长幼次序，引申为诠叙人物等第之词。这里则有并驾齐驱的意思。

【品评】

此诗作于淳熙十三年(1186)春，当时闲居故乡山阴，已六十二岁。

这是陆游七律名篇之一。首句“早岁那知世事艰”，其言外之意是“如今深知世事艰”；“早岁”与“如今”暗含今昔对比，全诗即按今昔对比布局。先写“早岁那知世事艰”；因为不知世事艰，所以北望中原，气壮山河，于夜雪中长驱楼船，渴望渡江进驻瓜洲，北上杀敌，于秋风中驰骋铁马越过大散关，切盼收复长安。三句诗，激昂雄壮，活画出一位爱国英雄的形象，其“早岁”的豪情壮举，跃然纸上，而“那知世事艰”之意，亦得到充分表现。第五句承上转下：自许“塞上长城”，乃是对前三句的高度概括；妙在着一“空”字，文气陡转，转出以下各句。捍卫祖国的壮志之所以落“空”，其原因不在自身，而在于投降派专权，其“世事艰”之意，已暗寓其中。一句诗承中有转，显示了作者深厚的艺术功力。

“楼船夜雪”一联，全用名词而无一关联字，意象具足，雄奇壮丽。“塞上长城”一联，则开合动宕，感慨淋漓。从“早岁”即自许“塞上长城”，奔走号呼，渴望驰驱疆场，收复失地，可是这种报国宏愿至今未能实现，而对镜自照，两鬓已经斑白，其报国宏愿还能实现吗？可贵之处在于诗人既知“世事艰”而仍未灰心，以渴望“出师”收束全篇。诸葛亮《出师表》中有“奖率三军，北定中原。……兴复汉室，还于旧都”等语，上表之后，即出师北伐，这正是陆游一生所向往的，因而在《病起书怀》《游诸葛武侯读书台》《感秋》等许多作品中都颂扬诸葛亮和他的《出师表》。“出师一表真名世，千载谁堪伯仲间”，既含受投降派阻挠，未能出师北伐的感慨，又含终于能够出师北伐的期望，苍凉悲壮，感人肺腑。

## 临安春雨初霁[①]

世味年来薄似纱[②]，　谁令骑马客京华[③]。
小楼一夜听春雨，　深巷明朝卖杏花。
矮纸斜行闲作草[④]，　晴窗细乳戏分茶[⑤]。
素衣莫起风尘叹，　犹及清明可到家[⑥]。

## 【注释】

①霁(jì):雨后初晴曰霁。

②"世味"句:感慨世态人情薄得就像纱一样。

③令(líng):教、使,平声。京华:京城,这里指临安(今杭州)。

④矮纸:短纸。作草:写草书。

⑤细乳:沏茶时浮在水面呈白色的小泡沫。分茶:宋代上层社会饮茶的一种游艺,类似日本的茶道。宋人诗词中咏"分茶"的很多,杨万里《澹庵座上观显上人分茶》诗云:"分茶何似煮茶好,煎茶不似分茶巧。蒸水老禅弄泉声,隆兴元春新玉爪。二者相遭兔瓯面,怪怪奇奇真幻变。银屏首下仍尻高,注汤作势字嫖姚。"宋代把茶制成圆饼状,称龙团、凤饼。冲泡时"碾茶为末,注之以汤,以筅击拂",盏面的汤纹可以变幻出山水、云雾、花鸟、虫鱼等各种图像甚至一句诗。惜此法已失传。

⑥"素衣"两句:反用晋人陆机"京洛多风尘,素衣化为缁"(《为顾彦先赠妇》)诗意,意谓:别为素衣被京城中的风尘染黑而叹息,在清明节前,便可回到家里了。

## 【品评】

此诗作于淳熙十三年(1186)春。作者被召入京,暂住临安。

首联点出"客京华",次联、三联,写"客京华"时的闲情逸趣,与首联"世味薄"、尾联"风尘叹"拍合。因已深知"世事艰",故厌倦官场,不愿入京;而被召入京,也不肯趋炎附势,只以"听春雨""闲作草""戏分茶"消磨时光,并且急于回到山阴,免受京城中的风尘污染。首尾呼应,章法井然。

此诗以次联出名。刘克庄《后村诗话》载:"放翁少时调官临安,得句云:'小楼一夜听春雨,深巷明朝卖杏花。'传入禁中,思陵(高宗)称赏,由是知名。"按作者作此诗时已六十二岁,并非"少时",当时的皇帝是孝宗而非高宗,不是"调官临安",而是被召入京,除朝请大夫、知严州(今浙江建德)。刘克庄把事实全弄错了,但说这一联诗在当时已受到赞赏,该是真实的。作者可能被陈与义的名句"杏花消息雨声中"触发灵感,从"一夜听春雨”联想到“明朝卖杏花”,成此佳联。沿街喊叫卖花,是南宋京城临安的风尚,陆游的朋友王季夷的《夜行船》词,即有“小窗人静,春在卖花声里”之句。

## 梅花绝句

低空银一钩①，　糁野玉三尺②。
愁绝水边花，　无人问消息。

**【注释】**

①银一钩:一钩明月。

②糁(sǎn)野:撒满原野。玉三尺:三尺深的白雪。

**【品评】**

陆游酷爱梅花,有梅必赏,赏梅必形诸吟咏。他的那首以“零落成泥碾作尘,只有香如故”结尾的《卜算子·咏梅》词,久已脍炙人口。其咏梅诗,多达百余首,艺术质量也很高,堪称咏梅大家。

这是一首古绝句,押仄声韵,风格高古,与梅花的品格相协调。前两句对起,一写高空,一写旷野。高空是一钩新月,光洁如“银”;旷野是三尺厚雪,晶莹如玉。两句诗,展现空旷、寂寥、清冷的境界,为下面所写的梅花衬托大背景。第三句又以“水边”作梅花的小背景,这是十分必要的,因为不特指“水边”,那梅花也可能开在富贵人家的花园里,用不着因“无人问消息”而“愁绝”。而“水边”的小背景与前两句所写的大背景叠合,用以烘托高洁的梅花,其悄无人至的寂寥景象便立刻浮现纸上。当然,作者如果是林和靖那样的隐士,也许会说悄无人至正好,还怕被人打扰呢!可是,这对于以澄清中原为职志的陆游来说,却是另一种感受。此诗作于绍熙二年(1191),自被谏议大夫何谵所劾,罢官归里已有两年之久，尚无起用的消息，能不发愁吗？“愁绝水边花，无人问消息”，正是这种心情的自然流露。

## 秋夜将晓出篱门迎凉有感二首

迢迢天汉西南落[①]，　喔喔邻鸡一再鸣。
壮志病来消欲尽，　出门搔首怆平生[②]。（其一）
三万里河东入海[③]，　五千仞岳上摩天[④]。
遗民泪尽胡尘里[⑤]，　南望王师又一年[⑥]。（其二）

**【注释】**

①迢迢（tiáo）：遥远貌。天汉：银河。
②搔首：用手挠头，心绪烦乱或思考问题时的动作。
③河：黄河。
④仞：古八尺为一仞。岳：这里指西岳华山。
⑤遗民：指金人占领区的北宋人民。胡尘：金人兵马扬起的灰尘。
⑥南望王师：盼望南宋的军队来解救他们。

**【品评】**

这两首七绝作于绍熙三年（1192）秋，诗人从淳熙十六年（1189）自朝议大夫（正六品）礼部郎中任罢官归里已有三年，当时已六十八岁。

第一首：前两句，通过视觉、听觉，写“秋夜将晓”景象，是已“出篱门”时的所见所闻。“壮志病来消欲尽”，是说壮志消磨将尽，但还没有尽。正因为壮志未“尽”，所以睡不好觉，天还未亮，就起床“出门”，仰看星斗，近听鸡叫，心潮起伏，对壮志未酬的平生经历感到悲怆。

第二首：前两句，以奇情壮采展现了北中国的壮丽河山。后两句陡转，写那壮丽河山如今为“胡尘”所笼罩，在“胡尘”里饱受苦难的“遗民”

们眼巴巴地“南望王师”来解救他们，又望了一年，还是望不见“王师”的踪影，眼泪已经流尽了！作者在《寒夜歌》里也有这样的诗句：“三万里之黄河入东海，五千仞之太华摩苍穹。坐令此地没胡虏，两京宫阙悲荆榛。谁施赤手驱蛇龙？谁恢天网致凤麟？君看煌煌艺祖业，志士岂得空酸辛！”可与此诗参看。

两首诗，情景交融，境界阔大，感慨深沉。两首之间又有内在联系，读完第二首，便能领会“出门搔首怆平生”一句具有多么深广的内涵。

## 九月一日夜读诗稿有感走笔作歌

我昔学诗未有得，　残余未免从人乞①。
力孱气馁心自知②，　妄取虚名有惭色。
四十从戎驻南郑③，　酣宴军中夜连日。
打球筑场一千步④，　阅马列厩三万匹⑤。
华灯纵博声满楼⑥，　宝钗艳舞光照席。
琵琶弦急冰雹乱⑦，　羯鼓手匀风雨疾⑧。
诗家三昧忽见前⑨，　屈贾在眼元历历⑩。
天机云锦用在我⑪，　剪裁妙处非刀尺⑫。
世间才杰固不乏，　秋毫未合天地隔⑬。
放翁老死何足论？　广陵散绝还堪惜⑭。

**【注释】**

①“我昔”二句：年轻时“学诗未有得”，没有形成自己的风格，只是“乞人残余”，缺乏独创性。

②孱（chán）：懦弱。气馁（něi）：无气力。

③四十：陆游从军驻南郑（今陕西汉中）时，实四十八岁，这里举其

整数。

④步：长度单位。周代以八尺为步，秦代以六尺为步，旧制以营造尺五尺为步。

⑤阅：检阅。

⑥华灯：华丽的灯。纵博：尽情赌博。

⑦弦急冰雹乱：弦声急促，如冰雹乱落。

⑧羯鼓：形状像桶，两头可敲击。

⑨三昧：佛经语，原意为正定，这里作“诀窍”解。

⑩“屈贾”句：眼前分明看到屈原贾谊，意谓领悟了屈原、贾谊创作的诀窍。

⑪天机云锦：谓神话中的织女用天机以云霞织成锦绣。

⑫“剪裁”句：谓剪裁巧妙的地方无须动用寻常的刀尺，即“妙手天成”。

⑬“秋毫”句：谓认识上有秋毫的差错，创作出的作品就会有天与地的差距。

⑭广陵散：古琴曲名。嵇康善弹此曲，后为司马昭所杀，临刑时，索琴弹此曲，叹曰：“《广陵散》从此绝矣。”结尾两句是说他死了，他领会到的“诗家三昧”无人继承，很可惜。

## 【品评】

这是作者总结创作经验的诗，绍熙三年(1192)作于山阴。他从军南郑，亲身经历了富有浪漫主义激情的军旅生活，使他的诗歌创作出现了惊人的飞跃。他由此领悟到要做杰出的诗人，必须从现实斗争、时代风云中吸取素材和灵感，才能妙境天成，写出富有独创性的好诗。他在《示子聿》里告诉儿子：“汝若欲学诗，工夫在诗外。”也是这个意思。如果没有“诗外工夫”，单纯就诗学诗，一味摹仿别人的作品，不可能成为杰出诗人。这是“诗家三昧”，也是一切文学艺术家的“三昧”。

# 十一月四日风雨大作

僵卧孤村不自哀[①]，　尚思为国戍轮台[②]。
夜阑卧听风吹雨[③]，　铁马冰河入梦来[④]。

## 【注释】

①僵卧：躺着不动。

②戍：守卫。轮台：在今新疆维吾尔自治区轮台县，汉武帝曾派兵驻守此地。后遂用为边塞要地的代称。

③夜阑：夜将尽。

④铁马：披铁甲的战马。冰河：冰封的河流。

## 【品评】

此诗作于绍熙三年(1192)闲居山阴时。首句句内含转折，已经六十八岁的老人“僵卧孤村”，本来应该为自己的处境而悲哀，却偏说“不自哀”。与“自身”相对的是国家民族，所以“不自哀”的言外之意是为国家民族的现状和前途而担忧。“不自哀”与“尚思”呼应，正因为虽然“僵卧孤村”，仍关心国事，所以“尚思为国戍轮台”，捍卫祖国。两句诗，生动地表现了生命不息、战斗不止的抗金决心。

“僵卧孤村”而“夜阑卧听风吹雨”，如果是只知“自哀”的人，就会更加感到悲凉；而对于“尚思”抗金报国的陆游来说，却由风声雨声联想到驰“铁马”、踏“冰河”的杀伐战斗之声，因而在朦胧入睡之后，“铁马冰河”的战斗场景便闯入梦境。作者《秋雨渐凉有怀兴元(南郑)》组诗第三首云：“忽闻雨掠蓬窗过，犹作当时铁马声。”《弋阳道中遇大雪》云：“夜听簌簌窗纸鸣，恰似铁马相磨声。起倾斗酒歌出塞，弹压胸中十万兵。”都出于同样的创作心理，因而其艺术构思，也相似或相通。

## 夜读范至能《揽辔录》言中原父老见使者多挥涕感其事作绝句①

公卿有党排宗泽②，帷幄无人用岳飞③。
遗老不应知此恨④，亦逢汉节解沾衣⑤。

**【注释】**

①范至能：范成大，字致能，亦作至能。乾道六年(1170)出使金国时，曾写下记载金国风土民情的《揽辔录》。使者：南宋出使金国的人。

②“公卿”句：建炎元年(1127)，宗泽任东京留守，力请收复失地，但高宗和丞相黄潜善、汪伯彦等不用其说，却屈膝求和，宗泽忧愤成疾，次年病死，临死时三呼“渡河！”

③帷幄(wéiwò)：军中的大帐。岳飞：注见前。

④遗老：北宋遗民。

⑤汉节：即汉使，指范成大。节：以竹为杆，上饰牦牛尾三重，古代出使者持此以为凭证。解沾衣：懂得其事可悲，为之泪下沾衣。

**【品评】**

此诗作于绍熙三年(1192)冬。作者的朋友范成大在《揽辔录》中写他经过相州(治所在今河南安阳)时的情景：“遗黎(民)往往垂涕嗟啧，指使人云：‘此中华佛国人也！’老妪跪拜者尤多。”陆游夜读《揽辔录》，看到这段记载，悲慨不已，形诸吟咏。

前两句，以宗泽、岳飞为抗战派代表，以他们的遭遇，揭露把持朝政的投降派对抗战力量的摧残和打击，说明中原之所以长期沦陷，不能收复，其根本原因正在这里。后两句,通过中原人民对故国的深沉怀念,进一步鞭打了投降派媚敌求和、偏安享乐对沦陷区人民所犯的罪行。

白居易《西凉伎》云:“遗民肠断在凉州,将卒相看无意收。”南宋的情况与此相似而更其严酷,其在诗词中的表现也更其痛切。陆游一生之所以反对“和戎”,力主收复失地,在很大程度上出于对沦陷区人民处境的无限关怀。《关山月》云:“遗民忍死望恢复,几处今宵垂泪痕。”《秋夜将晓出篱门迎凉有感二首》云:“遗民泪尽胡尘里,南望王师又一年。”《秋思》云:“遥想遗民垂泣处,大梁城阙又秋砧。”《三山杜门作歌》云:“三秦父老应惆怅,不见王师出散关。”都可与此诗并读。

## 农　家　叹

有山皆种麦，　有水皆种粳①。
牛领疮见骨②，　叱叱犹夜耕。
竭力事本业③，　所愿乐太平。
门前谁剥啄④，　县吏征租声。
一身入县庭，　日夜穷笞搒⑤。
人孰不惮死⑥？　自计无由生。
还家欲具说，　恐伤父母情。
老人倘得食⑦，　妻子鸿毛轻！

**【注释】**

①粳:稻的一种。

②“牛领”句:牛颈被轭磨破成疮,看见骨头。

③竭力:尽力。本业:古时以农业为本业。

④剥啄:敲门声。

⑤笞搒(chīpéng):用刑杖拷打人。

⑥惮:畏惧。

⑦倘:如果。

## 【品评】

此诗作于庆元元年(1195)三月,作者闲居山阴,七十一岁。

陆游晚年长期生活在山阴农村,“身杂老农间”,了解并且同情农民所受的种种压迫与痛苦,创作了不少关怀民瘼、揭露官府横征暴敛的好诗。如《秋获歌》云:“数年斯民厄凶荒,转徙沟壑殣相望。县吏亭长如饿狼,妇女怖死儿童僵。”《首春连阴》云:“去秋宿麦不入土,今年米贵如黄金。老妪哭子那可听,僵死不覆黔娄衾。”都是当时社会现实的真实写照。在陆游的思想中,爱国与爱民,忧国与忧民,水乳交融,不可分割。其《三月二十五日夜达旦不能寐》诗云:“捶楚民方急,烟尘虏未平。一生那敢计,雪涕为时倾。”既概括了内忧外患的现实,也表现了忧民忧国的心态。

《农家叹》是陆游反映农村生活的代表作。其突出的艺术特点是:对于官府的暴虐,不像《秋赛》中的“常年征科烦棰楚,县家血湿庭前土”那样作一般性的揭露,而是通过一户农家、一位农民的悲惨遭遇,反映了官府的残酷压榨迫使民不聊生,广大农村濒于破产的普遍现实。前六句写农民日夜耕作,竭尽全力,为的是过太平日子。“有山皆种麦,有水皆种粳”,连用“皆”字,充分表现了农民力争广种多收的善良愿望。“牛领疮见骨,叱叱犹夜耕”,以耕牛的辛苦衬托农民的辛苦,读之令人心酸。中间六句,写农民因交不够租税而被县吏抓到县庭,日夜鞭打。至于他是用了什么办法才被放回家的,则没有明写。结尾四句,写得极沉痛,也极含蓄。“还家欲具说,恐伤父母情”,说明这位农民是个孝子,开头想把包括“日夜穷笞搒”在内的一切经过全部说出来,但又惟恐使父母伤心,终于什么都没有说。那么,“欲具说”的具体内容除了日夜鞭打之外还有什么呢?最后两句值得玩味。“老人倘得食,妻子鸿毛轻!”这是用那位“恐伤父母情”的农民的口吻说出的。被迫交租、老人是否有饭吃,与“妻子”有什么必然联系而要发出妻子轻如鸿毛的叹息呢?这就是说,为了交清租税和父母不至于饿死,他把妻子卖了！自己被鞭打得体无完肤，还是可对父母说明的，反正总算活着回来了。可是，卖妻子的事，尽管父母很快会知道，但在买主要人之前，又怎能忍心说出口！诗人未用“苛政猛于虎”之类的话斥责统治者，而用极含蓄的语言表现了农民的难言之痛，读诗至此，谁能不同情农民的悲惨遭遇！谁能不痛恨官府的残酷压榨！这首诗，正由于活生生地描绘了一位勤耕力作、惨遭拷打、被逼得卖掉妻子的农民形象及其复杂的内心痛苦，才能通过个别反映一般，具有广阔的社会内容和震撼人心的艺术力量。

## 小舟游近村舍舟步归四首录一

斜阳古柳赵家庄，　负鼓盲翁正作场①。
死后是非谁管得，　满村听说蔡中郎②。

**【注释】**

①作场：指戏曲艺人开场说唱故事，表演戏文。

②蔡中郎：东汉蔡邕，字伯喈，曾官左中郎将，故称蔡中郎，为人节义闻于乡里。南宋时盛行的南戏，写蔡邕抛弃父母妻室，终遭天雷打死，与蔡邕事迹不符。

**【品评】**

此诗庆元元年(1195)作于山阴，写“舍舟步归”时的见闻。前两句和第四句，描绘出一幅农村风情画，令人陶醉。一个古老的村庄，古柳掩映、夕阳斜射，一位背着鼓的瞎眼老艺人正在一边敲鼓，一边说唱，满村的男女老幼拥拥挤挤地围着他，听他说唱蔡中郎的故事。寥寥二十一字，展现了多么生动、多么富有情趣的画面！然而更妙的还在于第三句。第一，这句诗接于“正作场”之后，有如奇峰突起，引人入胜。如果移在“听说蔡中郎”之后，那便大为减色。第二，只写盲翁说唱蔡中郎故事，而故事的内容却只字未提。细玩"死后是非谁管得",便会得到暗示。第三,据《后汉书·蔡邕传》记载:蔡邕不仅是杰出的文学家,而且是节义闻于乡里的大孝子,学问、人品都很好。但在民间艺人那里,却把他说成"弃亲背妇"的坏人,满村人还听得那么入神!陆游著有《南唐书》,是一位史学家,他不用史学家的眼光去纠正艺人歪曲史实的错误,却发出"死后是非谁管得"的慨叹,是耐人寻味的。陆游忧国忧民,力图收复失地,富民强国,却屡被加上种种罪名弹劾罢官,壮志难酬,在生前,是非毁誉已无凭准,死后的是非毁誉,又谁能管得呢?君不见蔡中郎被歪曲成"弃亲背妇"的坏人,人们还听得那么入神吗?

明人徐渭的《南词叙录·宋元旧篇》载,流行于南宋的南戏戏文有《赵贞女蔡二郎》一种,内容是"伯喈弃妇背亲,为暴雷震死"。到了元人高明的《琵琶记》,又加以改造和丰富,成为著名的戏曲作品。从陆游的这首诗看,早在南戏《赵贞女蔡二郎》之前流行的说唱艺术中,蔡邕已变成反派角色了。

## 沈园二首①

城上斜阳画角哀②,　沈园非复旧池台。
伤心桥下春波绿,　曾是惊鸿照影来③。(其一)
梦断香消四十年,　沈园柳老不吹绵④。
此身行作稽山土⑤,　犹吊遗踪一泫然⑥。(其二)

【注释】

①沈园:故址在今浙江绍兴市禹迹寺南,今已修复。
②画角:一种吹奏乐器。
③惊鸿:曹植《洛神赋》:"翩若惊鸿。"形容女子体态轻盈娇美。
④柳老不吹绵:柳树枯老,不再生柳絮。

⑤行作:将成。稽山:即绍兴会稽山。

⑥泫(xuàn)然:泪水暗流的样子。

## 【品评】

这是陆游悼念前妻唐氏之作,庆元五年(1199)写于山阴。

陆游的爱情悲剧,宋人刘克庄《后村诗话》续集卷二、周密《齐东野语》卷一、陈鹄《耆旧续闻》卷十均有记载,略有出入。基本情况是:陆游与姑表妹唐氏结婚,伉俪情深,但陆游的母亲却厌恶唐氏,迫其离婚,唐氏改嫁赵士程,陆游另娶王氏。后数年春天,陆游游沈氏园,赵士程和唐氏也恰在园中,不期而遇,触景生情,在花园墙上题了一首《钗头凤》词,诉说内心的痛苦。唐氏读后十分感伤,不久即抑郁而死。按唐氏本无名字流传,说她名琬或蕙仙,以及说她和了一首《钗头凤》词,都不大可靠。

陆游游沈园题《钗头凤》乃绍兴二十五年(1155),时年三十一岁。其《钗头凤》载《渭南文集》卷四九,词云:

红酥手,黄藤酒。满城春色宫墙柳。东风恶,欢情薄。一怀愁绪,几年离索。错!错!错!　　春如旧,人空瘦。泪痕红浥鲛绡透。桃花落,闲池阁。山盟虽在,锦书难托。莫!莫!莫!

丁传靖《宋人轶事汇编》引《香东漫笔》云:"放翁出妻姓唐名琬,和放翁《钗头凤》词,见《御选历代诗馀》及《林下词选》,词云:

世情薄,人情恶。雨送黄昏花易落。晓风干,泪痕残。欲笺心事,独语斜阑。难!难!难。　　人成各,今非昨。病魂常似秋千索。角声寒,夜阑珊。怕人寻问,咽泪妆欢。瞒!瞒!瞒!"

距题《钗头凤》四十四年之后,陆游重游沈园,吟成脍炙人口的《沈园二首》。

第一首:首句以"城上斜阳"与角声的哀鸣烘托悲怆的氛围和心态。次句写经过数十年的沧桑变化,沈园的楼台已非当年与唐氏相遇时的楼台,抚今忆昔,以"物换"暗喻"人亡"。三、四两句触景怀人,时空叠合,再现了四十四年前的一个特写镜头,真是神来之笔!当然,影视中的特写镜头长于写景而短于抒情,而这两句诗,则是情景交融的。"桥下春波绿",

本是美景，却冠以“伤心”二字。为什么见“桥下春波”而“伤心”，就因为当年唐氏从桥上走过的时候，“桥下春波”曾照出她的倩影。可是如今呢？连她的影子也没有了！

第二首：首句叙事，写唐氏抑郁而死，至今已四十余年。次句因景兴情，以物喻人。当年与唐氏相遇之时所见的柳树，已经枯老得不生柳絮，人安得不老？第三句正面写人老，却不用“衰老”之类的词语作抽象说明，而说“此身行作稽山土”，哀婉动人，由此托出结句。结句句首的“犹”字，承上转下，既承第三句，也承前两句。时间过了这么久，柳老不吹绵，人将埋在稽山，化为尘土，四十多年前的往事应该淡忘了。可是，还是忘不掉，还是凭吊遗踪，忍不住泫然泪下。其爱恋之深，忆念之切，恻恻感人，读者不能不一洒同情之泪。

就在这一年，陆游还作了同一题材的一首七律，题目是：《禹迹寺南，有沈氏小园。四十年前，曾题小词一阕壁间。偶复一到，而园已三易主，读之怅然》。诗云：

枫叶初丹槲叶黄，河阳愁鬓怯新霜。
林亭感旧空回首，泉路凭谁说断肠。
坏壁醉题尘漠漠，断云幽梦事茫茫。
年来妄念消除尽，回向禅龛一炷香。

陈衍《宋诗精华录》卷三评此诗及《沈园二首》云：“古今断肠之作，无如此前后三首者。”“无此绝等伤心之事，亦无此绝等伤心之诗。就百年论，谁愿有此事？就千秋论，不可无此诗。”

## 示　儿

死去元知万事空①，　但悲不见九州同②。
王师北定中原日③，　家祭无忘告乃翁④。

**【注释】**

①元：同原。本来。

②九州同：相传大禹将中国分为九州。九州同，指统一全国。

③王师：王者之师，这里指南宋军队。

④家祭：在家祭祖宗。乃翁：题为《示儿》，故作者对儿子自称“乃翁”——你父亲。

【品评】

这是陆游的绝笔，是他一生政治抱负和爱国思想的总结。陆游卒于嘉定二年(1210)十二月二十九日，即公元1210年1月26日，时年八十五岁，此诗作于临终。

想趁活着的时候能够澄清中原，统一祖国，乃是陆游一生的心愿，也是他一生的奋斗目标。正因为这样，他最担心的是未及看到中原澄清、祖国一统，而人已死去。他从五十三岁以后，时常在诗歌中表现这种愿望和担心。例如《登剑南西川门感怀》云：“诸公勉画平戎策，投老深思看太平。”《感兴》云：“常恐先狗马，不及清中原。”《太息》云：“砥柱河流仙掌日，死前恨不见中原。”《北望》云：“宁知墓木拱，不见塞尘清。”《夜闻落叶》云：“死至人所同，此理何待评！但有一可恨，不见复两京。”直到八十五岁奄奄一息、即将告别人世的时候，又以“遗嘱”的形式，对儿子倾吐了他未完的心愿和无穷的希望。爱国之诚，万劫不灭；悲壮之音，千秋永播。直到今天，这首《示儿》诗仍然万口传诵，家喻户晓，发挥着振奋爱国精神的巨大作用。

朱自清对这首诗的评论最中肯，录如下：

《示儿》诗是临终之作，不说到别的，只说“北定中原”，正是他的专一处。这种诗只是对儿子说话，不是什么遗疏遗表的，用不着装腔作势，他尽可以说些别的体己的话；可是他只说这个，他正以为这是最体己的话。诗里说“元知万事空”，万事都搁得下；“但悲不见九州同”，只这一个搁不下。他虽说“死去”，虽然“‘不见’九州同”，可是相信“王师”终有“北定中原日”，所以叮嘱他的儿子“家祭无忘告乃翁”！教儿子“无忘”，正见自己的念念不“忘”。这是他的爱国热忱的理想化。(《朱自清散文选集·爱国诗》)

## 范成大(1126—1193)

字致能,号石湖居士,平江(今江苏苏州市)人。绍兴二十四年(1154)进士。历任枢密院编修、处州知府,知静江府兼广南西道安抚使、四川制置使、参知政事等职。乾道六年(1170),奉命使金,坚贞不屈,几被杀,终不辱使命,由是名震中外。晚年退居故乡石湖。其诗广益多师,题材丰富,或抒发爱国激情,或记述山川风物,或描写田园生活,皆甚擅场。与尤袤、杨万里、陆游并称南宋四大家。有《石湖居士诗集》《石湖词》《桂海虞衡志》《吴船录》等。

### 秋 日 二 绝录一

碧芦青柳不宜霜①，　染作沧洲一带黄②。
莫把江山夸北客③，　冷云寒水更荒凉。

**【注释】**

①芦:芦苇。不宜霜:不耐霜。
②沧洲:水边洲渚。
③北客:北方被金人占据,北方来的客人,指金国派往南宋的使者。

**【品评】**

这是范成大少年时期的作品。前两句,赋中含比。遍布江南烟水之乡的碧芦、青柳禁不起严霜的摧残,一派枯黄,染黄了江南烟水之乡。表面上写江南秋景,实则比喻南宋偏安之局,农村凋敝,民不聊生,一派萧条景象。后两句是针对统治者说的:别再向“北客”夸耀江南山川秀丽,如今已草木黄落,云冷水寒,荒凉不堪了!

全诗从新的角度切入,赋比并用,形象鲜明,意蕴深远,读来令人感奋。

## 催 租 行

输租得钞官更催①,踉跄里正敲门来②。手持文书杂嗔喜③:“我亦来营醉归耳④!”床头悭囊大如拳⑤,扑破正有三百钱:“不堪与君成一醉,聊复偿君草鞋费⑥!”

**【注释】**

①钞:指“户钞”。宋代农民交完田租,官府发给户钞作为收据。但贪官污吏不承认农民手中的户钞,催逼老百姓再次缴纳田租。

②踉跄(liàngqiàng):走路跌跌撞撞的样子。里正:为一里之长。里是宋时基层行政单位。

③手持文书:里正看到农户缴完税的户钞。一说里正手中拿着公文。杂嗔喜:面部表情既似责怪,又似高兴。

④亦:不过,只是。营:谋求。耳:“而已”的合音,有“罢了”的意思。

⑤悭囊:大肚小口,可纳铜钱,古代人用以储钱,满则砸破取钱,故叫“扑满”。

⑥聊复:权当。偿:报答。草鞋费:给吏胥付“小费”时专用的婉辞,元剧中常见,晚近旧社会犹沿用。

**【品评】**

范成大的《催租行》,只八句五十六字,却有情节、有人物,展现了一个颇有戏剧性的场面,使人既感到可笑,又感到可恨、可悲。

第一句单刀直入,一上来就抓住了“催租”的主题。全篇只有八句,用单刀直入法是适宜的,是一般人能够想到,也能够做到的。还有,“催租”是个老主题,用一般人能够想到也能够做到的单刀直入法写老主题,容易流于一般化。然而一读诗,就会感到不但不一般化,而且很新颖。这新颖,首先来自作者选材的角度新。请看“输租得钞”,这四个字,已经简练地概括了官家催租,农民想方设法交清了租,并且拿到了收据的全过程。旧社会的农村流传着一句老话:“早完钱粮不怕官。”既然已经交清租、拿到了收据,这一年就可以安生了!诗人《催租行》的创作,也就可以搁笔了!然而不然,官家催租的花样并不一般化。农民欠租,官家催租,这是老一套;农民交了租,官家又来催,这是新名堂。范成大只用“输租得钞”四个字打发了前人多次表现过的老主题,接着用“官更催”三个字揭开了前人还不太注意的新序幕,令人耳目一新。这新序幕一揭开,一个“新”人物就跟着登场了。

紧承“官更催”而来的“踉跄里正敲门来”一句极富表现力。“踉跄”一词,话画出“里正”歪歪斜斜走路的流氓神气。“敲”主要写“里正”的动作,但那动作既有明确的目的性——催租,那动作的承受者就不仅是农民的“门”,而且是农民的心!随着那“敲”的动作落在“门”上,在我们面前就出现了简陋的院落和破烂的屋子,也出现了神色慌张的农民。凭着多年的经验,农民从急促而沉重的敲门声中已经完全明白敲门者是什么人,他又来干什么,于是赶忙来开门。接下去,自然是“里正”同农民一起入门、进屋,农民低三下四地请“里正”就座、喝水……这一切,都没有写,但都在意料之中。没有写而产生了写的效果,这就叫不写之写。在这里,不写之写还远不止此,看看下文就会明白。“手持文书杂嗔喜”一句告诉我们,“里正”进屋之后,也许先说了一些题外话,但“图穷匕首现”,终于露出了催租的凶相。当他责问“你为什么还不交租”的时候,农民就说:“我已经交清了!”并且呈上官府发给的收据。“里正”接过收据,始而发脾气,想说“这是假的”,然而看来看去,千真万确,只好转怒为喜,嘻皮笑脸地说:“好!好!交了就好!我没有别的意思,只不过是来你这儿弄几杯酒喝它个醉醺醺就回家罢了!”通过“杂嗔喜”的表情和“我亦来营醉归耳”的语气,把那个机诈善变、死皮赖脸、假公济私的狗腿子形象,勾画得多么活灵活现!

在诗歌创作的天地里,不写之写的领域十分宽广,而适当的跳跃,就是其中之一。从"敲门"到"手持文书",跨度就相当大,但作者跨越的许多东西,读者都不难通过想象再现出来。——这就是适当的跳跃。相反,如果作者跨越的东西读者无从想象,乃至茫然不解,那么这种跳跃就很不适当。不适当的跳跃只能说是"不写",不能算是"不写之写"。

"里正"要吃酒,农民将如何对付呢?

催租吏一到农家,农民就得设宴款待,这在唐诗中已有过反映。柳宗元《田家》里说:"蚕丝尽输税,机杼空倚壁。里胥夜经过,鸡黍事宴席。"李贺《感讽》里说:"越妇通言语,小姑具黄粱;县官踏餐去,薄吏更登堂。"唐彦谦《宿田家》里说:"忽闻叩门急,云是下乡来。……阿母出搪塞,老脚走颠踬。小心事延款,酒余粮复匮。东邻借种鸡,西舍觅芳醑。再饭不厌饱,一饮直呼醉。"范成大《催租行》里的这个"里正"既然明说要尽醉方归,那么接下去,大约就该描写农民如何借鸡觅酒了。然而出人意外,作者却掉转笔锋,写了这么四句"床头悭囊大如拳,扑破正有三百钱:'不堪与君成一醉,聊复偿君草鞋费!'"钱罐"大如拳",极言其小;放在"床头",极言爱惜。小小的钱罐里好容易积攒了几百钱,平时舍不得用,如今迫不得已,只好敲破罐子一股脑儿送给"里正",还委婉地陪情道歉说:"这点小意思还不够您喝一顿酒,您为公事把鞋都跑烂了,姑且拿去贴补草鞋钱吧!"写到这里,就戛然而止,下面当然还有些情节,却留给读者用想象去补充,这也算是不写之写。

"里正"要求酒席款待,农民却只顾打破悭囊献上草鞋钱,分明牛头不对马嘴,难道不怕碰钉子、触霉头吗?不怕,因为"里正"口头要酒,心里要钱,农民懂得他内心深处的潜台词。何况他口上说的与心里想的并不矛盾:有了钱,不就可以买酒吃吗?范成大的组诗《四时田园杂兴》里有一首就刻画了一个公然要酒钱的公差,诗是这样的:

黄纸蠲租白纸催,皂衣旁午下乡来。
长官头脑冬烘甚,乞汝青钱买酒回。

朝廷下诏免了租,皂衣(公差)却拿着县官的公文下乡催租。及至农民一说明,便撒野放刁,说什么:"县官糊涂得很,管不了事,做好做歹全由我，你得孝敬我几个钱儿买酒喝！”

同这位“皂衣”相比，《催租行》里的“里正”就奸滑得多。他不直截了当地说“乞汝青钱买酒回”，却纡回曲折地说“我亦来营醉归耳”。作者的高明之处，在于他跨越“里正”的潜台词以及农民对那潜台词的心照不宣，便去写送钱。“扑破”一句虽无人指出，实际上用了杜诗“径须相就饮一斗，恰有三百青铜钱”的典故。扑破“悭囊”，不多不少“正有三百钱”，说明农民针对“里正”“醉归”的要求，正是送酒钱，却又不直说送的是酒钱，而说“不堪与君成一醉，聊复偿君草鞋费”，其用笔之灵妙，口角之生动，也值得我们赞赏和揣摩。

苏辙在《诗病五事》里举《诗经·大雅·绵》及杜甫的《哀江头》为例，说明“事不接，文不属，如连山断岭，虽相去绝远，而气象联络，观者知其脉理之为一”，是“为文之高致”。与此相对照，又指出白居易“寸步不遗，犹恐失之”，是“拙于纪事”的表现。叶燮在《原诗》里又加以发挥说：“辙此言讥白居易长篇拙于叙事，寸步不遗，不得诗人法。然此不独切于白也。大凡七古必须事文不相属，而脉络自一。唐人合此者亦不可概得，惟杜则无所不可。亦有事文相属，而变化纵横，略无痕迹，竟似不相属者，非高、岑、王所能及也。”这里所说的“事不接，文不属”或“事文不相属”，也就是我们所说的“跳跃”。

这首《催租行》在纪事方面就不是寸步不遗，而是大幅度地跳跃。八句诗四换韵：“催”“来”押平声韵，“喜”“耳”押上声韵，“拳”“钱”押平声韵，“醉”“费”押去声韵。韵脚忽抑忽扬的急遽转换，也正好与内容上的跳跃相适应。

## 横　塘[1]

南浦春来绿一川[2]，　石桥朱塔两依然[3]。
年年送客横塘路，　细雨垂杨系画船。

【注释】

①横塘:在吴县西南十里处,距作者的石湖别墅不远。

②南浦:本为地名。屈原《九歌》:"送美人兮南浦。"江淹《别赋》:"送君南浦,伤如之何!"后来便泛指送行的地方。

③石桥:指以唐人张继《枫桥夜泊》诗出名的"枫桥",在横塘北端。朱塔:指横塘寺塔。

【品评】

写横塘春景如画,而惜别之意,即寓其中。

## 后催租行

老父田荒秋雨里[①],　旧时高岸今江水。
佣耕犹自抱长饥[②],　的知无力输租米[③]。
自从乡官新上来,　黄纸放尽白纸催[④]。
卖衣得钱都纳却[⑤],　病骨虽寒聊免缚。
去年衣尽到家口[⑥],　大女临岐两分首[⑦]。
今年次女已行媒[⑧],　亦复驱将换升斗[⑨]。
室中更有第三女,　明年不怕催租苦!

【注释】

①老父:老翁。

②佣耕:指给地主做长工、打短工。

③的知:确知。输:缴纳。

④黄纸:皇帝的文告,用黄纸写。这里指的是皇帝下的免租诏书。白

纸:指地方官的公文,用白纸写。皇帝免税,地方官逼着缴税,其实质是最高统治者与地方官演的双簧戏。

⑤纳却:缴完税。

⑥衣尽到家口:衣服卖尽,只能再卖家中人口。

⑦临岐:到了岔道口。首:一作“手”。

⑧行媒:已有媒人来提过亲事。

⑨将:助词。驱将换升斗:拿出去换点粮食。

## 【品评】

《催租行》写农民交完了租,里正又来催,还能拿出“草鞋钱”打发他。《后催租行》所写的境况就更加凄苦:田禾被水淹没,颗粒未收,给地主出卖劳力,还是经常饿肚子;但官府仍然催租,先是卖衣服,接着卖家口。诗是用“老父”自诉的口气写的,他说去年卖了大女,今年卖了次女,明年呢,“家里还有个小女子,不怕催租的来了受酷刑!”他把卖女交租的惨事说得很平淡,养了三个女子,去年今年都混过来了,明年也不怕。那么后年呢?大后年呢?语愈淡而情愈悲,令人不忍卒读。

# 雷万春墓①

九陨元身不陨名②,　言言千载气如生③。
欲知忠信行蛮貊④,　过墓胡儿下马行。

## 【注释】

①作者自注云:“在南京(今河南商丘)城南,环以小墙,榜曰‘忠勇雷公之墓’。”雷万春:唐张巡偏将。安禄山叛,其将令狐潮围攻雍丘,万春上城答话,敌伏弩忽发,六箭中万春面,万春不动,令狐潮疑为木刻假人。及知真是万春,大惊。后竟死于难。

②陨(yǔn):借为“殒”,死。

③言言:形容高大。

④蛮貊(mò):古时称外族,这里指金人。《论语·卫灵公》:“言忠信,行笃敬,虽蛮貊之邦,行矣。”

【品评】

乾道六年(1170),范成大出使金国,经过北宋故土,写日记《揽辔录》一卷;七言绝句七十二首,这首《雷万春墓》和后面的《宜春苑》《州桥》《翠楼》《清远店》《会同馆》,是其中的六首。

前两句写雷万春身死名留,虽时隔千载,而他的高大形象在人们心目中仍然凛凛如生。后两句就经过雷万春墓时的所见发表评论:因为雷万春忠于祖国,其道通行于蛮貊,所以他尽管与胡兵作战而死,而胡人经过他的坟墓,也下马步行,表示对他的敬重。那么,如果不忠于祖国,在侵略者面前屈膝求和,连胡人也会耻笑的。这首诗,显然意在借古讽今,歌颂雷万春,实质上是鼓舞抗金义士而批判一味妥协投降的南宋君臣。

## 宜　春　苑①

狐冢獾蹊满路隅②，　行人犹作“御园”呼③。
连昌尚有花临砌④，　肠断宜春寸草无!

【注释】

①作者自注云:“在‘旧宋门’外,俗名‘东御园’。”旧宋门:是汴梁旧城东面的一个门,原名“丽景门”,金占领后改名“宾曜门”。

②冢(zhǒng):坟墓。獾(huān):小兽。蹊(xī):小路。隅(yú):靠边的地方。

③御园:皇帝的花园。

④连昌:即连昌宫,唐宫殿名。唐元稹《连昌宫词》有云:“上皇偏爱临砌花,依然御榻临阶斜。”

【品评】

用狐冢獾蹊、寸草俱无的现状与“御园”的旧名作强烈比照,意在唤起人们对北宋京城的回忆。南宋统治者读此诗,不知有何感想。

## 州　　桥[①]

州桥南北是天街[②],　父老年年等驾回[③]。
忍泪失声询使者:“几时真有六军来?”[④]

【注释】

①作者自注云:“南望朱雀门,北望宣德楼,皆旧御路也。”州桥:即“天汉桥”,宋称汴京为“州”,故俗称“州桥”。它南对汴京正南门朱雀门,北对宫城的正门楼“宣德楼”。

②天街:即御街、御路,由宣德楼南去,经州桥,直通朱雀门。

③驾:皇帝的车驾。

④六军:古制,一万二千五百人为一军,王者有六军。这里六军指南宋的军队。

【品评】

“州桥南北是天街”,表明那是当年北宋皇帝的车驾经行的御路;如今呢,当然满街是金人横冲直闯。次句的“驾”与首句的“天街”呼应。“父老”不堪金人的压迫,“年年”在“天街”“等驾回”,盼望何等殷切!可是“年年”盼望,“年年”失望!如今见到南宋的使者,不禁“忍泪失声”地询问:“几时真有六军来?”“年年”“真有”,交织着沦陷区人民几十年来的盼望、失望和盼望。正如潘德舆《养一斋诗话》所评："沉痛不可多读。此则七绝至高之境，超大苏（苏轼）而配老杜（杜甫）者矣。"

比范成大出使金国晚三年的韩元吉《望灵寿致拜祖茔》诗云："白马冈前眼渐开，黄龙府外首空回。殷勤父老如相识，只问'天兵早晚来？'""早晚来"，即"何时来"。构思与范成大《州桥》相类，可参看。盼望南宋军队打回老家，乃是中原人民的共同心愿。

## 翠　　楼[①]

连衽成帷迓汉官[②]，　翠楼沽酒满城欢[③]。
白头翁媪相扶拜[④]："垂老从今几度看！"[⑤]

### 【注释】

①翠楼：作者自注："在秦楼之北，楼上下皆饮酒者。"按，"翠楼"为相州（今河南安阳）的旗亭，是来往旅客住宿吃喝的地方。

②衽（rèn）：衣襟、衣袖。连衽成帷：极言人多。迓（yǎ）：迎接。汉官：指南宋使者。

③沽酒：买酒。

④媪（ǎo）：老太婆。

⑤垂老：将老。古代以七十岁为"老"。

### 【品评】

范成大《揽辔录》记过相州时的情景："遗黎往往垂涕嗟啧，指使人曰：'此中华佛国人也！'"比范成大出使早一年的楼钥在《北行日录》里记入汴梁时的情景："都人列观，……戴白之老多叹息掩泣，或指副使曰：'此宣官员也！'"范成大的《翠楼》诗，即根据这种真情实景而进行艺术创造，用盛大的欢迎场面、"相扶拜"的生动细节和"垂老从今几度看"的沉痛语言,把沦陷区人民在金统治者监视下未必敢公开表露的怀恋故国之情和盘托出,为中华儿女提供了足以唤起爱国激情的好教材。

## 清　远　店①

女僮流汗逐毡軿②，　云在淮乡有父兄③。
屠婢杀奴官不问，　大书黥面罚犹轻④。

【注释】

①清远店:在今河北省定兴县。作者自注云:“定兴县中客邸前,有婢两颊刺‘逃走’二字,云是主家私自黥涅,虽杀之不禁。”

②僮(tóng):古代对奴隶的称谓。这里所谓的女僮,即作者在定兴县清远店前看到脸的两侧被主家刺染上黑色‘逃走’二字的女奴。逐:追赶。毡軿(zhānpíng):用毛毡作围帐的车,古代贵族妇女所乘坐。

③淮:淮河。当时金人常在黄、淮一带掳略汉族男女,卖给金贵族作奴婢。

④黥(qíng)面:古代一种肉刑,在脸上刺字,涂墨色,永不能消灭。黥面罚犹轻:按金国法律,主家可以任意处死奴婢,在女奴面上刺字处罚,还算是轻的。

【品评】

这首诗,通过一位“女僮”的遭遇,反映了沦陷区人民的悲惨处境。诗人在清远店前看见一位双颊被刺上“逃走”二字的“女僮”追随主人的毡车,毡车是用马拉的,走得很快,女僮拼命追赶,气喘汗流,惟恐落后了受处罚。从她面上的刺字看,她已“逃走”过,被抓回刺上字,就不好再逃了。据她说,她的家在淮乡。当时宋、金以淮河划界,淮河以北属金,她是淮北人,被抓来当女奴,回不了家。诗的后两句,从个别扩展到一般:金国的法律，奴婢可任意处死，刺字还算轻刑。而给金人当奴婢的，当然都是汉人。《揽辔录》云："过相州市，有秦楼、翠楼、康乐楼、月白风清楼，皆旗亭也。秦楼有胡妇，衣金缕鹅红大袖袍，金缕紫勒帛，褰帘吴语，云是宗室女、郡守家也。""旗亭"就是酒楼，秦楼中的那位女招待，由于身穿华丽的胡服，作者以为是"胡妇"，她却褰起帘子，悄悄地告诉作者：她本是北宋皇室的后裔。那么其他酒楼，诸如翠楼、康乐楼、月白风清楼中的女侍者，不都是汉人吗？这首诗，以小见大，写出了沦陷区人民的悲惨遭遇，正为《州桥》《翠楼》所表现的沦陷区人民眷恋故国、渴望"王师"打回老家的根本原因作了最切实的解答。

## 会　同　馆①

万里孤臣致命秋②，　此身何止一沤浮③？
提携汉节同生死④，　休问羝羊解乳不⑤！

**【注释】**

①会同馆：作者自注："燕山客馆也。授馆之明日，守吏微言有议留使人者。"又注："辽人馆本朝（宋王朝）使，已谓之'会同馆'。"

②致命秋：以身报国的日子。

③一沤：一个水泡。

④提携：手持。汉节：汉天子所授予的符节，即出使的文凭。同生死：与"汉节"共存亡。

⑤"羝羊"句：羝（dī）羊：公羊。此句连上句，用汉苏武出使匈奴典故：苏武出使匈奴，被扣留，渴饮雪，饥吞毡，手持汉节，威武不屈。匈奴把他送到北海上荒无人烟的地方，叫他牧羝羊，说："羝羊产了奶，才放你回来！"结果，苏武被拘留十九年，始归汉。这两句诗的大意是：我要效法苏武，与"汉节"共存亡，不管羝羊会不会产奶。

**【品评】**

这首诗,是作者听到金国要扣留他时写的,悲壮激越,正气凛然,弘扬了高昂的民族气节。

宋孝宗乾道六年(1170),赵昚想收回河南“陵寝”,改变“跪拜受书”的屈辱礼仪,别人不敢出使,而范成大慨然请行。这年闰五月,命他为起居郎、假资政殿大学士,为“祈请国信使”。临行,赵昚问他:这种“人皆畏怯”的差使,你究竟有没有勇气承担?他说:“无故遣泛使(贺正旦、生辰是常使,此外是泛使——引者),近于求衅,不戮则执。臣已立后(后嗣),仍区处家事,为不还计,心甚安之。”正式国书中,只写了收回河南“陵寝”的事,取消跪拜礼的事,则不敢写入,要范成大当面交涉。金法严厉,不准使臣递私人书奏。范成大在递交国书之后,突然拿出关于取消跪拜礼的私书,硬要金国皇帝接受。金世宗大怒,百般恫吓,范成大屹立不动,声言不接私书,便不肯退去。金世宗无法,只好接受。事后,得知金国太子当时就要杀他,经人劝阻,才未动手。看惯了南宋使臣卑躬屈膝丑态的金国臣僚看到范成大坚毅不屈的气概,无不惊异,事后当面对他表示钦敬。后来金国使臣到了临安,还向宋臣详述了当时的情状。由此可见,《会同馆》一诗所表现的不辱汉节、为国献身的决心,是发自肺腑的,是经过事实检验的,与搞“假、大、空”美化自己者毫无共同之处。

## 春日田园杂兴十二绝录三①

土膏欲动雨频催②,　万草千花一饷开③。
舍后荒畦犹绿秀,　邻家鞭笋过墙来④。(其一)
高田二麦接山青⑤,　傍水低田绿未耕⑥。
桃杏满村春似锦,　踏歌椎鼓过清明⑦。(其二)
骑吹东来里巷喧⑧,　行春车马闹如烟⑨。
系牛莫碍门前路,　移系门西碌碡边⑩。(其三)

## 【注释】

①淳熙十三年，范成大退居家乡石湖养病，作《四时田园杂兴六十首（并引）》，分春日、晚春、夏日、秋日、冬日五组，每组各十二首七言绝句。

②土膏：指滋润的土壤，称"膏"，极言土地肥沃如膏油。欲动：指暖气上升。

③一饷（xiǎng）：同"一晌"，顷刻。

④"邻家"句：邻家的竹根从我家的墙下穿过来，冒出新笋。鞭笋：竹的茎根，有竹节而中实似鞭。

⑤二麦：大麦、小麦。

⑥绿未耕：南方稻田，冬天休耕，种植草子，春耕时壅入土中，作为绿肥。绿：是说草子长得很茂密，犁入田中，丰收有了保证。

⑦踏歌：手拉着手，两脚踏地打拍子，边唱歌，边舞蹈。椎鼓：用小木椎击鼓。

⑧"骑吹"句：写地方官来了，随从们骑马奏乐，村民们喧哗看热闹。

⑨古代地方官于春耕之时下乡"劝农"耕种，叫做"行春"。

⑩三、四两句：写村民们为了给"行春"的队伍让路，把原来系在路边的耕牛移系在碾谷场里的碌碡（liùzhou）旁边。

## 【品评】

范成大的《四时田园杂兴六十首（并引）》组诗，以他对江南农村的仔细观察和亲切感受，用轻灵的笔触、明畅的语言，描绘了一年四季的景物变化和农民们的生活、劳动和风习，被誉为十二世纪中国江南农村的风俗画。中国古代田园诗的集大成和新发展。

这三首诗各有侧重，各有特色。第一首写初春景象。田地是农民的命脉，故先从"土膏"落笔。江南土壤肥沃，春回大地，土壤肥沃滋润得仿佛将要流油，更何况春雨如油，频频催动，一转眼已经千花开放、万草如茵，连屋后的荒地都一片秀绿，邻家的竹根也穿过墙来、冒出新笋。四句诗，生动地描绘了初春田园的勃勃生机，诗人的喜悦之情，也洋溢于字里行间。

第二首写清明时节的田园风光和农村风俗。高田适于种麦，而高田里的大麦、小麦，已经青遍山坡。低田的草子葱绿茂密，正等待春耕。满村桃、杏花开，春色似锦，村民成群结队，踏歌、击鼓，正在欢度清明佳节。此首承第一首，土肥雨足，春苗长势极好，丰收有望，故按传统风俗“过清明”，载歌载舞，充满欢快气氛。

第三首写官府“行春”和村民的反应。“行春”是由来已久的制度。好官“行春”，单车简从，不铺张浪费；还可了解民间疾苦，“劝人农桑，振救乏绝”；也可发现人才，破格提拔(参看《后汉书·郑弘传》、《周书·裴文举传》、李白《虞城县令李公去思颂碑》)。坏官“行春”，则前呼后拥，管弦齐奏，游春行乐，搔扰民间，虚应“劝农”故事而已。这首诗，从前两句看：“骑吹东来”“车马喧闹”，“行春”的场面相当排场；但只是从村前经过，所以村民们赶忙把原来系在路边的牛牵进村，便走出里巷看热闹。

## 晚春田园杂兴十二绝录二

蝴蝶双双入菜花，　日长无客到田家①。
鸡飞过篱犬吠窦②，　知有行商来买茶。(其一)
乌鸟投林过客稀，　前山烟暝到柴扉。
小童一棹舟如叶，　独自编阑鸭阵归③。(其二)

**【注释】**

①日长：到了晚春，白天的时间渐长。
②犬吠窦(dòu)：狗在狗洞前叫。
③编阑：“阑”，亦作“拦”，意同。

**【品评】**

第一首：首句以“蝴蝶双双入菜花”点时令。油菜花开，遍野黄金，蝴蝶一双双在花间飞舞，景色极美，乃晚春田园风光的特征。次句晚春村庄一片寂静，天气渐长，却整天“无客到田家”。这一句，孤立地看，是写“田家”之静；从整篇看，正像首句以蝴蝶飞入之动反衬“菜花”之静一样，乃是以静形动。第一，晚春之时，已是农忙季节，哪有闲人来串门子！第二，无客来，便鸡不惊飞、狗不惊叫，用以反衬下两句的忽有客来。三、四两句，其神妙之处在于先写“鸡飞过篱狗吠窦”，意味着忽有客来；而田家并不认为有邻人或外村亲戚来访，却在还未出门之时，就预“知”敲门的是远方来的“行商”，心里一喜：嗬！果然有人“买茶”来了！诗句明白如话，却蕴含丰富，耐人寻味。预知来者不会是邻人或亲戚，因为这不是农村走亲访友的季节，预知是“行商来买茶”，因为早已到“晚春”，“雨前茶”“清明茶”都准备好了，每年在这时候都有“行商”临门，今年自然不会不来。

蝴蝶、油菜花、鸡、狗、篱巴、狗窦，再加上走村串户收购新茶的行商，都是田园风物，却本来是各自孤立的，说不上有什么诗意。诗人把它们收集起来，作为“诗料”，经过艺术创造，就写出这么一首有色有声、动静相形、情景鲜活、言外有意的好诗。

第二首：前两句写田园暮景。乌鸦及各种鸟儿都已“投林”栖息；路上的行人越来越少；前山的暮霭黑沉沉地逐渐扩展，已经隐没了田家的柴门。“烟暝到柴扉”的“到”字，不仅描写动景极工细，而且暗示“柴扉”前有人，与王维《渭川田家》中的“野老候牧童，倚杖候荆扉”同一意境，却不像王维那样用两句诗，而是只用一个字，便唤起人们的想象。“烟暝”并非烧柴禾冒出的烟，而是“暮霭”“暮色”，因而不论是“前山”还是“柴扉”，它是同时降临的。但对于在“柴扉”外面等候牧童的老人来说，起初还能望见“前山”，而天越晚越黑，其可见范围便越来越小，因而就产生了“烟暝”从“前山”向前推进，逐渐“到柴扉”的感觉。

三、四两句，果然写“小童”归来。由此可见，前两句写暮景如画，但并非单纯写暮景，而是为写后两句作铺垫。既称“小童”，其年幼可知；然而为了让鸭子尽量吃饱，夜幕已经降落，他才稳驾一叶小舟，把四散觅食的鸭群“拦”在一起，“编”成队伍，摆开“阵”势，“独自”统领回家。真了不起！不用“驱赶”而用“编拦”，不说“鸭群”而说“鸭阵”，前面还特意用了"独自",意在表明:这个小小的村童,简直像一位善于指挥千军万马的将军!其喜悦之情,赞美之意,溢于言表。

## 夏日田园杂兴十二绝录二

昼出耘田夜绩麻①, 村庄儿女各当家②。
童孙未解供耕织, 也傍桑阴学种瓜。(其一)
采菱辛苦废犁锄③, 血指流丹鬼质枯④。
无力买田聊种水⑤, 近来湖面亦收租。(其二)

### 【注释】

①耘田:锄草、松土。绩麻:搓麻线。

②当家:当行、内行。

③废犁锄:指不用犁锄种田而改种菱。

④血指流丹:指手被菱角刺破淌血。鬼质枯:谓采菱人形状枯瘦得像鬼。

⑤聊:姑且。种水:指在湖里种菱。

### 【品评】

前一首,写夏日农忙,家家没有闲人。前两句写男女分工,男的白天下地耕耘,女的白天干家务,夜间还要绩麻、织布。男耕女织,都是内行。三、四句推进一步:即使是"童孙"——幼小的孙子,尽管还不懂得从事耕耘纺织,也在靠近桑树阴凉的地方学种瓜呢!

这首诗写出了田家的真情实况,通俗易懂,亲切感人。由于被选入《千家诗》,凡是在旧社会读过几年私塾的人都能背诵。

第二首,前两句用"血指流丹鬼质枯"写出"采菱辛苦",中间却加入"废犁锄",令人不禁产生疑问:既然采菱那么辛苦,为什么要"废犁锄",

不靠种田谋生呢？第三句解开了读者的悬念：因为“无力买田”，才在水里种了些菱角，采了来养家活口。结句笔锋陡转，顿起波澜：无田可种，靠种菱采菱过日子，已经够辛苦、够可怜了！谁料到“近来湖面亦收租”呢？未发议论，只作如实的描写和叙述，而农民处境之悲惨、官府诛求之繁苛，已激起读者的情感波涛，不能自已。

作者还有一首《采菱户》，其中的“采菱辛苦似天刑，刺手朱殷鬼质青”等句，可与此诗参看。

## 秋日田园杂兴十二绝录三

垂成穑事苦艰难①，　忌雨嫌风更怯寒。
笺诉天公休掠剩②，　半偿私债半输官③。（其一）
新筑场泥镜面平④，　家家打稻趁霜晴。
笑歌声里轻雷动，　一夜连枷响到明⑤。（其二）
租船满载候开仓，　粒粒如珠白似霜。
不惜两钟输一斛⑥，　尚赢糠覈饱儿郎⑦。（其三）

**【注释】**

①“垂成”句：谓庄稼快要收获时，农事特别艰辛。
②笺诉天公：求老天爷。掠剩：掠取多余的。
③私债：指高利贷。输官：向官府缴纳税收。
④场泥：打稻子的场地。
⑤连枷（jiā）：打稻脱粒的农具。
⑥钟：量器名，一钟等于六斛四斗。斛：量器名，一斛等于十斗。
⑦赢：余。糠覈（hé）：米糠和碎米。

**【品评】**

第一首，写“靠天吃饭”的农民在庄稼快要成熟的时候特别辛苦、艰难,因为这时候的庄稼已经结籽、灌浆,需要风和日朗的好天气,才能熟得好。刮大风,下连阴雨,天气乍寒,都很不利。农民针对这许多不利因素采取力所能及的措施,仍做不到“人定胜天”,就只好祈求天公了。前两句,写农民“忌雨嫌风更怯寒”的心理活动真切感人;后两句,先写农民乞求老天爷别把自己的劳动果实全部夺去,千万得留一点;这已经激起读者的无限同情。然而读者总以为农民请求留一点给全家人糊口;谁知读完结句,农民乞求天公的全部愿望,只是留一些粮食“半偿私债半输官”!缴官租,还私债,早在秋收之前就给农民的心灵深处笼罩上多么浓重的阴影、形成多么严酷的压力,都从这几句诗中表现出来,动人心魄。

第二首写打稻脱粒。先在收过庄稼的地里筑一块场子,然后用连枷打稻,这也不是很轻松的农活。然而这是辛苦一年、收回劳动成果的最后一道工序,如果收成很好,又遇上大晴天,那么打稻便是农民最快活的劳作。在《秋日田园杂兴十二绝》这组诗里,诗人已有一首诗写割稻前后农民渴望天晴:“秋来只怕雨垂垂,甲子无云万事宜。获稻毕工随晒谷,直须晴到入仓时。”这首打稻诗的前两句“新筑场泥镜面平,家家打稻趁霜晴”,便表现了对于“霜晴”的喜悦。后两句极生动,“笑歌声里轻雷动,一夜连枷响到明”,语调轻快,场景鲜活,家家打稻的欢歌笑语声与连枷声合谱成欢快的乐曲,使有过类似经历的读者为之神往。陆游《晚秋》诗云:“新筑场如镜面平,家家欢喜贺秋成。老来懒惰惭丁壮,美睡中闻打稻声。”范成大的诗写农家打稻,自己并未介入,只在以欢快的人物和场景表现农家秋收喜悦的同时流露了自己的欣慰之情。陆游的诗,虽有与范诗类似的词句,却从不同的角度切入,通过主观与客观的结合,着重抒写自我情怀。紧承一、二句写“老来懒惰惭丁壮”,其言外之意是:自己未“老”之时曾经打过稻,与农民共享过秋收的欢乐。如今“老”了,“懒惰”了,入夜便睡,未能与“丁壮”们一起打稻,对于那些彻夜打稻的“丁壮”们,多么“惭”愧啊!但那彻夜的连枷声传进耳里,又唤起往日与“丁壮”们一同打稻的回忆,为农民收回劳动成果的欢乐而感到无限欣慰,因而安心地睡着了,“睡”得很“美”。“美睡中闻打稻声”,这意境多么美!

第三首写交官租。“粒粒如珠白似霜”的米,当然是精心筛选出来的;剩下的,便只是些“糠覈”,已为结句留伏笔。把这样好的米装满船,运到官仓前面等候验收入仓,该不会遇到困难吧!然而不然。我年轻时代曾交过“公粮”,由于同时来交“公粮”的人很多,首先遇到的困难是等上几天几夜,偏不收你的,要轮到你,得送“红包”;轮到你了,不管你的粮食多么好,却总是验不上,要验上,还得塞“红包”。范成大所写的那位交租农民肯定会遇到这些困难,作者却略去了,以便留出余地突出主要情节。“不惜两钟输一斛”中的“不惜”二字含无限辛酸,经过收租者的百般刁难,农民没有别的办法,只好豁出去,“不惜”任何代价,只要交清官租、免挨拷打就好。然而他付出的代价太高昂了!一斛等于10斗。一钟等于6斛4斗,这里以“钟”代“斛”,即交一斛租,要付出两斛粮。杨万里《诚斋集》也有“旧以一斛交一斛,今以二斛交一斛矣”的记载,可见这已是当时的普遍现象。南宋吏治之坏,令人吃惊!

白居易的《杜陵叟》在写到“典桑卖地纳官租,明年衣食将何如”之后,让那位老农出面控诉:“剥我身上帛,夺我口中粟,虐人害物即豺狼,何必钩爪锯牙食人肉?”这表现了中国农民在不堪剥削、压迫的时候敢于抗争的可贵品质。范成大反映田家生活的许多诗,则侧重于表现农民的勤劳、节俭、善良和豁达。“不惜两钟输一斛”,把全年的劳动成果全部交了租,不但没有愤怒的斥责,还自我安慰:“尚赢糠覈饱儿郎”——还留下些谷糠和碎米,让娃娃们填肚子!这和《后催租行》的结尾“室中更有第三女,明年不怕催租苦!”的表现方式是类似的,其艺术效果亦相似。把这么好的农民掠夺到这步田地,怎能不激起读者对统治者的无比愤恨!

## 冬日田园杂兴十二绝录三

放船闲看雪山晴,　风定奇寒晚更凝[1]。
坐听一篙珠玉碎[2],　不知湖面已成冰。(其一)
拨雪挑来踏地菘[3],　味如密藕更肥醲。

朱门肉食无风味，　只作寻常菜把供。（其二）
探梅公子款柴门，　枝北枝南总未春。
忽见小桃红似锦，　却疑侬是武陵人④。（其三）

**【注释】**

①“风定”句：天晚以后，劲风虽停，但奇寒更甚，用一“凝”字，极言寒气像要凝结起来，化成寒冰。

②篙（gāo）：用竹竿或杉木等做成的撑船工具。

③踏地菘：亦名“塌棵菜”，是一种叶片紧贴地面的白菜，呈深绿色，极肥美。

④武陵人：陶潜《桃花源记》里所写的世外桃源在武陵。“武陵人”：即桃花源中人。

**【品评】**

第一首，通过主人公的感受写田园冬景，却言外有意。仔细吟味，便知主人公是一位顶风冒雪在湖上捕鱼、捞虾的农民。“放船闲看雪山晴”，表明原来是下雪的；“风定”，表明原来是刮风的。天晴了，风定了，主人公当然很高兴，因而“闲看雪山晴”，偷闲欣赏那银装玉裹的美景。“奇寒晚更凝”，表明天“晚”以前已是“奇寒”，天晚以后更“寒”，那寒气简直要“凝”成冰。着一“凝”字，意在唤起结尾的“冰”字。主人公不会在天“晚”之后才“放船”下“湖”；从雪晴到晚寒，显然反映了时间推移的过程。而且，主人公显然是早在雪晴之前就下湖劳作，顶风冒雪，十分艰苦。要不然，为什么会有“闲看雪山晴”的喜悦？正因为他在湖上已干了很久，大概不无收获，所以天晚奇寒难耐，便划船回家。天色愈晚，便愈看不清湖面，所以当“一篙”入湖，听见珠玉破碎之声，才知道湖面已经结了一层薄冰。

第二首写农民挑菜吃。拨开积雪，挑一些“踏地菘”，吃起来比“蜜藕”还香甜。正因为穷，不要说从未尝过什么山珍海味，就连埋在雪里的“踏地菘”，也舍不得天天吃，敞开肚皮吃。偶然挑几朵尝鲜，便能品出它的美味来。至于“朱门”里的“肉食者”，天天饱食荤腥，根本没胃口，如果把“拨雪挑来”的这么希罕、这么鲜美的“踏地菘”送进“朱门”，准以为是“寻常菜把”，哪能品出它的真正滋味！

“踏地菘”，特别是埋在雪下的“踏地菘”确实很鲜美，但这首诗并非单纯赞美“踏地菘”，而是通过贫富对比表现“饥者易为食”、识真味，不仅同情农民，还寓有深刻的哲理。

第三首写一位“公子”敲开农家的柴门，目的是“探梅”。他围着梅树转了一圈，不论是南枝还是北枝，都未发现有梅花开放。江南的深冬，早梅已经破蕊，如果他在农家看见梅花，那并不稀奇，诗人就不可能写出精采的后两句。看起来，前两句的作用在于为后两句作铺垫。“公子”为“探梅”而来，却未看见一朵梅花，正当失望之时，“忽见小桃红似锦”，其惊喜之态，可想而知。梅花还没有开，桃花却开得灿烂，像延展在太阳光下的红锦，这不就是桃花源吗？这里的农民不就是桃花源中人吗？

作者不写他自己来“探梅”，而让一位“公子”来“探梅”，并通过“公子”的感受，写出“却疑侬是武陵人”的结句，是耐人寻味的。王孙公子们过厌了都市繁华生活，偶然看见渔民在青山绿水之间打鱼、有时还唱渔歌，便以为“渔家乐”；偶然看见农民的竹篱茅舍之间杂花生树，野鸟飞鸣，便以为“田家乐”，称赞这是世外桃源。范成大却是了解田家生活的，不要说在《劳畲耕》里叙述过“两钟致一斛，未免催租瘢。重以私债迫，逃屋无炊烟”的真相，就在《四时田园杂兴六十首(并引)》里，也有“笺诉天公休掠剩，半偿私债半输官”“不惜两钟输一斛，尚赢糠覈饱儿郎”“黄纸蠲租白纸催，皂衣旁午下乡来”等真实描写，不会因看见深冬季节农家有小桃开花便认为这是桃花源。陶潜《桃花源记》所写的桃花源，是“与外人间隔”的，没有催租人的足迹；《桃花源诗》更特意强调“秋熟靡(无)王税”，范成大当然都知道，怎会把“尚赢糠覈饱儿郎”的农民和“武陵人”相提并论呢？范成大《劳畲耕》在写农民的劳动果实被官租私债掠夺一空之后说：“晶晶云子饭，生世不下咽。食者定游手，种者长流涎！”那位“探梅”的“公子”便是“游手”者，他吃饱了“晶晶云子饭”，闲得无聊，便来农家“探梅”，“雅”得很！却不知那“云子饭”是哪里来的，给农民造成了什么后果，还羡慕农民是“武陵人”呢！

全诗语言明隽，景色艳丽，人物神情毕现。如果不联系作者的有关篇章仔细吟味，还以为他在赞美那位“公子”多么清雅绝俗、赞美田园风光多么富有诗情画意呢！“诗要字字作，也要字字读”，对于“字字作”出的好诗如不“字字读”，是很难领会其深层意蕴和言外之意的。

“小桃”是桃花的一个品种，在江南，深冬即可开花。欧阳修咏小桃，有“雪里开花人未知”之句，梅尧臣也有《和十一月八日圃人献小桃花二绝》，可见其开花之早。

## 杨万里(1127—1206)

字廷秀,号诚斋,吉州吉水(今属江西)人。绍兴二十四年(1154)进士。任永州零陵丞。孝宗朝,历太常博士、太子侍读、秘书少监等职。光宗朝,任秘书监,江东转运副使。主张抗金,尊师张浚,秉性刚直,敢于谏诤,因反对韩侂胄,归居故里,忧愤成疾以卒。其诗初学江西派,后又学王安石,晚唐体。最后"忽若有悟",师法自然,讲求奇趣、活法,终形成自己风格,时称"诚斋体"。诗风洒脱明丽,构思新巧。有《诚斋集》。

### 过百家渡四绝句录一①

园花落尽路花开, 白白红红各自媒②。
莫问早行奇绝处, 四方八面野香来。

**【注释】**

①百家渡:在今湖南零陵县西湘江畔。

②媒:介绍。

**【品评】**

此诗作于隆兴元年(1163)春,作者正任零陵丞。

首句以"园花"衬"路花",领起以下三句。护养在人家园子里的花开得早,也落得早;当"园花"落尽之时,"路"两边的野花正争奇斗丽,独领风骚。不说"野花"而说"路花",表明诗人正在"路"上行走,"路花开",这是在"路"上行进时看到的。

次句就"路花开"作具体描绘,仅用"白白红红",两组叠词,便渲染出繁花遍野、绚丽夺目的视觉形象;然而新奇之处还在于“各自媒”。在古代,男女结合必须经过“媒”人介绍,所以美好的少女常为没有“良媒”而自伤。杨万里在这里信手拈来一个“媒”字,已将“野花”比为美好的少女,而将自已及一切观赏者比为少男。那么,谁当媒人呢?古人认为“自媒”是一种丑行,所以即使讲到“花”,也要为它们安排什么“蜂媒蝶使”。杨万里在这一点上思想很开放,在他笔下,那“白白红红”的野花根本不需要任何媒人,而是自已做媒,以各自的美色丰姿吸引“路”上的行人。仅用“白白红红”,色彩虽然富丽,却是静态的。缀以“各自媒”,便为遍野繁花赋予人的思想情感,其相互争奇斗艳的动态立刻浮现纸上。

第三句中的“早行”与首句的“路”呼应。“奇绝处”,则双绾第二句所写的视觉形象和第四句所写的嗅觉形象。有色无香,不算好花。一“路”“行”来,遍野繁花“白白红红”,鲜艳夺目;浓郁的花香又从“四方八面”飘来,令人陶醉。“奇绝”二字,从视觉和嗅觉两方面得到了极生动的展现。

路边野花开放,这是人们不大重视的寻常景象,没想到作者竟写出了这么一首兴味盎然、引人入胜的好诗。

## 闲居初夏午睡起二绝句录一

梅子留酸软齿牙①, 芭蕉分绿与窗纱②。
日长睡起无情思③, 闲看儿童捉柳花。

**【注释】**

①“梅子”句:吃了未熟透的梅子,余酸久留,以致“倒牙”。
②与:给予。
③思(sì):意绪,读去声,名词。

**【品评】**

前两句写初夏最有特色的景物。诗人在家闲居,初夏季节,吃了还未熟透的梅子,便去午睡;一觉醒来,梅子的酸味还留在口中,酸得连牙齿都感到发软。吃过酸果子的人都有这样的体验,但用"留酸软齿牙"五个字准确地表现出来,这还是第一次。初夏季节,芭蕉绽开新叶,一派浓绿,人在室内透过窗纱观赏芭蕉,感到它把窗纱映得更绿,凡在南方居住过的人也多有同样的经历。但把芭蕉拟人化,说它嫌那绿窗纱已经褪色,因而把自己的浓绿分出一部分给予窗纱,却不能不说是一种艺术创造。一个"留"字、一个"分"字,的确用得巧。

第四句用第三句托出,倍见精彩。夏日初长,午睡起来,闲着没有事干,感到浑身懒洋洋的、毫无情趣,便"闲看儿童捉柳花"。"儿童捉柳花",五个字活画出一幅"童戏图",多么天真活泼,富有情趣!然而忙人未必能停下来从容观赏。用"日长睡起无情思"托出,把"儿童捉柳花"作为自己"闲看"的对象,就更能衬托出自己的"闲"。

这首诗作于乾道二年(1166),作者正丁忧家居。他有志于恢复中原,想干一番事业,却闲着没事干。诗以"闲居初夏午睡起"为题,全篇都表现一个"闲"字,但并不是安于"闲",这是不难领会的。

这首诗,当时就受到作者最尊敬的抗金名将张浚的称赞,稍后的周密,也说它"极有思致",又被选入《千家诗》,因而历久传诵不衰。

至于那个"捉"字,当然用得好,但那是前人已经用过的。白居易《前日〈别柳枝〉绝句,梦得继和,又复戏答》云:"谁能更学孩童戏,寻逐春风捉柳花。"

## 插 秧 歌

田夫抛秧田妇接,　小儿拔秧大儿插。
笠是兜鍪蓑是甲[①],　雨从头上湿到胛[②]。
唤渠朝餐歇半霎[③],　低头折腰只不答[④]。
秧根未牢莳未匝[⑤],　照管鹅儿与雏鸭。

## 【注释】

①笠：斗笠。兜鍪(dōumóu)：古代兵士戴的头盔。蓑：蓑衣，用棕毛编织而成。甲：铠甲，古代兵士用以保护身体，不被敌方射杀伤。

②胛(jiǎ)：肩胛，脊背与胳臂相联处。

③渠：他们。歇半霎：休息一会儿。

④折腰：弯腰。

⑤莳(shì)：插秧。匝(zā)：周遍。这里指秧还没插完。

## 【品评】

这首诗，生动地描绘了江南农户全家总动员插秧的情景。田夫、田妇、大儿、小儿各有分工，拔秧、抛秧、接秧、插秧，紧张忙碌而秩序井然。尽管披蓑戴笠，但雨水还是湿遍全身。前四句，纯用描写手法，极富表现力。然而接下去，如果继续描写，就会显得板滞，因而变换手法，以"唤渠朝餐歇半霎"烘托插秧者的"低头折腰只不答"，不仅章法灵动，而且更有力地表现出插秧劳动的艰辛而紧张，紧张得连早饭都顾不得吃，也顾不得答话。至于"唤"者是什么人，凡有农村生活经验的读者都不会认为那是作者。下田劳动的人如果忙得顾不上回家吃饭，就会留下弱劳力做饭送饭。那位"唤"者，显然是送饭的。送饭到田头，便"唤"劳动者吃饭休息。劳动者急于把秧插完，故继续"低头折腰"地干活，对"来吃饭歇一会儿"未作回答，却吩咐说："刚插上的秧还没有长牢，你照管好鹅鸭，别让它们到田里来糟蹋！"有些鉴赏家把"唤"者说成作者，别说作者哪有饭叫人家来吃，就连结尾两句，也无法做出合理的解释。

作者于淳熙六年(1179)由常州卸任返里，当四月初路经衢州的时候，看见农民插秧的情景，写了这首诗。全诗只写插秧者的辛苦，未加评论，而同情、赞美之意见于言外。

# 过石磨岭岭皆创为田直至其顶[1]

翠带千镮束翠峦[2]，　青梯万级搭青天[3]。
长淮见说田生棘[4]，　此地都将岭作田！

## 【注释】

①石磨岭：在江西信州永封（今江西上饶广丰）。

②镮：同环。即环佩，古代腰带上的装饰物。《隋书·礼仪志》："侯王贵族多服九环带，惟天子带加十三环，以为差异。"这里将山田的畦区比喻为带上的环。千镮：写带的长，谓如千镮宝带捆束在山腰间。这是站在山下横看。

③梯：梯田。搭：靠。这是站在山下竖看，层层梯田，直上山顶。

④淮：淮河。见说：听到说。棘：有刺丛生的灌木。田生棘：田地荒废意。

## 【品评】

题为"过石磨岭岭皆创为田直至其顶"，诗的前两句用生动的形象展现题意。首句写横看石磨顶，一畦一畦的梯田像千镮翠带，把"翠峦"束了一圈。连用"翠"字，表明梯田里长满田禾。次句写竖看石磨岭，一层一层的梯田像万级青梯，直搭青天。连用"青"字，表明梯田里庄稼茂盛。农民把荒山秃岭都开成这么整齐的梯田，而且精耕细作，田苗青翠喜人，是值得赞美的。后两句，读者总以为作者该歌颂"改天换地"的劳动人民了。然而读下去，却出人意外。

当时宋、金以淮河划界，不要说淮河以北的辽阔国土完全控制在金人的铁蹄之下，就是淮河南岸的肥田沃壤，由于濒临前线，农民也不敢耕种，荒芜四十万亩以上，这是诗人所痛心的。于是把二者联系起来，写出这两句:"长淮见说田生棘,此地都将岭作田!"把相隔千里、一般人并想不到有什么因果关系的两件事联系起来,形成强烈的对照,便在赞美农民的同时给统治者以深刻的讽刺,而收复淮北国土的强烈愿望,也蕴含其中,引人深思,催人奋进。

## 晓出净慈寺送林子方①

毕竟西湖六月中,　风光不与四时同②。
接天莲叶无穷碧③,　映日荷花别样红。

### 【注释】

①净慈寺:在浙江杭州南屏山下,西湖西南边。

②四时:春、夏、秋、冬。

③无穷:无边无际。

### 【品评】

淳熙十四年(1187),作者在南宋都城杭州任尚书省左司郎中,六月的一天,"晓出"西湖西南边的净慈寺,送友人林枅(子方)到福建去做转运判官,看见西湖的十里荷花,触景生情,写出了这首万口传诵的七绝。

苏轼"欲把西湖比西子,淡妆浓抹总相宜"的名句,杨万里当然很熟悉,平时与西湖验证,大约也认为苏轼讲得好。然而这次一出净慈寺门突然看见六月间的西湖奇景,不禁惊喜不已,冒出了新看法:六月中的西湖风光,"毕竟"特别美,不与其他季节相同啊!按正常语序,"毕竟"应置于"风光"之后,而作者却移置首句之首,使它直贯以下十二字,将两句诗变为不可分割的一个"十四字句"。一开口即说"毕竟",给人以突如其来之感,恰切地表现了诗人被突然闯入眼帘的美景所打动的真切感受。

后两句承前两句作具体描状,表明六月中的西湖风光"毕竟"不与四时同。“接天莲叶无穷碧”一句,以“接天”与“无穷碧”配合描状“莲叶”,则“莲叶”茂密,叶叶相连,直接天际的碧绿世界立即浮现眼前。用“接天”,不仅表现出“莲叶”一望无垠,而且,“天”是碧色的,“碧”叶与“碧”天相接,更突出了碧绿“无穷”。“映日荷花别样红”一句,以“映日”与“别样红”配合形容“荷花”,突出了“荷花”的“红”艳醉人。“日”光是“红”色的,六月清“晓”的日光又特别“红”,“红”色的荷花“映日”,就显得“别样(不同一般)红”。更何况,先写莲叶而后写荷花,意在以叶衬花,以“碧”衬“红”;两句诗互成对偶,又有互文见义的作用,莲叶“接天”,则荷花亦“接天”。以“接天莲叶”的“无穷碧”烘托“映日荷花”的“别样红”,则“碧”者更“碧”,“红”者更“红”。这,便是“西湖六月”中的“风光”啊!尽管说西湖的风光四季都很美,但西湖六月的风光具有独特的魅力,是与其他季节的风光“毕竟”不同的。

历来的咏荷诗,尽管各有特色,但其风格多属于清新、婉丽一类。杨万里的这一首,则华美中见壮阔,明快中见豪放,至今脍炙人口,并不是偶然的。

## 过扬子江二首[①]

只有清霜冻太空[②], 更无半点荻花风[③]。
天开云雾东南碧, 日射波涛上下红。
千载英雄鸿去外[④], 六朝形胜雪晴中[⑤]。
携瓶自汲江心水, 要试煎茶第一功[⑥]。(其一)
天将天堑护吴天[⑦], 不数殽函百二关[⑧]。
万里银河泻琼海[⑨], 一双玉塔表金山[⑩]。
旌旗隔岸淮南近[⑪], 鼓角吹霜塞北闲[⑫]。
多谢江神风色好, 沧波千顷片时间[⑬]。(其二)

## 【注释】

①扬子江:长江。

②太空:高空。

③荻:生长在水边的一种植物。

④鸿去:苏轼《和子由渑池怀旧》“人生到处知何似?应似飞鸿踏雪泥。泥上偶然留指爪,鸿飞那复计东西。”这里“千载”一句,实慨叹岳飞、张浚等名将贤相,虽“千载英雄”,然如飞鸿一去,邈然难追,空留“雪泥鸿爪”而已。

⑤六朝:指三国吴、东晋,南朝宋、齐、梁、陈,都以建康(今南京市)为首都,历史上合称六朝。“六朝”句:说六朝山川形盛地,映照在雪停后的阳光中,异常明媚雄伟。

⑥汲:取水。

⑦堑(qiàn):做防御用的沟壕。天堑:天设的沟壕,可以防止敌人进攻,这里实指长江。护吴天:保护江南这一地区。这里实指偏安的南宋。

⑧“不数”句:意谓“殽函百二关”比不上“长江天堑”。殽函:古代殽山和函谷关的合称,包括今陕西潼关以东至河南新安县地。高峰绝谷,峻阪曲折,形势十分险要。百二关:拥兵二万,足抵百万,极言地势险要。

⑨“万里”句:说长江水直流入海。

⑩一双玉塔:指金山、焦山,对峙于大江中(今金山因山下沙涨之故,已与江南岸相连),有如一双玉塔。表:气概挺拔非凡的意思。

⑪“旌旗”句:谓长江北岸,旌旗招展,逼近金人的淮南要地。近:逼近。

⑫鼓角吹霜:在寒霜中吹奏鼓角。塞北:这里指金国。闲:悠闲。隐喻金人有军事优势。

⑬“多谢”二句:表面上是感谢江神,顺风渡江,片刻便过了。实是隐讽南宋统治者,不要只恃“长江天险”,不设江防,若遇顺风,金兵渡江来袭,也是“沧波千顷片时间”的事。

## 【品评】

淳熙十六年(1189)秋,杨万里在秘书监任上,被任为借焕章阁学士,作为金国贺正旦使的接伴使,负责迎接、陪伴金国派来祝贺绍熙元年(1190)元旦的使者,一路上写了许多有价值的好诗。这两首七律,是过扬子江时写的。

第一首,前四联写眼前秋景。霜天晴明,风平浪静;"天开云雾",东南一望碧绿;"日射波涛",上下一片通红。残留的半壁江山,依然十分壮丽。第三联借古吊今:"千载英雄",包括孙权以来在这一带建功立业的许多英雄人物,着重指宋室南渡以来以岳飞为代表的抗金名将。这些英雄人物,都已远在"飞鸿外",离开我们了!"六朝形胜",指从三国东吴以来的东南半壁江山,着重指南宋小朝廷的残山剩水。这些江山形胜,虽然还在"雪晴中",但抗金名将,一个个被排挤、迫害而死,谁来保卫呢?两句诗,回环往复,感慨深沉。紧接这一联的结尾两句如何理解,颇有争议。清代诗评家纪昀说:

结乃谓人代不留,江山空在,悟纷纷扰扰之无益,且汲水煎茶,领略现在耳。

把这首诗的意境理解得如此衰飒、消沉,可以说完全弄错了。

据陆游《入蜀记》记载:金山绝顶建有"吞海亭",乃登览胜境。然而到了南宋,这座亭子却蒙受耻辱。每当金国的使者到南宋来,一渡江,便照例要请上吞海亭,"烹茶"款待。诗人作为"接伴使",这种差使是无法避免的。因而在全诗结尾写了这么两句:

携瓶自汲江心水,要试煎茶第一功!

用现代汉语翻译,那就是:亲自取水煎茶侍奉金国的使臣,这就是我这个"接伴使"为朝廷建立的"第一功"啊!

颈联以雄阔的境界寓忧国之思,尾联以超旷的风格抒屈辱之感,深婉含蓄,极耐寻绎。粗率浏览,便如猪八戒吃人参果,食而不知其味。

第二首,前两联写长江天险,雄奇壮丽,护卫了江南半壁江山。颈联写遥望江北的见闻感受:隔岸不远,便是南宋与金兵对垒的淮南要地,旌旗迎风招展，鼓角凌霜鸣奏。用一“近”字，表明长江虽是天堑，然而敌兵近在咫尺。用一“闲”字，表明敌兵占有优势，好整以暇。尾联写“过扬子江”遇上了好风，“沧波千顷”，片刻就渡过了！表面上庆幸“江神”助力，平安而又迅速地渡过了长江天堑；而深层意蕴则是：淮北被敌兵占据，鼓角可闻，如果遇上顺风南渡长江，不也是“沧波千顷片时间”吗？全诗起势雄峻；中间意境雄阔，词彩壮丽；结尾风格轻快，且含喜慰之情。然而强兵之压境，南宋之危弱，“天堑”之不可恃，亦灼然可见。诗人的深忧远虑，须从言外领取。

## 初入淮河四绝句①

船离洪泽岸头沙②，　人到淮河意不佳。
何必桑乾方是远③，　中流以北即天涯④！（其一）
刘岳张韩宣国威⑤，　赵张二相筑皇基⑥。
长淮咫尺分南北⑦，　泪湿秋风欲怨谁⑧？（其二）
两岸舟船各背驰⑨，　波痕交涉亦难为⑩。
只余鸥鹭无拘管⑪，　北去南来自在飞。（其三）
中原父老莫空谈，　逢着王人诉不堪⑫。
却是归鸿不能语⑬；　一年一度到江南。（其四）

【注释】

①淮河：高宗绍兴时订立宋金和议，两国以淮河为界，南属宋，北属金。

②洪泽：湖名，在江苏西部，盱眙县北。北宋时开水道以通淮河。沙：泛指水中、岸边沙地。

③桑乾：河名。清代称永定河，发源于山西朔县，流经北京、天津

入海。

④天涯:天边。这里指越过淮水中分线北面一步便为敌国领土,以其隔绝难通,有若天涯。

⑤刘岳张韩:刘锜、岳飞、张俊、韩世忠,皆为南宋初期著名抗金将领。

⑥赵张:指赵鼎、张浚,是南宋初力主抗战的两位宰相。

⑦咫(zhǐ):周尺八寸。咫尺:距离很近的意思。

⑧"泪湿"句:谓淮河两岸人民,只能怨南宋统治者和卖国贼。

⑨各背驰:言两国船只在河的两侧各走各的。

⑩"波痕"句:言两岸边船行激起的浪花,也要截然分开,不准相犯。

⑪无拘管:不受约束管制。

⑫王人:春秋时对天子使臣的称谓,这里指南宋派往金国的使臣。诉不堪:诉说不堪忍受的痛苦。

⑬归鸿:从北方飞回南方的大雁。

## 【品评】

这四首七绝,是作者北上迎接金国使臣、渡过长江、初入淮河时所作。第一首中的"人到淮河意不佳",为整个组诗定下了基调,以下从各个角度展示"意不佳"的原因。桑乾河以北,本来都是北宋领土,后来金兵不断南侵,桑乾一带沦陷,成了"天涯"。如今呢,宋、金以淮河"中流"分界,"何必桑乾方是远,中流以北即天涯"!追昔抚今,语意沉痛感人。

第二首追溯南宋初期,刘、岳、张、韩、赵、张诸位名将、贤相力主抗金,轰轰烈烈,造成了可以收复中原的大好形势。而朝廷却被投降派把持,自毁长城,坐失良机。时至今日,眼前竟是"长淮咫尺分南北"的惨象,能不令人"泪湿秋风"吗!把国家弄成这种局面,究竟该"怨谁"?不直接指斥包括高宗、秦桧在内的统治者,而以"却怨谁"收尾,委婉中含怨刺,比直接指斥更引人深思、发人深省。

第三首就眼前所见抒发感慨。"两岸舟船各背驰",即使船上人本来是世代来往的乡亲,也不敢互越中分线一步。千百年来属于祖国的淮河明明是一条河,如今竟以"中流"为界,连南北船只激起的"波痕"互相交叉都会引起纠纷，能不令人痛心吗？三、四两句，以“鸥鹭”的自由反衬两岸人民的不自由。“只余鸥鹭无拘管，北去南来自在飞”，这和“两岸舟船各背驰”对比何等鲜明！把二者联系起来，产生了强烈的艺术效果。

第四首表现了对沦陷区人民的同情和对朝廷的怨愤。“中原父老”遇见南宋使臣，总要诉说不堪压迫的痛苦和“王师”收复中原的期望，作者却说：这都是“空谈”，还是“莫空谈”吧！言外之意是：朝廷被投降派把持，只图偏安享乐，光向使臣诉说痛苦和期望，有什么用！时值秋季，北雁南飞，诗人触景生情，写出三、四两句：“却是归鸿不能语，一年一度到江南。”沦陷区人民一见“王人”便诉苦，却无法回到祖国的怀抱；大雁不会说话，却能回江南感受故国的温暖。相互对比，人不如鸟！那么，这究竟是什么原因呢？悲愤深婉，余意无穷。

## 桑茶坑道中八首录四①

田塍莫道细于椽②，　便是桑园与菜园③。
岭脚置锥留结屋④，　尽驱柿栗上山巅。（其一）
沙鸥数个点山腰，　一足如钩一足翘。
乃是山农垦斜崦⑤，　倚锄无力政无聊⑥。（其二）
秧畴夹岸隔深溪⑦，　东水何缘到得西？
溪面只消横一枧⑧，　水从空里过如飞。（其三）
晴明风日雨乾时，　草满花堤水满溪。
童子柳阴眠正着，　一牛吃过柳阴西。（其四）

**【注释】**

①桑茶坑：在今安徽泾县。

②田塍（chéng）：本指田间的畦埂子。这里指田间小路。细于椽：比

屋椽子还细。

③“便是”句：极窄的田间小路，也成了栽桑种菜的地方。

④“岭脚”句：留下一小块“立锥之地”准备搭屋。置锥：“富者田连阡陌，贫者无立锥之地”。

⑤斜崦（yǎn）：山坡。

⑥政：同正。

⑦畴：田。

⑧只消：只须。枧（jiǎn）：通水器。

## 【品评】

严羽《沧浪诗话·诗体》中列有“杨诚斋体”，解释说：“其初学半山、后山，最后亦学绝句于唐人。已而尽弃诸家之体而别出机杼，盖其自序如此也。”这里的“自序”，指杨万里的《诚斋江湖集序》和《诚斋荆溪集序》。《诚斋江湖集序》云：

余少作有诗千余篇，至绍兴壬午七月皆焚之，大概“江西体”也。今所存曰《诚斋江湖集》者，盖学后山（陈师道）、半山（王安石）及唐人者也。

《诚斋荆溪集序》云：

予之诗，始学江西诸君子，继又学后山五字律，既又学半山老人七字绝句，晚乃学绝句于唐人。学之愈力，作之愈寡。尝与林谦之屡叹之，谦之云：“择之精，得之艰，又欲作之不寡乎？”予喟曰：“诗人盖异病而同源也，独予乎哉！”……戊戌三朝，时节赐告，少公事，是日即作诗，忽若有悟。于是辞谢唐人及王、陈、江西诸君子，皆不敢学，而后欣如也。试令儿辈操笔，予口占数首，则浏浏焉无复前日之轧轧矣。自此，每过午，吏散庭空，即携一便面（扇子），步后园，登古城，采撷杞菊，攀翻花竹，万象毕来，献予诗材。盖挥之不去，前者未雠，而后者已迫，涣然未觉作诗之难也。

所谓“万象毕来，献予诗材”，是从自然风物和社会生活中吸取题材和灵感，而不是单纯在学习前人作品上下工夫。这种认识是正确的，使他在诗歌创作的天地里开拓新领域，写出了被称为“诚斋体”的新体诗。

就表现手法说，杨万里运用的是所谓“活法”，同时人张镃形容道：

造化精神无尽期，跳腾踔厉及时追。目前言句知多少，罕有先生活法诗。

钱锺书在《谈艺录》里讲得更透彻：

以入画之景作诗，宜诗之景赋诗，如铺锦增华，事半而功则倍。虽然，非拓境宇、启山林手也。诚斋、放翁，正当以此轩轾之。人所曾言，我善言之，放翁之与古为新也。人所未言，我能言之，诚斋之化生为熟也。放翁善写景，而诚斋善写生。放翁如画图之工笔；诚斋如摄影之快镜；兔起鹘落，鸢飞鱼跃，稍纵即逝而未及其逝，转瞬即改而当其未改，眼明手捷，踪矢蹑风，此诚斋之所独也。

《桑茶坑道中八首》组诗，可以说是运用"活法"的典型，作者把沿途所见的景物，用"快镜"摄入作品。

第一首，总写全景。"田塍莫道细于椽，便是桑园与菜园。"极写山农对于土地的珍惜及其利用率之高。田塍这里指"畦梗子"。"细于椽"是说那畦梗子比屋上的木椽还细，其对土地之珍惜，已不言而喻。这样细的田塍，也没有让它闲着，而是充分地利用来或种桑，或种菜。"莫道"与"便是"呼应紧密。这两句一翻译，就是这样的意思：不要说田塍比椽子还细，那就是桑园子和菜园子啊！光写了田塍，没有写田，但田塍与田塍之间，就是田，谁都可以想象出来。作诗与摄影毕竟有区别，诗的形象，还需要在读者想象中再现和补充。

三、四两句更精彩。"岭脚置锥留结屋"，这又是一个镜头。"置锥"一词，作者不一定有意用典，但它不能不使人想起《汉书·食货志》中的话："富者田连阡陌，贫者亡（无）立锥之地。"这句诗是说，农民在岭脚留出一点仅可"置锥"的地方，准备搭房子，其贫困已不难想见。怎么知道那"置锥"之地是"留结屋"的呢？大约由于那里堆放了些"结屋"的材料，才作出了那样的判断。按农家的习惯，屋子周围，是要种些果树的。如今只留"置锥"之地"结屋"，自然无地再种果树，于是诗人又摄取了一个镜头："尽驱柿栗上山巅。"农家把本来应该种在屋子周围的柿栗一古脑儿赶到山顶上去了。——这写得多么"活"！

读了这首诗，不禁使人联想到作者的另一首诗《过石磨岭岭皆创为田

直至其顶》:

翠带千镮束翠峦,青梯万级搭青天。

长淮见说田生棘,此地都将岭作田!

“长淮”,指当时的沦陷区。联系这首诗,更可以看出前面讲过的那首诗不仅摄取了几个镜头而已,还有言外之言可寻。

第二首,写山农的耕作之苦。“沙鸥数个点山腰,一足如钩一足翘。”写沙鸥,形态逼真。但“山腰”怎会有“沙鸥”呢?仔细一看,原来不是“沙鸥”,“乃是山农垦斜崦,倚锄无力政(正)无聊”。“斜崦”,就是山坡。如前一首所写,山农对土地那么珍惜,那么充分利用,但还不满足,还要“垦斜崦”,这究竟是为什么?当然是因为已有的土地收入,还不足以养家活口。那“倚锄无力”的神态和“政无聊”的心情,都可以使读者想得很多、很远。

第三首,写秧田和水源。“秧畴夹岸隔深溪”,写景如在目前。但作者并不是悠闲地欣赏这田园风光,而是看到“溪”那么“深”,关心“东水何缘到得西?”再一看,放心了,高兴了,于是又摄了一个镜头:“溪面只消横一枧,水从空里过如飞。”这个镜头不仅摄得很巧妙,还在明快的色调中蕴含了对山农的劳动和智慧的赞颂之情。

第四首,写儿童牧牛情景。“晴明风日雨乾时,草满花堤水满溪。”山农尽管贫苦,但自然风光还是美好的。风日晴明,又刚下过雨,溪里水满,地面初干,堤上野花盛开,草当然也很肥美。这“花堤”上,不是正好牧牛吗?于是,诗人用“摄影之快镜”,又摄下了两个镜头:“童子柳阴眠正着,一牛吃过柳阴西。”

诗人的高明之处,在于本来是动的景物,他准确地摄下了动的画面,如“水从空里过如飞”“一牛吃过柳阴西”等等;本来是静的景物,他也能写活,如“尽驱柿栗上山巅”“沙鸥数个点山腰”等等。还有,画面里都或多或少地含蕴着思想意义,并非一览无余。

元朝人刘祁在《归潜志》卷八里说:李之纯“教后学为文,欲自成一家”。晚年“甚爱杨万里诗”,称赞道:“活泼刺底人难及也。”清新、活泼,这的确是“诚斋体”的特点。

## 发赵屯得风宿杨林池是日行二百里[1]

动地风来觉地浮，　拍天浪起带天流。
舞翻柳树知何喜？　拜杀芦花未肯休[2]！
两岸万山如走马，　一帆千里送归舟。
出笼病鹤孤飞后[3]，　回首金笼始欲愁！

### 【注释】

①赵屯：在今江苏青浦县西北。

②“拜杀”句：谓芦苇被风吹得起伏不定。

③病鹤：作者自喻。

### 【品评】

作者于绍熙三年（1192）从建康任休官，乘舟归里，此诗即作于舟中。

前三联写顺风动地而来，舟行若飞，在船上左顾右盼，喜慰之情，都从风中展现的动景中流露出来。人在船上，本来是“浮”的，只因“动地风来”，竟感到大地都在浮动；船在水上，水本来向前流动，只因风吹浪起，巨浪掀天，竟感到水和天一同流动；岸上的柳丝迎风狂舞，不知它有何喜事；岸边的芦花只管磕头，一直不肯停止；两岸上呢，万山千峰，都像快马一样朝后面奔跑；船上的布帆张满风力，日行千里，送我回家。前两联写风中动景，既形象逼真，又想象奇特、饶有风趣；但都是为写“一帆千里送归舟”作铺垫，意在通过目前之所见的种种动景赞美顺风，表现归舟快捷的喜慰之情，与陶潜《归去来辞》中通过“舟遥遥以轻扬，风飘飘而吹衣”表现归途的喜悦相类似。

对于那些醉心名利、热恋官场的人来说，休官回家，归舟迅速，又有什么值得高兴的。关于这一点，结尾特意作了说明：“出笼病鹤孤飞后，回首金笼始欲愁!”作者以“病鹤”自喻,说他从“笼”中冲出来,千里“孤飞”,看见“柳舞”“芦拜”的种种景象,感受到前所未有的喜悦;回过头想想那关锁自己、使自己无丝毫自由的“金笼”子,当年有些麻木,现在清醒过来,才开始有点害怕,不禁发愁了。有此一结,全篇都活,把这首诗的意境从一般的写景抒情提升到新的高度。

## 重九后二日同徐克章登万花川谷月下传觞①

老夫渴急月更急,　酒落杯中月先入;
领取青天并入来,　和月和天都蘸湿②。
天既爱酒自古传③,月不解饮真浪言④;
举杯将月一口吞,　举头见月犹在天。
老夫大笑问客道:　“月是一团还两团⑤?”
酒入诗肠风火发,　月入诗肠冰雪泼。
一杯未尽诗已成,　诵诗向天天亦惊。
焉知万古一骸骨⑥?酌酒更吞一团月!

**【注释】**

①重九:又称重阳节,农历九月九日。万花山谷:作者给自己花园取的名字。传觞:传杯饮酒。

②和月和天:连月带天。蘸(zhàn):将东西放在水中浸一下。

③天既爱酒:《资治通鉴》晋太元三年注引《九州春秋》:“曹公禁酒,孔融以书嘲之曰:天有酒旗之星,地列酒泉之郡。”李白诗:“天若不爱酒,酒星不在天;地若不爱酒,地应无酒泉。天地既爱酒,爱酒不愧天。”

④月不解饮:李白《月下独酌》:“举杯邀明月,对影成三人。月既不解饮,影徒随我身。”浪言:随意说的话。这里故意反驳李白。

⑤一团:指月亮。

⑥焉知:安知。骸骨:人死后的骨头。

## 【品评】

此诗作于绍熙五年(1194),作者退休居家。

这是一首频频换韵的七言古体诗,其“活法”的运用,不在于用“快镜”摄影,而在于想象新奇,转折灵动,奇峰迭起,新意频出,反说正说,横说竖说,无不出人意表,而仔细想来,又无不在人意中。

全诗内容,不过与客人饮酒而已。大约诗人在未得“活法”之时,根本写不出诗来;现在呢,却真是“万象毕来,献予诗材,……前者未雠,而后者已迫”。开头四句写月下酌酒。李白“举杯邀明月,对影成三人,月既不解饮,影徒随我身”,已令人感到新奇。杨万里一上来却说他自己酒渴已急,而月亮还比他更渴更急;他刚酌酒入杯,月亮就抢先跑进杯里。月亮不光自己来抢酒喝,还带领青天一起来,同时攒入酒杯,弄得和月带天都湿漉漉的。杯中酒满,会映出明月和青天的倒影,凡在月下饮过酒的人大都看见过这种景象,但谁能把这种景象写得这么活泼,这么热闹?这四句押入声韵,声调急促,与月渴已急,抢先入杯的内容十分和谐。

接着的六句换平声韵,虽然声调较前舒缓,但仍然一句一转、一转一境,波澜迭起,令人目不暇接。前面已写酌酒,接着便以天、月陪衬,写作者自己饮酒,并插入向客人的提问。“天既爱酒自古传”,这是根据孔融“天有酒旗之星”和李白“天若不爱酒,酒星不在天”的论调,为前面写青天与月同来饮酒进行辩解。“月不解饮真浪言”,则是反驳李白“月既不解饮”的诗句。其反驳的理由是:天既爱酒,月为何不爱酒?它和青天一起,不都在我的酒杯里蘸湿了吗?当然,真正喝到酒的还是诗人自己。开头便说他已经“渴急”,所以尽管明月、青天都已泡在酒杯里,他还是举杯一饮而尽。可是仰首一望,明月依然在青天里闪耀。前七句所写,都新奇得出人意外,读完第八句,便又觉得在人意中。接下去,读者总以为再翻不出什么新花样来了;不料忽然“大笑问客”:“月是一团还两团?”意思是:酒杯里的一团月分明被我喝进肚里了,怎么天上还有一团呢?问得很天真，却极有情趣，这正是诗中妙境。

后六句每两句一韵，三次换韵，诗意亦层折递进，奇趣横生。酒发热；月亮则冰清玉洁，就其色调说，属于“冷色”。诗人由此生发，写出了“酒入诗肠风火发，月入诗肠冰雪泼”一组排偶句。“入诗肠”叠用，给人以突出感受，先声夺人，引起对酒、月俱“入诗肠”会产生什么结果的悬念。而其结果，也出人意料：“风火发”“冰雪泼”，冷、热相战，并没有使诗人“闲肚子”，而是在“诗肠”里凝成了诗：“一杯未尽诗已成。”喝了酒便作诗，古代的许多大诗人都如此，并不稀奇，奇的是紧接着写了这么一句：“诵诗向天天亦惊。”老天爷听了他的诗也大吃一惊，并非说大话；因为在他的诗里，他竟敢说青天、明月都跑进他的酒杯里抢酒喝，泡得浑身是酒，被他一股脑儿吞进肚里去了！

结尾两句，既照应前文，又奇峰突起。“万古一骸骨”，本是杜甫《写怀二首》中的诗句，是说人都要死掉变成一把“骸骨”，“万古”如斯，无一例外。杨万里信手拈来，前加“焉知”二字，立刻化消极为积极，表达了旷达的胸襟，为结句蓄势：我哪里知道人世间有这样的倒霉事，只知道“渴急”便渴酒。如果月亮抢先入杯，我便“举杯将月一口吞”；它又来抢酒，我便“酌酒更吞一团月”！真可谓豪情壮采，石破天惊！

作者的同乡晚辈罗大经在《鹤林玉露》里说：“杨诚斋月下传杯诗云，……余年十许岁时，侍家君竹谷老人谒诚斋，亲闻诚斋诵此诗，且曰：‘老夫此作，自谓仿佛李太白。’”可见作者对他的这首诗很得意。就其气势豪迈方面说，的确有点像李白的七古；但篇幅短而层次多，层层转换，愈转愈奇，构思新巧，用笔活泼，在学习李白的基础上又有新的变化和新的开拓，从而形成了不同于李白的“诚斋体”。熟读这首诗，对所谓“活法”会有比较深入的体会。

## 夏夜玩月

仰头月在天，　照我影在地；

我行影亦行，　我止影亦止。
不知我与影，　为一定为二①？
月能写我影，　自写却何似？
偶然步溪旁，　月却在溪里！
上下两轮月，　若个是真底②？
为复水是天③？　为复天是水？

【注释】

①定：还是。
②若个：哪个。真底：真的。
③为复：还是。

【品评】

此诗不过写月下人影和水中月影而已，然而写得多么“活”，与前面写月下传杯的那首七古合参，有助于理解“活法”。

## 夏夜追凉①

夜热依然午热同，　开门小立月明中。
竹深树密虫鸣处，　时有微凉不是风。

【注释】

①追凉：追寻凉爽。杜甫《羌村三首》其二：“忆昔好追凉，故绕池边树。”

【品评】

写热了一整天，汗流浃背，只盼夜间能凉一些，好睡觉；然而“夜热依然午热同”,没法睡。开头的这句诗,明白如话,也不见得含蓄、婉转,然而截去了前面的许多东西,这许多东西又可从“夜热”“午热”中想象出来,因为它凝练地写出了熬过大热天的人们的共同体验。次句承“夜热”“开门小立月明中”,是为了纳凉,希望有点凉风,这是情理之中的事,不新亦不奇。新奇之处在于后两句:“竹深树密虫鸣处,时有微凉不是风。”读到“凉”字,必然认为下面的三个字要讲吹来了什么好风;可是读下去,却出人意外,结尾三字竟然是:“不是风!”那么,“时有微凉”是从哪里来的,就需要回过头再读前几句,仔细吟味,才能得到回答。明晓通畅,毫无艰深之处,却有回味的余地,与一览无余、淡乎寡味者迥异。

## 小　　池

泉眼无声惜细流①,　树阴照水爱晴柔。
小荷才露尖尖角②,　早有蜻蜓立上头。

**【注释】**

①泉眼:泉水流入小池的孔道。

②尖尖角:指刚从水面探出头来的荷叶,卷得很紧,顶端尖尖的,像牛角。

**【品评】**

题为“小池”,首句写池子的源头活水。因为是“细流”,所以它“无声”。妙在用一“惜”字,把“泉眼”拟人化,说它非常爱惜水,卡得很紧,绝不肯挥霍浪费,让水哗哗乱流。而“池”之所以“小”,其原因正在这里。次句不过是说池面为树阴所覆盖,却写得极有情趣。池边有树,池面上自然有“树阴”;作者却说“树阴照水”,用一“照”字,赋予“树阴”以人的意志,好像它有主动权,想“照”谁就“照”谁,如今它“照”着池“水”。接着用一“爱”字,赋予“树阴”以人的情感,说它不“照”别的,只“照”池水,是因为它喜爱池面上明净而温柔的微波,恋恋不舍。

诗的最精采处还在后两句,前两句只是为后两句所写的景物烘托环境。后两句所写的景,其实并没有什么,说穿了,不过是水面露出的新荷叶顶端落了一只蜻蜓。这样的景,是引不起一般人的注意的,然而作者觉得美,立刻用“摄影之快镜”拍了下来:“小荷才露尖尖角,早有蜻蜓立上头。”把杨万里的“活法”说成用“快镜”摄影,只不过是讲他善于抓取镜头而已。作诗,从本质上说,并不同于摄影。比如这两句所写的景,摄像机只能拍出新荷叶上有蜻蜓的图象,拍得再好,也说不上有多少诗意。而读这两句诗,意味便大不相同。“才露”与“早有”呼应,不仅句法灵动,而且富有暗示性:小荷未露尖尖角,蜻蜓已在“小池”上面款款飞,有时还点水飞,但找不到“立”脚点,多么希望新荷出水啊!因此,“小荷才露尖尖角”,游人并未注意,却“早”被蜻蜓发现了;刚一发现,便即刻飞来“立”在那“尖尖角”上,何等得意!而且,那得意还不仅在于已有立脚点,更在于小荷既然露出“尖尖角”,那么荷叶满池、荷花映日的美景就为期不远了!这一切,都不是“摄影之快镜”所能拍摄出来的。

## 舟过谢潭三首录一①

碧酒时倾一两杯,　船门才闭又还开。
好山万皱无人见②,　都被斜阳拈出来③。

**【注释】**

①谢潭:地名,是诗人在孝宗淳熙七年(1180)从家乡吉水赴提举广东常平茶盐任经过的地方。

②皱:皱褶。

③拈(niān)出:用两指夹出。

【品评】

此诗写诗人在船上看山的景象，妙在后两句。韩愈在著名的五言长诗《南山诗》里写终南山，有“晴明出棱角”“烂漫堆众皱”之句。远处看山，山上的众多棱角和棱角与棱角之间的沟沟渠渠，就好像许多皱纹。如果皱纹比较细微便只有朝阳和夕阳斜照，才能看清楚。诗的第二句“船门才闭又还开”，表明打开船门，为的是看山。“好山万皱无人见，都被斜阳拈出来。”不说“照出来”，而说“拈出来”，一个“拈”字，用得多新巧！

## 八月十二日夜诚斋望月①

才近中秋月已清，　鸦青幕挂一团冰②。
忽然觉得今宵月，　元不粘天独自行③。

【注释】

①诚斋：杨万里任永州零陵丞，适张浚谪居永州，杨往见，张勉以“正心诚意”之学，万里终身服膺之，并名其书房为“诚斋”。

②“鸦青”句：谓鸦青色的天空悬挂着一轮寒冰似的明月。幕：帷幕。这里指天空。

③元：同原。粘天：附着天。

【品评】

第一句以“月已清”表明月亮下面连稀薄的白云也没有，十分清澈。第二句以“鸦青幕”描状天宇一青如染，而清澈的月亮就像“一团冰”悬挂在天幕上。题为“望月”，前两句是初“望”时所见的景象。天异常“青”，月异常白，两相映衬，已透露了一点消息：天与月是各自独立的，月并没有粘附在天上。但还“望”得不够清楚，所以用一个“挂”字表现月与天的关系。三、四句,写久“望”中的新发现。“今宵月”,照应题目中的“八月十二日夜”和第一句“才近中秋月已清”;“忽然觉得”,是说以前从未觉得,乃是突然有新的发现。这新发现是:原来那将圆未圆,“清”得像“一团冰”似的月亮是独自行走的,既没有“挂”在天上,也没有“粘”在天上。

诗人不过是写久望中看见的月亮移动的情景,但其表现方式很别致,能给读者以美感;而且,用久望中“忽然觉得”的“不粘”推翻了初望所见的“挂”,能引起读者回味而受到哲理的启迪。

## 尤袤(1127—1194)

字延之,号遂初居士,无锡(今属江苏)人。绍兴十八年(1148)进士。曾任泰兴令、历知州、太常少卿,官至礼部尚书。好藏书,在家起藏书楼,名遂初堂,编有《遂初堂书目》行世。其诗与杨万里、范成大、陆游齐名,称南宋四大家。惜诗作大都失传,后人辑有《梁溪遗稿》。

### 淮　民　谣[①]

东府买舟船,　西府买器械[②]。
问侬欲何为[③]?　团结山水寨[④]。
寨长过我庐,　意气甚雄粗[⑤]。
青衫两承局[⑥],　暮夜连勾呼[⑦]。
勾呼且未已[⑧],　椎剥到鸡豕[⑨]。
供应稍不如[⑩],　向前受笞棰[⑪]。
驱东复驱西,　弃却锄与犁,
无钱买刀剑,　典尽浑家衣[⑫]。
去年江南荒,　趁熟过江北[⑬];
江北不可住,　江南归未得!
父母生我时,　教我学耕桑,
不识官府严,　安能事戎行[⑭]!
执枪不解刺,　执弓不能射;
团结我何为,　徒劳定无益[⑮]。

流离重流离[16]，　忍冻复忍饥；
谁谓天地宽[17]，　一身无所依！
淮南丧乱后[18]，　安集亦未久[19]，
死者积如麻[20]，　生者能几口？
荒村日西斜，　破屋两三家，
抚摩力不给[21]，　将奈此扰何[22]！

【注释】

①淮民：宋时设淮南东路、淮南西路，在今长江以北、淮河以南地区。居住在这里的人民称淮民。谣：歌谣，诗歌的一种体裁。

②东府、西府：泛指东西各地。

③侬：作人称代词，有我、你、他三种讲法，此处作"他"讲。

④团结：组织。山水寨：当时的"乡兵"组织。

⑤雄粗：粗暴。

⑥青衫：黑衫。承局：公差。

⑦勾呼：传唤。

⑧且未已：还没有停止。

⑨椎(chuí)剥：宰杀。豕：猪。

⑩稍不如：稍有不如意的地方。

⑪笞棰(chīchuí)：竹鞭一类的两种刑具。

⑫典：因没有钱，将物品作抵押。浑家：妻子。

⑬趁熟：往收成好的地方去逃荒。

⑭"安能"句：怎么能够从事当兵打仗！

⑮徒劳：白白地辛劳。

⑯重(chóng)：再。

⑰谁谓天地宽：孟郊《赠别崔纯亮》："出门即有碍，谁谓天地宽。"此用其语。

⑱淮南丧乱：淮河流域曾遭受两次毁灭性的破坏；第一次为金兀术率

金兵从淮东南下，一直打到临安；第二次为完颜亮率金兵经淮南打到长江边。

⑲安集：安定聚集。

⑳“死者”句：死去的人像乱麻一样堆积起来。

㉑抚摩：安抚、救济。力不给：力量不够。

㉒“将奈”句：对这种骚扰有什么办法？

## 【品评】

宋代兵制，官兵之外，尚有“乡兵”，就当地人口每户二丁抽一、四丁抽二，“团结训练，以为防守”(《宋史》卷一百九十)。此诗所谓“山水寨”，即淮南一带的“乡兵”组织，本意是防御金兵南侵，但被土豪把持，与官吏狼狈为奸，反而给人民造成严重的灾难。这首诗，是作者任泰兴(今属江苏)县令时所作，泰兴当时属淮南东路。《三朝北盟会编·炎兴下帙》载：尤袤“尝以淮南置山水寨扰民，不能保其家属，窃悲哀之，作淮南民谣一篇”。这里所说的“淮南民谣”，就是这篇《淮民谣》。

“乡兵”与“官兵”不同。官兵有薪饷，乡兵没薪饷。而且，一旦被抓去当乡兵，连刀、剑等各种武器，甚至舟船，都要自备，负担沉重，苦不堪言。这首诗，一开头便展示了这种惨状：一位农民“东府买舟船，西府买器械”，四处奔忙；作者问他将要干什么，他回答说被“团结”到“山水寨”里当乡兵。从“团结山水寨”直到“一身无所依”二十九句诗，都是由“问侬欲何为”引出的回答，也是乡兵的血泪控诉。

“淮南丧乱后”以下八句，是作者以县令的身份就乡兵的自诉所发的议论和感慨。乡兵的自诉，着重讲他被抓丁以来所受的种种磨难，其作用是以个别见一般。作者的议论，则是总揽全局，以一般含个别。“死者积如麻”“破屋两三家”，作为县令，想安抚、救济而“力不给”，徒唤奈何！心情十分悲痛，而为民请命之意，却洋溢于字里行间。

# 题米元晖潇湘图二首

万里江天杳霭[①]，　一村烟树微茫[②]。
只欠孤篷听雨[③]，　恍如身在潇湘。（其一）
淡淡晓山横雾，　茫茫远水平沙。
安得绿蓑青笠[④]，　往来泛宅浮家[⑤]。（其二）

## 【注释】

①杳霭：云气幽暗貌。

②微茫：迷蒙的样子。

③篷：船篷，这里指船。

④蓑：蓑衣。笠：斗笠。

⑤泛宅浮家：以船为家，往来于江湖之间。

## 【品评】

这是两首题画诗。画家米友仁（1086—1165），字元晖，是宋代杰出书画家米芾的儿子，画史上与其父并称“二米”或“大米、小米”。“二米”擅长山水画，称“米家山水”。此诗所题的“元晖潇湘图”，即小米的代表作《潇湘奇观图》，现藏上海博物馆，长丈余，卷后有洪适、洪迈、朱敦儒、朱熹等十几位南宋名家的题跋；尤袤有跋有诗，诗后署“淳熙辛丑仲春十八日梁溪尤袤观于秋浦”。淳熙辛丑，即宋孝宗淳熙八年（1181），这时尤袤五十五岁，正提举江东常平。

“二米”的山水画，属水墨大写意。米友仁的《潇湘奇观图》，最能体现其水墨山水画的独特风格，是其得意之作。他自题此卷云：“此卷乃庵上所见，大抵山水奇观，变态万层，多在清晨晦雨间，世人鲜复知此。余生平熟潇湘奇观，每于观临佳处，辄复得其真趣，成长卷以悦目。”可见他画的“潇湘奇观”,是亲临其地,熟观默察,于“清晨晦雨间”把握其“变态万层”而“得其真趣”之后的写意佳作。

尤袤题此画的诗,既表现出此画的特点,又抒发了自己的观感。

第一首,先以“万里江天”写大景、远景,后以“一村烟树”写小景、近景,大、小、远、近结合,又以“杳霭”“微茫”表现其烟雨迷蒙、云树苍茫的景象。仅用十二字,“米家山水”的气象、神韵已和盘托出。三、四句倒装,既是表现对此画的观感,又是对此画艺术魅力的赞扬。因为所画者乃“潇湘奇观”,所以细观此画,“恍如身在潇湘”;因为画里有水而无船,所以说“我”恍惚之间已经身在潇湘,如果纵一叶扁舟“听雨”,该多好!可是呢,别的什么已应有尽有,就“只欠”一只小船。“只欠孤篷听雨”一句当然不是说没画孤篷是个缺点,而是用跳脱的诗句赞颂此画有“移情”魅力;又顺便补出一个“雨”字,为前面的“杳霭”“迷茫”点睛。

第二首,前两句“淡淡晓山横雾,茫茫远水平沙”,进一步为“万里江天杳霭,一村烟树微茫”补景。这么一补,江、天、树、村以及晓山、远水、平沙等,都迷蒙于云雾烟雨之间,因云雾烟雨的变化而“变态万层”,顿成“奇观”。诗人面对“潇湘奇观”,萌生了弃官归隐,徜徉于“潇湘奇观”之间的意念,写出了后两句:“安得绿蓑青笠,往来泛宅浮家。”以《渔歌子》著名的唐代诗人张志和,肃宗时待诏翰林,后来隐居江湖间,自号烟波钓徒。“颜真卿为湖州刺史,志和来谒。真卿以舟敝漏,请更之。志和曰:‘愿为浮家泛宅,往来苕霅间。’”(《新唐书》卷一百九十六《隐逸传》)张志和的《渔歌子》,又有“青箬笠,绿蓑衣,斜风细雨不须归”之句。很明显,尤袤题画诗结尾两句中的“泛宅浮家”和“往来”“绿蓑”“青笠”,都取自张志和的言论和诗句,其借题发挥之意是十分明显的。就是说,他厌倦仕途,想学张志和做烟波钓徒了;然而弃官归隐,又有许多实际困难,两句诗以“安得”领起,表现了难言的苦衷。题画诗,也以“诗中有我”为高格。既展现《潇湘奇观图》的气象神韵,又自抒怀抱,二者妙合无垠,正是这两首题画诗的高明之处。

六言绝句,因不便使用单音节词,故诗句往往流于板滞;四句配合,也难获致婉转动宕,风神摇曳之美,故作者不多。唐代诗人中,只有王维、刘长卿擅长此体。王维的《田园乐》组诗尤脍炙人口。宋代诗人作六言绝句者较唐人稍多,以王安石的《题西太一宫壁二首》最著名。尤袤的这两首,也是难得的佳作。

## 送吴待制守襄阳①

方持紫橐侍西清②，　忽领雄藩向外行③。
谁谓风流贵公子，　甘为辛苦一书生。
词源笔下三千牍，　武库胸中十万兵。
从此君王宽北顾，　山南东道得长城④。

### 【注释】

①吴待制:指吴环,他是宋高宗吴皇后的侄儿。待制:官名,常以文学之士充任,位在学士之下。

②紫橐:紫袋。《汉书·赵充国传》:"安世本持橐簪笔。"注:"张晏曰:'橐,契囊也。近臣负橐簪笔;从备顾问,或有所纪也。'师古曰:'橐,盛书;簪笔,插笔于首以纪事。'"后人因以"橐笔"表文人之所事。此处的"持紫橐",即"橐笔"之意。西清:本指皇宫内西侧清净之地,后来泛指宫禁燕闲之处。此处的"侍西清",指做"待制"。

③雄藩:大镇,指襄阳。领雄藩,指镇守襄阳。

④"山南"句:当时襄阳属山南东道。长城:用檀道济"塞上长城"典,已见前注。

### 【品评】

首联"方持""忽领"呼应,句法灵活、动宕,毫不费力地点明题意:正做"待制",忽"领襄阳",而"送"行之意自在其中。次联用"谁谓"一气贯注,气盛言宜。用现代汉语翻译,那便是:谁料"风流贵公子"却"甘为辛苦一书生”呢?“辛苦一书生”引出第三联:笔下“词源”奔泻,胸中“武库”森罗,当然都来自“辛苦”读书。“词源”句遥承首句,“武库”句遥承次句,又下启尾联,针线细密。尾联总收全篇:从此以后,“君王”北望襄阳一带,就会感到宽心,因为有您这样文才、武略兼备的人去镇守,那山南东道便有了“塞上长城”,金兵无法逾越。

这是一首应酬诗,多少有点捧场的意味。但捧得有分寸、有原则。“谁谓”一联是全诗的主干,先以“贵公子”点明吴环作为皇亲国戚的特殊身份,然后把他和一般的“贵公子”区别开来,说他“甘为辛苦一书生”,既有文才,又有武略。这是对吴环的颂扬;但对于那些骄奢淫逸、祸国殃民的皇亲国戚们来说,却是沉重的鞭打。尾联说他去镇守襄阳,“山南东道”便“得长城”,这既是对吴环的颂扬,也是对吴环的勖勉和期望。就艺术表现来说,语言壮美,气机流畅,也是七律中的佳作。

粗制滥造、胡吹乱捧的应酬诗泛滥成灾,当然要不得。但思想性比较高、艺术性比较好的应酬诗还是可以作,而且有积极意义。这首诗便是一个例子。

## 朱熹(1130—1200)

字元晦,一字仲晦,号晦庵,又号晦翁,别称紫阳,徽州婺源(今属江西)人,生于南剑州尤溪(今属福建),后徙居建阳(今属福建)考亭。绍兴十八年(1148)进士。历泉州同安县主簿、秘阁修撰、焕章阁待制等职,卒谥“文”。论学主居敬穷理,集北宋以来理学之大成。通经史、文学、乐律,对自然科学亦有所贡献。诗亦富意趣。有《四书章句集注》《周易本义》《诗集传》《楚辞集注》《朱文公集》《朱子语类》等。

# 春　日

胜日寻芳泗水滨[1],　无边光景一时新。
等闲识得东风面,　万紫千红总是春。

**【注释】**

①胜日:原指节日或亲朋欢聚日,这里指晴日。泗水:在今山东省东部,发源于东蒙山南麓,流经孔子家乡,孔子生前曾在那里讲过学,死后也葬在那里。

**【品评】**

题为“春日”,首句一开头便说“胜日寻芳”,自然是踏青游春、赏花观柳之作。次句从宏观上写春日寻芳的所见和所感:“无边光景”,包括目光所能看到的一切景象;“一时新”,则是出门“寻芳”的突然感受。如果不出门“寻芳”,尽管客观上“无边光景”已焕然一“新”,主观上也不会有这种“新”的感受。三、四两句所写,乃是对“寻芳”观感的具体化和认识上的深化。平日常说“东风”如何好，但对它的面貌如何，却缺乏具体了解。如今来“寻芳”，看见“无边光景”“万紫千红”，一派“新”气象，“等闲”之间便“识得东风面”了！就是说，那“万紫千红”的无边春色、无边“新”光景，都是“东风”的体现，也就是“东风”的面貌。

这首诗，按照春日“寻芳”的主题和词、句的意义作这样的理解，应该说是符合实际的。而且，作这样的理解，已经是一首景美情浓、景中含理的好诗。

然而单纯作游春理解，却有一个问题。“泗水”在山东境内，早被金人占领，张孝祥早在作于隆兴元年(1163)的《六州歌头》里已抒发过“洙、泗上，弦歌地，亦膻腥”的愤慨，朱熹怎能“寻芳泗水滨”？朱熹是一位理学家，他念念不忘孔夫子和他所传的“道”。“泗水滨”，乃是孔子讲学传道的圣地。“寻芳泗水滨”在朱熹笔下，不是“赋”而是“比”，比喻向孔门寻求生意盎然的“道”、特别是“仁”。按照这种思路读全诗，“东风”“万紫千红”等，也都是比喻。全诗通过“寻芳”的所见和新感受、新认识，比喻他求道忽有所得。其创作动机与表现手法，都与《观书有感》类似，但题为《春日》，全诗都写“寻芳”，比喻的痕迹含而不露，又形象鲜明，情景生动，读之但觉春光满眼，不注意它还有什么深层意蕴。

这本来是一首好诗，又由于入选《千家诗》，因而传诵至今。尤其是“万紫千红总是春”一句，常被人们引用，还被改造和补充，写出“一花独放不算春，万紫千红才是春”之类的句子，广为流传，颇有教育意义。

## 观书有感二首[①]

半亩方塘一鉴开[②]，　天光云影共徘徊[③]。
问渠那得清如许[④]？　为有源头活水来[⑤]。(其一)
昨夜江边春水生，　蒙冲巨舰一毛轻[⑥]。
向来枉费推移力，　此日中流自在行[⑦]。(其二)

## 【注释】

①观书有感:写看书后的心得和体会。

②鉴:镜子。这里把翻开的书比喻成方塘,进而又将方塘比喻成镜子。

③徘徊:来回移动。

④渠:它,指方塘。

⑤活水:经常流动的水。

⑥蒙冲:古代战船。黄公绍《韵会》:“战船狭而长者曰蒙冲,以冲突敌船。”

⑦中流:江心。

## 【品评】

宋代“理学”(或称“道学”)兴盛,理学家一方面说什么“文词害道”,反对作诗,另一方面又大作其诗,用诗讲道学。正如南宋刘克庄所说:“近世贵理学而贱诗,间有篇咏,率是语录讲义之押韵者耳。”(《后村大全集》卷一一一《吴恕斋诗稿跋》)像金履祥道学诗选《濂洛风雅》中的作品,大抵是“语录讲义之押韵者”,味同嚼蜡,算不得诗,也自然谈不上艺术生命力,在群众中没有流传。

在宋代理学家中,朱熹的老师刘子翚可算优秀诗人。他的那些愤慨国事的作品,像组诗《汴京纪事二十首》,就写得很感人,在南宋传诵极广。朱熹本人的许多诗,也很少“语录讲义”的气味,值得一读。他的那首《春日》七绝:“胜日寻芳泗水滨,无边光景一时新。等闲识得东风面,万紫千红总是春。”至今还被人们引用。《观书有感二首》诗中的第一首,也常被人们引来说明某种道理。

从题目看,这两首诗是谈他“观书”的体会的,意在讲道理、发议论;弄不好,很可能写成“语录讲义之押韵者”。但他写的却是诗,因为他没有抽象地讲道理、发议论,而是从自然界和社会生活中捕捉了形象,让形象本身来说话。

先看第一首。

“半亩方塘一鉴开，天光云影共徘徊”，这景象就很喜人。“半亩方塘”，不算大，但它像一面镜子那样澄澈明净，天光云影，都被它反映出来，闪耀浮动，情态毕见。作为景物描写，这也是成功的。这两句展示的形象本身，能给人以美感，能使人心情澄净，心胸开阔。

这感性形象本身还蕴含着理性的东西，最明显的一点就是“半亩方塘”里的水很深很清，所以能够反映天光云影；反之，如果很浅、很污浊，就不能反映，或者不能准确地反映。诗人正抓住了这一点，作进一步的挖掘，写出了颇有“理趣”的三、四两句：

问渠那得清如许？为有源头活水来。

“渠”是个代词，相当于“他”“她”“它”，这里代“方塘”。“清”，已包含了“深”，因为塘水如果没有一定深度，即使很清，也反映不出“天光云影共徘徊”的情态。诗人抓住了塘水深而且清就能反映天光云影的特点，但没有到此为止，进而提出了一个问题，“方塘”为什么能够这样“清”？而这个问题，孤立地看“方塘”本身，是无从找到答案的。诗人于是放开眼界，终于看到“源头”，找到了答案：就因为这“方塘”不是无源之水，而是有那永不枯竭的“源头”，源源不断地为它输送“活水”。

后两句，当然是讲道理、发议论，但这和理学家的“语录讲义”很不相同：第一，这是对前两句所描绘的感性形象的理性认识；第二，“清如许”和“源头活水来”，又补充了前面所描绘的感性形象。因此，这是从客观世界提炼出来的富有哲理意味的诗，而不是“哲学讲义”。用古代诗论家的话说，它很有“理趣”，而无“理障”。

“方塘”因为有“源头活水”不断流入，所以永不枯竭，永不陈腐，永不污浊，永远深而且“清”，“清”得不仅能够反映出“天光云影”，而且能够反映出它们“共徘徊”的细微情态。——这就是这首小诗所展现的形象及其思想意义。

朱熹给这诗标的题目是“观书有感”，也许他“观书”之时从书中受到什么启发，获得了什么新知，因而联想到了“方塘”和“活水”，写出了这首诗。如果是这样，那么他所说的“源头活水”，就是指书本知识。其用意是劝人认真读书、博览群书，不断从那里吸取前人的经验。

朱熹还作过一首七律《鹅湖寺和陆子寿》：

德义风流夙所钦，别离三载更关心。
偶扶藜杖出寒谷，又枉篮舆度远岑。
旧学商量加邃密，新知培养转深沉。
却愁说到无言处，不信人间有古今。

这个诗题及整篇诗，大概很少人能记得，但其中的"旧学商量加邃密，新知培养转深沉"两句，至今还被一些学者引来谈治学经验。用来谈治学经验，当然是可以的，但作为"诗"，却远不如"半亩方塘"一首有诗味，尽管在朱熹那里，"旧学商量""新知培养"，很可能和"源头活水"是一回事。

不管朱熹的本意如何，"半亩方塘"这首诗由于取材客观实际，诉诸艺术形象，其形象及其思想意义，很有普遍性。比如说，为了使我们的"方塘"不枯竭、不陈腐、不污浊，永远澄清得能够反映客观事物及其细微变化，就得不断学习，不断实践，不断调查新情况、研究新问题、吸收新知识，就得让我们的知识不断更新，避免老化。这一切，当然超出了朱熹的创作意图。然而这又是符合艺术规律的：具有典型性的艺术形象，其客观意义往往大于作家的主观思想。

再谈第二首：

"昨夜江边春水生，蒙冲巨舰一毛轻"，其中的"蒙冲"也写作"艨艟"，是古代的一种战船。因为"昨夜"下了大雨，"江边春水"，万溪千流，滚滚滔滔，汇入大江，所以本来搁浅的"蒙冲巨舰"就像鹅毛那样浮了起来。这两句诗，也对客观事物作了描写，形象比较鲜明。但诗人的目的不在单纯写景，而是因"观书有感"联想到这些景象，从而揭示一种哲理。

"向来枉费推移力，此日中流自在行"，就是对这种哲理的揭示。当"蒙冲巨舰"因江水枯竭而搁浅的时候，多少人费力气推，力气都是枉费，哪能推动呢？可是严冬过尽，"春水"方"生"，形势就一下子改变了，从前推也推不动的"蒙冲巨舰"，"此日"在一江春水上自在航行，多轻快！

蒙冲巨舰，需要大江大海，才能不搁浅，才能轻快地、自在地航行。如果离开了这样的必要条件，违反了它们在水上航行的规律，硬是要用人力去“推移”,即使发挥了人们的冲天干劲,也还是白费力气。——这就是这首小诗的艺术形象所包含的客观意义。作者的创作意图未必完全如此,但我们作这样的理解,并不违背诗意。

前一首,至今为人们所传诵、所引用,是公认的好诗。后一首,似乎久已被人们遗忘了,但它同样是好诗,能给人以哲理的启迪,别做在干岸上推船的蠢事,而应为“蒙冲巨舰”的自在航行输送一江春水。

类似这样的哲理诗,宋诗中还有一些。苏轼的《题西林壁》,先说“横看成岭侧成峰,远近高低各不同。”然后再揭示诗人从中领会到的哲理:“不识庐山真面目,只缘身在此山中。”

当然,哲理诗的写法也是各种各样的。有鲜明的形象,由形象本身体现理趣,固然好;但也不一定非如此不可,例如苏轼的《琴诗》:

若言琴上有琴声,放在匣中何不鸣?
若言声在指头上,何不于君指上听?

两个假设,两个提问。假设有道理,提问更有道理。问而不答,耐人寻味。说这有“禅偈的机锋”,当然是可以的。但如果从中领会出这样一种道理:只有很好的客观条件,或者只有很好的主观条件,都不行;而把二者完美地结合起来,就能取得很好的效果:这不能算违反诗意吧!

这首诗,既有理趣,也有诗味,应该算是较好的哲理诗。纪昀“此随手写四句,本不是诗”的看法是值得商榷的。

至于理学家所写的那些“语录讲义”式的所谓诗,道理粗浅,议论陈腐,语言枯燥乏味,就不算诗。例如徐积的那首长达两千字的《大河上天章公顾子敦》:“万物皆有性,顺其性为大。顺之则无变,反之则有害。……”(《节孝诗钞》)这怎能算诗呢?

## 陈造(1133—1203)

字唐卿，号江湖长翁，高邮(今属江苏)人。淳熙二年(1175)进士。历官房陵通判、淮南安抚使参议等职。有《江湖长翁集》。

### 题赵秀才壁①

日日危亭凭曲栏②，　几层苍翠拥烟鬟③。
连朝策马冲云去④，　尽是亭中望处山。

**【注释】**

①赵秀才：作者的朋友，生平不详。
②日日：每天。危亭：高亭。
③几层：一层又一层。拥：簇拥着。
④连朝：接连几天。策马：鞭打着马。

**【品评】**

前两句写远景。天天立在亭子里凭栏看山，已暗示远山实在太美，百看不厌。“几层苍翠拥烟鬟”，实写远望中的山景：那苍翠的群山，望了一层，又望一层，一层比一层高、一层比一层远，山峰被飘渺的云烟笼罩，好像美人头上的髻鬟。

写远望群山的诗比较常见，因而前两句虽然写得好，但并不新颖。读完前两句，总以为作者要继续描写远望中的山景，或者发表议论了；却出人意料，用后两句写出门游山。写游山，当然要写身历其境的感受，为读者展示若干迷人的自然景观。一般的游山诗，也都是这么写的。然而陈造却以“尽是亭中望处山”收尾，没有作任何具体描绘，却为读者打开了驰骋想象的闸门。“亭中望”唤回首句,“日日”在“亭中”凭栏望山,越望越感到山景变幻无穷,引起了入山探胜的念头。“尽是亭中望处山”又唤回第二句,亭中望山的远景是“几层苍翠拥烟鬟”,那么,亲入深山,移步换形的近景必然更引人入胜。从望山到遍游“望处山”,有个过程;这个过程,是用第三句“连朝策马冲云去”表现的。“连朝”,等于“接连好几天”;“策马”,就是用鞭子打马,让它快跑;“冲云去”,与第二句“烟鬟”相应,表明正在冲云破雾,穷幽揽胜。“策马冲云”游了好多天,游“尽”了“亭中望处山”,则“望处山”就不仅是远望中所见的“几层苍翠”,而是千峰竞秀,万壑争奇,愈游愈美,美不胜收,令人流连忘返。

前两句写望山,勾勒出远山的大轮廓。后两句写游山,只有十四个字,任你多么善于描绘,也绘不出多少图景。作者构思的新颖之处在于不作具体描绘,而以“连朝策马冲云去,尽是亭中望处山”与前两句拍合,反能引发读者的想象,于层出不穷的想象中得到审美享受。

## 辛弃疾(1140—1207)

原字坦夫,后字幼安,号稼轩,历城(今山东省济南市)人。绍兴三十一年(1161),金主亮大举南犯,弃疾聚众二千,参加耿京义军抗金,领耿京命,奉表南归,授右承务郎。闻耿京为叛徒张安国所杀,突入金营,擒而诛之。次年率部渡淮南归,历任湖北、江西、湖南、福建、浙东安抚使等职。有将相之才而未展其用,多次落职闲居,将爱国忠愤之情寄之于词。其词豪放雄浑,悲壮激越,善熔铸经史,驱遣诗文,与苏轼并称苏辛。亦能诗。有《稼轩长短句》。今人辑有《辛稼轩诗文钞存》。

### 送湖南部曲[①]

青衫匹马万人呼[②], 幕府当年急急符[③]。
愧我明珠成薏苡[④], 负君赤手缚於菟[⑤]。
观书老眼明如镜[⑥], 论事惊人胆满躯[⑦]。
万里云霄送君去[⑧], 不妨风雨破吾庐[⑨]。

**【注释】**

①此诗作于离湖南安抚使任时。据刘克庄《后村诗话》载此诗的本事说:"辛稼轩帅湖南,有小官,山前宣劳,既上功级,未报而辛去,赏格未下。其人来访,辛有诗别之云云。"部曲:部属。古代大将军营设有各司其事的属官,称"部曲"。

②青衫:唐时为从九品小官的官服。其色青,故称青衫。

③幕府:古代大将行军在外办公的地方。后地方军政长官的衙门亦沿用此名。急急符:紧急命令。亦称"急急如律令"。全句意谓:当年在

万众欢呼声中，曾为幕府传递紧急公文。

④“愧我”句：表明自己遭谗去职。明珠成薏苡：实说“把薏苡当成了明珠”。据《后汉书·马援传》载：马援征交趾归来，载回一车薏米种子，被人诬陷为带回一车明珠。作者在湖南安抚使任上，除兴修水利外，还在两年时间内建成一支铁马金甲的湖南飞虎军，但却受到权贵“聚敛扰民”的诬控和排挤：故以马援事迹自比。

⑤於菟：楚地方言称老虎为“於菟”。

⑥明如镜：明如宝镜，能知微烛幽。

⑦胆满躯：一身都是胆。

⑧“万里”句：祝愿“部曲”从此鹏程万里，直上青云。

⑨破吾庐：用杜甫《茅屋为秋风所破歌》“吾庐独破受冻死亦足”句意。

## 【品评】

首联活画出那位部属当年传送紧急文书的勇猛形象，起势警悚。次联以“愧我”“负君”呼应，回环跌宕，表现了自己因受谗落职而未能奖赏这位部属的负疚心情。三联由“明珠成薏苡”引起，写自己虽然受谤，却光明磊落，无私无畏，观书论事，有识有胆，不因受谤而稍变赤胆报国的志节，一位爱国英雄的豪情壮志跃然纸上。尾联写送别之情：但愿有功未赏的那位部属前程远大；至于自己，任他“风雨破吾庐”，也不要紧。结句用杜甫《茅屋为秋风所破歌》中词语而赋予新意。“破吾庐”的“风雨”乃是政治上的风风雨雨，与“明珠成薏苡”照应，不仅章法谨严，而且浩气英风，直贯全篇，至结尾犹振荡有力。词如其人，诗如其人。

## 林升（生卒年不详）

字梦屏，温州平阳（今属浙江）人。约活动于孝宗淳熙（1174—1189）时期。

### 题临安邸①

山外青山楼外楼，　西湖歌舞几时休？
暖风熏得游人醉，　直把杭州作汴州②。

【注释】

①这首诗始见载于明田汝成《西湖游览志馀》卷二上，据说这首诗是题于旅店墙壁上的。临安：今浙江杭州市，南宋首都。邸（dǐ）：旅店。

②汴州：北宋都城汴梁。

【品评】

《西湖游览志馀》卷二《帝王都会》载此诗，并云："绍兴、淳熙之间，颇称康裕，君相纵逸，耽乐湖山，无复新亭之泪。士人林升者，题一绝于旅邸云……"原诗无题，清人厉鹗《宋诗纪事》收此诗，加了《题临安邸》这个题目。

南宋统治者对金人妥协投降，将大半壁河山拱手让人，以种种屈辱条件换取偏安，不惜敲剥民脂民膏以满足其荒淫腐朽生活。这首诗的作者从外地来到临安，就眼前的荒淫景象抒发感慨，极富艺术感染力。

首句从空间着眼，写华丽的楼台鳞次栉比，从近处的青山延伸到山外的青山，一望无际。次句将空间与时间叠合，写围绕西湖的所有楼台都轻歌曼舞，无尽无休，不知几时才能休止。第三句"暖风熏得游人醉"，用一

“醉”字，展现了君臣上下文酣武嬉、醉生梦死的群体形象。连写三句，突然以“直把杭州作汴州”收尾，为前三句所写的景象注入思想感情的新血液，句句皆活而蕴含深广，极耐寻绎。

“直把杭州作汴州”，首先，令人想到的是“此间乐，不思蜀”。宋朝的都城本来是“汴州”，如今在“杭州”享乐，把“杭州”当作“汴州”，“无复新亭之泪”，哪里还想到收复“汴州”呢？其次，读者还可从这句诗里领会到又一层内涵。前三句已写了南宋统治者大兴土木，沉酣歌舞的骄奢淫佚生活，那么，“直把杭州作汴州”，就意味着当年北宋的统治者在“汴州”也是这样干的。事实也正是这样。宋徽宗大兴土木、荒淫无度，乃是汴京沦陷、北宋覆亡的重要原因。南宋统治者重蹈覆辙，后果不堪设想！难道要等到“杭州”沦陷，“西湖歌舞”才罢“休”吗？沉痛中见讽刺，讽刺中寓惋惜。与前面所选的刘子翚《汴京纪事》及有关作品共读，会有更深的体会。

## 刘过(1154—1206)

字改之,号龙洲道人,吉州泰和(今属江西)人。四次应试,不中。一生力主抗金复国,以豪侠闻于世。曾为陆游、辛弃疾所赏识,亦与陈亮友善。诗词均有名。有《龙洲集》《龙洲词》。

### 多景楼醉歌①

君不见七十二子从夫子②,　儒雅强半鲁国士③。
二十八将佐中兴④,　英雄多是棘阳人⑤。
丈夫生有四方志,　东欲入海西入秦⑥。
安能龌龊守一隅⑦,　白头章句浙与闽⑧?
醉游太白呼峨岷⑨,　奇才剑客结楚荆⑩。
不随举子纸上学《六韬》⑪,　不学腐儒穿凿注《五经》⑫。
天长路远何时到,　侧身望兮涕沾巾!

**【注释】**

①多景楼:在今镇江市东北角北固山上的甘露寺内,北宋时镇江知州陈天麟所建。据说原地有临江亭,因唐李德裕《临江亭》诗中有"多景悬窗牖"诗句,重建时改名。

②七十二子从夫子:据说跟孔子学习的有三千人,身通六艺的有七十二人。

③"儒雅"句:谓有学识、懂礼仪的,如颜渊、曾点、曾参等多半是鲁国人。

④"二十"句:邓禹、吴汉、贾复、马武等二十八位将领辅佐东汉光武

帝刘秀,中兴汉室大业。

⑤棘阳:西汉县名,属南阳郡,故址在今河南南阳南。邓禹等二十八将中,多半是南阳人。

⑥秦:指关中地区。

⑦龌龊:这里作拘谨解。隅:角落。

⑧章句:章节与句子。汉代有专门用分章析句的方法来解经的章句学家。浙:浙江。闽:福建。

⑨太白:太白山是秦岭的主峰之一,在今陕西武功县南九十里处。峨岷:峨山、岷山,都在四川。

⑩结:集结。楚荆:指楚国故地。这里主要指江陵、襄阳、樊城一带。

⑪六韬:古代兵书名,相传为西周吕望作,实为战国时人著,今存六卷。

⑫腐儒:指不顾国家存亡而空谈性理,穿凿解经的"理学家"。五经:指《诗》《书》《易》《礼》《春秋》五部儒家经典。

## 【品评】

刘过被称为"天下奇男子,平生以意气撼当世"(毛晋《龙洲词跋》引),力主抗金复国。在屡试不第之后,决意走出书斋,另求报国之路。辛弃疾镇京口(今镇江),刘过往访,因而多次登多景楼,作有《题润州多景楼》《登多景楼》等诗。这首《多景楼醉歌》,以长短多变的诗句、纵横驰骋的气势,表现了志在四方、欲佐中兴的宏伟抱负。而半壁河山为金人所占领,"入海""入秦""醉游太白"皆不可能,故以"天长路远何时到?侧身望兮涕沾巾"收尾,渴望恢复之情,溢于言表。

刘过以豪放词著名,亦能诗,是江湖派的主要诗人。这首诗风格豪放,可算是他的代表作。

## 姜夔(1155？—1221？)

字尧章，号白石道人，饶州鄱阳(今江西波阳)人，后移居湖州(今浙江吴兴)。一生未仕，往来于赣、湘、鄂、苏、浙间，故与刘过被人视为早期江湖派代表人物。其诗初学黄庭坚，后深造自得，与范成大、杨万里多有唱酬。尤以词著称，精音律，能自度曲。又擅长书法。有《白石道人歌曲》《白石道人诗集》《白石道人诗说》《续书谱》等。

### 过垂虹①

自作新词韵最娇②，　小红低唱我吹萧③。
曲终过尽松陵路，　回首烟波十四桥。

**【注释】**

①垂虹：桥名。在今江苏吴县东吴淞江上，宋仁宗庆历年间修。桥长五百米，环如半月，形若卧虹，故名。

②自作新词：指《暗香》《疏影》二词。韵最娇：谓声调婉转动听。

③小红：范成大的家妓，有色艺。姜夔访范成大于石湖，范征新声，姜作《暗香》《疏影》二词，范使小红学唱，音节清婉。姜辞别归吴兴，范以小红赠之，大雪中过垂虹桥，赋此诗以纪其事(见元人陆友《砚北杂志》)。

**【品评】**

清新婉丽，三、四句尤有情致。

# 除夜自石湖归苕溪十首录四[①]

细草穿沙雪半消[②]，　吴宫烟冷水迢迢[③]。
梅花竹里无人见，　一夜吹香过石桥[④]。(其一)
黄帽传呼睡不成[⑤]，　投篙细细激流冰[⑥]。
分明旧泊江南岸，　舟尾春风飐客灯[⑦]。(其二)
笠泽茫茫雁影微[⑧]，　玉峰重叠护云衣[⑨]。
长桥寂寞春寒夜，　只有诗人一舸归[⑩]。(其三)
环玦随波冷未销[⑪]，　古苔留雪卧墙腰。
谁家玉笛吹春怨[⑫]，　看见鹅黄上柳条。(其四)

【注释】

①这一组诗是光宗淳熙二年(1191)除夕，作者从苏州范成大的石湖别墅，乘舟归苕溪途中作。苕溪在湖州(今浙江吴兴)，时作者寓居在湖州的岳父家中。

②细草穿沙：嫩草从沙地里冒出。

③吴宫：指春秋时吴国都城故址。

④石桥：在苏州附近。

⑤黄帽：指船夫。汉时驾船的人戴黄色帽子，呼为“黄头郎”。

⑥“投篙”句：谓投篙时将流冰打成碎块。

⑦飐(zhǎn)：晃动。

⑧笠泽：太湖的别名。

⑨“玉峰”句：谓山峰为云气所缭绕。

⑩舸(gě)：船。

⑪环玦(jué)：本谓圆形而开有缺口的佩玉，这里指飘流的冰块。

⑫吹春怨:吹出怨春的调子。

**【品评】**

四首诗,写水上行舟、沿途所见的各种情景,画面生动,思致清新,语言明丽,韵调清雅。陈振孙《直斋书录解题》云:“石湖范致能尤爱其诗,杨诚斋亦爱赏之,赏其《岁除舟行十绝》,以为有裁云缝月之妙思,敲金戛玉之奇声。”清初主张神韵说的王士祯,对这组七绝亦极赞赏。可算姜夔七绝的代表作。

## 姑苏怀古①

夜暗归云绕柁牙②，　江涵星影鹭眠沙③。
行人怅望苏台柳④，　曾与吴王扫落花⑤。

**【注释】**

①姑苏:一名苏州,因城南有姑苏山而得名。

②柁:同舵。柁牙:舵板。

③涵:包容,这里为映照之意。

④苏台:又名胥台,在姑苏山上。吴王夫差所建,在其上歌舞逸乐、通宵达旦。后越军攻吴,台被焚毁。

⑤吴王:指夫差。

**【品评】**

前两句,写在船上所见的夜景。后两句,以“怅望”领起,借“苏台柳”与“落花”抒发今昔盛衰之感。“苏台柳”“曾与吴王扫落花”,想象新奇,又合情合理。当年吴王在苏台行乐之时,台畔必然百花耀目,柳丝拂地。可是如今呢,吴王早因骄奢淫逸而身死国灭,苏台仅有遗址了!当然,那遗址上还会有垂柳，当诗人于舟行过程中望见那“苏台柳”，突然触发灵感，写出了这两句意味深长的好诗，与韦庄《台城》“无情最是台城柳，依旧烟笼十里堤”异曲同工。

南宋人罗大经在《鹤林玉露》卷二里说这首诗“琢句精工”，甚得杨万里称赏。说它“琢句精工”，当然并不错，但更值得指出的是：它含蓄深婉，余意无穷。姜夔在他的《白石道人诗说》里主张“诗贵含蓄”“句中有余味，篇中有余意”。这首诗，可以说实践了他的主张。

## 翁卷(生卒年不详)

字灵舒,永嘉(今浙江温州)人,布衣终身。与同乡诗人徐玑(号灵渊)、徐照(字灵晖)、赵师秀(号灵秀)互相唱和,因他们的字、号都带“灵”字,故称“永嘉四灵”,其中翁卷年事最高。有《西岩集》《苇碧轩集》,二集互有出入。

### 野　望

一天秋色冷晴湾,　无数峰峦远近间。
闲上山来看野水,　忽于水底见青山。

**【品评】**

“永嘉四灵”鄙视江西诗派,口头上提倡唐诗,实则排斥杜甫,以姚合、贾岛为“二妙”,尊尚“晚唐”。经过叶适等人的鼓吹,曾名噪一时。他们中的翁卷和徐照,都是布衣,徐玑和赵师秀仅做过小官。其共同的人生态度是“爱闲”“安贫”,“有口不须谈世事,无机惟合卧山林”(翁卷《行药作》)。其诗风的特点是:题材局限于徜徉田园,流连山水;轻古体而重近体,尤重五律;律诗首尾略如题意,中四句锻炼磨莹,刻意求工,不必切题;中四句轻意联,重景联,忌用典,尚白描;追求野逸清瘦情趣。

刘克庄批评“永嘉四灵”说:“永嘉诗人极力驰骤,才望见姚合、贾岛之藩而已。”(《瓜圃集序》)但对其中的翁卷却另眼看待,其《赠翁卷》云:“非止擅唐风,尤于选体工。有时千载事,只在一联中。”今存翁卷集中只有极少的古体诗,如《思远客》等,确类“选体”(《昭明文选》中的五言诗体),但缺乏个性;写得更多的还是近体诗,七绝中有佳作,如《野望》《乡村四月》等。

《野望》七绝写望中野景,闲淡秀逸,野趣盎然,体现了“永嘉四灵”共同追求的审美趣味。读前两句,并不感到新奇;读完后两句,便给人以出乎意料,突如其来的美感。“闲上山来看野水”,却不写看到的野水是何情态,而说“忽于水底见青山”,构思灵妙,匪夷所思。仔细一想,写前两句正是为写后两句创造条件。“水底见青山”,一是由于水清见底,且有阳光照耀,而首句“一天秋色冷晴湾”,已作了描写;二是水畔有青山,而次句“无数峰峦远近间”也作了描写。首句的“湾”,就是四句的“水”;次句的“峰峦”,也就是四句的“青山”。读完第四句回头再读全诗,便感到回环往复之妙,前两句并非泛泛写景而已。

## 乡村四月

绿遍山原白满川,　子规声里雨如烟①。
乡村四月闲人少,　才了蚕桑又插田②。

**【注释】**

①子规:杜鹃。雨如烟:细雨迷濛。

②了:完毕。插田:插秧。

**【品评】**

前两句,写江南初夏自然景象极生动传神。第三句里的“乡村四月”,既点明前两句所写景象的季节特征,又由自然景象的季节特征联系农业生产的季节性规律,引出“闲人少”。初夏正是农忙之时,村民们刚结束了养蚕、收茧的紧张劳动,又忙于下田插秧。“才了蚕桑又插田”一句仿佛只是叙事,然而联系前两句,那生动传神的自然景象里便立刻出现了农民插秧的无数身影,使自然美景与劳动场景融合无间,令人神往。

## 山　雨

一夜满林星月白，亦无云气亦无雷。
平明忽见溪流急，知是他山落雨来。

**【品评】**

思致活泼，颇似杨万里七绝风格。

## 徐照(？—1211)

字灵晖，号山民，温州永嘉（今浙江温州）人，终身布衣。与字灵渊的徐玑、字灵舒的翁卷、号灵秀的赵师秀结为同乡好友，互相唱和，故合称“永嘉四灵”。擅五律，诗风清苦。有《芳兰轩集》。

### 和翁灵舒冬日书事①

石缝敲冰水，　凌寒自煮茶②。
梅迟思闰月③，　枫远误春花。
贫喜苗新长，　吟怜鬓已华。
城中寻小屋，　岁晚欲移家。

**【注释】**

①翁灵舒：翁卷，字灵舒，徐照的诗友。

②凌寒：冒寒。

③“梅迟”句：梅花开得迟，是因为有闰月。

**【品评】**

“永嘉四灵”是属于“江湖派”的小诗人，反对“江西派”，也鄙弃杜甫，专学姚合、贾岛的五律，以“清苦”为工。徐照的这首五律，算是他的代表作。

首联不过是写煮茶，却为了获得“清苦”的风格，在选词、造句，酝酿气氛上颇费心思。从“石缝”里敲一块冰，化成水，冒着严寒，自己生点火煮茶吃，多“清苦”！

次联写煮茶吃茶时的所见所想。“石缝”中已结冰块，梅花该开了吧！放眼一望，梅枝上还没有花，噢！今年有个闰月，难怪梅花开得迟。再望远方，忽见树梢泛红，嗬！春花开了呢！转念一想，梅花还没开，怎会有春花？仔细辨认，才弄清那是枫叶。因梅迟而想到闰月，因枫远而误认春花，不仅琢句清隽，属对精工，而且把煮茶吃茶之时近观远望，东想西猜的情态，表现得活灵活现。方回评云："'思'字'误'字，当是推敲不一乃得之。"纪昀评云："故为寒瘦之语，然别有味。"(《瀛奎律髓·冬日类》)都讲得很中肯。

第三联上句的"苗新长"，也是近观远望时所见，却用"贫喜"领起，别有匠心。因为自己贫穷，希望有个好收成，所以看见"苗新长"，就特别喜欢。这是穷苦农民的普遍心态，却用五个字表现得这么真切，该算是难得的佳句。下句的"鬓已华"，乃是任何人都难避免的衰老景象，却用"吟怜"领起，便成这位"苦吟"诗人的自我写照。一生"苦吟"，直吟到"鬓已华"，还是这样"贫"，连自己都觉得怪可怜的。于是转入尾联，贫穷得在农村里住不下去了，想在城里"寻小屋"，趁年底搬去住。然而这不过是想想而已，那个"欲"字，读者不应轻易滑过去。

这是穷苦诗人"苦吟"出来的诗，尽管境界不广，风格不高，却别有一番风味。

## 徐玑(1162—1214)

字文渊,一字致中,号灵渊,随其父移居永嘉(今浙江温州)。历官建安主簿、永州司理、龙溪丞、武当令,改长泰令,未至官即去世。有《泉山集》,已佚,今传《二薇亭诗》一卷。

### 新　凉

水满田畴稻叶齐①,　日光穿树晓烟低②。
黄莺也爱新凉好,　飞过青山影里啼。

**【注释】**

①田畴(chóu):田地。

②低:低垂。

**【品评】**

徐玑是"永嘉四灵"之一,其诗题材狭窄,标榜野逸清瘦的诗风。五律可诵者如《黄碧》:"黄碧平沙岸,陂塘柳色春。水清知酒好,山瘦识民贫。鸡犬田家静,桑麻岁事新。相逢行路客,半是永嘉人。"在七绝中,这首《新凉》最出色。

江南夏末,早晨刚有点凉意。第一句,是通过视觉形象的"通感"作用体现凉意的。村外的稻田里水满秧齐,水清叶绿,使人望而生凉。第二句,以"晓"字点时间,朝日的光芒斜穿过树梢,筛下长长的绿阴,"晓烟"还在低空飘动,没有散去。这一切,都使人感到清凉。从反面说,到了中午,赤日当空,轻烟散尽,还会感到热。

前两句,通过夏末的田园晨景及人的感受写"新凉",却未出现"新凉”的字面;作者生怕粗心的读者辜负了他的苦心,因而在第三句里点明:“黄莺也爱新凉好。”用一“也”字,不仅表明人“爱新凉”,而且把人“爱新凉”推到首位,使前两句所写的田园晨景与人“爱新凉”的感受相结合,形成情景交融的优美意境。人“爱新凉好”,已暗含于前两句的景物描写之中;“黄莺也爱新凉好”,其表现则是“飞过青山影里啼”。前两句里的“稻叶”“树”,都暗含“绿”字,结句的“青山”,则明用“青”字,“青”“绿”都属于“冷色”。黄莺“飞过青山”,已表明它“爱新凉”;但地属江南、时当夏末,如果赤日当空,骄阳普照,那么尽管飞过“青”山,还是热。诗人没有忘记他已经用过一个“晓”字,朝阳初升,“青山”的西侧全是阴影,“青”山“影”里,当然比较“凉”。黄莺厌热爱凉,便从青山影里飞过,高兴得唱起歌来了。

全诗以动形静,有声有色。其设色青、绿、微红(朝晖)、嫩黄并用,而以“冷色”为基调,并用黄莺的欢唱传达人于久受酷暑煎熬之后乍遇“新凉”的喜悦心情。画面优美,风格清隽深婉,后两句尤有诗情画意,给人以美的享受。

## 赵师秀(1170—1219)

字紫芝,号灵秀,永嘉(今浙江温州)人。宋光宗绍熙元年(1190)进士。历上元县主薄、筠州推官等职。被推为“永嘉四灵”之冠。曾选唐诗成《二妙集》和《众妙集》。有《清苑斋集》。

### 数　日

数日秋风欺病夫[①],　尽吹黄叶下庭芜[②]。
林疏放得遥山出,　又被云遮一半无。

**【注释】**

①病夫:作者自指。

②庭芜:庭院中杂草。

**【品评】**

全诗是用“病夫”自述的形式表现的。虽写景,而景语皆情语,主体形象极突出。

前两句自诉凄凉处境。久病未愈。一个人困在屋子里出不了门,院子里杂草丛生,没有人来,也没有人管。而连续好几天的秋风还欺侮我这个“病夫”,给我那已经荒芜的院子里又堆满黄叶!

第三句振起:秋风虽然欺侮我,给我院子里吹满黄叶,可是这也有好处,它把黄叶吹尽,树林稀疏,把久被遮尽的遥山放了出来。每天看山,不也可以聊慰寂寞吗?

第三句的扬又是为第四句的抑作铺垫:我刚看见遥山,又不知从哪里飘来云,把遥山的一半儿遮住了。咳,那云也来欺侮“病夫”哩!

全诗通过对秋景的主观感受抒写萧瑟意绪，颇有特色。“林疏放得遥山出”，可能受了刘长卿“淮南木落楚山多”(《江州重别薛六卿八二员外》)的启发，但用“放”用“出”，神采飞扬，比仅写出“木落”与“山多”的因果关系更富艺术魅力。

## 约　客

黄梅时节家家雨[①]，　青草池塘处处蛙。
有约不来过夜半，　闲敲棋子落灯花。

### 【注释】

①“黄梅”句：江南梅子黄熟之时(阴历四五月间)多雨，称黄梅雨。

### 【品评】

梅雨家家，蛙鸣处处。这样的夜晚约一位朋友来下棋，很有诗意。可是本来约好了的，直等到半夜，还不见他来。前三句的这些描写和叙述，都是为第四句的传神之笔酝酿气氛。

第四句突出主体形象，通过“闲敲棋子”的动作和凝视“灯花”坠“落”的神态，表现了“有约不来”，直等到“夜半”的无聊况味。而窗外的雨声、蛙声与“闲敲棋子”声相应和，更为这无聊况味增添了无穷怅惘。

## 韩淲(1160—1224)

字仲止,号涧泉,信州上饶(今属江西)人。韩元吉之子,有高节,从仕不久即归。以诗名。有《涧泉集》。

### 风雨中诵潘邠老诗①

满城风雨近重阳②,　独上吴山看大江③。
老眼昏花忘远近④,　壮心轩豁任行藏⑤。
从来野色供吟兴,　是处秋光合断肠。
今古骚人乃如许,　暮潮声卷入苍茫。

【注释】

①潘邠老:名大临,北宋江西派诗人。

②重阳:即重九节,农历九月九日。

③吴山:在浙江杭州市西湖东南,左带钱塘江,右瞰西湖,为杭州名胜。江:指钱塘江。

④老眼昏花:此诗作于宁宗庆元四年(1198)秋,时作者四十岁,未足言老。然古人怀才不遇,四十叹老,亦常有之。

⑤轩豁:开朗。行藏:指出仕或退隐。

【品评】

惠洪《冷斋夜话》载潘大临答友人书云:"秋来景物,件件是佳句,……题其壁,曰'满城风雨近重阳',忽催租人至,遂败意,止此一句奉赠。""满城风雨近重阳",便成为咏"重阳"的名句,潘大临也因此出名。韩淲是江西派的后起之秀,他于"近重阳"时登吴山,恰遇"满城风雨",便联想到前辈诗人的那个名句,“诵读”中忽有感触,写了这首七律。

诗以潘大临的原句发端,引出“独上吴山望大江”,时令、天气、环境具备,用以突出人物主体,诗人于吴山顶上透过风雨俯瞰钱塘江的神态、氛围都溢于纸上,许印芳评云:“次句雄阔,足与首句相称,恰似天生此语配合潘诗者。”评得有眼力。

次联由景入情,直吐胸臆。“老眼昏花”,固有因壮志未酬而感叹来日无多的含意;但别忘了眼前正是“满城风雨”,即使“眼”并不“老”,要透过风雨看清远近景色,也难免有“昏花”之感。次句只说“看大江”,并未涉及可见度如何,为“老眼”一句留有余地。从照应“看大江”的角度看,“忘远近”的意思是:往日多次登吴山“看大江”,大江的“远”景、“近”景都很熟悉;可如今在“风雨中”“看大江”,只看见一派迷濛景象,说不清哪是“远”景、哪是“近”景,仿佛把本来很熟悉的“远”景、“近”景都“忘”了。着一“忘”字,蕴含深广,却较难领会,因而有些鉴赏家把“老眼昏花忘远近”看作“感叹老境”的抒情句。其实,这句诗固然有壮志未酬而去日苦多的慨叹,但并非单纯抒情,而是紧承“看大江”写景,以景托情,具有双关意义。远自《诗·郑风·风雨》以来,古典诗歌中讲“风雨”,往往有比喻或象征的性质。此诗以“风雨中……”命题,以“满城风雨”起头,而第三句以下,全未明写“风雨中”的自然景色,其比喻、象征的意味不难玩索。次句“独上吴山看大江”中的“吴山”,就在南宋的京城杭州。京城于“近重阳”之时“满城风雨”,则整个国家都处于秋气萧瑟、风雨飘摇之中;至于作者本人,年未四十而慨叹“老眼昏花忘远近”,则在为国家陷入秋风秋雨之中而忧心忡忡的同时,必然还遭受人事上的风吹雨打。出仕不久即退归,便可窥见此中消息。正因为这样,所以在“老眼昏花忘远近”的慨叹之后,即以“壮心轩豁任行藏”振起。就是说,不管是出仕还是休官,都同样壮志轩昂,胸怀坦荡。两句诗,前抑后扬,突出了人物主体的精神境界。

第三联以上句反衬下句。从古以来,旷野的秋色都可以激发诗人的吟兴,即潘大临所谓的“秋来景物,件件是佳句”;可是就眼前说,却“是处秋光合断肠”。“是处”意同“处处”;“秋光”,则上承“满城风雨”;“合”:

该、当。处处都是凄风苦雨,这样的“秋光”,真该使人“断肠”啊！如果不从章法上弄清“秋光”上承“满城风雨”,又忽视“风雨”的象征意义,那么对于这句诗的意义就很难作出合理的解释。方回评此句云:“第六句,则入神矣!”看来他是懂得这句诗的精蕴的。

第七句紧接第六句,“今古骚人乃如许”,是说从古到今,忧国忧民的骚人看见这样的“秋光”,同样都“合断肠”。第八句回应第二句“看大江”,以景结情。钱塘江的“暮潮声卷入苍茫”,诗人的情感波涛也“声卷入苍茫”,涵盖全篇,振起全篇,又为读者开拓了驰骋想象的广阔天地。方回以“悲壮激烈”评此诗,虽嫌笼统,却符合实际,与隔靴搔痒者不同。

## 高翥（1170—1241）

字九万，号菊磵，沧州（今属山东）人，后移居余姚（今属浙江）。为孝宗时著名的游士，属江湖派诗人。有《信天巢遗稿》《菊磵小集》等。

### 秋　日

庭草衔秋自短长，　悲蛩传响答寒螿[1]。
豆花似解通邻好[2]，　引蔓殷勤远过墙。

**【注释】**

①蛩（qióng）：蟋蟀。螿（jiāng）：蝉的一种。

②解：懂得。

**【品评】**

高翥是江湖派中较有才情的诗人，其七绝风格，近似杨万里。

题为“秋日”，全诗通过几种有特色的事物写出了小范围里的秋景、秋意。首句的“衔”字，次句的“答”字，把“庭草”与“秋”光、“悲蛩”与“寒螿”的关系写得十分亲切。三、四句写邻家院子里的“豆花”蔓子打老远爬过墙来，这是秋日农村常见的景象，但似乎还未见有人描写过。作者却用“豆花似解通邻好，引蔓殷勤远过墙”加以表现，不仅确切地写出了那种常见的景象，而且以物喻人，把自家与邻家互通邻好、殷勤交往的和睦关系，也表现得真切感人。

写“秋日”的诗，大抵流露几分悲凉，即今人所谓“悲秋意识”。这首诗，却从“庭草衔秋”“悲蛩答螿”写到“豆花引蔓过墙”，并且以物喻人，在读者面前展现了一幅物与物、人与人和睦相处、互相关心的生动图景。这样写“秋日”，可谓别开生面。

## 戴复古(1167—1252?)

字式之,号石屏,台州黄岩(今属浙江)人。浪迹江湖,终身未仕。曾从陆游学诗,亦受晚唐体影响,是江湖派中重要作家。有《石屏诗集》《石屏词》。

### 江阴浮远堂[1]

横冈下瞰大江流[2], 浮远堂前万里愁。
最苦无山遮望眼, 淮南极目尽神州[3]。

【注释】

①江阴:今属江苏。浮远堂:在江阴城北君山上,可俯瞰长江,遥望淮水。宋高宗绍兴二十年(1150)修建,因苏轼有"江远欲浮天"诗,用其意而命名。

②大江:长江。

③淮南:指长江以北、淮河以南地区。南宋与金以淮河中心为界。极目:用尽眼力遥望。神州:《史记·孟子荀卿列传》:"中国名曰赤县神州。"这里指被金人侵占的中原国土。

【品评】

戴复古活了八十多岁,足迹遍历吴越荆襄及淮、泗宋金对峙的前线,多有感怀国事之作,是江湖派中成就突出的诗人,宋人包恢说他"以诗鸣东南半天下"。这首诗,是他登江阴浮远堂所作。

首两句写登堂感喟。先写"下瞰大江流"而后写"万里愁",有因江起愁和以江喻愁的双重意义。长江万里,愁亦万里;万里长江,流愁不尽。

后两句，乃是“万里愁”的具体展现：最令人痛苦的是前面没有高山遮断视线，登楼北望，淮南以北就是沦陷多年的神州大地啊！神州沦陷，不忍目睹，乃是爱国志士的普遍心态。刘克庄在《冶城》七律里是这样表达的：“神州只在栏干北，几度来时怕上楼！”戴复古的这两句，所表现的是同样情感，却因“无山遮望眼”而望见了不忍目睹的神州，因而他自己感到“最苦”、感到“万里愁”，读者也倍感沉痛。

作者还有一首《盱眙北望》诗：“北望茫茫渺渺间，鸟飞不尽又飞还。难禁满目中原泪，莫上都梁第一山！”可与此诗并读。

## 庚子荐饥三首①

饿走抛家舍，　纵横死路歧②。
有天不雨粟，　无地可埋尸！
劫数惨如此③，　吾曹忍见之？
官司行赈恤④，　不过是文移⑤！（其一）
去岁未为歉⑥，　今年始是凶。
谷高三倍价，　人到十分穷。
险淅矛头米⑦，　愁闻饭后钟⑧。
新来慰心处，　陇麦早芃芃⑨。（其二）
杵臼成虚设⑩，　蛛丝网釜鬵⑪。
啼饥食草木，　啸聚斫山林⑫。
人语无生意，　鸟啼空好音。
休言谷价贵，　菜亦贵如金！（其三）

**【注释】**

①庚子：为理宗嘉熙四年（1240）。这一年前后，浙东一带连续发生

饥荒,惨象目不忍睹。荐:接连。

②歧:岔路口。

③劫:佛家称天地由形成到毁灭为一劫。数:运数、时运。劫数:指厄运。

④官司:官府。赈恤(zhènxù):放赈救灾和抚恤。

⑤文移:一纸空文转发一下。

⑥歉:少。

⑦淅矛头米:《世说新语·排调》:"桓南郡与殷荆州语次……作危语。桓曰:'矛头淅米剑头炊。'"这里形容米极少,只需用矛头大的地方淘洗即可。淅:淘洗。

⑧饭后钟:《唐摭言》:"王播少孤贫,尝客扬州惠照寺木兰院,随僧斋餐。诸僧厌怠,播至,已饭矣。"寺僧鸣钟进餐,"饭后钟"即餐毕始鸣钟,故播闻鸣钟而往,不能得食。

⑨陇:通垅,即田垅。芃(péng)芃:茂密的样子。这里说麦子长势很好。

⑩杵臼:木杵和石臼。

⑪釜(fǔ):古代的一种锅。鬵(xīn):釜一类的烹器。"蛛丝"句:意谓大锅小锅都被蛛丝网封着。

⑫啸(xiào)聚:互相招呼着聚集起来,一般指聚众造反。斫:砍伐。

## 【品评】

第一首写旱灾连年,饿走抛家,死尸满路,无人掩埋,令人惊心动魄,惨不忍睹;而官家所谓的"赈恤",不过是层层转发的一纸空文。

第二首写谷贵人穷,今年更比去年更惨。

第三首写灾荒连年,官府不行赈济所造成的严重后果。逃荒的死在路上,未饿走的"啼饥食草木,啸聚斫山林",眼看就要铤而走险了!

这三首诗,以浅近的语言,沉痛的音调,写实的手法,展现了饿殍遍野的惨象和灾民走投无路的危机,令人不忍卒读,是南宋后期反映社会现实的佳作。

## 大热五首录一

天嗔吾面白，　晒作铁色深。
天能黑我面，　岂能黑我心？
我心有冰雪，　不受暑气侵。
推去北窗枕，　思鼓《南风》琴①。
千古叫虞舜②，　遗我以好音。

**【注释】**

①南风：古代乐曲名。相传为虞舜所作。《孔子家语·辨乐解》："昔者舜弹五弦之琴，造《南风》之诗。其诗曰：'南风之薰兮，可以解吾民之愠兮；南风之时兮，可以阜吾民之财兮。'"

②虞舜：传说中远古部落名，即有虞氏，居于蒲阪（今山西永济西蒲州镇）。舜乃其领袖。

**【品评】**

写天气酷热而从"天嗔吾面白，晒作铁色深"切入，角度新奇。又由此翻进："天能黑我面，岂能黑我心？我心有冰雪，不受暑气侵。"愈转愈新奇，而全诗主旨及主人公的精神境界，已突现纸上。

陈衍《宋诗精华录》选戴复古诗十一篇置第四卷之首，加"案"语云："石屏诗心思力量，皆非晚宋人所有，以其寿长入晚宋，屈为晚宋之冠。"又评此诗云："倔强可喜，所谓'天生黑于予，澡豆其如予何'也。"

## 洪咨夔(1176—1235)

字舜俞,号平斋,於潜(今浙江临安)人。嘉定元年(1208)进士。历任成都通判、刑部尚书、翰林学士、知制诰。卒谥忠文。有《春秋说》《平斋文集》《平斋词》。

### 狐　　鼠

狐鼠擅一窟①,　虎蛇行九逵②。
不论天有眼,　但管地无皮③。
吏鹜肥如瓠④,　民鱼烂欲糜⑤。
交征谁敢问⑥?　空想素丝诗⑦。

**【注释】**

①擅:占据。

②九逵:亦称九衢。城市的大路。

③"但管"句:谓贪官污吏管的只是有地无皮,有皮则刮之。

④鹜:野鸭子。瓠(hù):即瓠瓜,也叫葫芦,可食。这里说贪官污吏肥如葫芦。

⑤"民鱼"句:老百姓像刀俎上的鱼肉任人切碎作肉糜。

⑥交征:上下交相征收赋税。语出《孟子·梁惠王上》:"上下交征利而国危矣。"

⑦素丝诗:《诗经·召南·羔羊》:"羔羊之皮,素丝五纶。"赞文王时官吏廉洁、俭朴的风尚。这句意思是:文王之时那种官吏清廉的作风,只能空想。

【品评】

这首诗的前六句,把朝廷里的权豪势要和各级贪官比为自营窟穴的狐鼠和横行九衢的虎蛇,说他们不怕天有眼,只管刮地皮;把污吏比为鹙,说他们残民以自肥,肥得像葫芦;而把老百姓比为鱼,任人宰割。用一连串比喻,淋漓尽致地暴露了政治黑暗。后两句抒发感慨:上下交征,层层剥削,民不堪命,谁敢过问啊!“素丝”诗赞美的那种廉洁政治,多么令人想念,但只有空想而已。

洪咨夔以勇于揭露弊政著名,也因此被贬官。这首诗,广譬博喻,又用对比手法,把政治的黑暗、官吏的横暴揭露无遗,而对被鱼肉的人民,则抱无限同情。从内容和形式两方面看,都是极富特色的佳作。其中的“但管地无皮”一句,被改造为“卷地皮”“刮地皮”长期流传,成为抨击贪官的成语。

## 促 织 二 首①

一点光分草际萤②, 缫车未了纬车鸣③。
催科知要先期办④, 风露饥肠织到明。(其一)
水碧衫裙透骨鲜⑤, 飘摇机杼夜凉边⑥。
隔林恐有人闻得, 报县来拘土产钱⑦。(其二)

【注释】

①促织:蟋蟀的别名。因其鸣声如急织,故名。民间管它叫纺织娘。

②一点光分:《史记·甘茂传》:“贫人女与富人女会绩,贫人女曰:‘我无以买烛,而子之烛光幸有余,子可分吾余光。’”萤:萤火虫。

③缫(sāo)车:缫丝用的器具。这里指促织的鸣声。纬车:纺线的车。这里指络纬(莎鸡)的鸣声。

④催科:催缴租税。有法令科条规定,故称催科。先期办:在缴租期限前办好。

⑤水碧:青绿色。这句说促织身穿鲜碧透亮的衫裙。

⑥飘摇:栖止不定。机杼:织布机。

⑦“报县”句:警告促织,你要小心,有人报告县官,来征收你织布的税。

## 【品评】

前人写“促织”,多就“催促妇女织布”的字面意义来发挥,如王安石《促织》诗:“金屏翠幔与秋宜,得此年年醉不知。只向贫家促机杼,几家能有一絇丝?”陆游《夜闻蟋蟀》:“布谷布谷解劝耕,蟋蟀蟋蟀能促织。州符县帖无已时,劝耕促织知何益?”而洪咨夔的这两首诗,却干脆说促织(纺织娘)自已也在织布。

第一首说:促织从草际的萤火虫那里分了一点微光,在夜晚的风露里饿着肚子织啊织啊,直织到天亮。那么,她为什么不辞辛苦地彻夜织布呢?就因为她知道要在缴纳租税的限期以前准备好银钱,免得吏胥们来了惨遭拷打。

第二首说:促织穿着水碧裙衫在凉夜织布,机声不断。作者提醒她:“小心树林背后有人听见,报到县里去,就要来收你的土产钱了!”

两首诗借题发挥,言在此而意在彼,通过促织织布怕催税的生动描写反映了织妇的辛劳和赋税的繁苛,幽默中含讽刺,委婉中见辛辣,手法新颖,语言明快,为抨击黑暗现实的诗别开生面。

## 华岳(生卒年不详)

字子西,号翠微,贵池(今属安徽)人。登嘉定武科第一。开禧元年(1205)因上书请诛韩侂胄,下大理寺狱;侂胄诛死,放还。后因反对丞相史弥远,被杖死东市。其诗豪纵洒脱。有《翠微南征录》。

### 田　　家录五

农夫日炙面如煤，　丝妇缫成雪一堆。
早早安排官税了，　莫教耆老上门催[①]。(其一)
老农锄水子收禾，　老妇攀机女织梭。
苗绢已成空对喜，　纳官还主外无多[②]。(其二)
鸡唱三声天欲明，　安排饭碗与茶瓶。
良人犹恐催耕早[③]，　自扯蓬窗看晓星[④]。(其三)
村獒奋迅出篱笆[⑤]，　欲吠还休唤可拏[⑥]。
不是忘机太驯狎，　那回曾宿那人家。(其四)
拂晓呼儿去采樵，　祝妻早办午炊烧[⑦]。
日斜枵腹归家看[⑧]，　尚有生枝炙未焦[⑨]。(其五)

**【注释】**

①耆老:年老而有地位的士绅。这里实际指基层地方官。
②还主:还债主的高利贷。
③良人:丈夫。
④扯蓬窗:拉起窗上的草帘子。
⑤獒(áo):猛犬。

⑥吠(fèi):狗叫。挐:同拿。唤可拿:唤它一声,便乖乖的,可以用手捉拿它。

⑦祝:同嘱,嘱咐。

⑧枵(xiāo)腹:空肚子。

⑨炙(zhì):烤。

【品评】

前两首写男耕女织,全家辛勤劳动,其劳动成果的绝大部分则用于“纳官还主”。这样的内容,南宋诗中已比较常见,但表现方式有特点。“早早安排官税了,莫教耆老上门催。”一方面表现了农民的善良,力争早交税,别让催税人多跑路;另一方面,也暗示了官税的繁重和催租人的横暴给农民心理上造成的压力,所谓“早完钱粮不怕官”是也。

第三首从农妇的角度切入,写她耳听声声鸡唱,出门看天,嗬,天已快亮了!于是赶忙“安排饭碗与茶瓶”,催丈夫起床下地。可是她的“良人”却很想多睡一会儿,怕她“催耕”太早,“自扯蓬窗看晓星”呢!这首诗就写到这里,但“良人”看见天色将亮,急忙爬起来下田耕作,自怨睡得太死之类的情景,都是不难想见的。四句诗,真切地写出了农家夫妇间的和谐、温馨,极富生活情趣。然而农家的辛劳,农妇平日催耕太早,农夫的疲劳得不到恢复,都见于言外。

第四首先拍了一个小镜头:一只猛狗冲出篱笆就要咬人,来人唤它一声,它立刻摇尾伸头,温顺得可以用手去捉它。这是什么原因呢?后两句作了解释:并不是它没有警惕性或生性太驯顺,而是我上一次来,就住在它主人家里,算是老相识;这一次又来,它开初以为是生人,就冲出篱笆准备咬,一听我的唤声,又亲昵起来了。这种情景,大约不少人经历过,但如此真切地写出来,却是这首小诗的“首创”。

第五首所写的也是旧社会穷乡僻壤常见的景象。农夫拂晓下地前叫儿子去打柴,叮嘱妻子早一点准备午饭。他直耕作到红日西斜才饿着肚子回家,跑进厨房一看,饭还没有做熟,灶腔里还有几茎生柴没烤干,不起火。家里没有积攒下干柴,当天“采樵”,当然只能砍些荆棘、树枝之类,烤“焦”了才起火。晚唐诗人杜荀鹤《山中寡妇》中的“旋砍生柴带叶烧”，概括的就是这种情景。

这一组《田家》七绝，在范成大《四时田园杂兴》组诗之外，为南宋的田园诗开拓了新领域。

## 叶绍翁(生卒年不详)

字嗣宗,号靖逸,本姓李,过继叶姓。建安(今属福建)人。约活动于宁宗、理宗时代,曾在朝任职,与真德秀友善。诗属江湖派。有《四朝闻见录》《靖逸小集》。

### 游园不值[①]

应怜屐齿印苍苔[②], 小扣柴扉久不开[③]。
春色满园关不住, 一枝红杏出墙来。

**【注释】**

①不值:没有遇上主人。值:遇。

②怜:惜。屐(jī):木鞋,鞋的底部装有齿,可在泥地上行走。苍苔:青苔。

③柴扉:柴门。简陋的门。

**【品评】**

叶绍翁以擅长写七言绝句著名,《游园不值》,更是万口传诵的名作。

这首诗的好处之一是写春景而抓住了特点,突出了重点。

诗人不是写一般的春景,而是写早春之景。早春之景,最有特征性的一是柳色,二是杏花。唐人杨巨源写长安早春,一上来就说"诗家清景在新春,绿柳才黄半未匀"。等到绿柳初"匀",杏花也就开放了。北宋人宋祁的名词《玉楼春》:"东城渐觉风光好,縠皱波纹迎客棹。绿杨烟外晓寒轻,红杏枝头春意闹。……"就是"绿柳"与"红杏"并拈,以见东城"风光"之"好"的。再看陆游的《马上作》:

平桥小陌雨初收，淡日穿云翠霭浮。
杨柳不遮春色断，一枝红杏出墙头。

三、四句虽然既说“杨柳”，也讲“红杏”，但二者并非平列，而是以“杨柳”衬托“红杏”。诗人骑马寻春，眼前出现了“杨柳”。如果没有“红杏”，那么，万缕柔丝，金黄、嫩绿，也就满可以算做“春色”，可是当诗人欣赏那金黄、嫩绿之时，忽然于万缕柔丝迎风飘拂的空隙里闪出一枝娇艳欲滴的“红杏”，两两相形，才感到这是真正的“春色”！于是乎满心欣喜地说：幸而“杨柳”还没有把“红杏”遮断，如果遮断的话，就看不见“春色”了！

用“杨柳”的金黄、嫩绿衬托“红杏”的艳丽，已可谓善于突出重点；叶绍翁的诗，特别是第四句，也许是从此脱胎的。但题目各异，写法也不同。陆游以《马上作》为题，故由大景到小景，先点“平桥”“小陌”“翠霭”“杨柳”等，然后突出“一枝红杏”。叶绍翁则以“游园不值”为题，故用小景写大景，先概括大地“春色”于一“园”，强调“春色”不但满园，而且“满”到“关不住”的程度，其具体表现是：“一枝红杏出墙来”。陆诗和叶诗都用一个“出”字把“红杏”拟人化，但前者没有写明非“出”不可的理由；后者却先用“关不住”一呼，再用“出墙来”一“应”，把“一枝红杏”写得更活、更艳、更赋予崇高的灵魂美，收到了特殊的艺术效果。

这首诗的好处之二是“以少总多”，含蓄蕴藉。例如“屐齿印苍苔”，就包含许多东西。仅就写景而言，“苍苔”生于阴雨，“屐”多用于踏泥，“苍苔”而“屐齿”可“印”，更非久晴景象。陈与义《怀天经智老因访之》中有这样的名句：“客子光阴诗卷里，杏花消息雨声中。”陆游《临安春雨初霁》中有一联也很精彩：“小楼一夜听春雨，深巷明朝卖杏花。”叶绍翁看来也是从“春雨”声中听到了杏花消息，因而春雨初收，就急不可耐地穿上雨鞋，赶来“游园”的；但他避熟就生，不明写“春雨”，却用“屐齿印苍苔”加以暗示，而“春色”之所以“满园”，也就不难想见应该归功于谁了。“春色”既已“满园”，而且“满”得“关”也“关不住”，那么进园去逐一观赏，该多好！然而就是进不去，只能在墙外看看那“出墙来”的“红杏”，而且仅仅是“一枝”，岂非莫大的遗憾？可是这“一枝红杏”，正是“满园春色”的集中表现，眼看出墙“红杏”，心想墙内百花；眼看出墙“一枝”，心想墙内万树，不正是一种余味无穷的美的享受吗？

这首诗的好处之三是景中有情，诗中有人，而且是优美的情、高洁的人。

题为《游园不值》，“不值”者，不遇也。作者想进园一游，却见不上园主人，那么主人是怎样的人呢？门虽设而常关，“扣”之也“久不开”，其人懒于社交，无心利禄，已不言可知。门虽常关，而满园春色却溢于墙外，其人怡情自然，风神俊朗，更动人遐想。作者吃了闭门羹，而那所谓门，其实只是“柴扉”，别说用脚踢，用手也不难推垮；但他不仅计不出此，而且先之以“小扣”又继之以“久”等；“久”等不见人来，就设想园主人大概是由于珍惜那满地“苍苔”、不忍心“印”上“屐齿”，才不愿开门的，因而也就不再“扣”门了，即使是“小”扣，这既表现出他本人的文雅，又反映了他对园主人的体贴和崇敬。而当他目注墙头，神往园内的时候，他本人的美好情怀和园主人的高洁人品也就同那满园春色融合无间，以“关不住”的艺术魅力摇荡读者的心灵。另一位江湖派诗人张良臣有一首《偶题》：“谁家池馆静萧萧，斜倚朱门不敢敲。一段好春藏不尽，粉墙斜露杏花梢。”其谋篇造句，颇与叶诗相似，而意境相悬，奚啻霄壤！景中要有情，诗中要有人，这是重要的。但那情是什么样的情，人是什么样的人，毕竟起着决定性的作用，不容忽视，更不容轻视。

这首诗的好处之四是不仅景中含情，而且景中寓理，能够引起许多联想，从而给人以哲理的启示和精神的鼓舞。“春色”一旦“满园”，那“一枝红杏”就要“出墙来”向人们宣告春天的来临。一切美好的、向上的、生气勃勃的事物，都具有顽强的生命力，难道是墙能围得住、门能关得住的吗？

## 刘克庄(1187—1269)

字潜夫,号后村居士,莆田(今属福建)人。以荫入仕,理宗淳祐六年(1246),赐同进士出身。历官签书枢密院事、工部尚书等职,以龙图阁学士致仕。卒谥文定。尝受学于真德秀。诗词较多感慨激昂之作,是江湖派中成就最高的诗人。有《后村大全集》。

### 北来人二首①

试说东都事②，　添人白发多。
寝园残石马③，　废殿泣铜驼④。
胡运占难久⑤，　边情听易讹⑥。
凄凉旧京女⑦，　妆髻尚宣和⑧。(其一)
十口同离仳⑨，　今成独雁飞⑩！
饥锄荒寺菜，　贫着陷蕃衣⑪。
甲第歌钟沸，　沙场探骑稀。
老身闽地死⑫，　不见翠銮归⑬！(其二)

**【注释】**

①北来人:从金占领区逃归南宋的人。

②东都:北宋的京城汴梁。

③寝园:北宋皇帝的陵墓。残石马:黄帝陵墓前的陈列物都已被摧残。

④废殿:北宋皇帝住的宫殿也遭到破坏。泣铜驼:西晋索靖预见天下将要大乱,指着洛阳宫殿前陈列的铜制骆驼说:“会见汝在荆棘中耳。”已

而西晋不久被匈奴刘聪灭亡。

⑤“胡运”句:谓金人的命运算来不会很久。

⑥“边情”句:边境上传来的消息,多半是谣言。讹:错误。

⑦旧京:指汴梁。

⑧妆髻:发式。宣和:徽宗年号,1119—1125。

⑨离仳(pǐ):离别。

⑩独雁飞:因与家人失散,成了失群孤雁。

⑪“贫着”句:因为穷,无法制新衣,所以还穿着沦陷区金人款式的衣服。

⑫老身:北来人自指。闽:福建的简称。

⑬翠銮:皇帝的车驾。

## 【品评】

刘克庄是南宋诗人、词人、诗论家。早年与“永嘉四灵”交往,又与江湖派戴复古等酬唱,但后来不满于“永嘉四灵”的“寒俭刻削”,也厌倦江湖派的“肤廓浮滥”,转而学陆游与杨万里,以诗歌反映现实,因而取得了较大的艺术成就,与戴复古同称江湖派中的两大巨擘。

南宋后期,政治更加黑暗,统治者以“岁币”换苟安,根本忘记了沦陷多年的大好河山。这两首五律,借“北来人”的诉说以抒悲愤。“寝园残石马,废殿泣铜驼”,言金人破坏之惨;“胡运占难久,边情听易讹”,言“北来人”亲见金国日渐衰微,而南宋统治者却听信讹传的“边情”,认为金兵强大,不图收复中原;“凄凉旧京女,妆髻尚宣和”,言沦陷区人民不忘故国;“甲第歌钟沸,沙场探骑稀”,言南宋君臣只顾歌舞宴乐,不派人去认真了解“边情”,采取对策。用“北来人”口吻写的这两首诗以“老身闽地死,不见翠銮归”结尾,悲愤交集。这位“北来人”,是不堪金人的压迫带领十口人逃到南方,希望跟随“王师”一同打回老家去的;如今只剩下他一个人“饥锄荒寺菜,贫着陷蕃衣”,目睹南宋朝廷只图享乐、无意恢复的现状,陷入失望的深渊中了!

# 戊辰即事[①]

诗人安得有青衫？　今岁和戎百万缣[②]！
从此西湖休插柳，　剩栽桑树养吴蚕[③]。

## 【注释】

①戊辰：为宁宗嘉定元年(1208)。先是韩侂胄与金战，由于指挥不力，谋划不周，败绩。宁宗杀韩，函封其首，向金乞和。戊辰年和议告成，从此南宋每年向金增纳白银三十万两，细绢三十万匹。即事，指的就是这一事件。

②和戎：与金人议和。缣(jiān)：一种质地细软的丝织品。

③吴蚕：品种优良的蚕。古时以苏州为中心的吴地盛产蚕丝，故称。

## 【品评】

首句设问，次句解答，用笔跳脱。诗人本来是该穿"青衫"的，可是如今哪能有"青衫"穿呢？为什么连"青衫"都没得穿？就因为今年"和戎"，把"百万缣"献给金人。两句诗，以小见大，通过诗人没有"青衫"反映了以"岁币"换苟安的"和戎"政策给广大人民带来的深重苦难。后两句是幽默语，也是愤慨语，"和戎"政策如果不彻底改变，那么就别再在西湖栽花插柳了，全部用来栽桑养蚕，恐怕还凑不够"百万缣"哩！

陈衍《宋诗精华录》卷四评刘克庄诗云："后村诗名颇大，专攻近体，写景、言情、论事，绝无一习见语，绝句尤不落旧套。"这首七绝，通过诗人无青衫的现实和西湖养吴蚕的设想，对以"岁币"换苟安的统治者给予辛辣的讽刺，在南宋抨击"和戎"政策的诗中可谓别具一格，不落旧套。

# 筑城行

万夫喧喧不停杵[①]，　　杵声丁丁惊后土[②]。
遍村开田起窑灶[③]，　　望青斫木作楼橹[④]。
天寒日短工役急，　　白棒诃责如风雨。
汉家丞相方忧边[⑤]，　　筑城功高除美官。
旧时广野无城处，　　而今烽火列屯戍[⑥]。
君不见高城𪥰𪥰如鱼鳞[⑦]，城中萧疏空无人[⑧]！

## 【注释】

①喧喧：声音大而嘈杂。杵（chǔ）：筑城墙时用来打夯的工具。

②后土：地神。丁丁：杵声。

③起窑灶：挖窑修灶。

④楼橹：古代军中用以瞭望敌情的无顶盖的木制高台。全句意谓：看到青的东西就砍伐，用来造楼橹。

⑤汉家丞相：指南宋掌权者。

⑥烽火：古代有敌情用来报警的信号。屯戍：驻军防守。

⑦𪥰（yà）𪥰：参差不齐的样子。

⑧萧疏：萧条、稀疏。

## 【品评】

从唐人元稹、张籍、陆龟蒙、曹邺直到与刘克庄同时的许棐，都用新乐府体写过以"筑城"命题、主旨大致相同的诗作；而以刘克庄的这一首最生动、最深刻、最凝炼。

首句突如其来，以"万夫"领起，以"喧喧"状其声，以"不停杵"状其态，浩大而紧张的筑城场景已通过视觉和听觉震撼读者的心灵。联系下面的“白棒诃责”来看,“万夫”怎敢任意喧哗,“喧喧”乃是与“不停杵”相应和的“号子”声。开头两句用“顶针”格,“不停杵”与“杵声丁丁”前递后接,声态并作,造成“万夫”猛杵、连续轰鸣的雷霆万钧之势,又以“惊后土”作夸张性的渲染,从而获得了令人心惊魄悸、紧张得喘不过气来的艺术效果。第三句将镜头移向另一处工地:“开田起窑灶”以“遍村”领起,极言场面之大、劳力之众。“起窑”,是挖窑洞以供“万夫”住宿;起“灶”,是筑炉灶为“万夫”做饭。第四句又是一个镜头:一群人四出张望,只要看见树,不论大小,挥斧便砍,一扫而光,为的是“作楼橹”。每一个镜头里的劳动者,都紧张而忙碌,似乎主动性很强、积极性很高,简直是“干劲冲天”!其实不然,下两句纠正了读者的这种错觉。“天寒、日短、工役急”,连用三个短句逼出一个“急”字。“急”欲完成“工役”,而又“天寒日短”,则“急”上加“急”,随之而来的便是又一个镜头:“白棒诃责”,怒骂与棒打兼施,有如阵阵狂风怒吼,点点急雨乱打,“诃责”者与被“诃责”者的形象同时呈现,形成强烈的对照;而前面几个镜头中的劳动者之所以拼命干活,也由此得到说明。然而这个疑团才解开,又引起另一个悬念:这究竟是什么“工役”?为什么这么“急”?如果是保护人民的“工役”,为民造福的“工役”,那么,“白棒诃责”的手段尽管太粗暴,但那“急”于完成的意图,不也值得肯定吗?下两句,对此作了阐明:“汉家丞相方忧边,筑城功高除美官。”就是说,当时朝廷里的权臣并不想厉兵秣马,打过淮河去收复中原;而是为了保住他们的安乐窝,想了个妙主意:沿淮河南岸筑起千万座城堡,下令有关地方官筑城,谁筑得高、筑得快,就给谁“除(授)美官”;与此相反的,当然严惩不贷。就这样,前面描写的那许多场景便出现于淮河南岸。这两句诗,乃是全篇之“警策”,既是主题思想的点睛之笔,又收上启下,使全篇血脉贯通,处处皆活。前面所写的是某一处筑城的具体场景,通过个别反映一般;下面则由个别扩展到一般,表现了“丞相忧边”与地方官立“功”要官的严重后果:“旧时广野无城处,而今烽火列屯戍”,一座座“高城”筑起来了,鳞次栉比,一眼望不到头。可是令人痛心的是:“城中萧疏空无人!”

“筑城功高除美官”,这大概是千百年来的普遍现象,但前此的所有

“筑城”诗都未涉及。关于“筑城”的后果，前人多有描述，如张籍《筑城曲》“杵声未定人皆死，……今日作君城下土”，曹邺《筑城》“筑人非筑城”，许棐《筑城曲》“城高不特土累成，半是铺填怨夫骨”，但都不如刘克庄这首诗的结尾两句醒豁、深警，具有震撼人心的艺术力量。

## 张榘（生卒年不详）

字方叔，号芸窗，南徐（今江苏镇江）人。淳祐（1241—1252）时曾为句容（今属江苏）令。现存诗见《江湖后集》《宋诗纪事补遗》等。

### 春　吟

岸草不知缘底绿[①]？　山花试问为谁红？
元造本来惟寂寞[②]，　年年多事是春风。

**【注释】**

①缘底：为什么。

②元造：大自然界。

**【品评】**

草"缘底绿"，花"为谁红"，连发两问，问而不答。那么，作者为什么要提出这样的问题，就不能不引发读者的想象。

三、四两句，责备春风"多事"，认定"元造"的本性就是"寂寞"。意思是：如果春风不把草吹绿，不把花吹红，大自然一片"寂寞"，那该有多好！

对于任何心情正常的人来说，草绿、花红，都是美景，都能引起喜悦之情，为什么怕见草绿、花红，反而希望"寂寞"呢？这又不能不引人遐想。

安史乱后，杜甫被困于沦陷了的长安城中，写出著名的《春望》五律，其中的警句是："感时花溅泪，恨别鸟惊心。"诗人由于"感时""恨别"，见花开而"溅泪"，闻鸟啼而惊心。这对于任何"感时""恨别"的人都能引起共鸣。

此诗作于南宋将亡之时，其"感时""恨别"的心态类似杜甫，而抒情的方式却十分新颖,留给读者的想象空间也异常广阔。

新疆民歌有云:“花儿你为什么这样红?”没想到类似的抒情方式,早在晚宋人张榘的这首七绝中已经出现了。

## **严羽**(1192—1245?)

字仪卿,又字丹丘,号沧浪逋客,邵武(今属福建)人。著名诗论家,倡“妙悟”与“兴趣”说,推崇盛唐。有《沧浪诗话》《沧浪集》。

### 有感六首录二

误喜残胡灭,　那知患更长①!
黄云新战路②,　白骨旧沙场。
巴蜀连年哭,　江淮几郡疮③?
襄阳根本地④,　回首一悲伤⑤。(其一)
闻道单于使⑥,　年来入国频。
圣朝思息战⑦,　异域请和亲⑧。
今日唐虞际⑨,　群公社稷臣⑩。
不防盟墨诈,　须戒覆车新⑪。(其二)

**【注释】**

①残胡:指金。端平元年(1234),宋师与蒙古军联合灭金,南宋乘势收复了东京汴梁(开封)和西京洛阳,但蒙古于端平二年(1235)即毁盟,直接侵略南宋。患更长:指从此蒙古对宋发动连年侵略战争。

②黄云:指交战时卷起的蔽天战尘。新战路:指旧敌刚灭,而蒙古新敌又发动侵略。

③“巴蜀”二句:指蒙古兵长驱直入侵略四川、安徽、湖北等地。连年哭:指蒙古侵略时间之长。几郡疮:指蒙古侵略地区之广。

④襄阳:今湖北襄樊。根本地:襄阳形势险要,为军事重镇,乃兵家必

争之地,故云。

⑤“回首”句:今襄阳既失,立国的根本已动摇,故诗人对此兴起无限的忧虑和悲伤。

⑥单于:指蒙古首领。

⑦圣朝:指南宋皇帝。息:停止。

⑧异域:指蒙古。和亲:古代交战的两国,用联姻的方法表示重归于友好。

⑨唐虞:唐尧、虞舜,指南宋皇帝。

⑩群公:敬称南宋重臣。社稷臣:安邦定国的贤臣。

⑪“不防”二句:要提防对方签订和约的欺骗性,以免重蹈历史上因轻信“盟墨”而吃亏上当的覆辙。盟墨:用墨书写的条约。

## 【品评】

这两首诗反映了南宋与蒙古军联合灭金以后蒙古军南下侵略,南宋统治者又幻想议和的历史事实,苍凉悲慨,风格颇类杜甫安史乱后的五律。明人胡应麟在其《诗薮》中指出严羽“识最高卓,而才不足称”,即在诗歌理论方面的成就高,而诗歌创作的水平却比较低。这大体上是符合实际的。但他也有值得重视的作品,《有感六首》组诗即其一例。

## 葛天民(生卒年不详)

初名义铦,字无怀,号朴翁,越州山阴(今浙江绍兴)人,后徙台州黄岩。初为僧,后还俗,居西湖与名士相交结,其诗为叶绍翁所推崇。有《无怀小集》。

### 江　上

连天芳草雨漫漫①,　赢得鸥边野水宽。
花欲尽时风扑起,　柳绵无力护春寒②。

**【注释】**

①雨漫漫:形容雨下得时间长,面积宽。
②柳绵:柳絮。

**【品评】**

首句写景,次句即景抒情。春雨连绵,“野水”自然“宽”于往日,但诗人的着眼点独在“鸥边”。“鸥边野水宽”,闲“鸥”的活动空间就多一点。

三、四句仍承“雨漫漫”,而其视线由“野水”移向“落花”“柳绵”。时值暮春,又遇上“雨漫漫”,繁花眼看将要落尽;落地的花瓣时而被“风扑起”。用一“扑”字,将“风”拟人化,好像那风不忍繁花落尽,想扑救它。时值暮春,杨柳飘绵飞絮,弥漫长空。诗人设想,那弥漫长空的“柳绵”是企图“护春寒”,也能够“护春寒”的。可是,如今“雨漫漫”带来了“春寒”,而“柳绵”却被春雨打落在地,飘不起来,还有什么力量“护春寒”呢?

前两句以“鸥”自喻,表现其隐逸心态。后两句则有象征意味,伤春伤时,融合无间,其旨微而婉、隐而显,仔细吟味,便知并非一般的写景抒情诗。

## 陈文龙(？—1277)

字志忠，一字君贲，兴化军(治所在今福建莆田)人。咸淳四年(1268)进士第一。累迁参知政事。元兵至杭，乞养归。端宗立于福州，再拜参知政事充闽广宣抚使，元兵攻城，通判曹澄孙叛降，文龙被俘至杭，饿死。谥忠肃。

### 元兵俘至合沙诗寄仲子①

斗垒孤危势不支②，　书生守志定难移③。
自经沟渎非吾事④，　臣死封疆是此时⑤。
须信累囚堪衅鼓⑥，　未闻烈士竖降旗。
一门百指沦胥尽⑦，　唯有丹衷天地知⑧。

【注释】

①仲子：第二个儿子。

②斗垒：斗大的营垒。这里指兴化军(今福建莆田)。孤危势不支：既是孤立无援而又处于危险境地，故势难支持。

③书生：作者自指。守志：抱定志向。

④自经：自杀。沟渎：田间小水沟。《论语·宪问》载孔子回答子贡的话说："管仲相桓公，霸诸侯，一匡天下，民到于今受其赐，微管仲，吾其被发左衽矣！岂若匹夫匹妇之为谅也，自经于沟渎而莫之知也。"谓大有作为的人不作无谓牺牲。

⑤臣死封疆：作臣子的要死守封疆。

⑥累囚：被拘系的囚徒。衅鼓：以血涂鼓的间隙。

⑦百指：十口人。沦胥：相率的意思。《诗经·大雅·抑》："无沦胥以亡。"这里谓一家十口相率死去。

⑧丹衷：赤胆忠心。

【品评】

陈文龙是咸淳四年(1268)的状元，官至参知政事(副宰相)，因反对贾似道误国而遭贬。德祐二年(1276)，元军入临安，虏宋全太后、帝㬎等北归。宋陆秀夫、张世杰、陈宜中等于温州奉益王赵昰(九岁)为天下兵马都元帅、广王昺(六岁)副之。五月，益王在福州即位，改元景炎，是为端宗。陈文龙复任参知政事，守兴化军。元军大举攻城，力屈被俘，即日绝食，卒于杭州。这首诗，作于被押赴杭州的途中。首联写敌强我弱，孤军无援，明知难于支持，但矢志不移，决心死守。次联进一步表现与疆土共存亡的决心。作为封疆大臣，守土有责，哪能自杀，只能力战死守。三联写被俘后的心理活动。在他被俘之前，其部将曹澄孙已倒戈降敌，他深以为耻，下定决心，宁肯被敌人抓去"衅鼓"，也绝不屈膝降敌。尾联照应题目中的"寄仲子"：全家十口人已相继死难，我力敌被俘，宁死不降，"丹衷"可对天地。言外之意是：你也应该临危不惧、临难不苟。

在全家相继殉国，自己被俘、绝食的情况下写出这么一首慨慷悲壮的诗寄给唯一存活的儿子，真可以感天地而泣鬼神。"唯有丹衷天地知"一句，可与文天祥作于此后的"人生自古谁无死，留取丹心照汗青"共读。

## 谢枋得(1226—1289)

字君直,号叠山,信州弋阳(今属江西)人。宝祐四年(1256)与文天祥同科进士。曾为建康考官,以贾似道政事命题,被谪居兴国军。德祐元年(1275)起为江东提刑、江西招谕使等职,率兵抗元。宋亡后,流寓福建一带,以卖卜教书度日。元朝屡征其出仕,福建行省参政魏天祐强行送往大都,乃绝食而死。门人私谥文节。原集散佚,后人辑有《叠山集》。

### 庆全庵桃花

寻得桃源好避秦①,　桃红又见一年春。
花飞莫遣随流水,　怕有渔郎来问津②。

**【注释】**

①桃源好避秦:陶渊明曾撰《桃花源记》和《桃花源》诗,描绘一个与世隔绝的理想世界桃花源,其中居民是为逃避秦乱,迁到那里去住的。这里避秦实际上是避元。

②"花飞"二句:意谓武陵渔郎跟踪落花发现了桃花源,"花飞莫遣随流水",那渔郎自然便找不到桃花源了。渔郎:以捕鱼为业的人。问津:探求途径。

**【品评】**

《宋史·谢枋得传》载:元世祖忽必烈至元二十三年(1286),程元海荐宋臣二十二人,以谢枋得为首,枋得力辞;二十四年(1287),忽必烈降旨召之,又不赴;二十五年(1288),降元的留梦炎以枋得老师的身份荐举,枋得以《却聘书》谢绝。这首诗,借《桃花源记》的典故表现逃避元朝征召的心态十分真切。前两句,写他好容易找到一块与世隔绝的"桃花源"住了下来,每见"桃红",就庆幸又避过了一年。后两句,就"桃红"生发,生怕桃花随水流出,被"渔郎"发现而闯入"桃花源"来;用一"怕"字,把生怕走漏消息,被元朝派人征召的忐忑心理和盘托出。但他"怕"发生的事还是未能避免,终于被强押入京,绝食而死。

## 武夷山中①

十年无梦得还家，　独立青峰野水涯②。
天地寂寥山雨歇③，　几生修得到梅花。

**【注释】**

①武夷山:在今福建省北部崇安县境内。

②"十年"二句:作者于恭帝德祐元年(1275)在家乡信州起兵抗元,兵败入闽,至作此诗时,已将近十年。涯(yá):水边。

③寂寥:寂寞寥落。

**【品评】**

这首诗,乃避元于武夷山中所作。惟恐被人知道他的所在,故不敢与家人通消息,"无梦得还家",极言连还家的梦也不敢作。"独立青峰野水涯",既表现孤身独处,又表现挺然独立、不肯降元的志节。三、四两句赞扬于"天地寂寥"之时凌寒独放的梅花,用以表现自己的追求:要有几生几世的修炼,才能修得梅花那样坚贞高洁的品格呢?"几生修得到梅花",遂成千古传诵的警句。

## 文天祥(1236—1282)

字履善，一字宋瑞，号文山，庐陵(今江西吉安)人。理宗宝祐四年(1256)进士第一。历湖南提刑、赣州知州等职。帝㬎德祐元年(1275)，元军东下，在赣州组建义军入卫临安。次年为右丞相，出使元军，不屈被拘，历尽艰险逃脱。端宗景炎二年(1277)，进兵江西，收复州县多处。旋败退广东，不久被俘。拒绝元军诱降，于次年监送大都(今北京)囚禁三年，誓死不屈，编《指南录》，作《正气歌》，正气凛然，终在柴市被害。文天祥不仅为我国历史上伟大的抗元英雄，也是伟大的爱国诗人。有《文山先生全集》。

### 赴　阙①

楚月穿春袖②，　吴霜透晓鞯③。
壮心欲填海④，　苦胆为忧天⑤。
役役惭金注⑥，　悠悠叹瓦全⑦。
丈夫竟何事？　一日定千年⑧。

**【注释】**

①赴阙：指作者响应恭帝诏，散家产，组建义军，赶赴临安勤王的事。阙：宫阙。这里指南宋朝廷。

②“楚月”句：楚地为今湖南、江西一带。作者春天从江西赣州起兵，披星戴月而来。

③吴：指苏州一带。鞯(jiān)：垫马鞍的垫子。

④填海：传说炎帝女儿游东海时淹死，化为精卫鸟，终日衔木石以填海。

⑤苦胆：春秋时，越王勾践被吴王夫差打败，立志复仇，于座旁置苦胆，

常舐食胆苦味，以激励自己复仇。作者用这个典故，表明自己要为国雪耻。忧天：指忧国。

⑥役役：劳苦貌。金注：用金子铸成的器物。恭帝德祐元年(1275)，曾以重二十两的金注碗赐给作者。作者在此表示受赐有愧。

⑦“瓦全”句：《北齐书·元景安传》：“大丈夫宁可玉碎，不能瓦全。”瓦全，比喻屈志苟全。此句用此意，自叹未能为国献身。

⑧“一日”句：一日之间，决定千年大计。

【品评】

宋恭帝德祐元年(1275)，元兵大举南下，恭帝下诏勤王(帮助朝廷抗敌)。文天祥在赣州起兵，变卖全部家产充当军费，入卫临安。此诗作于奔赴临安途中。首联展现了戴月犯霜，日夜急驰，自楚经吴，直奔临安的连续画面。二、三两联，写赴阙途中的心理活动：明知大海难填，却有精卫填海的壮心；为了解除国难，不惜卧薪尝胆；深感愧对朝廷的赏赐和重托，宁可玉碎，不为瓦全。尾联表现了力挽狂澜的决心。全诗悲壮激昂，为艰苦卓绝的抗元斗争拉开了序幕。

## 扬　子　江①

几日随风北海游②，　回从扬子大江头。
臣心一片磁针石③，　不指南方不肯休。

【注释】

①扬子江：长江。

②北海：指长江口以北的海域。

③磁针石：指南针。

④南方：指南宋政权所在。

【品评】

德祐二年(1276)正月,文天祥被任命为右丞相,代表南宋政权入元营谈判,被扣留。临安沦陷,文天祥被押送北上,于镇江乘隙逃脱,经真州抵南通。因长江中沙洲已为敌兵占领,无法过江,便绕道北行,坐船历北海,然后经长江口南下,历尽千难万险,至福建募集将士,再度抗元。这首诗,作于历北海经长江口南下之时。首句的“北海游”,指绕道长江口以北的海域。次句“回从扬子大江头”,指从长江口南归,引起三、四两句。临安虽已沦陷,而陆秀夫、张世杰等于温州奉益王赵昰为天下兵马都元帅(不久在福州即位,改元建炎,是为端宗),他必须赶去一同抗元。“磁针”是指向南方的,“臣心一片磁针石,不指南方不肯休”,表现了他不辞千难万险,赶到南方去保卫南宋政权的决心,忠肝义胆,昭若日月。后来他把德祐元年(1275)以后所作的诗编为《指南录》和《指南后录》,即是用这首诗的结句命名的。

## 过零丁洋①

辛苦遭逢起一经②,　干戈寥落四周星③。
山河破碎风飘絮④,　身世浮沉雨打萍⑤。
惶恐滩头说惶恐⑥,　零丁洋里叹零丁⑦。
人生自古谁无死,　留取丹心照汗青⑧。

【注释】

①零丁洋:在广东珠江口的厓山外,现改伶仃洋。

②“辛苦”句:作者是理宗宝祐四年(1256)状元,当时宋室已是战祸频仍,面临危亡,他出仕后,尽力支撑残局,非常辛苦。遭逢:遇合,这里指皇帝对他的信任。起一经:由读经书中科举而起家。

③干戈寥落:据《宋史》记载,朝廷征天下兵,但像文天祥高举义旗愿为

国捐躯者寥寥无几。一说"寥落"应作"落落",众多貌。干戈寥落,是指作者频繁的战斗生涯。四周星:地球约十二个月绕太阳一周,古人用它来纪年,四周即是四年。作者从德祐元年(1275)起兵勤王到祥兴元年(1278)不幸被俘,恰是四年。

④风飘絮:谓宋室江山已如风中柳絮,摇摇欲坠。

⑤萍:一种水生植物,无根柢。这里作者自比有如无根的浮萍飘泊水上,无所依附,更兼雨打,那凄惨就更进一层了。

⑥惶恐滩:也叫皇恐滩,在江西省万安县境内的赣江中,作者起兵勤王,后被蒙古军打败,经由皇恐滩一带,退往汀州(今福建长汀)。惶恐,有惶惑和恐惧意,引申也有惭愧意。这句是对当时感到惶恐的回忆。

⑦"零丁"句:前一零丁为海域名,后一零丁作者自指孤身被擒。

⑧丹心:红心、忠心。汗青:古人用竹简写字,先将青竹简烤出"汗"(水分)以防虫蛀,叫"汗青",故称史册为"汗青"或"青史"。

## 【品评】

宋祥兴元年、元至元十五年(1278)四月,宋帝昰(十一岁)死,陆秀夫等立卫王昺(八岁),六月,迁往崖山。元以汉人张弘范为蒙古、汉军都元帅,率兵南下,直逼崖山;因另一位抗元英雄张世杰防御得力,崖山暂时未被攻下。十二月,元兵俘文天祥于广东海丰五坡岭,张弘范逼天祥写信招降张世杰,天祥说:我自己不能拯救祖国,难道还能叫别人背叛祖国!同时拿出这首《过零丁洋》诗给他看。张弘范读后不禁连声称赞:"好人!好诗!"便不再逼迫,派人押送大都。次年二月,宋、元海军在崖山决战,宋军大败,陆秀夫负幼帝投海,张世杰退至海陵山(今广东阳江县南海中),遇风坏船,溺死,南宋遂亡。张弘范这位汉人也能作诗,有《淮阳集》。他读《过零丁洋》至"人生自古谁无死,留取丹心照汗青"而称赞"好人,好诗",却自鸣得意,于崖山石壁大书"张弘范灭宋于此",以记"奇功",甘愿不做"好人"。后人在前面加了一个"宋"字,成为"宋张弘范灭宋于此";又有人题诗其侧:"勒功奇石张弘范,不是胡儿是汉儿。"讽刺何等辛辣,也何等深刻!

这首诗,是文天祥的爱国心灵和爱国行动的具体体现,诗品与人品浑然如一。“人生自古谁无死，留取丹心照汗青”的生死观，便成为激励后世无数志士仁人杀身成仁、舍生取义的精神力量，在祖国历史上谱写了一曲又一曲壮歌。

## 金　陵　驿[①]

草树离宫转夕晖[②]，　孤云飘泊复何依[③]？
山河风景元无异，　城郭人民半已非[④]。
满地芦花和我老[⑤]，　旧家燕子傍谁飞[⑥]？
从今别却江南路，　化作啼鹃带血归[⑦]。

### 【注释】

①金陵：今江苏南京。驿：古代送公文的人或往来官员换马或暂住的场所。

②离宫：行宫，皇帝在外的临时住所。高宗曾在金陵小住，设有行宫。

③孤云：诗人自指。

④“山河”二句：东晋周顗：“风景不殊，正自有山河之异。”注详前。据《搜神后记》：汉代丁令威学道成仙，化鹤归来，从空中下望，作诗说：“有鸟有鸟丁令威，去家千年今始归；城郭犹是人民非，何不学仙冢垒垒！”

⑤芦花：秋天干枯变白，作者由此联想到自己的白发。

⑥“旧家”句：杜甫《归燕》“古巢倘未毁，会傍主人飞”。此化用其意，谓亡国之人，从此流离失所了。

⑦啼鹃带血：传说蜀帝杜宇死后化鸟，名杜鹃，常哀啼致口中出血。

### 【品评】

文天祥于祥兴二年(1279)被押赴大都，路过金陵驿作此诗。这个金陵驿，是就宋高宗的离宫改建的，作者触景生情，全诗即以“离宫”发端。“离宫”在“草树”之间,已见其荒凉;“草树离宫”已“转”入“夕晖”之中,更令人联想起南宋的覆亡。次句以“孤云”比喻自己,国家亡了,个人便像飘泊的“孤云”,还有什么可以依托呢?次联化用东晋周顗“风景不殊,正自有山河之异”与丁令威“城郭犹是人民非”典故而自写感受,上句“山河风景元无异”,是说从眼前的自然风光看,并没有多大变异,与杜甫《春望》“国破山河在”用意略同。这一句的作用主要在于反衬下句:“城郭人民半已非。”城郭被元军摧毁,人民被元军屠杀,已不是原来的面貌了!三联仍然是即景抒情:看见“满地芦花”一片雪白,便联想到自己的满头白发,因而由物及人,发出“和我老”的感叹;看见清秋“燕子”,便想起刘禹锡的诗句“旧时王谢堂前燕,飞入寻常百姓家”而生身世之感,“旧家”已毁,失巢孤“燕”还能“傍谁飞”呢!末联写别金陵驿北上时的心态:从今别却江南而被押送大都,决心以身殉国,人是不可能再回到江南了,但我的魂却要化为杜鹃鸟,悲啼带血,回到江南。

四联诗,每一联都是即景抒情,情景交融。首联“离宫”“孤云”都是眼前景,而以“离宫”的凄凉现状象征南宋王朝的覆灭,以“孤云”的飘泊无定比拟自己的无所凭依,妙合无垠,不露痕迹。次联的“山河风景”“城郭人民”也是眼前景,而以前者的“元无异”反衬后者的“半已非”,化景语为情语,沉痛感人。三联的“芦花”“燕子”都是实景。作者于六月到金陵,八月被逼北行。阴历八月,已是仲秋,芦花、燕子都可在金陵看到。末联“别却江南路”而又要“化作啼鹃带血归”,自然情中有景。至于善于活用典故以提高艺术表现力,更是显而易见的。

## 正　气　歌①

予囚北庭②,坐一土室,室广八尺,深可四寻③,单扉低小④,白间短窄⑤,污下而幽暗⑥。当此夏日,诸气萃然⑦:雨潦四集⑧,浮动床几,时则为水气⑨;涂泥半朝⑩,蒸沤历澜⑪,时则为土气;乍晴暴热,风道四塞,时则为日气;檐阴薪爨⑫,助长炎虐,时则为火气;仓腐寄顿⑬,陈陈逼人⑭,时则为米气;骈肩杂遝⑮,腥臊污垢,时则为人气；或圊溷[16]、或毁尸[17]、或腐鼠，恶气杂出，时则为秽气。叠是数气[18]，当侵沴[19]，鲜不为厉[20]。而予以孱弱[21]，俯仰其间[22]，于兹二年矣[23]，无恙[24]，是殆养气致然[25]。然尔亦安知所养何哉[26]？孟子曰："我善养吾浩然之气[27]。"彼气有七，吾气有一，以一敌七，吾何患焉。况浩然者，乃天地之正气也。作《正气歌》一首。

天地有正气，　杂然赋流形[28]：
下则为河岳，　上则为日星；
于人曰浩然，　沛乎塞苍冥[29]。
皇路当清夷[30]，　含和吐明庭[31]。
时穷节乃见[32]，　一一垂丹青[33]：
在齐太史简[34]，　在晋董狐笔[35]，
在秦张良椎[36]，　在汉苏武节[37]；
为严将军头[38]，　为嵇侍中血[39]，
为张睢阳齿[40]，　为颜常山舌[41]；
或为辽东帽，　清操厉冰雪[42]；
或为出师表，　鬼神泣壮烈[43]；
或为渡江楫，　慷慨吞胡羯[44]；
或为击贼笏；　逆竖头破裂[45]。
是气所磅礴，　凛烈万古存[46]。
当其贯日月，　生死安足论[47]？
地维赖以立[48]，　天柱赖以尊[49]。
三纲实系命，　道义为之根[50]。
嗟予遘阳九[51]，　隶也实不力[52]。
楚囚缨其冠，　传车送穷北[53]。

鼎镬甘如饴，　求之不可得[54]。
阴房阒鬼火[55]，　春院闷天黑[56]。
牛骥同一皂，　鸡栖凤凰食[57]。
一朝蒙雾露，　分作沟中瘠[58]。
如此再寒暑，　百沴自辟易[59]。
哀哉沮洳场[60]，　为我安乐国[61]。
岂有他谬巧[62]，　阴阳不能贼[63]？
顾此耿耿在[64]，　仰视浮云白[65]。
悠悠我心悲[66]，　苍天曷有极[67]！
哲人日以远[68]，　典型在夙昔[69]。
风檐展书读，　古道照颜色[70]。

**【注释】**

①这首诗于元世祖至元十八年(1281)夏季狱中被囚时作。

②北庭:汉以匈奴居住地为北庭,这里指元首都大都(燕京)。

③寻:八尺。

④扉:门。

⑤白间:指窗。

⑥污下:低洼。

⑦萃然:聚集笼罩。

⑧潦(lǎo):大雨后的积水。

⑨时:时时、经常。

⑩涂泥:涂在墙壁上的泥巴。朝:同潮。

⑪蒸沤:东西久泡水中,发出臭味。历澜:风行水面形成波纹曰澜。这里历澜有泥潦翻腾的意思。

⑫爨(cuàn):烧火做饭。

⑬仓腐:仓库中贮存的粮食腐烂。寄顿:贮存。

⑭陈陈:《史记·平准书》:"太仓之粟,陈陈相因。"指年复一年相积压。

⑮骈(pián)肩:肩靠肩。杂遝(tà):纷乱。

⑯圊溷(qīnghùn):厕所。

⑰毁尸:溃烂尸体。

⑱叠是数气:几种气味加在一起。

⑲浸沴(lì):灾疫。《新唐书·鲍防传》:"时比岁旱,诏问阴阳浸沴。"

⑳鲜:少。厉:疾病。

㉑孱(chán)弱:虚弱。

㉒俯仰其间:生活于其中。

㉓兹:此。二年:从至元十六年(1279)到至元十八年(1281)。

㉔无恙:没有患病。

㉕殆(dài):差不多、大约。

㉖然尔:即"然而","尔"同"而"。安知:怎知。

㉗"我善"句:见《孟子·公孙丑》。

㉘杂然:多种多样。赋:给予。流形:各种品类。

㉙沛乎:充沛洋溢的样子。苍冥:天空。

㉚皇路:国家的运数。清夷:清平、安定。

㉛含和:胸怀祥和之气。吐:发扬。明庭:圣明的朝廷。

㉜时穷:艰难的时候。节:气节。见:同现。节乃现:气节方表现出来。

㉝丹青:图画。垂丹青:存留在图画上。古代朝廷常画功臣象于殿阁。

㉞齐太史简:春秋时,齐大夫崔杼杀齐庄公,"太史书曰:'崔杼弑其君'。崔子杀之。其弟嗣书而死者二人,其弟又书,乃舍之。南史氏闻太史尽死,执简以往。闻既书矣,乃还。"(《左传·襄公二十五年》)简:竹片。古代无纸,文字写在竹简上。

㉟晋董狐笔:春秋时,晋灵公拟杀赵盾,赵盾出奔,盾族侄赵穿杀灵公,盾回国未加处罚,太史董狐以赵盾"返不讨贼",遂在史册上直书"赵盾弑其君"(《左传·宣公二年》)。

㊱张良椎:张良的祖上累世相韩,韩为秦灭,张良决心为韩复仇。当秦始皇路经博浪沙时,张良遣力士以重椎击秦始皇,误中副车。

㊲“在汉”句:汉苏武奉命出使匈奴,被拘十九年,持节牧羊,后终得归。节:使臣所持符节。

㊳“为严”句:东汉末,刘璋命部将严颜守巴郡。张飞攻巴郡,俘严颜,张逼严降,严说:“我州但有断头将军,无降将军。”(《三国志·张飞传》)

㊴“为嵇”句:晋嵇绍官侍中。惠帝时,王室内哄,嵇绍只身保卫惠帝,被杀,血溅惠帝衣。事后有人要洗去衣上血迹,惠帝说:“此嵇侍中血,勿洗。”(《晋书·嵇绍传》)

㊵“为张”句:唐张巡为睢阳太守,安禄山叛,攻睢阳,他竭力防卫,每督战必大呼,“眦裂血流,齿牙皆碎”(《旧唐书·张巡传》)。

㊶“为颜”句:唐颜杲卿为常山太守,常山陷,被安禄山所俘,骂贼不绝,被敌断舌而死。

㊷“或为辽东”二句:汉末天下大乱,管宁学行皆高,避乱辽东,“常著皂帽,布襦袴”,魏文帝、明帝先后以显官相招,皆拒不受。

㊸“或为出师”二句:诸葛亮为蜀相,志在北定中原。当出兵北伐,向后主刘禅上《出师表》。

㊹“或为渡江”二句:晋祖逖为豫州刺史,北行时,渡江击楫,立誓要平定北中国,后果收复黄河以南失地。胡、羯(jié):当时中国西北方两个少数民族。

㊺“或为击贼”二句:唐德宗时,朱泚叛,段秀实用笏猛击泚头,并唾面大骂,遂被杀。笏(hù):官吏朝见皇帝时所持的手板。逆竖:指朱泚。

㊻“是气”二句:谓这种正气充塞宇宙,万古长存。

㊼“当其”二句:当这种正气横贯日月时,人们已把生死置之度外。贯:横贯、贯通。安足论:不足道。

㊽地维:古人认为地形方,四角有四根粗绳维系,故称地维。

㊾天柱:撑天柱。这句说的天柱和上句称的地维,作者认为都是正气支撑的。

㊿“三纲”二句:三纲:儒家伦理,认为“君为臣纲,父为子纲,夫为妻纲”。这里大意谓伦理、道义都以正气作为命脉和根子。

(51)遘:遭逢。阳九:厄运。

㉜“隶也”句：意谓自己未能挽救国家于危亡之际。隶：奴隶。借用于臣下，是作者自指。

㉝“楚囚”二句：指自己兵败被俘，北送燕京事。楚囚：注见前。缨：帽带。缨其冠：系着南冠。传车：即驿车。古代官方的运输车辆。

㉞“鼎镬”二句：意谓自己早已做了以身殉国的思想准备，唯求速死而已。鼎镬（huò）：烹煮的器具，为古代的一种酷刑，把人放入鼎镬去烹煮。饴：糖浆。甘如饴：甜如糖。

㉟阴房：指牢房。阒（qù）：寂静。

㊱闷（bì）：关闭着。

㊲“牛骥”二句：意谓自己落在牢狱之中，与罪犯杂处。骥：骏马。皂（zào）：马槽。鸡栖：鸡窝。

㊳“一朝”二句：意谓有一天受到疾病侵袭死去，骨填沟壑。瘠（jí）：瘦骨。

㊴“如此”二句：意谓在这样恶劣的环境中度过两年，居然没有受各种疫病侵袭。百沴：指前各种恶气。辟易：退辟。

㊵沮洳（jùrù）场：卑下阴湿的地方。

㊶安乐国：安乐的场所。

㊷谬巧：智谋诈术。

㊸阴阳：寒热。贼：伤害。

㊹耿耿：忠心。这句意谓胸有正气。

㊺“仰视”句：《论语·述而》：“不义而富且贵，于我如浮云。”这句表示决不贪图富贵而投降。

㊻悠悠：形容忧愁的样子。

㊼曷有极：哪有尽头。

㊽哲人：指前面列举的先贤。

㊾典型：榜样，模范。夙夕：昔时。

㊿古道：古代传统的美德。

## 【品评】

文天祥于宋帝昺祥兴元年（1278）十二月在广东海丰五坡岭被俘，次年十月解达元朝的首都大都(燕京)囚于土室。元统治者多方威胁利诱,要他投降,他始终坚贞不屈,于元世祖至元十九年(1282)十二月壮烈殉国。这首诗作于死前一年,他认为支持他坚贞不屈的精神力量是浩然正气,故以“正气”命题。

全诗可分为两大段。第一大段从开头到“道义为之根”共三十六句,可分为三个层次,开头两句总起,提出天地间有一种正气赋予一切有形体的东西。接着以“河岳”“日星”作陪,突出人。赋予人的叫“浩然”正气,充塞于天地之间。接着以“清夷”作陪,突出“时穷”。太平盛世(清夷)赋予人的浩然正气乃是祥和之气,洋溢于朝廷之上发挥治理天下的作用。国家艰危之时(时穷),赋予人的浩然正气就体现为凛然大节,一一垂于丹青。以上是第一个层次。自“在齐太史简”至“逆竖头破裂”就“一一垂丹青”举例,列举十二位历史人物的壮烈事迹,说明他们的凛然大节,都是浩然正气的体现。这是第二个层次。“是气所磅礴”至“道义为之根”紧承上文加以发挥,是第三个层次。

第二大段自“嗟予遘阳九”至结尾,共二十六句,也可分为三个层次。前六句,慨叹自己遭逢国难而未能力挽危局,被俘被囚,只求以身殉国。这是第一个层次。自“阴房阒鬼火”至“苍天曷有极”写土牢阴暗、潮湿,而视“沮洳场”为“安乐国”,种种邪恶之气都不能侵犯,乃由于正气的支持。这是第二层。最后四句,遥承“在齐太史简……”一层,说明那些“时穷节乃见”的“哲人”都是自己的典范,展读记载他们的言行的书籍,便觉“古道”闪闪发光,照耀自己的容颜,也照亮了自己追求的目标。这是第三层,也是全诗的总结。

“时穷节乃见”是全篇的主旨,也是全篇结构的核心。先以“天地有正气”发端,然后层层陪衬,突出“时穷节乃见”。以下历举“哲人”事迹证明“时穷节乃见”;又以自己囚于土牢而坚贞不屈来表明“时穷节乃见”。全诗篇幅宏大而主旨突出、脉络分明。浩然正气直贯全篇,故历述古人事迹和己身遭遇而无堆砌之感。先写古人而后写自身,并表明“时穷节乃见”的古人正是自己的楷模,使人深知他的浩然正气植根于中华民族优秀文化传统的沃壤之中。正由于继承、光大了优秀文化传统,才使文天祥成为伟大的抗元英雄,把爱国精神和民族气节发扬到前所未有的高度。而他的这篇体现爱国精神和民族气节的《正气歌》,也成为弘扬爱国精神和民族气节的教材,对后世无数志士仁人有巨大影响。

## 真山民(生卒年不详)

本名桂芳,宋亡后,自称山民,括苍(今浙江丽水)人。宋末进士。隐居不仕。或以为理学家真德秀之孙。有《山民集》。

### 山亭避暑①

怕碍清风入,　丁宁莫下帘。
地皆宜避暑,　人自要趋炎②。
竹色水千顷,　松声风四檐。
此中有幽致③,　多取未伤廉。

**【注释】**

①山亭:山间亭子。
②趋炎:趋炎附势。
③幽致:清幽的景致。

**【品评】**

作为一般的"避暑"诗,已情景交融,能把读者从炎炎酷暑中引入清风徐来的清凉世界,领略那"竹色水千顷,松声风四檐"的"幽致"。更何况,结合作者宋亡后隐居不出的身世和心态来读,还会有更深一层的领会。如果作者要"避"的"暑"仅仅指炎夏气候造成的酷热,那么谁都要"避"的,怎么会"人自要趋炎"呢?不难看出,作者要"避"的"暑"还有一层寓意,即气焰熏天、赫赫逼人的元朝统治者。"避暑",隐寓避元。"地皆宜避暑",是说不论什么地方都可避元,即坚持不合作态度,不为元人效力。"人自要趋炎",则是对趋炎附势、归降元朝的人给予鞭打。首联写卷帘迎"清风",尾联写多取自然幽致并未“伤廉”，都是对自己“避暑”而不“趋炎”的自赞；就其对立面说，趋炎附势、降元求官，贪图富贵，那便不仅“伤廉”，简直是廉耻丧尽了！

这首诗的好处在于通过“清风”“竹色”“松声”“水千顷”“风四檐”写出了的确可以“避暑”的清幽境界，从而表现出作者的清高风致和恬淡襟怀，而鞭笞趋炎降元者的一层意思即蕴含其中，并非附加，故能获得意境圆融、含蓄蕴藉的艺术效果，与浅率、直露，不耐咀嚼者不同。

## 汪元量(1241—1330?)

字大有,号水云。钱塘(今浙江杭州)人。咸淳进士,以善琴供奉内廷。元灭宋,随三宫被虏北去。曾多次访文天祥于狱中,诗歌唱和。后出家为道士,还归钱塘,往来于匡庐、彭蠡间。因亲历亡国之痛,故所作多纪实,感慨悲凉,被称为“宋亡诗史”。有《水云集》《湖山类稿》。

### 醉歌十首录二

乱点连声杀六更[①], 荧荧庭燎待天明[②]。
侍臣已写归降表, “臣妾”佥名谢道清[③]。(其一)
南苑西宫棘露牙[④], 万年枝上乱啼鸦[⑤]。
北人环立阑干曲, 手指红梅作杏花。(其二)

**【注释】**

①乱点连声:急促、混乱的报时声。杀:即收煞、终止。六更:为宋宫廷中最后一个更次。古代将一夜分为五更,因宋忌“寒在五更头”的民谣,故“宫内于四更末,即转六更”。(见《新义录》)。

②荧荧:微光闪烁的样子。庭燎:庭中点的火炬。

③佥:同签。谢道清:理宗后,恭帝祖母,时帝年幼,谢太后垂帘听政。

④牙:同芽。棘露牙:荆棘长出新芽。

⑤万年枝:即冬青树。冬青因常绿不凋,故多植于宫廷中,称万年枝。

**【品评】**

第一首纪谢太后签署降表。德祐二年(1276)正月十八日,元军进驻杭州东北的皋亭山,宋主派使臣奉降表及传国玺请降。元丞相伯颜以降表仍书“宋”号,派人退还令重写,并勒索谢后、幼帝招降未附州郡的手诏。史载伯颜于二十四日得到手诏和重写的降表,则这首诗所写的当是二十三日或二十四日清晨的情景。

前两句真切地表现了以谢道清为首的南宋君臣等待天明签署降表的慌乱心绪和凄惨氛围。谢道清是恭帝的祖母,恭帝即位时(1274)年仅四岁,由谢氏垂帘听政,被称为太皇太后,当时已六十七岁。她多次受权臣愚弄,此刻她已六十九岁,强敌直逼国门,无力抵御。明知降表一签,南宋即亡,但又不敢违抗,也不敢怠慢。这两句诗,其时间流程统一于一个“待”字。目睹“荧荧庭燎”而等“待”天明,声声更鼓直叩心扉。宫中报时的更鼓声自有匀称的节奏,而说“乱点连声”,乃是从听觉方面表现谢氏心烦意乱的精神状态。直听到六更已尽,天色欲明,不愿做但不得不做的事便迫在眉睫:“侍臣已写归降表”,她亲笔签名,还在“谢道清”前加了“臣妾”二字,“祖宗三百年宗社”就这样一笔断送了!作者不为尊者讳而秉笔直书,既为宋王朝志耻、志痛,也表现了自己沉痛、愤激的心情。

第二首纪宫苑景况。“南苑西宫”,往日何等华丽!如今却只见荆棘抽芽;“万年枝上”,往日哪有乌鸦栖止?如今却是乌鸦乱啼。“南苑西宫”与“棘露牙”,“万年枝上”与“乱啼鸦”,本来是不相容的;一旦组合在一起,便立刻创造出一种荒芜、悲凉的氛围,令人感到这里已不再是南宋王朝的皇宫御苑。接下去,在这荒凉背景上引进人物:“北人环立阑干曲。”“北人”指元军官兵,“环立阑干曲”的“环立”一词,表现人数甚多。这期间,元丞相伯颜已命令部下“取宋主居之别室”(《元史·伯颜传》),皇宫御苑已经易主,一群战胜者闯进来东指西点,大发议论,作者拍下了一个镜头:这群人围绕曲形阑干“手指红梅作杏花”!梅花凌寒独放,象征坚贞、高洁的人品,与松、竹合称“岁寒三友”;杏花,则被视为争春、媚俗的花儿,二者不能相提并论。作者拍下这个镜头,其深层意蕴在于:“九重禁地”,一任“北人”指点评说;高洁的梅花,被视为鄙俗的杏花;一切美丑善恶,都被亡国巨变弄颠倒了。如果仅看作讥笑“北人”无知,那便忽略了作者所寄寓的亡国之痛。

# 湖州歌九十八首录二

北望燕云不尽头①，　大江东去水悠悠。
夕阳一片寒鸦外，　目断东南四百州②。(其一)
青天淡淡月荒荒③，　两岸淮田尽战场④。
宫女不眠开眼坐，　更听人唱《哭襄阳》⑤。(其二)

## 【注释】

①燕云:燕州和云州。

②目断:望不到。四百州:指宋统治下的府、州、军一级行政区域。

③淡淡:阴沉暗淡的样子。荒荒:冷漠无光的样子。

④两岸淮田:淮河两岸的农田。

⑥《哭襄阳》:当时人编的痛述襄阳失守的小调。

## 【品评】

《湖州歌九十八首》,从"丙子(德祐二年,1276)正月十有三,挝鼙伐鼓下江南。皋亭山上青烟起,宰执相看似醉酣"写起,历述宋主降元,母后、幼主、宫女、内侍、乐官等被押送北上的见闻和感触。亡国之戚,去国之苦,跋涉愁叹之状跃然纸上。是宋代遗民记叙亡国痛史的规模最大的组诗。

"北望燕云"一首,作于随母后、幼主等被押北上途中,写"望"中所见和所感。五代时的石敬塘曾出卖"燕云十六州"给契丹,北宋时期曾一度收复,旋被金人占领,而今则是元朝的京城大都所在地,也是被押送的目的地。首句的"北望",即是望被押送的目的地。不说北望大都而说北望"燕云",自含深意。"北望燕云"而一眼望不到"尽头",既慨叹前路茫茫,又对本来属于大宋王朝的"燕云"竟成决定南宋王朝以及包括母后、幼主在内的这一行人的命运的地方而不胜感喟。次句"大江东去水悠悠"乃近"望"所见,景中含情，宋王朝不正像“大江东去”，无法挽回吗？后两句写回“望”东南：首先看见的是无数寒鸦，“寒鸦外”是暗淡的“夕阳”余晖，在那“夕阳”的余晖里，便是南宋管辖的“东南四百州”啊！用“目断”，表现了眷恋不舍之情；用“夕阳”，则于渲染凄凉气氛的同时还含有象征意义：“东南四百州”的军民还在抗元，然而正像“夕阳”那样，终将陷落的前景恐怕难以挽回了！作者的《越州歌》组诗里有这么一首：“东南半壁日昏昏，万骑临轩趣幼君。三十六宫随辇去，不堪回首望吴云。”可与此诗共读。

“青天淡淡”一首，写舟行淮河的情景。首句写仰望所见，由于心绪悲凉，望“青天”只觉暗淡，望月色亦觉荒寒。次句写平视所见，淮河两岸的农田全都沦为战场。这两句诗，与杜甫《北征》中的“夜深经战场，寒月照白骨”同一意境，尽管只说“尽战场”，但战场上的景象不难想见。后两句通过“宫女”反映满船囚徒们的共同心境：“不眠开眼坐”仿佛只写外形，而为什么“不眠”，“不眠”时想些什么，都可以激发读者的无穷想象；“开眼”便不能无所见，“青天淡淡月荒荒，两岸淮田尽战场”，不都是“开眼”所见吗？这也是“不眠”的原因。“不眠”自然可以“听”，《哭襄阳》的悲歌声声入耳，又怎能无动于衷，放头安“眠”！《哭襄阳》是痛哭襄阳失守的民间歌曲。宋度宗咸淳三年(1267)，元世祖命都元帅阿术攻襄阳，襄阳知府兼京西安抚副使吕文焕率众坚守达七年之久，元军筑长围以围困，又截断襄、樊与外地水陆交通，而贾似道却不派兵救援，至咸淳九年(1173)元军以巨炮攻城，吕文焕始献城出降。襄阳失守，元军即沿江而下，直逼临安。作者在《醉歌十首》第一首中写道：“吕将军在守襄阳，十载襄阳铁脊梁。望断援兵无信息，声声骂杀贾平章。”又在《醉歌十首》第二首中写道：“见说襄樊投拜了，千军万马过江来！”《哭襄阳》的歌词没有流传下来，但根据这些事实和一个“哭”字，便可想见其基本内容。

## 郑思肖(1241—1318)

字忆翁,号所南,自称三外野人,福州连江(今属福建)人。宋亡,隐居苏州,坐寝行处,不忘故国。博学多能,善画兰,但不画土,以寄寓亡国之痛;亦能诗,富爱国激情。有《所南翁一百二十图诗集》《郑所南先生文集》等。存世画迹有《国香图卷》等。

### 德祐二年岁旦二首①

力不胜于胆,　逢人空泪垂。
一心中国梦②,　万古下泉诗③。
日近望犹见,　天高问岂知!
朝朝向南拜,　愿睹汉旌旗。(其一)
有怀长不释④,　一语一酸辛。
此地暂胡马,　终身只宋民。
读书成底事,　报国是何人!
耻见干戈里,　荒城梅又春。(其二)

【注释】

①岁旦:一岁的第一天,即元旦。

②中国:《诗·大雅·民劳》:"惠此中国,以绥四方。"笺:"中国,京师也。"此指南宋京师临安。

③下泉:《诗·曹风》篇名。《诗序》谓:"曹人疾共公侵刻,下民不得其所,忧而思明王贤伯也。"后人或谓系伤周室衰微,不能制止诸侯兼并。

④不释:放不下。

【品评】

这两首诗，作于德祐二年(1276)元旦，作者所在的苏州早已沦陷，南宋京城临安的沦陷已迫在眉睫(据汪元量《湖州歌九十八首》其一，元军于此年正月十三进驻杭州东北的皋亭山)。明乎此，可以了解作此诗时的心情。

第一首，首句破空而来，突发感叹，笼罩全篇。“力不胜于胆”，不过是“力不从心”的同义语，但不用“气合”而用“胆”，又用散文句法，显得奇崛有力。有回天之胆而无回天之力，目睹天崩地裂而无可奈何，故“逢人空泪垂”。次联上下两句互补：我一心关注临安的安危，可惜王室衰微，不能抵御元军的进逼，眼看就要沦陷了。三联上句用典，《世说新语·夙惠》：“晋明帝数岁，坐元帝膝上。有人从长安来，……因问明帝：‘汝意谓长安何如日远？’答曰：‘日远。不闻人从日边来，居然可知。’元帝异之，明日集群臣宴会，告以此意，更问之，乃答曰：‘日近。’元帝失色，曰：‘尔何故异昨日之言耶？’答曰：‘举目见日，不见长安。’”下句从杜甫“天意高难问”化出。“日近望犹见，天高问岂知！”以“日”喻南宋君主，意谓南望临安，南宋政权犹存，然而前景如何，只有问天！天又那么高，你问它，它能知道么！尾联“朝朝向南拜”，意在于祝愿南宋政权永存，能够永远看到“汉旌旗”。

第二首，以首联领起次联：放不下的心事，“一语一酸辛”的内容，便是“此地暂胡马，终身只宋民”。“暂”字表现愿望。“只”字表现决心。“此地”目前正被“胡马”践踏，但愿这是“暂”时的；至于自己，即使“胡马”常在，也终身“只”作“宋民”，绝不降元。三联上句自叹虽“读书”而无力挽回国运，未成就任何事业；下句慨叹举国上下真能“报国”者也少有其人。出以“成底事”“是何人”的诘问语气，增强了情感色彩。尾联紧承三联，用“耻”字领起：“耻见干戈里，荒城梅又春！”略点题目中的“岁旦”，以景结情。“梅又春”，这本是好景，可是如今这“梅”花开放在“荒城”里啊！苏州这样的繁华都市为什么“荒”，就因为它在“干戈里”啊！一个“又”字，下得很有力。“梅”在“干戈里”的“荒城”“又”逢“岁旦”，而作为“读书”人的自己和朝野上下的贤达仍然未能改变现状，能不“耻见”梅花吗？

两首诗，语语沉痛，一位蒿目时艰、忧心如焚的爱国志士形象跃然纸上。

## 方凤(1241—1322)

字韶卿,一字景山,人称岩南先生,婺州浦江(今属浙江)人。以特恩授容州文学。后归隐仙华山。有《存雅堂稿》。

### 哭陆秀夫

祚微方拥幼[1], 势极尚扶颠[2]。
鳌背舟中国[3], 龙胡水底天[4]。
巩存周已晚[5], 蜀尽汉无年[6]。
独有丹心皎, 长依海日悬。

**【注释】**

①祚(zuò):皇位,国统。祚微:指谢后、恭帝已降元,宋室倾覆。拥幼:指陆秀夫等先后立赵昰、赵昺为帝,时赵昰、赵昺尚是小孩。

②势极:指局势危急。极:尽。扶颠:扶持颠危。

③"鳌背"句:谓海中的船上肩负着大宋政权。时赵昺在海船中,此船一日不亡,宋朝便一日不亡。鳌背:指海中。《玉篇》卷二五"鳌"字下:"传曰:有神灵之鳌,背负蓬莱山,在海中。"

④"龙胡"句:谓陆秀夫背着八岁的赵昺投海。龙胡:《史记·封禅书》:"黄帝采首山铜,铸鼎于荆山下,鼎既成,有龙垂胡髯下迎黄帝。"

⑤"巩存"句:周自末代君主赧王后有两个宗室政权西周、东周存在,封于巩(今河南巩县)的东周不久即为秦灭。这句以周喻宋,言虽立帝昺,而南宋大势已去。

⑥"蜀尽"句:曹丕篡汉后,刘备继汉祚在成都建元章武,史称蜀汉,四十三年后亡于曹魏,汉祚遂绝。这句以蜀喻帝昺,帝昺投海,宋祚遂绝。

## 【品评】

陆秀夫(1236—1279),字君实,楚州盐城(今属江苏)人。宝祐四年(1256)与文天祥同中进士。才思清丽,文名冠一时(有《陆忠烈集》)。临安陷落时任礼部侍郎,与将领苏刘义等退至温州,后在福建拥赵昰为帝,继续抗元。赵昰死,又和张世杰等立赵昺为帝,任左丞相,在厓山坚持抵抗。祥兴二年(1279)二月,元将张弘范据海口,绝汲道,强攻厓山,张世杰腹背受敌。"秀夫度不可脱,乃杖剑驱妻子入海,即负王赴海死,年四十四。"(《宋史·忠义传》)方凤闻讯,作此诗以哭之。

首联写陆秀夫于"祚微""势极"之时"方拥幼""尚扶颠","方"字、"尚"字,充满情感波涛,于赞颂中见悲凄,已露"哭"声。次联化用典故,对仗精妙、造语奇险,恰切地表现了世所罕见的险境奇情。张世杰"结大舶千余作水寨"以抗元,陆秀夫与帝昺俱在舟中。诗人以"鳌背舟中国"表现之,既合事实,又奇警绝伦。北宋覆亡,南宋偏安于半壁河山,然犹拥有"东南四百州"。如今呢?整个儿的"国",就在"鳌背"上的"舟中",真是千钧一发,岌岌乎殆哉!接下去,该写跳海了,帝昺与作者是君臣关系,如何措词才得体,难度很大;作者化用黄帝乘龙上天的神话传说,以"龙胡水底天"表现之,于悲壮中见崇高,令人拍案叫绝。应该一提的是:题目是"哭陆秀夫",如果把这句诗仅理解为写帝昺跳海,便辜负了诗人的苦心。《史记·封禅书》载:"……有龙垂胡髯下迎黄帝。黄帝上骑,群臣后宫从者七十余人,龙乃上去。余小臣不得上,乃悉持龙髯。"诗人用"龙胡"概括臣下"持龙髯"追随黄帝以比拟陆秀夫背负幼帝,但前者上天,后者投海,故说"水底天"。由于化用的神话传说是人们所熟知的,略作提示,便可引发读者的想象,得含蓄、空灵之美,如果硬要讲清楚,反而粘皮带骨,了无韵味。细玩这句诗,可悟诗中活用典故的奥秘。三联上句以"巩存"比拟陆秀夫拥立的帝昰、帝昺政权,这政权自景炎元年(1276)至祥兴二年(1279),共存在四年时间,且战且退,艰苦备尝;下句以"蜀尽"比拟陆秀夫背帝昺投海,刚烈悲壮,可歌可泣。"周已晚"比拟南宋大势已去,陆秀夫回天无力;"汉无年"比拟南宋灭亡,整个国土都陷于元军的铁蹄之下。两句诗,用历史事实比拟现状,既贴切,又有强烈的抒情性,体现一个"哭"字。尾联从"汉无年"的"无"翻出"独有",对陆秀夫作总结性的赞颂:陆秀夫战斗到最后一刻,背幼主投海,宋朝从此再无年号可以纪年,独有他那皎皎丹心,长依海日高悬,照耀千秋万代。"长依海日悬"就背帝昺投海生发,展现一幅明丽、壮美的图画,足以美化读者的心灵,不独歌颂得体而已。

## 梁栋(1242—1305)

字隆吉,其先湘州(今湖南长沙)人,后徙居镇江(今属江苏)。咸淳四年(1268)进士。历宝应簿、钱塘仁和尉。宋亡,弟柱为茅山道士,往依之。

### 四 禽 言[①]

不如归去[②],锦官宫殿迷烟树[③]。天津桥上一两声,叫破中原无住处[④],不如归去。

脱却布袴[⑤],贫家能有几尺布?织尽寒机无得裁,可人不来廉叔度[⑥],脱却布袴。

行不得也哥哥[⑦],湖南湖北春水多。九嶷山前叫虞舜,奈此乾坤无路何[⑧]?行不得也哥哥。

提胡芦[⑨],年来酒贱频频沽。众人皆醉我亦醉,哀哉谁问醒三闾[⑩]?提胡芦。

**【注释】**

①四禽言:四种鸟雀的啼叫声。

②不如归去:杜鹃的啼声。初夏时常啼叫。

③锦官:即成都。

④"天津"二句:天津桥上稀落的啼鹃声,道出中原残破,已无法立足。天津桥:隋炀帝造,跨洛水。因洛水贯洛阳,桥架其上,有天汉津梁气象,故名天津。《邵氏闻见录》载:邵雍在天津桥散步,闻杜鹃叫而惨然不乐,以为禽鸟飞类,能先得地气。天下将乱,地气自南而北,洛阳旧无此鸟,今忽至,

天下从此将多变。

⑤脱却布袴:布谷啼声的谐音。

⑥可人:使人满意的人,这里指清官。据《后汉书》载:廉叔度(名范)任蜀郡太守,使物阜民丰。民谣曰:"廉叔度,来何暮!不禁火,民安作,平生无襦今五袴。"

⑦行不得也哥哥:鹧鸪鸟啼叫的谐音。

⑧"九嶷"二句:谓在九嶷山前呼唤贤君虞舜,天地这么大,为什么人们无路可走。九嶷山在今湖南宁远南。传说舜南下巡狩,崩于苍梧之野,葬于九嶷之山。

⑨提胡芦:鹈鹕鸟啼声的谐音。

⑩"哀哉"句:屈原曾为三闾大夫。此句意谓宋室满朝文武大臣,皆醉生梦死,虽有像屈原那样清醒的头脑,又何补于世。屈原《渔父》:"举世皆浊我独清,众人皆醉我独醒。"

## 【品评】

禽言,就是鸟语。宋之问《谒禹庙》诗:"禽言常自呼。"人们按照鸟的叫声为他命名,如"布谷""姑恶""提葫芦"等等。以禽鸟为题,将名字纳入诗内,象声取义,以抒情写态,便成一种诗体——禽言诗。梅尧臣有《四禽言》四首,苏轼有《五禽言》五首。胡仔《苕溪渔隐丛话前集·陈亚》云:"禽言诗当如药名诗,用其名字隐入诗句中,造语稳贴,无异寻常诗,乃为造微入妙。"

梁栋的《四禽言》四首,就四种禽鸟的叫声象声取义,抒发对于现实社会的感慨。第一首写杜鹃。杜鹃的叫声仿佛是"不如归去",前人取此声此义,已写出过"等是有家归未得,杜鹃休向耳边啼"(唐无名氏)之类的佳句;但就这种啼声发挥,写出既有社会内涵,又有艺术魅力的佳作,首先应数梁栋。此诗前两句是一个层次。据《华阳国志》:周代末年,杜宇在蜀中称帝,号望帝。因失掉帝位,死后魂化杜鹃,哀鸣啼血。第二句中的"锦官宫殿",即指杜宇称帝时的宫殿。这两句是说杜鹃悲切地鸣叫:"不如归去!"可是"锦官宫殿迷烟树",已经无法"归去"了。后三句是又一个层次。据《邵氏闻见录》:北宋中叶的理学家邵雍在洛阳的天津桥上听见杜鹃叫,预感到天下将乱。诗人就此发挥:杜鹃在洛阳天津桥上声声鸣叫,直叫到中原残破,自己再无立足之地,于是又发出凄厉的叫声:“不如归去!”先后化用了两个关于杜鹃的典故,反映了汴京沦陷、中原惨遭破坏的现实,“不如归去”的哀鸣与无地可归的忧伤贯彻全篇,极富艺术感染力。

第二首写布谷。苏轼《五禽言》中有“脱却布袴”一首,自注云:“土人谓布谷为脱却布袴。”这首诗先让布谷叫一声“脱却布袴”,然后通过“贫家”的遭遇,写出“脱却布袴”的原因在于没布做裤子。为什么连几尺布都没有?就因为像廉叔度那样的清官不到这里来。唉!还是“脱却布袴”吧!只说“可人不来廉叔度”,极含蓄,然而言外之意是清楚的:来的都是刮地皮的贪官。

第三首写鹧鸪。李时珍《本草纲目·禽二·鹧鸪》云:“鹧鸪性畏霜露,早晚稀出,夜栖以木叶蔽身,多对啼。今俗谓其鸣曰:‘行不得也哥哥。’”这首诗先以“行不得也哥哥”领起,接着以“湖南湖北春水多”表现遍地是水,无路可行。继而呼唤古代的贤君虞舜,问他对这“乾坤无路”究竟有什么办法。作者作此诗时湖南湖北等大片国土已被元军侵占,而南宋朝廷依然腐败无能,残存的国土上官贪吏虐,民不聊生。诗写得很含蓄,然而结合时代背景,“春水多”“乾坤无路”的寓意还是不难想见的。

第四首写鹈鹕。人们按照这种鸟儿的鸣声,称它为“提壶”“提胡芦”。欧阳修《啼鸟》(见前)诗:“独有花上提葫芦,劝我沽酒花前倾。”梅尧臣《和永叔六篇·啼鸟》:“提胡芦,提胡芦,尔莫劝翁沽美酒,公多金钱赐醇酎,名声压时为不朽。”梁栋的《四禽言》组诗以写“提胡芦”的一首结尾,使四首诗成为有机的整体。国土大片沦丧,残破不堪;贪官污吏横行,百姓连裤子都没得穿;乾坤无路,行不得也!那么怎么办呢?只有提胡芦沽酒喝,借以解忧遣闷。屈原曾说“众人皆醉我独醒”,所以被放逐了。就算不被放逐,在“众人皆醉”之时只有一个人清醒,又有什么用!还是“众人皆醉我亦醉”吧!以一声“提胡芦”结尾,悲愤欲绝。

唐宋人的禽言诗很多,但像梁栋的《四禽言》这样既有深广的社会内容,又有强烈的艺术感染力的作品实不多见。胡应麟在《少室山房随笔》中评此诗:“寓意深远,诸作不及。”这是很中肯的。

## 谢翱(1249—1295)

字皋羽,号晞发翁,福安(今属福建)人,后徙居浦城(今属福建)。元兵南下,率乡兵投文天祥抗元,任谘事参军。入元不仕。与方凤、吴思齐等结月泉吟社,在宋季遗民诗人中堪称翘楚。有《晞发集》等。

### 西台哭所思[1]

残年哭知己[2],　白日下荒台[3]。
泪落吴江水,　随潮到海回[4]。
故衣犹染碧[5],　后土不怜才[6]。
未老山中客,　惟应赋《八哀》[7]。

**【注释】**

①西台:在今浙江省桐庐县西富春山上。所思:所怀念的人,指文天祥。谢翱每逢文天祥就义日,辄觅秘密地方哭祭。至元二十七年(1290)与吴思齐、冯桂芳等登西台设天祥神位祭奠,作《登西台恸哭记》,诗亦当是同时作。

②残年:指至元二十七年(1290)岁暮。知己:指文天祥。

③"白日"句:谓太阳隐藏在西台下。

④"泪落"二句:谓泪掉入富春江流入海里,随着涨潮又从海里流回来了。

⑤故衣:指文天祥临刑时所穿的衣服。染碧:染血。《庄子·外物》:"苌弘死于蜀,藏其血,三年而为碧。"碧:青玉。

⑥后土:地神。

⑦八哀:杜甫曾赋《八哀》诗,哀悼张九龄、李光弼等八位著名人物。

## 【品评】

宋帝㬎德祐二年(1276)正月,元丞相伯颜率兵直逼皋亭山,文天祥以右丞相入元营谈判,被扣留。二月二十九日在被押北上经镇江时乘隙逃出,四月至温州,七月开府南剑州(治今福建南平),号召四方起兵。帝㬎等已于三月被押北去;五月,张世杰等拥立赵昰于福州,改元景炎,是为端宗。二十八岁的谢翱为了挽救国家的危亡,尽捐家产,募乡兵数百人投文天祥,任谘事参军,随天祥转战龙岩、梅州(今广东梅县)、会昌等地,于赣州兵败时分手。临别,天祥以家藏端砚"玉带生"相赠,并谆谆嘱咐,情意殷切。天祥于元世祖至元十九年十二月初九(公元1283年1月9日)就义后,谢翱每遇忌日必登高哭祭;此诗乃天祥就义八周年时所作,同时还作有著名的《登西台恸哭记》。

首联以"残年"(切十二月初九)、"白日"、"荒台"为"哭知己"烘托出一派悲凉气氛。次联打破五律常规,紧承"哭"字而用散行句法表现回环激荡、无穷无尽的悲痛心情。三联写文天祥就义,词语对偶而文气单行。被囚数年,临刑时仍穿宋朝的"故衣";慷慨就义已经八年,而"故衣犹染碧"血,令人悲痛无已。接着就此事抒发愤慨之情,皇天"后土",应该是主持公道的,可是为什么不怜惜这样的英才而让他抗元失败呢?尾联抒悼念之情。作者当时四十二岁,故说"未老";隐居不仕,故自称"山中客";"唯应"二字承上句来,玩味始知深义,始见悲痛。合两句看,大意是:我这个大宋遗民还没有老,一心想继承您的遗志,用卓有成效的行动纪念您,可是这已无法做到,只能像杜甫作《八哀》诗以哀悼张九龄、李光弼等人那样作这首诗哀悼您了!拍合题目"哭所思",如闻痛哭之声。

## 林景熙(1242—1310)

字德阳,号霁山,温州平阳(今属浙江)人。咸淳七年(1271)自太学生授泉州教授,历礼部架阁、从政郎。宋亡不仕,隐居家乡。有《霁山集》等。

### 酬谢皋父见寄①

入山采芝薇②,　　豺虎据我丘③;
入海寻蓬莱④,　　鲸鲵掀我舟⑤。
山海两有碍,　　独立凝远愁。
美人渺天西⑥,　　瑶音寄青羽⑦:
自言招客星,　　寒川钓烟雨⑧。
《风》《雅》一手提⑨,学子屦满户⑩。
行行古台上,　　仰天哭所思。
馀哀散林木,　　此意谁能知⑪?
夜梦绕勾越⑫,　　落日冬青枝⑬。

【注释】

①谢皋父:即谢翱。

②芝:灵芝,古人认为吃了可以长生。薇:野菜,伯夷、叔齐隐居首阳山即以此为食。这句说自己想求仙归隐。

③丘:山。

④蓬莱:神话传说中的仙岛。

⑤鲵(ní):雌鲸。

⑥美人：指谢皋父。渺天西：远在天边。

⑦瑶：美玉。瑶音：对谢皋父来诗的美称。青羽：青鸟。传说西王母常用青鸟替她传信。

⑧“自言”二句：自己(谢皋父)说正在把隐士招来，一同在寒江烟雨中钓鱼度日。招客星：招隐士。严光与汉光武帝同卧，严光睡梦中将脚压在光武帝的腹上，第二天太史奏“客星犯帝座”。客星：代表严光的星，严光为隐士，故这里“客星”即指隐士。

⑨《风》《雅》：《诗经》中两个重要组成部分。提：掌握。

⑩屦(jù)：古代的一种鞋。满户：满户外。古人生活习惯，进门脱鞋，放置户外。

⑪“行行”四句：指谢皋父西台哭文天祥。

⑫勾越：即越。勾是古代吴地方言中的发语词。绕勾越：指南宋陵寝被元发掘事。

⑬冬青枝：宋朝皇帝陵寝亦遍置冬青树。

## 【品评】

前八句自写近况。入山采芝薇而山被豺虎侵占，入海寻安静处所而舟被鲸鲵掀翻。元人统治之严酷见于言外。“山海两有碍”而无行动自由，便“独立凝远愁”而想到“渺”在“天西”的“美人”，而“美人”的“瑶音”正好于此时寄来，与题目中的“谢皋父见寄”拍合。“自言”以下写谢翱来书、来诗的内容，“自言”即谢翱在来书、来诗里说，共说了三件事：招邀隐士在烟雨中的寒江垂钓，潜台词是隐居不仕，不为元统治者效力；主持风雅、传授传统文化，从学者甚众——这是事实，谢翱与吴渭、方凤等组织“月泉吟社”和“江源讲经社”，聚集了不少遗民；到西台哭祭文天祥，作了著名的《西台哭所思》和《登西台恸哭记》。结尾两句，既概括来书来诗的情思，也表达自己的心意。元世祖至元二十一年(1284)，元统治者为了摧抑汉族人民的民族意识，挖掘临安南宋皇帝的陵墓。事后，林景熙、谢翱、唐珏、郑朴翁等人扮作乞丐，身背竹箩，买通监守西番僧，捡得高宗、孝宗的骸骨，埋于兰亭(在今浙江绍兴市西南)。林景熙作七绝《梦中作四首》纪其事，其中有“年年杜宇泣冬青”之句，说明在兰亭新墓上栽了冬青。“夜梦绕勾越，落日冬青枝”，即是以眷念兰亭新墓表现日夜不忘故国。

## 题陆放翁诗卷后

天宝诗人诗有史①，　杜鹃再拜泪如水②。
龟堂一老旗鼓雄③，　劲气往往摩其垒④。
轻裘骏马成都花，　冰瓯雪碗建溪茶⑤。
承平麾节半海宇⑥，　归来镜曲盟鸥沙⑦。
诗墨淋漓不负酒，　但恨未饮月氏首⑧。
床头孤剑空有声，　坐看中原落人手。
青山一发愁蒙蒙⑨，　干戈况满天南东⑩。
来孙却见九州同⑪，　家祭如何告乃翁？

**【注释】**

①天宝：唐玄宗年号（742—755）。天宝诗人：指杜甫。杜诗全面地反映了天宝动乱的现实，故其诗有“诗史”之称。

②“杜鹃”句：谓听杜鹃啼叫，想起“故君”，下拜之余，不觉泪如雨下。杜鹃：传为周末蜀君杜宇所化，因常用以指国君。注详前。杜甫《杜鹃》诗：“杜鹃暮春至，哀哀叫其间。我见常再拜，重是古帝魂。”

③龟堂：陆游在绍兴住所的堂名。一老：指陆游。旗鼓雄：说陆可与杜媲美，旗鼓相当。

④摩：接近。摩其垒：接近杜甫的壁垒。

⑤“轻裘”二句：分写陆游在四川、福建两地做官情形。冰瓯：晶莹的茶杯。建溪：在福建省，宋时出产名茶。

⑥承平：太平时候。麾（huī）节：旗帜和符节。半海宇：半个中国。

⑦镜曲:镜湖的水湾。盟鸥沙:与沙鸥为盟友。这句写陆游晚年隐居绍兴故里。

⑧月氏(Yuèzhī):古族名,曾于西域建月氏国。《汉书·匈奴传》载:老上单于杀月氏王,以其头为饮器。此指金统治者。

⑨青山一发:指中原。苏轼《澄迈驿通潮阁二首》:"青山一发是中原。"

⑩天南东:即东南,指南宋所统治的地方。

⑪来孙:玄孙之子,从本身算起的第六代孙。这里泛指远孙。九州同:见前陆游《示儿》诗。

## 【品评】

这是作者读陆游诗卷、题于卷后的诗,共十六句,每四句换韵,换韵与换意统一,自成四个层次。第一层四句押上声韵,写杜甫念念不忘君国,其诗歌反映了安史之乱前后的广阔现实,堪称诗史,而陆游的诗,正继承了杜甫的诗史精神。第二层四句换平声韵,概括了陆游宦游各地及晚年的闲居生活。第三层四句换上声韵,写陆游的终生大恨。"床头孤剑空有声,坐看中原落人手",活画出陆游的心态。第四层四句换平声韵,就眼前现实联系陆游《示儿》诗意抒发悲慨,是全诗的结穴。陆游"坐看中原落人手",每以报国无门、未能收复为恨;如今呢,中原又落入元统治者之手,矫首北望,青山一发隐没于愁云惨雾之中。陆游晚年,东南半壁犹存;如今呢,东南干戈遍地,元军长驱直入。陆游临终时嘱咐儿子:有一天"王师北定中原"、统一九州,家祭之时,可别忘了告诉乃翁。唉!陆游的裔孙看见了九州统一,可是这不是被"王师"统一,而是被元军统一,家祭之时,又如何告诉乃翁呢!

全诗先以杜甫作陪,赞颂陆游其人其诗;接着以陆游的遗恨、遗愿作陪,抒写亡国之痛。造语瑰奇,形象鲜明,大气磅礴,激情喷涌,腾挪变化,高潮迭起,深得陆游七言歌行精髓。至于结尾之沉痛,实非陆诗所有,盖陆游尚未经历如此巨变也。

## 山窗新糊有故朝封事稿阅之有感①

偶伴孤云宿岭东，　四山欲雪地炉红。
何人一纸防秋疏②，　却与山窗障北风③！

**【注释】**

①故朝：指宋朝。封事：上给皇帝的奏章。为了保密，把奏事的文稿装在囊中封起来，故称封事，又称囊封。

②防秋疏：即题中的“故朝封事稿”。在古代，西北的游牧民族每当秋高马肥之时便乘机入侵，故每当秋天都须加强防卫，称为“防秋”。唐人李益《边思》云：“走马曾防玉塞秋。”疏：奏章。

③与：给。障：阻挡。

**【品评】**

此诗的精警之处在后两句，写前两句，是为写后两句准备条件。诗人并不是有什么明确的目的要出门旅行，而是偶然出去走走，散散心。从“四山欲雪”看，天空是阴云密布的，说“偶伴孤云”，意在以“云”之“孤”陪衬己之“孤”。在高空阴云密布的时候，并不妨碍低空有“孤云”飘动，诗人就与这片“孤云”结“伴”，来到“岭东”、同“宿”于“岭东”。既是“岭”，又是“云宿”之处，其地势之高，不言可知。地高则“风”大，已为末句写“障北风”作准备。但如果是酷热的夏季，“风”大正好，又何须“障”？所以接着便说“四山欲雪”，不是炎夏而是严冬。“欲雪”，将要下雪，这是一种判断，而判断的根据，只能是阴云密布，北风呼啸，天气乍冷。特意写“地炉红”，正是为了表现天气很冷。读“四山欲雪地炉红”，在感到室内比较暖和的同时也听到室外“北风”的呼啸声。那么，朝北的窗户如果没有糊，北风灌进来，可就不得了！“障北风”三字，已呼之欲出。因闻北风而望北窗，这是很自然的事。

一望,窗户是“新糊”的;凑近看,纸上还有字。读下去,才知这是上给南宋皇帝的“防秋疏”。诗人不禁感慨万千,写出了这么两句:“何人一纸防秋疏,却与山窗障北风!”

一个“却”字,力重千钧,不能轻易滑过。上“防秋疏”的目的是为皇帝提供防御北敌南侵的策略,希望被采纳、实施,在“防秋”问题上发挥作用。如果皇帝采纳了,实施了,那么临安怎会沦陷?南宋怎会覆亡?令人悲痛的是:这封“防秋疏”不但没有被采纳,而且变成废纸,落到不识字的人手里,用来糊山窗了!为防御北敌南侵而上给皇帝的“防秋疏”未能在防御北敌南侵方面发挥作用,却作为糊窗纸而为山窗挡北风,令人感慨,也令人愤慨。南宋朝廷一贯以妥协换苟安,无意“防秋”,自然不把“防秋疏”放在眼里,终于自食苦果,还连累广大人民,特别是“南人”在元朝民族歧视的严酷统治下备受摧残。这两句诗,感慨与愤慨交织,蕴含深广,但主要锋芒则指向南宋朝廷的妥协路线,这是毫无疑义的。有的专家说什么“即使是一张纸,也还在抵抗着北风,何况侵略者面对的是千百万人民”?有意出“新”,却放过了一个起关键作用的“却”字,故与诗的原意风马牛不相及。元人章祖程评云:“此诗工在‘防秋疏’‘障北风’六字,非情思精巧道不到也。然感慨之意,又自见于言外。”(《白石樵唱注》卷一)近人陈衍评云:“前清潘伯寅尚书见卖饼家以宋版书残叶包饼,为之流涕。遇此,不更当痛哭乎!”这两位的理解,都是符合原意的。

这首诗,元代诗人颇重视,有人选评,还有人摹仿。元末叶颙《夜宿山村》,便是摹仿之作。《序》云:“予夜宿山村,有以宋末德祐年间防边策稿故纸糊窗者,读之皆舍家为国之论,不知何人之辞。……赋一绝纪事云。”诗云:“贾氏专权王气终,朝无谋士庙堂空。国亡留得边防策,犹向窗前战北风。”(《樵云独唱诗集》)以“犹”字换掉“却”字,便不像原作那样“感慨”“痛哭”,倒用得上“虽是一张纸,也还在抵抗着北风……”的分析了。

## 赵㬎(1271—1323)

即宋恭帝,度宗子。咸淳九年(1273)封嘉国公,次年即位,年四岁,改元德祐。德祐二年(1276)元军入临安,被押赴大都,封瀛国公。后被送往甘州出家。

### 在燕京作

寄语林和靖[1], 梅花几度开。
黄金台下客[2], 应是不归来。

**【注释】**

①林逋(967—1028),钱塘人,晚年隐居杭州西湖的孤山,种梅养鹤,卒谥和靖先生。咏梅诗如《山园小梅》等极有名。

②黄金台:燕昭王所筑,置黄金于台上以待天下贤士。后为燕京八景之一。

**【品评】**

赵㬎被押到大都,才五岁,被送往甘州(今甘肃张掖)学佛时十八岁,在大都(燕京)度过了十三年俘虏生活。此诗题为"在燕京作",其要抒发的心情是不难想象的,却写得极含蓄,极巧妙。

前两句以"寄语"领起,但不"寄语"别人,而"寄语"高人"林和靖",已表现了一种高雅情怀;"寄语林和靖"而不问俗事,只问"梅花几度开",多高雅,多有闲情逸趣!然而骨子里的意思却并非如此,他其实是不满于"燕京"的囚徒生活而怀念故都临安(杭州)。林和靖和他喜爱的梅花,不就在杭州吗?问林和靖梅花几度开,不过是感叹离开故都已经好多年了,多么渴望回去。

后两句自称“黄金台下客”,表面的意思是他像燕昭王用黄金招来的贤士乐毅等人那样受到了礼遇,所以“应是不归来”;其实是用“黄金台”点“燕京”,用“客”暗示他在做囚徒;“不归来”前加“应是”,表明他不是不想归,而是估计形势:“大概是回不去了!”

小皇帝沦为囚徒,怀念故国,却不敢明言,怕招杀身之祸。南唐后主李煜不就由于写了“小楼昨夜又东风,故国不堪回首月明中”“无限江山,别时容易见时难”之类的词而被宋太宗毒死的吗?不敢明言,又实在不能已于言,便用隐晦曲折的手法写了这么一首似隐而实显的小诗。如陶宗仪在《南村辍耕录》里所说:“二十字含蓄无限凄戚意思,读之而不兴感者几希。”

赵㬎在燕京从汪元量读书、学诗,从这首诗看,他已有相当高的文化修养。